Le Routard
Amsterdam

2015

hachette

Remarque importante aux hôteliers et restaurateurs

Les enquêteurs du *Routard* travaillent dans le plus strict anonymat. Aucune réduction, aucun avantage quelconque, aucune rétribution n'est jamais demandé en contrepartie. Face aux aigrefins, la loi autorise les hôteliers et restaurateurs à porter plainte.

Avis aux lecteurs

Le *Routard,* ce n'est pas comme le bon vin, il vieillit mal. On ne veut pas pousser à la consommation, mais évitez de partir avec une édition ancienne. Les modifications sont souvent importantes.
Les réductions accordées à nos lecteurs ne sont jamais demandées par nos rédacteurs afin de préserver leur indépendance. Les hôteliers et restaurateurs sont sollicités par une société de mailing, totalement indépendante de la rédaction, qui reste donc libre de ses choix. De même pour les autocollants et plaques émaillées.

Avec routard.com, choisissez, organisez, réservez et partagez vos voyages !

✓ Rejoignez la plus grande communauté francophone de voyageurs : plus de **2 millions** de visiteurs !

✓ Échangez avec les routarnautes : forums, photos, avis d'hôtels.

✓ Retrouvez aussi toutes les informations actualisées pour choisir et préparer vos voyages : plus de 200 fiches pays, une centaine de dossiers pratiques et un magazine en ligne pour découvrir tous les secrets de votre destination.

✓ Enfin, comparez les offres pour organiser et réserver votre voyage au meilleur prix.

Pictogrammes du *Routard*

Établissements

- Hôtel, auberge, chambres d'hôtes
- Camping
- Restaurant
- Boulangerie, sandwicherie
- Glacier
- Café, salon de thé
- Café, bar
- Bar musical
- Club, boîte de nuit
- Salle de spectacle
- Office de tourisme
- Poste
- Boutique, magasin, marché
- Accès internet
- Hôpital, urgences

Sites

- Plage
- Site de plongée
- Piste cyclable, parcours à vélo

Transports

- Aéroport
- Gare ferroviaire
- Gare routière, arrêt de bus
- Station de métro
- Station de tramway
- Parking
- Taxi
- Taxi collectif
- Bateau
- Bateau fluvial

Attraits et équipements

- Présente un intérêt touristique
- Recommandé pour les enfants
- Adapté aux personnes handicapées
- Ordinateur à disposition
- Connexion wifi
- Inscrit au Patrimoine mondial de l'Unesco

Le *Routard* est imprimé sur un papier issu de forêts gérées.

I.S.B.N. 978-2-01-245907-6

TABLE DES MATIÈRES

LES QUESTIONS QU'ON SE POSE LE PLUS SOUVENT 8

LES COUPS DE CŒUR DU ROUTARD 9

ITINÉRAIRES CONSEILLÉS 11

COMMENT Y ALLER ?

- EN AVION 13
- LES ORGANISMES DE VOYAGES 14
- EN TRAIN 23
- EN VOITURE 24
- EN BUS 25
- À BICYCLETTE 25
- EN BATEAU 26
- UNITAID 26

PAYS-BAS UTILE

- ABC DES PAYS-BAS 27
- AVANT LE DÉPART 27
- ARGENT, BANQUES, CHANGE 30
- ACHATS 32
- BUDGET 32
- CLIMAT 34
- DANGERS ET ENQUIQUINEMENTS 34
- DROGUES ET STUPÉFIANTS 35
- FÊTES ET JOURS FÉRIÉS 36
- HÉBERGEMENT 38
- LANGUE 40
- LIVRES DE ROUTE 44
- POSTE 45
- SANTÉ 45
- SITES INTERNET 45
- TABAC 46
- TÉLÉPHONE 46
- TRANSPORTS LOCAUX 48

HOMMES, CULTURE, ENVIRONNEMENT

- BOISSONS 50
- CUISINE 52
- ÉCONOMIE 56
- ENVIRONNEMENT 57
- FAÏENCE DE DELFT 58
- FLEURS 58
- HISTOIRE EN OR (ET EN ORANGE !) 59
- HISTOIRE(S) DE NOTRE TEMPS 65
- MÉDIAS 67
  - Votre TV en français : TV5MONDE partout avec vous
- PATINAGE 67
- PEINTURE HOLLANDAISE 68
- PERSONNAGES 75
- SITES INSCRITS AU PATRIMOINE MONDIAL DE L'UNESCO 78

AMSTERDAM

- AMSTERDAM DÉPASSÉE PAR LE SUCCÈS DU VÉLO ! 79
- AMSTERDAM EN CHIFFRES 80
- PRÉSENTATION DES QUARTIERS ET ORIENTATION 80

ADRESSES ET INFOS UTILES

- ARRIVÉE À L'AÉROPORT 82
  • Services à l'aéroport • Accès en ville
- ARRIVÉE EN TRAIN 83
- ARRIVÉE EN VOITURE 83
- INFOS TOURISTIQUES 83
  • L'office de tourisme • Le *pass* idéal : l'*I Amsterdam City card* • « Amsterdam autrement »
- POSTE ET TÉLÉCOMMUNICATIONS 87
- BANQUES ET CHANGE 87
- REPRÉSENTATIONS DIPLOMATIQUES 87
- URGENCES 87
- CULTURE, SPECTACLES 88
- LOISIRS 88
- COMPAGNIES AÉRIENNES 89
- SUPERMARCHÉS 89
- ÉPICERIES DE NUIT 90
- SERVICES 90

TRANSPORTS

- INFORMATIONS ET ADRESSES UTILES 90
- À PIED 91
- À BICYCLETTE 92
  • Location • Excursions à vélo
- EN TRAMWAY 94
  • Principales lignes de tram
- EN BUS 94
- EN MÉTRO 95
- EN BATEAU 95
  • Excursions dans le Waterland
- EN VOITURE 96
  • Le choix d'un parking en périphérie • Le problème du parking en ville
- EN TAXI 98

OÙ DORMIR ?

- DANS LA GRANDE COURONNE 100
- DANS LE CENTRE ET AUTOUR DE LA GARE CENTRALE 100
- DANS LE JORDAAN ET LE NORD DES GRANDS CANAUX 102
- DANS LE VONDELPARK ET LE QUARTIER DES MUSÉES 105
- AU SUD DES GRANDS CANAUX, DE LEIDSEPLEIN À REMBRANDTPLEIN, ET DE FREDERICKSPLEIN À OOSTERPARK 110
- À 15 MINUTES DU CENTRE EN VÉLO 113

OÙ MANGER ?

- DANS LE CENTRE ET PRÈS DE LA GARE CENTRALE 114
- DANS LE JORDAAN ET LE NORD DES GRANDS CANAUX 116
- AU SUD DES GRANDS CANAUX, AUTOUR DE LEIDSEPLEIN, DE FREDERICKSPLEIN ET DE REMBRANDTPLEIN 120
- DANS LE VONDELPARK ET LE QUARTIER DES MUSÉES 122
- DANS LE QUARTIER DU PIJP 122
- DANS L'EST, DE L'OOSTERPARK À L'OOSTERDOK 123
- AU NORD, SUR LES RIVES DE L'IJ, DANS LES ANCIENS CHANTIERS NAVALS 124

OÙ DÉGUSTER UNE BONNE PÂTISSERIE ? OÙ FAIRE UNE PAUSE PLUS SUCRÉE QUE SALÉE ?

- DANS LE CENTRE ET PRÈS DE LA GARE 126
- DANS LE JORDAAN ET LE NORD DES GRANDS CANAUX 126
- AU SUD DES GRANDS CANAUX, AUTOUR DE LEIDSEPLEIN ET DE REMBRANDTPLEIN 127
- DANS LE QUARTIER DES MUSÉES 127

OÙ BOIRE UN VERRE ? OÙ GRIGNOTER DANS LA BONNE HUMEUR ? OÙ PRENDRE L'AIR D'AMSTERDAM ?

- « CAFÉS BRUNS » ET « CAFÉS BLANCS » 127
- L'AMSTERDAM NOUVEAU EST ARRIVÉ 129
- DANS LE CENTRE 129
- DANS LE JORDAAN ET LE NORD DES GRANDS CANAUX 132
- AU SUD DES GRANDS CANAUX, AUTOUR DE LEIDSEPLEIN, DE FREDERICKSPLEIN ET DE REMBRANDTPLEIN 134
- DANS LE VONDELPARK, LE PIJP ET LE QUARTIER DES MUSÉES 135
- À L'EST DU CENTRE ANCIEN 136
- DANS LES ANCIENS DOCKS, SUR LES RIVES DE L'IJ 136

OÙ ÉCOUTER DE LA MUSIQUE ?

- INFOS CONCERNANT LES CONCERTS 137
- DANS LE CENTRE 138
- DANS LE JORDAAN ET LE NORD DES GRANDS CANAUX 138
- AU SUD DES GRANDS CANAUX, AUTOUR DE LEIDSEPLEIN ET DE REMBRANDTPLEIN 138
- DANS L'EST ET LES NOUVEAUX QUARTIERS DU PORT 139

OÙ DANSER ?

- DANS LE CENTRE 140
- AU SUD DES GRANDS CANAUX, AUTOUR DE LEIDSEPLEIN ET DE REMBRANDTPLEIN 140
- DANS L'EST ET LES NOUVEAUX QUARTIERS DU PORT 140

LES COFFEE-SHOPS

- DANS LE CENTRE 141
- DANS LE JORDAAN ET LE NORD DES GRANDS CANAUX 142
- DANS LE SUD DES GRANDS CANAUX, AUTOUR DE LEIDSEPLEIN ET DE REMBRANDTPLEIN 142

ACHATS

- BONS PRODUITS 143
- BROCANTE, DESIGN ET DÉCO 144
- LUXE, FRINGUES ET FRIPE 144
- INSOLITES ET CURIOSITÉS AMSTELLODAMOISES 145
- CIGARES ET AUTRES MENUS PLAISIRS 145
- SEX AND ROCK & ROLL 145

À VOIR. À FAIRE

- AMSTERDAM GRATUIT 146
  - Concerts gratuits

De la gare au quartier des musées, les balades, les lieux sympathiques et les édifices remarquables à ne pas manquer

• **BALADE DANS LE CENTRE HISTORIQUE** 147
• La gare ferroviaire centrale • The Sex Museum • La Bourse du commerce de Berlage • Le Dam • La Nouvelle Église • Le Palais royal • Madame Tussaud Scenarama • Magna Plaza • Spuistraat • Rosmarijnsteeg et Nieuwezijds Voorburgwal • Sint Luciensteeg • Cour du musée d'Amsterdam • Le musée d'Amsterdam • La galerie des gardes civiques • Le béguinage • Le Spui • Kalverstraat • Rokin • Langebrugsteeg et Grimburgwal • Le musée Allard-Pierson • Muntplein • Le cinéma Tuschinski • Kloveniersburgwal • Oudezijds Achterburgwal et Spinhuissteeg • L'église du Sud • Le Nouveau Marché et le poids public

• **BALADE DANS LE QUARTIER ROUGE** 154
• La Vieille Église • Wallenwinkel • Belle • Le musée « Le Bon Dieu au grenier » • Le musée du Haschisch et de la Marijuana • Museum of Prostitution

• **BALADE LE LONG DES GRANDS CANAUX** 157
• Singel • La péniche aux Chats • Herengracht (le canal des Seigneurs) • Le musée Willet-Holthuysen • Le musée du Sac • La maison des Canaux • Le musée de la Bible • Le musée des Lunettes • Keizersgracht (le canal de l'Empereur) • Le pont Maigre • Le musée Van Loon • Huis Marseille – Museum for Photography • Prinsengracht (le canal du Prince) • Amsterdam Tulip Museum • La maison d'Anne Frank • L'église de l'Ouest • Houseboat Museum

• **BALADE DANS LE QUARTIER DU JORDAAN** 163
• Au sud de Rozengracht • Bloemgracht (le canal des Fleurs) • Egelantiersgracht (le canal des Églantiers), Tweede Egelantiers Dwarsstraat et Eerste Egelantiers Dwarsstraat • Karthuizersstraat • Noordermarkt • Noorderkerk • Le musée du Piano mécanique • Moooi • Brouwersgracht (le canal des Brasseurs)

• **LEIDSEPLEIN, LE VONDELPARK, LE QUARTIER DES MUSÉES** 165
• Le théâtre municipal • American Hotel • Le Vondelpark • Le Manège hollandais • Rijksmuseum (Musée national) • Le musée Van Gogh • Stedelijk Museum (musée d'Art moderne) • La distillerie Bols • Le Concertgebouw

Amsterdam, toujours un peu plus loin

• **BALADE AU SUD DE LA VILLE, DANS LE QUARTIER DE PIJP** 173
• Le quartier De Pijp et le marché Albert Cuyp • Heineken Experience

• **BALADE DANS L'ANCIEN QUARTIER JUIF** 174
• L'hôtel de ville et le Niveau normal d'Amsterdam • L'opéra et Jodenbreestraat • La maison de Rembrandt • La taillerie de diamants Gassan Diamonds • L'église Moïse-et-Aaron • La synagogue portugaise et Jonas Daniel Meijerplein • Le Musée historique juif • Hermitage Amsterdam

• **BALADE DANS LE QUARTIER DU PLANTAGE ET VERS L'OOSTERPARK** 178
• Le jardin botanique • Le musée des Tropiques • Le jardin zoologique Artis • Le musée de la Résistance

• **BALADE DANS L'ENTREPOTDOK ET LES ANCIENS DOCKS DE L'EST** 179
• L'Entrepotdok • Le chantier naval et musée 't Kromhout • Le Musée maritime • Science Center Nemo • L'Oba, la bibliothèque centrale • Les quais • Les anciens dock de l'est

• **AUTOUR DU WESTERPARK, À L'OUEST** 182
• Cultuurpark Westergasfabriek • Schip Museum • Strandwest

• **AU NORD, SUR LA RIVE DROITE DE L'IJ** 184
• The Eye – Filmmuseum • NDSM
• **À L'EST** 186
• La plage de Blijburg
• **AU SUD** 186
• CoBrA, Museum voor Moderne Kunst à Amstelveen • Le moulin de Sloten • Flora Holland à Aalsmeer

Les parcs 187

• Vondelpark • Cultuurpark Westergasfabriek • Sarphatipark • Beatrixpark • Les jardins d'Amsterdam

Les marchés 187

• Le marché Albert Cuyp • Le marché aux puces de Waterlooplein • Le marché aux timbres • Le marché aux fleurs • Le marché des arts • Le marché des arts du Spui • Le marché des antiquités • Les marchés bio • Le marché aux puces de Noordermarkt et celui de NDSM • Le marché de la place Dapper • Bouquinistes

QUITTER AMSTERDAM

• **EN TRAIN** 188
• **EN BUS** 188
• **EN AVION** 188
• **EN VOITURE** 188

LES ENVIRONS D'AMSTERDAM

AU NORD ET À L'OUEST D'AMSTERDAM

• **LES VILLAGES DE L'IJSSELMEER (LAC IJSSEL)** 190
• Durgerdam • Monnickendam • Marken • Volendam • Edam
• **ZAANSE SCHANS** 201
• **HAARLEM** 202
• Zandvoort • La région des tulipes : Noordwijk aan Zee, Keukenhof à Lisse

AU SUD-OUEST D'AMSTERDAM

• **GOUDA** 213
• **DELFT** 218
• **LA HAYE (DEN HAAG)** 225
• **ROTTERDAM** 237
• Les moulins de Kinderdijk • Maeslantkering à Hoek van Holland

• **INDEX GÉNÉRAL** 270
• **OÙ TROUVER LES CARTES ET LES PLANS ?** 279

IMPORTANT : DERNIÈRE MINUTE

Sauf rare exception, le *Routard* bénéficie d'une parution annuelle à date fixe. Entre deux dates, des événements fortuits (formalités, taux de change, catastrophes naturelles, conditions d'accès aux sites, fermetures inopinées, etc.) peuvent intervenir et modifier vos projets de voyage. Pour éviter les déconvenues, nous vous recommandons de consulter la rubrique « Guide » par pays de notre site • ***routard.com*** • et plus particulièrement les dernières ***Actus voyageurs.***

??? LES QUESTIONS QU'ON SE POSE LE PLUS SOUVENT

Quelle est la meilleure période pour profiter d'Amsterdam ?
Au printemps et à l'automne, c'est l'idéal : pas trop de monde dans les musées, sauf en mai. En été, longues files d'attente, pensez à réserver sur Internet. Mais les frimas de l'hiver sur les canaux ne manquent pas de charme. Sortez couvert, même hors du quartier Rouge !

Quel est le meilleur moyen pour circuler ?
À pied, bien sûr, et à vélo, comme tous les Hollandais. Le terrain est plat et pédaler le long des canaux constitue un vrai plaisir. Et pour aller d'une ville à l'autre, prendre le train tout simplement. La voiture ici est un luxe inutile.

Partir un week-end, n'est-ce pas trop court ?
Non ! Au départ de Paris avec le *Thalys*, vous êtes à Amsterdam en 3h17. Trois jours et deux nuits suffiront pour découvrir l'essentiel. Dans l'idéal, comptez 5 jours.

Faut-il parler le néerlandais ?
Les Hollandais sont francophiles. Ils adorent montrer qu'ils connaissent quelques mots de français. Par ailleurs, leur anglais impeccable risque de vous donner des complexes !

La vie est-elle chère ?
Amsterdam est une ville assez chère côté hébergement et l'offre hôtelière sympa à petit budget (en dehors des auberges de jeunesse) est restreinte. En hiver, les prix chutent. Mais mieux vaut prévoir un budget suffisant si l'on veut passer un week-end romantique. Côté resto, on peut s'en sortir à meilleur compte.

Que rapporter de Hollande ?
Des bulbes de tulipes, des boules de fromage, du genièvre, des accessoires coquins, des diamants... mais pas de dope !

Peut-on y consommer de la drogue ?
Oui. Même si les pouvoirs publics essaient de restreindre les *coffee-shops*, ceux-ci continuent de faire la réputation du pays.

Combien de canaux et de ponts y a-t-il à Amsterdam ?
On dénombre 165 canaux totalisant plus de 100 km de voies d'eau et près de 2 000 ponts dont 273 dans le centre. Plusieurs sont escamotables pour permettre le passage des bateaux.

Et combien de péniches résidentielles ?
Plus de 2 500 embarcations sur l'eau servent de logement à plus de 30 000 habitants. Faites comme eux, c'est tendance.

LES COUPS DE CŒUR DU ROUTARD

- **À Amsterdam, loger à bord d'une péniche** pour être en symbiose totale avec la ville, ses chats, ses habitants, entre eaux tranquilles et terre ferme .... p. 39, 102
- **Déguster un hareng doux sur le comptoir d'une poissonnerie,** en le tenant par la queue pour le faire glisser dans le gosier comme le font les Hollandais.......... p. 53
- **S'attabler devant une abondante *rijsttafel,*** vestige culinaire de la présence hollandaise en Indonésie ..... p. 55, 122, 231
- **Longer les grands canaux** pour apprécier la richesse des maisons des marchands du Siècle d'or et la puissance de la Compagnie des Indes orientales... p. 157
- **Se balader à vélo dans le quartier du Jordaan** et s'arrêter dans un « café brun » pour avaler une soupe aux pois ou une bière de saison............................ p. 163
- S'éblouir des couleurs et des formes torturées nées de la palette du fabuleux **Vincent Van Gogh au musée** qui lui est consacré .... p. 169
- **Prendre le ferry** derrière la gare centrale pour découvrir les restos-bars-boîtes aménagés dans les anciens entrepôts du port (NDSM) .... p. 179, 185
- **Participer au Festival des Lumières** (5 décembre-18 janvier) et découvrir les canaux décorés d'œuvres lumineuses réalisées par des plasticiens audacieux .... p. 38
- Humer le vent du large et **découvrir à vélo les villages paisibles sur les bords de l'IJsselmeer**............................ p. 190
- Au printemps, **parcourir les immenses champs de fleurs autour de Keukenhof :** tulipes, narcisses, jacinthes forment une mosaïque de couleurs vives ondulant au gré du vent .... p. 212
- **À Gouda, faire une provision de fromage au lait cru en forme de boule** et jeter un coup d'œil aux splendides vitraux de l'église Saint-Jean .... p. 216, 217
- À Gouda encore, **participer à la magie du Kaarsjesavond** le deuxième jeudi de décembre, soirée où l'électricité est coupée pour faire place à des milliers de bougies autour du sapin............. p. 218
- **Apprécier le charme tranquille des quais le long des canaux de Delft** et découvrir les origines secrètes de l'inspiration du génial Vermeer........... p. 218
- **À Scheveningen,** la plage de La Haye, **s'imprégner de l'atmosphère de kermesse populaire** sur le Pier au coucher du soleil....................................... p. 236
- **À Rotterdam, lever le nez** pour admirer les tours du nouveau Manhattan et autres réalisations architecturales d'avant-garde, comme les **maisons cubiques,** le nouveau **Markt Hall** et le **pont Erasmus** ...... p. 251
- À Rotterdam toujours, **embarquer à bord du bateau *Spido*** pour découvrir les installations gigantesques d'un des plus grands ports du monde .... p. 253

Remerciements

- Roger Stryland, de l'office néerlandais du tourisme de Paris.
- Machted Ligtvoet à Amsterdam.
- Els de Haan, de Amsterdam Autrement.
- Femke de Caluwe, de l'office de tourisme de Gouda.
- Madame Smerts, de l'office de tourisme de Delft.
- Madame Smid, de l'office de tourisme de La Haye.
- Kim Heinen, de l'office de tourisme de Rotterdam.
- Ludovic Jean, pour ses précieuses corrections.

Nous tenons à remercier tout particulièrement Loup-Maëlle Besançon, Thierry Bessou, Gérard Bouchu, François Chauvin, Grégory Dalex, Stéphanie Déro, Fabrice Doumergue, Cédric Fischer, Carole Fouque, Michelle Georget, David Giason, Claude Hervé-Bazin, Emmanuel Juste, Dimitri Lefèvre, Fabrice de Lestang, Romain Meynier, Éric Milet, Pierre Mitrano, Jean-Sébastien Petitdemange, Thomas Rivallain et Dominique Roland pour leur collaboration régulière.

Emmanuelle Bauquis
Mathilde Blanchard
Jean-Jacques Bordier-Chêne
Michèle Boucher
Mathilde Bouron
Sophie Cachard
Jeanne Cochin
Agnès Debiage
Jérôme Denoix
Joséphine Desfougères
Tovi et Ahmet Diler
Clélie Dudon
Sophie Duval
Alain Fisch
Bérénice Glanger
Adrien et Clément Gloaguen
Bernard Hilaire
Sébastien Jauffret
Blanche-Flore Laize
Virginie Leibel
Jacques Lemoine
Julien Léopold
Jacques Muller
Caroline Ollion
Martine Partrat
Odile Paugam et Didier Jehanno
Julia Pouyet
Émile Pujol
Anaïs Rougale
Prakit Saiporn
Jean-Luc et Antigone Schilling
Alicia Tawil
Caroline Vallano
Juliana Verdier

Direction : Nathalie Bloch-Pujo
Contrôle de gestion : Jérôme Boulingre et Virginie Laurent-Arnaud
Secrétariat : Catherine Maîtrepierre
Direction éditoriale : Catherine Julhe
Édition : Matthieu Devaux, Géraldine Péron, Olga Krokhina, Gia-Quy Tran, Julie Dupré, Pauline Fiot, Camille Loiseau, Béatrice Macé de Lépinay, Emmanuelle Michon, Martine Schmitt et Marion Sergent
Préparation-lecture : Dorica Lucaci
Cartographie : Frédéric Clémençon et Aurélie Huot
Fabrication : Nathalie Lautout et Audrey Detournay
Relations presse France : COM'PROD, Fred Papet. ☎ 01-70-69-04-69. • *info@comprod.fr* •
Illustration : Anne-Sophie de Précourt
Direction marketing : Adrien de Bizemont, Lydie Firmin et Laure Illand
Contacts partenariats : André Magniez (EMD). • *andremagniez@gmail.com* •
Édition des partenariats : Élise Ernest
Informatique éditoriale : Lionel Barth
Couverture : Clément Gloaguen et Seenk
Maquette intérieure : le-bureau-des-affaires-graphiques.com, Thibault Reumaux et npeg.fr
Relations presse : Martine Levens (Belgique) et Maureen Browne (Suisse)
Régie publicitaire : Florence Brunel-Jars

ITINÉRAIRES CONSEILLÉS

À Amsterdam

Tout dépend, bien sûr du temps dont vous disposez et de vos centres d'intérêt. Néanmoins, nous vous donnons, par quartier, les principaux sites incontournables à découvrir sur 4-5 jours.

Dans le centre

Le Dam, la Bourse du commerce et *les Negen Straatjes* (Neuf Ruelles).
La Nieuwe Kerk (la Nouvelle Église).
L'Amsterdam Museum et la galerie des gardes civiques.
Het Begijnhof (le Béguinage).
Le musée Allard-Pierson.

Dans le quartier Rouge (Red Light District)

L'Oude Kerk (la Vieille Église).
Ons'Lieve Heer op Solder (ou « Le Bon Dieu au grenier »).

Balade le long des grands canaux

Le Singel.
Le Herengracht (le canal des Seigneurs).
Le Het Grachtenhuis (la maison des Canaux).
Le Keizersgracht (le canal de l'Empereur).
Le Magerebrug (le pont Maigre).
Le musée Van Loon.
Le Prinsengracht (le canal du Prince).
L'Anne Frank Huis (la maison d'Anne Frank).
Le Houseboat Museum.

Le quartier du Jordaan

L'Egelantiersgracht (le canal des Églantiers).
Le Bloemgracht (le canal des Fleurs).

Leidseplein, le Vondelpark et le quartier des musées

Le Vondelpark.
Le Rijksmuseum (le Musée national).
Le Van Gogh Museum.
Le Stedelijk Museum (le musée municipal d'Art moderne) et le Concertgebouw.

Le quartier De Pijp et l'ancien quartier juif

Le quartier *De Pijp* et le marché Albert Cuyp, au sud.
L'ancien quartier juif (Jodenbuurt), à l'est, avec la *Rembrandthuis* (la maison de Rembrandt), la synagogue portugaise et le *Joods Historisch Museum* (le Musée historique juif).
L'Hermitage Amsterdam.

Quartier du Plantage et Oosterpark

Le *Hortus Botanicus* (le jardin botanique).
Le *Tropenmuseum* (le musée des Tropiques) avec le *Dapper Markt.*

Les anciens docks et les rives de l'IJ

Le chantier naval et le musée *'t Kromhout.*
Le musée maritime.
Le *Filmmuseum* (Eye) et le quartier NDSM (ancien chantier naval).

Dans les environs d'Amsterdam

S'il fait beau, réservez-vous une journée supplémentaire à vélo pour découvrir les jolis villages de l'Ijsselmeer (Marken, Edam, Volendam...).

À Rotterdam et dans les villes au sud d'Amsterdam

Compter :
1 journée pour le parc de Keukenhof (au printemps) et une visite de Haarlem.
1 journée pour Gouda et Delft.
3 journées complètes pour visiter La Haye et Rotterdam.

Si vous êtes...

... Amoureux : promenade le long des canaux et roucoulades dans les « cafés bruns » d'Amsterdam.
... Amateur d'Art : choix déchirants entre le Rijksmuseum, le musée Van Gogh, le Stedelijk Museum, la maison de Rembrandt et l'Hermitage, à Amsterdam, le musée CoBrA à Amstelveen ; le musée Frans-Hals à Haarlem ; le Mauritshuis et le Gemeentemuseum de La Haye ; le Vermeercentrum de Delft ; le musée Boijman-Van Beuningen à Rotterdam.
... Marin dans l'âme : le Houseboatmuseum, le Scheepvaartmuseum, le chantier naval, le Werfmuseum 't Kromhout à Amsterdam ; le musée maritime et le Delfshaven à Rotterdam sans oublier la visite du plus grand port d'Europe.
... Amateur d'histoire : l'Amsterdam Museum et la galerie des gardes civiques, le Willet Holthuyzen Museum, le musée Van Loon, le Joods Historisch Museum, le Verztsmuseum ; le Prinsenhof à Delft ; le Binnenhof et le Haag's Historisch Museum à La Haye.
... Amateur d'exotisme : les restaurants indonésiens et leur *rijstaffel,* le Tropenmuseum d'Amsterdam ; le musée d'ethnologie Nusantara à Delft ; le Wereldmuseum à Rotterdam.
... Fondu de fromages : les innombrables boutiques spécialisées, le marché du mercredi en été à Edam, le Waag (poids public) de Gouda.
... Fleuriste amateur : l'Amsterdam Tulip Museum, l'Hortus Botanicus, le marché aux fleurs ; la bourse aux fleurs de Flora Holland et, bien sûr, les champs de tulipes de Keukenhof au printemps.
... Curieux de lieux insolites : à Amsterdam, *Ons' Lieve Heer op Solde,*, les musées des Lunettes, du Sac à main, du Piano mécanique ; la péniche aux Chats, le cinéma Tuschinski, l'American Hotel... À Haarlem, les cours et enclos, le Tylers Museum, het Dolhuys. À La Haye : Escher in het Paleis et le panorama Mesdag ; les Kijk-Kubus, la maison Sonneveld, le nouveau Market Hall à Rotterdam ; les moulins de Kinderdijk, aux environs.
... En famille : à Amsterdam, la maison d'Anne Frank, le Houseboat Museum, le Tropenmuseum, le Science Center Nemo, le zoo, le *Scheepvaartmuseum* (Musée maritime) et aussi le village de Marken ; le Zaansmuseum ; Madurodam à La Haye et la plage de Scheveningen.

COMMENT Y ALLER ?

EN AVION

Les lignes régulières

▲ **AIR FRANCE**

Rens et résas au ☎ 36-54 (0,34 €/mn – tlj 6h30-22h), sur • airfrance.fr •, dans les agences Air France et dans ttes les agences de voyages. Fermées dim.

➢ En collaboration avec KLM, Air France assure 10 vols/j. directs entre Paris-CDG 2 et Amsterdam-Schiphol en sem et 12 vols/j. le w-e.

➢ Également 4 vols/j. depuis Lyon, 3 vols/j. depuis Marseille, 4 vols/j. depuis Nice et Toulouse, 1 à 3 vols/j. depuis Nantes, 2-3 vols/j. depuis Bordeaux.

Air France propose à tous des tarifs attractifs toute l'année. Vous avez la possibilité de consulter les meilleurs tarifs du moment sur Internet, directement sur la page « Meilleures offres ET promotions ».

Le programme de fidélisation Air France-KLM permet de cumuler des *miles* à son rythme et de profiter d'un large choix de primes. Avec votre carte *Flying Blue,* vous êtes immédiatement identifié comme client privilégié lorsque vous voyagez avec tous les partenaires.

Air France propose également des réductions Jeunes. La carte *Flying Blue Jeune* est réservée aux jeunes âgés de 2 à 24 ans résidant en France métropolitaine, dans les départements d'outre-mer, au Maroc, en Tunisie ou en Algérie. Avec plus de 1 000 destinations, et plus de 100 partenaires, *Flying Blue Jeune* offre autant d'occasions de cumuler des *miles* partout dans le monde.

▲ **HOP !**

Rens et résas sur • hop.fr • via les canaux de ventes Air France, dans ttes les agences de voyages et au centre d'appel ☎ 0825-30-22-22 (0,15 €/mn, tlj, tte l'année).

➢ Vols quotidiens vers Amsterdam depuis Strasbourg et depuis Clermont-Ferrand (3-4 vols/sem).

Les compagnies *low-cost*

Ces compagnies dites « à bas prix » desservent les grandes capitales européennes ainsi que de nombreuses villes de province. Plus vous réserverez vos billets à l'avance, plus vous aurez des chances d'avoir des tarifs avantageux mais il ne faut pas trop espérer trouver facilement des billets à prix plancher lors des périodes les plus fréquentées (vacances scolaires, week-ends...). N'hésitez pas à combiner les offres, d'autant plus que les compagnies *low-cost* permettent des vols simples. La résa se fait souvent par Internet et parfois par téléphone (pas d'agence, juste un numéro de réservation et un billet à imprimer soi-même). Des frais de dossier ainsi que des frais pour le paiement par carte bancaire peuvent vous être facturés. En outre, les pénalités en cas de changement d'horaires sont assez importantes.

Afin de réduire les files d'attente dans les aéroports, certaines font même payer l'enregistrement aux comptoirs d'aéroport. Pour l'éviter vous avez intérêt à vous enregistrer directement sur Internet où le service est gratuit. Il faut aussi rappeler que plusieurs compagnies facturent maintenant les bagages en soute ou limitent leurs poids. En cabine également le nombre

de bagages est strictement limité (attention même le plus petit sac à main est compté comme un bagage à part entière).
À bord, c'est service minimum et tous les services sont payants (boissons, journaux...). Ne pas oublier non plus d'ajouter le prix du bus pour se rendre à ces aéroports, souvent assez éloignés du centre-ville ou dans des aéroports secondaires quand il s'agit des capitales. Attention également au moment de la résa par Internet à décocher certaines options qui sont automatiquement cochées (assurances, etc.). Au final, même si les prix de base restent très attractifs, il convient de prendre en compte tous ces frais annexes pour calculer le plus justement son budget.

▲ EASYJET

Rens : ☎ 0825-082-508 (0,12 €/mn). • *easyjet.com* •

➢ Vol depuis Bordeaux.

➢ Pour nos lecteurs suisses, liaisons de Bâle-Mulhouse-Fribourg et Genève à Amsterdam.

▲ TRANSAVIA

Rens : ☎ 0892-058-888 (0,34 €/mn). • *transavia.com* •

➢ La compagnie *low-cost* d'Air France-KLM organise des vols vers Amsterdam ou Rotterdam/La Haye ou Eindhoven à partir d'Ajaccio, Bergerac, Chambéry, Genève, Grenoble, Marseille, Montpellier, Nice et Toulon.

▲ VUELING

Rens : ☎ 0899-232-400 (en France, 1,34 €/appel, puis 0,34 €/mn).

➢ Vols depuis Bastia, Bordeaux, Brest, Lyon, Marseille, Nantes, Nice, Toulouse et Genève.

LES ORGANISMES DE VOYAGES

– Ne pas croire que les vols à tarif réduit sont tous au même prix pour une même destination à une même époque : loin de là. De plus, une agence bon marché ne l'est pas forcément toute l'année (elle peut n'être compétitive qu'à certaines dates bien précises). Donc, contactez tous les organismes et jugez vous-même.

– Les organismes cités sont classés par ordre alphabétique, pour éviter les jalousies.

EN FRANCE

▲ FUAJ (Fédération unie des auberges de jeunesse)

– Paris : antenne nationale, 27, rue Pajol, 75018. ☎ 01-44-89-87-27. Ⓜ La Chapelle, Marx-Dormoy ou Gare-du-Nord. Mer-ven 12h-17h30. Rens dans ttes les AJ, les points d'info et de résa en France, et sur le site • *fuaj.org* •

La FUAJ (Fédération unie des auberges de jeunesse) accueille ses adhérents dans 160 auberges de jeunesse en France. Seule association française membre de l'*IYHF (International Youth Hostel Federation),* elle est le maillon d'un réseau de 4 000 auberges de jeunesse réparties dans 90 pays. La FUAJ organise, pour ses adhérents, des activités sportives, culturelles et éducatives, ainsi que des rencontres internationales. Vous pouvez obtenir gratuitement les brochures *Printemps-Été, Hiver,* la carte pliable des AJ et le guide des AJ en France.

▲ NOUVELLES FRONTIÈRES

Rens et résas au ☎ 0825-000-747 (0,15 €/min), sur • *nouvelles-frontieres.fr* •, *dans les agences de voyages, et agences Nouvelles Frontières et Marmara.*

Depuis plus de 45 ans, Nouvelles Frontières fait découvrir le monde au plus grand nombre au travers de séjours aussi merveilleux qu'insoupçonnés, à la découverte de nouveaux paysages et de nouveaux visages et de rencontres riches en émotions. Selon votre budget ou vos désirs, plus de 100 destinations à choisir parmi 240 circuits ou bien en séjours et voyages à la carte à personnaliser selon vos envies. Rendez-vous sur le web ou en agence où les conseillers Nouvelles Frontières seront à votre écoute pour mettre le voyage d'exception à votre portée et composer votre voyage selon vos souhaits.

▲ NOVO TRAVEL

Rens et résas : ☎ 0899-18-00-18 (1,35 €/min). • *novo.travel* • *Lun-ven 10h-12h et 14h-18h.*

Spécialiste des voyages en autocar à destination de toutes les grandes cités européennes. Week-ends, séjours et circuits en bus toute l'année, grands festivals et événements européens, formules pour tout public, individuel ou groupe, au départ de toutes les grandes villes de France.

▲ **PARTIRENCORE.COM**
Rens et résas : ☎ 04-38-02-16-60. • partirenencore.com • Lun-ven 9h-12h, 14h-18h ; sam 9h-12h.
Une agence dynamique qui organise des séjours économiques en Europe (y compris en Russie) dans les grandes capitales au départ de 30 villes de France. Plusieurs formules d'hébergement, de la cité U aux hôtels 3 étoiles. Départs toute l'année et pour des concerts et des festivals rock en Europe. Départs possibles chaque semaine avec des formules bus + hôtels dans les capitales européennes.

▲ **VOYAGES-SNCF.COM**
– Infos et résas depuis la France : • voyages-sncf.com •
– Commander, échanger ou annuler un billet de train : ☎ 36-35 (0,34 €/mn).
– Réserver un vol, un hôtel, une voiture : ☎ 0899-500-500 (1,35 € l'appel puis 0,34 €/mn).
– Une question sur le site ou sur votre commande : ☎ 09-70-60-99-60 (n° non surtaxé).
Voyages-sncf.com, distributeur de voyages en ligne de SNCF, accessible sur internet, sur tablette et sur mobile, vous propose ses meilleurs prix de train et d'avion, de chambres d'hôtel et de location de voitures en France et en Europe. Vous avez également accès à des services exclusifs : l'envoi gratuit des billets à domicile (en France), Alerte Résa pour être informé de l'ouverture des réservations, le calendrier des prix, la carte des bons plans, mais aussi des offres de dernière minute et de nombreuses promotions...

▲ **VOYAGEURS DU MONDE**
• voyageursdumonde.com • Le spécialiste du voyage en individuel sur mesure.
*– **Voyageurs en Russie et en Europe centrale** (Allemagne, Autriche, Belgique, Hongrie, Pays baltes, Pays-Bas, Pologne, République tchèque, Russie, Slovénie, Ukraine) : ☎ 01-42-86-17-60.*
– Paris : La Cité des Voyageurs, 55, rue Sainte-Anne, 75002. ☎ 01-42-86-16-00. Ⓜ Opéra ou Pyramides. Lun-sam 9h30-19h. Avec une librairie spécialisée sur les voyages.
– Également des agences à Bordeaux, Grenoble, Lille, Lyon, Marseille, Montpellier, Nantes, Nice, Rennes, Rouen, Strasbourg et Toulouse. Également à Bruxelles et Genève.
Parce que chaque voyageur est différent, que chacun a ses rêves et ses idées pour les réaliser, Voyageurs du Monde conçoit, depuis plus de 30 ans, des projets sur mesure. Les séjours proposés sur 120 destinations sont élaborés par leurs 180 conseillers voyageurs. Spécialistes par pays, et même par régions, ils vous aideront à personnaliser les voyages présentés à travers une trentaine de brochures d'un nouveau type et sur leur site internet, où vous pourrez également découvrir les hébergements exclusifs et consulter votre espace personnalisé. Au cours de votre séjour, vous bénéficiez des services personnalisés Voyageurs du Monde, dont la possibilité de modifier à tout moment votre voyage, l'assistance d'un concierge local, la mise en place de rencontres et de visites privées et l'accès à votre carnet de voyage via une application iPhone et Androïd. Chacune des 15 Cités des Voyageurs est une invitation au voyage : accessoires de voyage, expositions-ventes d'artisanat et conférences.
Voyageurs du Monde est membre de l'association ATR (Agir pour un tourisme responsable) et a obtenu sa certification Tourisme responsable AFAQ AFNOR.

Comment aller à Roissy et à Orly ?

Bon à savoir :
– le ***pass Navigo*** est valable pour Roissy-Rail (RER B, zones 1-5) et Orly-Rail (RER C, zones 1-4). Les week-ends et j. fériés, le *pass Navigo* est dézoné, ce qui permet à ceux qui n'ont que les zones 1 à 3 d'aller tout de même jusqu'aux aéroports sans frais supplémentaires ;

– le ***billet Orly-Rail*** permet d'accéder sans supplément aux réseaux métro et RER.

À Roissy-Charles-de-Gaulle 1, 2 et 3

Attention : si vous partez de Roissy, pensez à vérifier de quelle aérogare votre avion décolle, car la durée du trajet peut considérablement varier en fonction de cette donnée.

En transports collectifs

Les cars Air France : *☎ 0892-350-820 (0,34 €/mn). • lescarsairfrance.com • Paiement par CB possible à bord.*
Le site internet diffuse les informations essentielles sur le réseau (lignes, horaires, tarifs...) permettant de connître en temps réel le trafic afin de mieux planifier son départ. Il permet d'acheter et d'imprimer les billets électroniques pour accéder aux bus.
➢ *Paris-Roissy :* départ pl. de l'Étoile (1, av. Carnot), avec un arrêt pl. de la Porte-Maillot (bd Gouvion-Saint-Cyr). Départs ttes les 30 mn, 5h45-23h. Durée du trajet : env 1h. Tarifs : 17 € l'aller simple, 29 € l'A/R ; réduc enfants 2-11 ans.
Autres départs depuis la gare Montparnasse (arrêt rue du Commandant-Mouchotte, face à l'hôtel *Pullman*), ttes les 30 mn, 6h-22h, avec un arrêt gare de Lyon (20 bis, bd Diderot). Tarifs : 17 € l'aller simple, 28,50 € l'A/R ; réduc enfants 2-11 ans.
➢ *Roissy-Paris :* les cars *Air France* desservent la pl. de la Porte-Maillot, avec un arrêt bd Gouvion-Saint-Cyr, et se rendent ensuite au terminus de l'av. Carnot. Départs ttes les 20-30 mn, 5h45-23h, des terminaux 2A et 2C (porte C2), 2E et 2F (niveau « Arrivées », porte 3 de la galerie), 2B et 2D (porte B1), et du terminal 1 (porte 34, niveau « Arrivées »).
À destination de la gare de Lyon et de la gare Montparnasse, départs ttes les 30 mn, 6h-22h, des mêmes terminaux. Durée du trajet : env 1h15.

Roissybus : *☎ 32-46 (0,34 €/mn). • ratp.fr •* Départs de la pl. de l'Opéra (angle rues Scribe et Auber) ttes les 15 mn (20 mn à partir de 20h, 30 mn à partir de 22h), 5h15-00h30. Durée du trajet : 1h. De Roissy, départs 6h-00h30 des terminaux 1, 2A, 2B, 2C, 2D et 2F, et à la sortie du hall d'arrivée du terminal 3. Tarif : 10,50 €.

Bus RATP n° 351 : de la pl. de la Nation, 5h35-20h20. Solution la moins chère mais la plus lente. Compter 3 tickets ou 5,70 € et 1h40 de trajet. Ou ***bus n° 350,*** de la gare de l'Est (1h15 de trajet). Arrivée Roissypôle-gare RER.

RER ligne B + navette : *☎ 32-46 (0,34 €/mn).* Départs ttes les 15 mn, 4h53-0h20 depuis la gare du Nord et à partir de 5h26 depuis Châtelet. À Roissy-Charles-de-Gaulle, descendre à la station (il y en a 2) qui dessert le bon terminal. De là, prendre la navette adéquate. Compter 50 mn de la gare du Nord à l'aéroport (navette comprise), mais mieux vaut prendre de la marge. Tarif : 10,90 €. *Pass Navigo* valable sans frais supplémentaires pour les aéroports.

Si vous venez du Nord, de l'Ouest ou du Sud de la France en train, vous pouvez rejoindre les aéroports de Roissy sans passer par Paris, la gare SNCF Paris-Charles-de-Gaulle étant reliée aux réseaux TGV.

En taxi

Pensez aussi aux nouveaux services de transport qui se développent dans la capitale, et qui pourraient être adaptés à vos besoins :
– ***WeCab :*** *☎ 01-41-27-66-77. • wecab.com • Remise de 10 % pour nos lecteurs avec le code « routard2015 » au paiement.* Une formule de taxi partagé (avoir un peu de souplesse horaire donc, max 2 arrêts), uniquement entre les aéroports parisiens et Paris, ainsi qu'une quarantaine de villes en Île-de-France, tarifs forfaitaires (paiement à l'avance en ligne).
– ***LeCab :*** *☎ 01-76-49-76-49. • lecab.fr •* Tarifs forfaitaires (paiement à l'avance en ligne), pas de facturation des bagages, réservation gratuite sur Internet, payante par téléphone. Le chauffeur vient vous chercher dans l'aéroport...
Maintenant, à vous de voir !

En voiture

Chaque terminal a son propre parking. Compter 36 € par tranche de 24h. Également des parkings longue durée (PR et PX), plus éloignés des terminaux, qui proposent des tarifs plus avantageux (forfait 24h 26 €, forfait 7 j. 158 €). Possibilité de réserver sa place de parking via le site • *aeroportsdeparis.fr* • Stationnement au parking Vacances (longue durée) dans le P3 Résa (terminaux 1 et 3) situé à 2 mn du terminal 3 à pied, ou dans le PAB (terminal 2). Formules de stationnement 1-30 j. (115-230 €) pour le P3 Résa. Résa w-e 4 j. au PAB : 49 €. Réservation sur Internet uniquement. Les P1, PAB et PEF accueillent les deux-roues : 15 € pour 24h.

Comment se déplacer entre Roissy-Charles-de-Gaulle 1, 2 et 3 ?

Les rames du CDG-VAL font le lien entre les 3 terminaux en 8 mn. Fonctionne tlj, 24h/24. Gratuit. Accessible aux personnes à mobilité réduite. Départs ttes les 4 mn, et ttes les 20 mn minuit-4h. Desserte gratuite vers certains hôtels, parkings, gares RER et gares TGV. *Infos au ☎ 39-50.*

À Orly-Sud et Orly-Ouest

En transports collectifs

Les cars Air France : *☎ 0892-350-820 (0,34 €/mn).* • *lescarsairfrance.com* • *Tarifs : 12,50 € l'aller simple, 21 € l'A/R ; réduc 2-11 ans. Paiement par CB possible dans le bus.*

➢ *Paris-Orly :* départs de l'Étoile, 1, av. Carnot, ttes les 30 mn, 5h-22h40. Arrêts au terminal des Invalides, rue Esnault-Pelterie (Ⓜ Invalides), gare Montparnasse (rue du Commandant-Mouchotte, face à l'hôtel *Pullman ;* Ⓜ Montparnasse-Bienvenüe, sortie « Gare SNCF ») et porte d'Orléans (arrêt facultatif uniquement dans le sens Orly-Paris). Compter env 1h.

➢ *Orly-Paris :* départs ttes les 20 mn, 6h30-23h40, d'Orly-Sud, porte L, et d'Orly-Ouest, porte H, niveau « Arrivées ».

RER C + navette : *☎ 01-60-11-46-20.* • *transdev-idf.com* • Prendre le RER C jusqu'à Pont-de-Rungis (un RER ttes les 15-30 mn). Compter 25 mn depuis la gare d'Austerlitz. Ensuite, navette pdt 15-20 mn pour Orly-Sud et Orly-Ouest. Compter 6,65 €. Très recommandé les jours où l'on piétine sur l'autoroute du Sud (w-e et jours de grands départs) : on ne sera jamais en retard. Pour le retour, départs de la navette ttes les 15 mn depuis la porte G à Orly-Ouest (5h40-23h14) et la porte F à Orly-Sud (4h45-0h55).

Orlybus : • *ratp.fr* • Compter 20-30 mn pour rejoindre Orly (Ouest ou Sud) et 7,50 € l'aller simple.

➢ *Paris-Orly :* départs ttes les 15-20 mn de la pl. Denfert-Rochereau. Orlybus fonctionne tlj 5h35-23h, jusqu'à minuit ven, sam et veilles de fêtes.

➢ *Orly-Paris :* départ d'Orly-Sud, porte H, quai 4, ou d'Orly-Ouest, porte J, niveau « Arrivées ». Fonctionne tlj 6h-23h30, jusqu'à 0h20 ven, sam et veilles de fêtes. Compter 7,50 € l'aller simple.

Orlyval : *☎ 32-46 (0,34 €/mn).* • *ratp.fr* • Compter 11,65 € l'aller simple entre Orly et Paris. La jonction se fait à Antony (ligne B du RER) sans aucune attente. Permet d'aller d'Orly à Châtelet et vice versa en 40 mn env, sans se soucier de la densité de la circulation automobile.

➢ *Paris-Orly :* départs pour Orly-Sud et Ouest ttes les 6-8 mn, 6h-23h.

➢ *Orly-Paris :* départs d'Orly-Sud, porte K, zone livraison des bagages, ou d'Orly-Ouest, porte A, niveau 1.

En taxi

Pensez aussi aux nouveaux services de transport de personnes qui se développent dans la capitale et pourraient être adaptés à vos besoins (voir plus haut les solutions en taxi proposées pour se rendre à Roissy).

En voiture

– ***Parkings aéroports :*** à proximité d'Orly-Ouest, parkings P0 et P2. À proximité d'Orly-Sud, P1, P2 et P3 (à 50 m du terminal, accessible par tapis roulant). Compter 28,50 € pour 24h de stationnement. Les parkings P0 et P2 (Orly-Ouest) et P6 (Orly-Sud), à proximité immédiate des terminaux, proposent des forfaits intéressants, dont le « Week-end ». Forfaits disponibles

aussi pour les P4 et P5 (éloignés) : 24-27 € pour 24h. Il existe des forfaits Vacances intéressants à partir de 6 j. et jusqu'à 45 j. (100-300 €) au P2 et P6. Les P4, P7 (en extérieur) et P5 (couvert) sont des parkings longue durée, plus excentrés, reliés en 10 mn par navettes gratuites aux terminaux. *Rens : ☎ 01-49-75-56-50.* Comme à Roissy, possibilité de réserver en ligne sa place de parking (P0 et P7) sur • *aeroportsdeparis.fr* • Les frais de résa (en sus du parking) sont de 8 € pour 1 j., de 12 € pour 2-3 j. et de 20 € pour 4-10 j. de stationnement pour le P0. Les parkings P0-P2 à Orly-Ouest et P1-P3 à Orly-Sud accueillent les deux-roues : 6,20 € pour 24h.

– À proximité, ***Econopark*** : possibilité de laisser sa voiture à Chilly-Mazarin *(13, rue Denis-Papin, ZA La Vigne-aux-Loups, 91380 ; à env 10 mn d'Orly ; proche A6 et A10).* De 1 à 28 j., compter 30-166 €. Trajet A/R vers Orly en minibus (sans supplément). Option parking couvert possible. Réservation et paiement en ligne • *econopark.fr* • ou *☎ 01-60-14-85-62.*

Liaisons entre Orly et Roissy-Charles-de-Gaulle

Les cars Air France : *☎ 0892-350-820 (0,34 €/mn).* • *lescarsairfrance.com* • Départs de Roissy-Charles-de-Gaulle depuis les terminaux 1 (porte 32), 2A et 2C, 2B et 2D, 2E et 2F (galerie de liaison entre les terminaux 2E et 2F) vers Orly 5h55-22h30. Départs d'Orly-Sud (porte K) et d'Orly-Ouest (porte H) vers Roissy-Charles-de-Gaulle 6h30 (7h le w-e)-22h30. Ttes les 30-45 mn (dans les 2 sens). Durée du trajet : env 1h30. Tarif : 21 €, 35,50 € A/R ; réduc.

RER B + Orlyval : *☎ 32-46 (0,34 €/mn).* Depuis Roissy, navette puis RER B jusqu'à Antony et enfin Orlyval entre Antony et Orly, 6h-22h15. Tarif : 19,50 €.

EN BELGIQUE

▲ AIRSTOP

• *airstop.be* •

Pour ttes les adresses Airstop, un seul numéro de tél : ☎ 070-233-188 (lun-ven 9h-18h30, sam 10h-17h).

– Bruxelles : bd E. Jacquemain 76, 1000.

– Anvers : Jezusstraat, 16, 2000.

– Bruges : Dweersstraat, 2, 8000.

– Gand : Maria Hendrikaplein, 65, 9000.

– Louvain : Mgr Ladeuzeplein, 33, 3000.

Airstop offre une large gamme de prestations, du vol sec au séjour tout compris, à travers le monde.

▲ NOUVELLES FRONTIÈRES

• *nouvelles-frontieres.be* •

– Nombreuses agences dans le pays, dont Bruxelles, Charleroi, Liège, Mons, Namur, Waterloo, Wavre, et au Luxembourg.

Voir le texte dans la partie « En France ».

▲ SERVICE VOYAGES ULB

• *servicevoyages.be* • *25 agences, dont 12 à Bruxelles.*

– Bruxelles : campus ULB, av. Paul-Héger, 22, CP 166, 1000. ☎ 02-650-40-20.

– Bruxelles : pl. Saint-Lambert, 1200. ☎ 02-742-28-80.

– Bruxelles : chaussée d'Alsemberg, 815, 1180. ☎ 02-332-29-60.

Service Voyages ULB, c'est le voyage à l'université. Billets d'avion sur vols charters et sur compagnies régulières à des prix hyper compétitifs.

▲ TAXISTOP

Pour ttes les adresses Taxistop : ☎ 070-222-292. • *taxistop.be* •

– Bruxelles : rue Thérésienne, 7A, 1000.

– Gand : Maria Hendrikaplein, 65, 9000.

– Ottignies : bd Martin, 27, 1340.

Taxistop propose un système de covoiturage, ainsi que d'autres services comme l'échange de maisons ou le gardiennage.

▲ VOYAGEURS DU MONDE

• *voyageursdumonde.com* •

– Bruxelles : chaussée de Charleroi, 23, 1060. ☎ 02-543-95-50.

Le spécialiste du voyage en individuel sur mesure. Voir le texte dans la partie « En France ».

EN SUISSE

▲ STA TRAVEL

• *statravel.ch* •

– Genève : rue de Rive, 10, 1204. ☎ 058-450-49-49.

– Genève : rue Vignier, 3, 1205. ☎ 058-450-48-30.
– Fribourg : rue de Lausanne, 24, 1701. ☎ 058-450-49-80.
– Lausanne : bd de Grancy, 20, 1006. ☎ 058-450-48-50.
– Lausanne : à l'université, Anthropole, 1015. ☎ 058-450-49-20.
Agences spécialisées notamment dans les voyages pour jeunes et étudiants. 150 bureaux STA et plus de 700 agents du même groupe répartis dans le monde entier sont là pour donner un coup de main *(Travel Help).*
STA propose des tarifs avantageux : vols secs *(Blue Ticket),* billets Euro Train, hôtels, écoles de langue, *work & travel,* circuits d'aventure, voitures de location, etc. Délivre la carte internationale d'étudiant et la carte *Jeune.*

▲ TUI – NOUVELLES FRONTIÈRES

– Genève : rue Chantepoulet, 10, 1201. ☎ 022-906-80-80.
– Lausanne : bd de Grancy, 19, 1006. ☎ 021-616-88-91.
Voir le texte dans la partie « En France ».

AU QUÉBEC

▲ INTAIR VACANCES

Intair Vacances propose un vaste choix de prestations à la carte incluant vol, hébergement et location de voitures en Europe, aux États-Unis, au Mexique et aux Antilles. Également au menu, des courts ou longs séjours en Espagne (Costa del Sol) et en France (hôtels et appartements sur la Côte d'Azur et en région). Également un choix d'« achat-rachat » de voiture en France et dans la péninsule Ibérique.

▲ VACANCES TOURS MONT ROYAL

• *vacancestmr.com* •
Le voyagiste propose une offre complète sur les destinations et les styles de voyages suivants : Europe, destinations soleil d'hiver et soleil d'été, forfaits tout compris, circuits accompagnés ou en liberté. Au programme Europe, tout ce qu'il faut pour les voyageurs indépendants : locations de voitures, cartes de train, bonne sélection d'hôtels, excursions à la carte, forfaits à Paris, etc. À signaler : l'option « achat-rachat » de voiture (17 j. minimum, avec prise en France et remise en France ou ailleurs en Europe). Également : vols entre Montréal et Londres, Bruxelles, Bâle, Madrid, Málaga, Barcelone et Vienne avec *Air Transat* ; les vols à destination de Paris sont assurés par la compagnie *Corsair* au départ de Montréal, d'Halifax et de Québec.

EN TRAIN

➢ ***Thalys,*** le train à grande vitesse, relie Paris-Gare du Nord au centre-ville d'Amsterdam en 3h17, avec 9 départs/j. entre 6h25 et 19h25. *Thalys* dessert également Rotterdam et Schiphol (aéroport) avant d'arriver à Amsterdam. Les rames disposent toutes d'un équipement wifi, gratuit en Confort 1 et payant en Confort 2 (vérifiez, la notion de confort n'est pas la même pour tous !). Possibilité de réserver un taxi à l'arrivée.
Nouveauté 2014 : *Thalys* relie directement Lille-Europe à Amsterdam en 2h40. Départ à 11h59 lun-ven, et 10h06 sam. En soirée, un départ assuré à 21h06 tlj sf sam. Depuis Amsterdam vers Lille, *Thalys* opère une liaison à 7h18, tlj. Lun-jeu, une 2e liaison à 16h18.

Pour préparer votre voyage

– ***Billet à domicile :*** commandez votre billet par Internet ou par téléphone au ☎ 36-35 (0,34 €/mn, hors surcoût éventuel de votre opérateur) : la SNCF vous l'envoie gratuitement à domicile.
– ***Service bagages à domicile :*** la SNCF prend en charge vos bagages où vous le souhaitez et vous les livre là où vous allez. Service disponible en France continentale, en Allemagne, en Suisse (enlèvement et livraison uniquement en gare) et au Luxembourg.

Les *pass* internationaux

Avec les ***Pass InterRail,*** les résidents européens peuvent voyager dans 30 pays d'Europe, dont les Pays-Bas. Plusieurs formules et autant de tarifs, en fonction de la destination et de l'âge.

À noter que le *Pass InterRail* n'est pas valable dans votre pays de résidence. Cependant, l'*InterRail Global Pass* offre une réduction de 50 % de votre point de départ jusqu'à la frontière en France.
– Pour les grands voyageurs, l'***InterRail Global Pass*** est valable dans l'ensemble des 30 pays européens concernés, intéressant si vous comptez parcourir plusieurs pays au cours du même périple. Il se présente sous 5 formes au choix.
Deux formules flexibles : utilisable 5 j. sur une période de validité de 10 j. (184 € pour les 12-25 ans, 281 € pour les plus de 25 ans), ou 10 j. sur une période de validité de 22 j. (269 € pour les 12-25 ans, 399 € pour les plus de 25 ans).
Trois formules « continues » : *Pass* 15 j. (312 € pour les 12-25 ans, 442 € pour les plus de 25 ans) ; *Pass* 22 j. (345 € pour les 12-25 ans, 517 € pour les plus de 25 ans) ; *Pass* 1 mois (442 € pour les 12-25 ans, 668 € pour les plus de 25 ans). Ces cinq formules existent aussi pour les 4-11 ans et en version 1re classe !
Les voyageurs de plus de 60 ans bénéficient d'une réduction de 10 % sur le tarif de l'*InterRail Global Pass* en 1re et 2de classes (tarif senior).
– Si vous ne parcourez que les Pays-Bas, le ***One Country Pass*** vous suffira. D'une période de validité de 1 mois, il est utilisable, selon les formules 3, 4, 6 ou 8 j. en discontinu : à vous de faire les calculs avant le départ.
– *InterRail* vous offre également la possibilité d'obtenir des réductions ou avantages à travers toute l'Europe avec ses partenaires bonus (musées, chemins de fer privés, hôtels, etc.).
Tous ces prix sont applicables jusqu'au 31 décembre 2014.
Pour plus de renseignements, adressez-vous à la gare ou boutique SNCF la plus proche.

Tarifs du One Country Pass

Benelux (tarif 2014)

	+ de 25 ans	12-25 ans	4-11 ans
3 jours	125 €	83 €	63 €
4 jours	158 €	103 €	79 €
6 jours	212 €	135 €	106 €
8 jours	255 €	168 €	128 €

Pour voyager au meilleur prix

La SNCF propose des tarifs adaptés à chacun de vos voyages.
➢ ***TGV Prem's, Intercités Prem's :*** des petits prix disponibles toute l'année. Billets non échangeables et non remboursables (offres soumises à conditions). Impossible de poser des options de réservation sur ces billets : il faut les payer immédiatement.
Bon plan : un site gratuit permet de racheter à des particuliers des billets à prix intéressants. On y trouve beaucoup de billets « Prem's » à destination des Pays-Bas. Pour en savoir plus : ● *trocdestrains.com* ●
➢ ***Les tarifs Loisir***
Une offre pour tous ceux qui programment leurs voyages mais souhaitent avoir la liberté de décider au dernier moment et de changer d'avis (offres soumises à conditions). Tarifs échangeables et remboursables. Pour bénéficier des meilleures réductions, pensez à réserver vos billets à l'avance (les réservations sont ouvertes jusqu'à 90 jours avant le départ) ou à voyager en période de faible affluence.
➢ ***Les cartes de réductions***
Pour ceux qui voyagent régulièrement, profitez de réductions garanties tout le temps avec les cartes Enfant +, 12-17, 18-27, Week-end, Senior + (valables 1 an).
Rens et résas : ☎ 36-35 (0,34 €/mn). ● *tgv.com* ● *intercites.scnf.com* ● *voyages-sncf.com* ●
– Également dans les gares, les boutiques SNCF et les agences de voyages agréées.

EN VOITURE

Économique à plusieurs (env 16 € de péage par trajet), bien pour être autonome sur la route, mais pas du tout pratique dans le centre d'Amsterdam (voir absolument la rubrique « Transports » dans le chapitre « Amsterdam »).
➢ ***De Paris :*** l'itinéraire le plus court (entièrement par autoroute) passe par *Lille, Gand (Ghent)* et *Anvers (Antwerpen).* Compter 504 km, donc à peu

près 5-6h de route avec une pause à mi-chemin. À Paris, prendre l'autoroute du Nord (A 1) à la porte de La Chapelle ou à la porte de Bagnolet. Péage jusqu'à Lille ; après, les autoroutes sont gratuites. Ce trajet est plutôt ennuyeux. On peut aussi faire *Paris-Bruxelles-Anvers-Amsterdam* : cet itinéraire est un peu plus long que celui qui passe par Lille. Autre solution : prendre la route du nord-est de la France qui traverse la Champagne et les Ardennes par Charleville-Mézières. De là, très jolie route par la *vallée de la Meuse* en Belgique, avec *Dinant, Namur, Liège, Maastricht, Utrecht* et *Amsterdam.*

➢ ***De l'est de la France*** *(Alsace, Lorraine)* **:** Amsterdam se situe à 610 km de Strasbourg. La route passe par l'*Allemagne* et la bonne ville de *Maastricht.*

Attention : la vitesse sur autoroutes est limitée à 120 km/h (radars nombreux, amendes désormais transmises en France) en Belgique mais est passée à 130 km/h aux Pays-Bas.

Infos pratiques

– ***Les autoroutes*** sont gratuites et éclairées une partie de la nuit en Belgique et aux Pays-Bas. Attention : en Belgique, la signalisation autoroutière est constituée de panneaux verts (bleus pour les nationales).

– Les autos et les motos jaunes de l'***ANWB*** (*Touring Club* néerlandais) patrouillent 24h/24 le long des routes à grande circulation. Les automobilistes peuvent demander par téléphone l'assistance de l'*ANWB* à partir des bornes (jaunes) situées le long des routes.

– La vitesse maximale est de 130 km/h sur les routes E (autoroutes), 80 km/h sur les routes B (routes secondaires) et 50 km/h en agglomération.

EN BUS

BUSBUD

• busbud.com •

Busbud est un service en ligne et sur mobile qui permet de rechercher, comparer et réserver des billets de bus à travers le monde. Pour obtenir une réduction exclusive sur votre trajet, rendez-vous sur *• busbud.com •* ou sur l'application mobile Busbud et tapez le code promo « ROUTARD2015 » lors de votre commande (code à usage unique).

En France

EUROLINES

Rens : ☎ 0892-899-091 (0,34 €/mn ; tlj 8h-21h, dim 10h-17h). • eurolines.fr •

– Paris : 55, rue Saint-Jacques, 75005. Lun-ven 9h30-18h30, sam 10h-13h et 14h-17h. Vous trouverez également les services d'Eurolines sur • routard.com • Eurolines propose 10 % de réduc pour les jeunes (12-25 ans) et les seniors. 2 bagages gratuits/pers en Europe et 40 kg gratuits pour le Maroc.

– Gare routière internationale à Paris : 28 av. du Général-de-Gaulle, 93541 Bagnolet Cedex. Ⓜ Gallieni.

Première *low-cost* par bus en Europe, Eurolines permet de voyager vers plus de 600 destinations en Europe et au Maroc avec des départs quotidiens depuis 90 villes françaises. Eurolines propose également des hébergements à petits prix sur les destinations desservies.

Pass Europe : pour un prix fixe valable 15 ou 30 j., vous voyagez autant que vous le désirez sur le réseau entre 51 villes européennes. Également un mini-*pass* pour visiter 2 capitales européennes (7 combinés possibles).

➢ Eurolines dessert 9 villes aux Pays-Bas au départ de nombreuses villes françaises : dont *Amsterdam* (jusqu'à 6 départs/j.), *Breda, Eindhoven, La Haye, Maastricht, Rotterdam* et *Utrecht.*

En Belgique

EUROLINES-EUROPABUS

– Bruxelles : Coach Station CCN, gare du Nord, 1000. ☎ 02-201-03-09. • eurolines.be •

➢ Jusqu'à 9 liaisons/j. de Bruxelles vers Amsterdam, en passant par Anvers.

À BICYCLETTE

On peut le faire sans problème, question d'entraînement, en fait.

COMMENT Y ALLER ?

La solution consiste à faire le voyage ***par la route*** jusqu'à Amsterdam. Ceux qui partent de Paris ont avantage à ne pas passer par Lille ou Anvers, route passablement morne et industrieuse, mais à prendre la piste du nord-est de la France. Gagner Charleville-Mézières, puis la Belgique par la vallée de la Meuse. Ensuite Dinant, Namur, Huy, Liège, Maastricht, Utrecht, enfin Amsterdam. C'est, en revanche, un peu plus long. Tout dépend de votre coup de pédale, mais envisager la randonnée en 4 ou 5 jours ne relève pas de l'utopie, d'autant qu'on trouve de bonnes AJ en cours de route.

EN BATEAU

Pour un retour plus paisible... Oui, on peut naviguer à partir d'Amsterdam sur les voies d'eau de Hollande et de Belgique par Anvers et Liège, pour finir par la vallée de la Meuse et les ascenseurs hydrauliques du canal du Centre, classés au Patrimoine mondial de l'Unesco. C'est à bord d'un bateau glissant sur les rivières et canaux que le romancier Georges Simenon aurait inventé le commissaire Maigret. Vous saurez quoi lire ou quoi faire, sur le pont.

▲ **CROISIEUROPE**
● *croisieurope.com* ●
– Strasbourg (siège) : 12, rue de la Division-Leclerc, 67000. ☎ 0825-333-777 (n° Indigo ; 0,15 €/mn), lun-ven 9h-12h30 et 13h-18h ; sam 9h-12h.
– Bureaux à Paris, Lyon, Nice, Bruxelles et Lausanne.

UNITAID

UNITAID a été créé pour lutter contre le VIH/sida, le paludisme et la tuberculose, les trois principales maladies meurtrières dans les pays en développement. UNITAID intervient dans 94 pays en facilitant l'accès aux médicaments et aux diagnostics, et en baissant les prix, dans les pays en développement. Le financement d'UNITAID provient principalement d'une contribution de solidarité sur les billets d'avion mise en place par six pays membres, dont la France. Les financements ont permis à près d'un million de personnes atteintes du VIH/sida de bénéficier d'un traitement et de délivrer plus de 19 millions de traitements contre le paludisme. Moins de 5 % des fonds servent au fonctionnement du programme, 95 % sont utilisés directement pour les médicaments et les tests. Pour en savoir plus : ● *unitaid.eu* ●

PAYS-BAS UTILE

ABC DES PAYS-BAS

- *Superficie :* 41 526 km² (13 fois moins que la France), mais seulement 33 889 km² de terres émergées et 7 637 km² de cours et plans d'eau.
- *Population :* 16,829 millions d'hab. Urbanisée à 66 %.
- *Densité :* 405 hab./km². Une des plus fortes du monde.
- *Espérance de vie :* hommes 79,2 ans et femmes 82,9 ans.
- *Capitale :* Amsterdam, plus de 800 000 hab.
- *Villes principales :* Rotterdam, Den Haag (La Haye ; siège des pouvoirs publics, de la Cour de justice internationale et résidence de la cour royale).
- *Point culminant :* 321 m.
- *Point le plus bas :* - 6,74 m.
- *Langues officielles :* le néerlandais (et le frison).
- *Monnaie :* l'euro.
- *Régime :* monarchie constitutionnelle.
- *Chef de l'État :* le roi Willem-Alexander depuis avril 2013.
- *Chef du gouvernement :* Mark Rutte (parti libéral) depuis 2010 et reconduit en octobre 2012.
- *PIB par habitant :* 32 420 € en 2013.
- *Taux de chômage :* 8,6 % en 2013.
- *Indice de développement humain :* 0,921 (4e rang mondial).
- *Religions :* calviniste, catholique, juive, musulmane.

AVANT LE DÉPART

Adresses utiles

En France

- ***Office néerlandais du tourisme et des congrès :*** *20-22, rue des Petits-Hôtels, 75010 Paris.* • *holland.com/fr* • *Fermé au public.*
- ***Ambassade royale des Pays-Bas :*** *7, rue Éblé, 75007 Paris.* ☎ *01-40-62-33-00.* • *amb-pays-bas.fr* • Ⓜ *Duroc ou Saint-François-Xavier. Service consulaire : lun-ven 9h30-14h.*

En Belgique (et pour le Luxembourg)

- ***Office néerlandais du tourisme et des congrès :*** *BP 136, 1050 Bruxelles.* • *holland.com* • *Fermé au public.* Brochures à télécharger.
- ***Ambassade royale des Pays-Bas :*** *av. de Cortenberg, 4-10, 1040 Bruxelles.* ☎ *02-679-17-11.* • *nlambassade.org* • *Service consulaire : lun-ven 9h-12h30.*

En Suisse

- ***Ambassade royale des Pays-Bas :*** *Steftigenstrasse, 7, 3007 Berne.* ☎ *031-350-87-00 (lun-ven 8h30-12h30, 13h30-16h30).* • *switzerland.nlembassy.org* •

Au Canada

- ***Royal Netherlands Embassy*** *(Constitution Square Building) :* *350, Albert Street, suite 2020, Ottawa (Ontario) K1R 1A4.* ☎ *(613)*

877-388-2443. • netherlandsembassy.ca •

■ **Consulat général des Pays-Bas :** *Scotia Tower, suite 2201, 1002, rue Sherbrooke Ouest, Montréal (Québec) H3A 3L6. ☎ (514) 935-6226. • dutchconsulatemontreal.org •*

Formalités

Les Pays-Bas font partie de l'espace Schengen ; il n'y a donc pas de contrôle aux frontières pour les ressortissants de l'Union européenne, mais il vaut mieux se munir d'une carte nationale d'identité en cours de validité ou d'un passeport en cours de validité.

Pensez à scanner passeport, visa, carte bancaire, billet d'avion et vouchers d'hôtel. Ensuite, adressez-les-vous par e-mail, en pièces jointes. En cas de perte ou de vol, rien de plus facile pour les récupérer dans un cybercafé. Les démarches administratives seront bien plus rapides. Merci tonton Routard !

Assurances voyage

■ ***Routard Assurance :*** *c/o AVI International, 40-44, rue Washington, 75008 Paris. ☎ 01-44-63-51-00. • avi-international.com • Ⓜ Georges-V.* Depuis 20 ans, Routard Assurance, en collaboration avec AVI International, spécialiste de l'assurance voyage, propose aux voyageurs un contrat d'assurance complet à la semaine qui inclut le rapatriement, l'hospitalisation, les frais médicaux et le retour anticipé et les bagages. Ce contrat se décline en différentes formules : individuel, senior, famille, *light* et annulation. Pour les séjours longs (2 mois à 1 an), consultez notre site. L'inscription se fait en ligne et vous recevrez dès la souscription, tous vos documents d'assurance par email.

■ ***AVA :*** *25, rue de Maubeuge, 75009 Paris. ☎ 01-53-20-44-20. • ava.fr • Ⓜ Cadet.* Un autre courtier fiable pour ceux qui souhaitent s'assurer en cas de décès-invalidité-accident lors d'un voyage à l'étranger, mais surtout pour bénéficier d'une assistance rapatriement, perte de bagages et annulation. Attention, franchises pour leurs contrats d'assurance voyage.

■ ***Pixel Assur :*** *18, rue des Plantes, BP 35, 78600 Maisons-Laffitte. ☎ 01-39-62-28-63. • pixel-assur.com • RER A : Maisons-Laffitte.* Assurance de matériel photo et vidéo tous risques dans le monde entier. Devis basé sur le prix d'achat de votre matériel. Avantage : garantie à l'année.

Carte internationale d'étudiant (carte ISIC)

Elle prouve le statut d'étudiant dans le monde entier et permet de bénéficier de tous les avantages, services et réductions dans les domaines du transport, de l'hébergement, de la culture, des loisirs, du shopping... C'est la clé de la mobilité étudiante !

La carte ISIC permet aussi d'accéder à des avantages exclusifs sur le voyage (billets d'avion spécial étudiants, hôtels et auberges de jeunesse, assurances, cartes SIM internationales, location de voiture, navette aéroport...).

Pour l'obtenir en France

– ***Commandez-la en ligne :*** *• isic.fr •*

– ***Rendez-vous dans la boutique ISIC*** *(2, rue de Cicé, 75006 Paris ; ☎ 01-40-49-01-01)* muni de votre certificat de scolarité, d'une photo d'identité et de 13 € (12 € + 1 € de frais de traitement).

Émission immédiate sur place ou envoi à domicile le jour même de la commande en ligne.

En Belgique

Elle coûte 12 € (+ 1 € de frais d'envoi) et s'obtient sur présentation de la carte d'identité, et de la carte d'étudiant auprès de l'agence ***Connections*** : *rens au ☎ 070-23-33-13.* • *isic.be* •

En Suisse

Dans toutes les agences ***S.T.A. Travel*** *(☎ 058-450-40-00 ou 49-49),* sur présentation de la carte d'étudiant, d'une photo et de 20 Fs. Commande de la carte en ligne : • *isic.ch* • *statravel.ch* •

Au Canada

La carte coûte 20 $Ca (+ 1,50 $Ca de frais d'envoi). Disponible dans les agences ***Travel Cuts/Voyages Campus,*** mais aussi dans les bureaux d'associations étudiantes. Pour plus d'infos : • *voyagescampus.com* •

Carte d'adhésion internationale aux auberges de jeunesse (carte FUAJ)

Cette carte vous ouvre les portes des 4 000 auberges de jeunesse du réseau HI-Hostelling International en France et dans le monde. Vous pouvez ainsi parcourir 90 pays à des prix avantageux et bénéficier de tarifs préférentiels avec les partenaires des auberges de jeunesse HI. Enfin, vous intégrez une communauté mondiale de voyageurs partageant les mêmes valeurs : plaisir de la rencontre, respect des différences et échange dans un esprit convivial. Il n'y a pas de limite d'âge pour séjourner en auberge de jeunesse. Il faut simplement être adhérent.

Pour l'obtenir en France

– ***En ligne,*** avec un paiement sécurisé, sur le site • *hifrance.org* •

– ***Dans toutes les auberges de jeunesse,*** points d'informations et de réservations en France. Liste des AJ sur • *hifrance.org* •

– ***Par correspondance*** auprès de l'antenne nationale *(27, rue Pajol, 75018 Paris ; ☎ 01-44-89-87-27),* en envoyant une photocopie d'une pièce d'identité et un chèque à l'ordre de la FUAJ du montant correspondant à l'adhésion. Ajoutez 2 € pour les frais d'envoi. Vous recevrez votre carte sous 15 j.

Les tarifs de l'adhésion 2015

– ***Carte internationale individuelle FUAJ - de 26 ans :*** 7 €. Pour les personnes de 16 à 25 ans (veille des 26 ans) – Français ou étrangers résidant en France depuis plus de 12 mois – les étudiants français et les demandeurs d'emploi sur présentation d'un justificatif. Pour les mineurs, une autorisation parentale et la carte d'identité du parent tuteur sont nécessaires pour l'inscription.

– ***Carte internationale individuelle FUAJ + de 26 ans :*** 11 €.

– ***Carte internationale FUAJ Famille :*** 20 €. Pour les familles ayant un ou plusieurs enfants de moins de 16 ans. Les enfants de plus de 16 ans devront acquérir une carte individuelle FUAJ.

– ***Carte internationale FUAJ partenaire :*** gratuite. Réservée aux personnes licenciées, aux adhérents d'une association ou fédération sportive partenaire de la FUAJ, sur présentation de leur licence.

Liste complète des associations et fédérations sportives sur • *hifrance.org* •, rubrique « Partenaires ».

En Belgique

Réservée aux personnes résidant en Belgique. La carte d'adhésion est obligatoire. Son prix varie selon l'âge : entre 3 et 15 ans, 4 € ; entre 16 et 25 ans, 9 € ; après 25 ans, 15 €.

Votre carte de membre vous permet d'obtenir des réductions auprès de nombreux partenaires en Belgique.

Renseignements et inscriptions

■ ***À Bruxelles :*** *LAJ, rue de la Sablonnière, 28, 1000. ☎ 02-219-56-76.* • *lesaubergesdejeunesse.be* •

■ ***À Anvers :*** *Vlaamse Jeugdherbergcentrale (VJH), Beatrijslaan 72, B 2050 Antwerpen. ☎ 03-232-72-18. • jeugdherbergen.be •*

En Suisse (SJH)

Réservée aux personnes résidant en Suisse. Le prix de la carte dépend de l'âge : 22 Fs pour les - de 18 ans, 33 Fs pour les adultes et 44 Fs pour une famille avec des enfants de - de 18 ans.

Renseignements et inscriptions

■ ***Schweizer Jugendherbergen (SJH) :*** *service des membres, Schaffhauserstr. 14, 8006 Zurich. ☎ 044-360-14-14. • youthhostel.ch •*

Au Canada

Elle coûte 35 $Ca pour une durée de 16 à 28 mois et 175 $Ca pour une carte valable à vie (tarifs hors taxes). Gratuit pour les enfants de - de 18 ans.

■ ***Auberges de jeunesse du Saint-Laurent / St Laurent Youth Hostels :*** *3514, av. Lacombe, Montréal (Québec) H3T 1M1. ☎ 514-731-1015. N° gratuit (au Canada) : ☎ 1-800-663-5777.*

■ ***Canadian Hostelling Association :*** *205, Catherine St, bureau 400, Ottawa (Ontario) K2P 1C3. ☎ 613-237-7884. • info@hihostels.ca • hihostels.ca •*

Pour réserver HI votre séjour en auberge de jeunesse

– ***En France :*** *• hifrance.org •* Réservez vos séjours dans 120 auberges de jeunesse. Accès aux offres spéciales et dernières minutes.

– ***En France et dans le monde :*** *• hihostels.com •* Si vous prévoyez un séjour itinérant, vous pouvez réserver plusieurs auberges en une seule fois !

ARGENT, BANQUES, CHANGE

La monnaie nationale

Comme leurs partenaires européens, les Pays-Bas ont adopté l'euro. Il restera donc à nos amis suisses et canadiens à convertir leurs monnaies respectives.

Les banques

Elles sont généralement ouvertes du lundi au vendredi de 9h à 17h. Certaines ouvrent également le jeudi soir jusqu'à 21h ou le samedi matin. Elles sont fermées les jours fériés. On a alors le choix entre les guichets du *GWK* ou ceux des bureaux de change. C'est vite vu ! Les agences *GWK* sont situées dans les gares des principales villes et aux postes frontières.

Le change

Pour ceux qui en auront encore besoin, les grandes banques nationales offrent les meilleurs taux de change, ainsi que les bureaux de change *GWK*, qui prennent la commission la moins élevée de tous. Dans le centre des grandes villes, on trouve de nombreux petits bureaux de change privés. **Attention !** Évitez-les à tout prix : les taux de change alléchants cachent des commissions élevées qui peuvent atteindre 25 % !

On peut aussi changer de l'argent dans les hôtels et les campings, mais, là encore, les taux de change ne sont pas du tout intéressants.

De manière générale, changer aux guichets du *GWK* (ou à l'*ABN-AMRO* par défaut), et utiliser les kiosques de change uniquement en cas d'urgence.

Les cartes de paiement

Attention ! Même si des arrhes vous ont été débitées par carte, certains hôteliers sont encore réticents à utiliser ce moyen de paiement. Si vous restez plusieurs jours, on vous demandera parfois de vous approvisionner en liquide auprès d'un distributeur de billets pour payer votre note. Du coup, vous risquez d'épuiser rapidement la somme plafond dont vous pouvez disposer sur une période de 5 jours. Demandez lors de la réservation si vous pouvez payer par carte

(attendez-vous à une commission de 3 à 5 %) ; sinon, prévoyez d'***emporter suffisamment de liquide.*** Observation non valable évidemment si vous réservez un hôtel de charme ou de chaîne, les deux pouvant parfois se confondre.
De même, beaucoup de restos n'acceptent que les cartes locales, à la rigueur la *MasterCard* ou l'*American Express,* mais pas toujours la *Visa.* Idem dans les supermarchés. Par contre, ***dans les nouveaux lieux « tendance »,*** tels les hôtels design, les restos-bars des anciens docks et autres lieux encore plus excentrés qu'excentriques, la carte est exigée, par précaution, afin de décourager les effractions. Là, ***votre carte sera obligatoire, pas d'autre mode de paiement possible.***

– ***Distributeurs de billets :*** beaucoup de banques disposent de distributeurs automatiques en façade qui acceptent la *MasterCard.* Pour la *Visa,* le choix se limite à trois banques : *GWK, VSB Bank* et *ABN-AMRO.* Sinon, distributeurs dans les supermarchés.
Quelle que soit la carte que vous possédez, chaque banque gère elle-même le processus d'opposition et le numéro de téléphone correspondant ! Avant de partir, notez donc bien le numéro d'opposition propre à votre banque (il figure souvent au dos des tickets de retrait, sur votre contrat ou à côté des distributeurs de billets), ainsi que le numéro à 16 chiffres de votre carte. Bien entendu, conservez ces informations en lieu sûr et séparément de votre carte. Par ailleurs, l'assistance médicale se limite aux 90 premiers jours du voyage et l'assistance véhicule, aux cartes haut de gamme (renseignez-vous auprès de votre banque). N'oubliez pas aussi de VÉRIFIER LA DATE D'EXPIRATION DE VOTRE CARTE BANCAIRE avant votre départ !

– ***Carte bleue Visa internationale :*** *assistance médicale et véhicule incluse ; numéro d'urgence (Europ Assistance) : ☎ (00-33) 1-41-85-85-85. • visa.fr • Pour faire opposition, contactez le numéro communiqué par votre banque.*

– ***Carte MasterCard :*** *assistance médicale incluse ; numéro d'urgence : ☎ (00-33) 1-45-16-65-65. • mastercardfrance.com • En cas de perte ou de vol, composez le numéro communiqué par votre banque pour faire opposition.*

– ***Carte American Express :*** *téléphonez en cas de pépin au ☎ (00-33) 1-47-77-72-00 (numéro accessible tlj, 24h/24). • americanexpress.fr •*

– Pour toutes les cartes émises par ***La Banque postale,*** composez le : *☎ 0825-809-803 (0,15 €/mn) depuis la France métropolitaine ou les DOM, et le ☎ (00-33) 5-55-42-51-96 depuis les DOM ou l'étranger.*

– Également un numéro d'appel valable ***pour faire opposition quelle que soit votre carte de paiement*** : *☎ 0892-705-705 (serveur vocal à 0,34 €/mn).* Ne fonctionne ni en PCV ni depuis l'étranger.

Petite mesure de précaution

Si vous retirez de l'argent dans un distributeur, utilisez de préférence les distributeurs attenants à une agence bancaire. En cas de souci avec votre carte (carte avalée, erreurs de code secret...), vous aurez un interlocuteur dans l'agence, pendant les heures ouvrables du moins.

Western Union

En cas de besoin urgent d'argent liquide (perte ou vol de billets, chèques de voyage, carte de paiement), vous pouvez être dépanné en quelques minutes grâce au système ***Western Union Money Transfer.*** Pour cela, demandez à quelqu'un de vous déposer de l'argent en euros dans l'un des bureaux *Western Union* ; les correspondants en France de *Western Union* sont ***La Banque postale*** *(fermée sam ap-m, n'oubliez pas ! ☎ 0825-00-98-98 ; 0,15 €/mn)* et la ***Société financière de paiements*** *(**SFDP** ; ☎ 0825-825-842 ; 0,15 €/min).* L'argent vous est transféré en moins d'un quart d'heure. La commission, assez élevée, est payée par l'expéditeur. Possibilité d'effectuer un transfert en ligne 24h/24 par carte de paiement (*Visa* ou *MasterCard* émise en France). ● *westernunion.com* ●

ACHATS

On trouve de tout à Amsterdam, comme dans toutes les grandes capitales.

Horaires des boutiques

La plupart des boutiques sont ouvertes le lundi 13h-18h, du mardi au vendredi 9h-18h et le samedi jusqu'à 17h. Les boutiques du centre d'Amsterdam ouvrent souvent leurs portes le dimanche (12h-17h). Profitez-en ! Les grands magasins ouvrent le lundi à 11h et ferment à 19h, parfois 20h ; mais font des nocturnes le jeudi jusqu'à 21h.

Que rapporter ?

– ***Les oignons et les bulbes de fleurs*** devant être contrôlés par le service phytopathologique, il est préférable de se les faire expédier par les fleuristes hollandais, qui connaissent les prescriptions légales et ont l'habitude d'effectuer des envois dans le monde entier. Au marché aux fleurs, où seuls les touristes s'approvisionnent encore, rassurez-vous, ils sont certifiés.
– Parmi les spécialités gastronomiques de la Hollande, citons : les ***chocolats*** (surtout l'amer, dit *puur*), les fameux ***fromages d'Edam*** et ***de Gouda,*** l'***anguille fumée*** *(gerookte paling),* le ***genièvre,*** le ***curaçao*** et les ***liqueurs*** diverses.
– Mentionnons bien sûr les ***cigares*** et les différents ***tabacs,*** traditionnellement en provenance de Sumatra.
– ***La faïence de Delft :*** voir la rubrique que nous lui consacrons dans le chapitre « Hommes, culture, environnement ».
– ***Les sabots de bois :*** difficile de résister, dans les villages aux alentours, aux étalages de dizaines de *klompen,* de bois brut, vernis, sculptés de motifs ou bariolés. Très légers, ils peuvent s'avérer d'excellentes chaussures de jardinage. Plus facile à transporter que les ***meubles en bois peint*** que l'on fabrique à Hindeloopen.
– ***Des vitraux :*** les Hollandais en accrochent partout. Art déco, classique, contemporain, il y en a pour tous les goûts, même du très kitsch !
– On reste dans le kitsch. Si les ***CD*** sont au même prix que partout, voire un tantinet plus chers, on a repéré chez les disquaires des promos incroyables. Surtout, les Hollandais cultivent un certain goût pour les ***années 1980...*** Le vintage fait fureur !
– Des ***produits de la mode et du design*** parfois assez avant-gardistes : vêtements, accessoires, articles de déco... Deux enseignes devenues mythiques : *Mooi* dans le quartier du Jordaan mais aussi *Droog* plus à l'est. Le design hollandais est partout, il est devenu accessible (c'était sa fonction première, en fait !) et reprend parfois des vieux motifs typiques (couleurs bleues et blanches, tulipes, vaches...) ce qui permet d'allier le traditionnel à l'insolite !
– Sans oublier toutes les trouvailles que vous pourrez faire dans les ***boutiques de broc*** en tous genres, où l'on peut parfois boire et grignoter sur le pouce...

BUDGET

Amsterdam peut se vivre à plusieurs vitesses. Quand on a 18 ans, on y vient en routard pur et dur. On en veut le maximum pour le minimum d'argent, et on a raison ! Plus tard, on y revient, en amoureux, en famille, entre amis déjà quelque peu nantis, on vient y faire une escapade romantique autant qu'artistique et l'on compte un peu moins ses euros.

Dans un cas comme dans l'autre, Amsterdam, contrairement à bien d'autres capitales européennes, propose toute la gamme des solutions et répond à l'attente de tous les portefeuilles. Néanmoins, on peut dire que le coût moyen de la vie est équivalent à celui de Paris, pas donné donc !

Nos fourchettes de prix en hébergement

Les prix indiqués sont pour deux personnes. **On insiste sur la nécessité de s'y prendre très tôt pour réserver :** 2 ou 3 mois à l'avance ! À noter, la possibilité de bénéficier de réductions importantes assorties d'un *passeport culturel* doté de nombreuses gratuités. Sachez enfin que, selon la saison, les prix varient du simple au double, quand ce n'est pas au triple. À Amsterdam, les prix varient aussi en fonction du jour de la semaine : comme c'est une « destination week-end », les tarifs en profitent généralement pour grimper dès le vendredi soir, même en janvier.
- ***Bon marché :*** de 30 à 65 € la chambre ; dans cette catégorie entrent les *hostels*, avec des lits en dortoir de 17 à 30 € la nuit.
- ***Prix moyens :*** de 65 à 100 € la chambre.
- ***De chic à plus chic :*** de 100 à 150 € la chambre.
- ***Encore plus chic :*** plus de 150 € la chambre.

Ne paniquez pas trop en voyant certains prix d'hôtels, consultez les sites, les offres variant souvent du simple au double en l'espace de quelques jours.
Dernière chose, pensez à bien vous faire préciser si les taxes de séjour sont comprises dans le prix. Si ce n'est pas le cas (et en l'occurrence, il n'y a pas de règle), il vous faudra ajouter 5 % au prix de la chambre. Si vous rajoutez les 5 % de supplément souvent exigés en cas de paiement par carte, cela peut réserver quelques mauvaises surprises au moment du règlement de la note.

Les prix en restauration

Le moins cher consiste à manger debout aux multiples kiosques à poisson ou... à frites ! Mais il y a de multiples *eetcafés,* snacks, lieux branchés ou alternatifs, cafés de musée ou bars pour s'amuser, où vous déjeunerez bien et sain, et de lieux tendance ou non pour dîner d'un plat et d'un dessert, en surveillant les boissons.
Les prix sont indiqués pour une personne.
- ***Très bon marché :*** moins de 5 €.
- ***Bon marché :*** de 5 à 17 €.
- ***Prix moyens :*** de 17 à 30 €.
- ***Chic :*** plus de 30 €.
- ***Très chic :*** plus de 50 €.

Les musées

La plupart sont payants et chers, de 7 à 15 €. On ne parle même pas des expos temporaires, souvent dans les 20 €. Peu d'entre eux proposent des réductions pour les étudiants, et encore moins pour les seniors (plus de 65 ans)... Cela ne vous empêche pas de tenter votre chance en demandant ! En revanche, les moins de 16 ou 18 ans paient moins cher.
L'*I Amsterdam Card* (voir plus loin la rubrique « Infos touristiques » des « Adresses et infos utiles » au début du chapitre « Amsterdam ») permet aussi de substantielles économies, à condition... de l'amortir ! D'autant que certains musées, et pas des moindres, la refusent.
À signaler aussi, pour ceux qui habitent aux Pays-Bas ou qui s'y rendraient souvent, l'existence d'une carte d'accès permanente annuelle, valable dans 400 musées ! • *museumkaart.nl* • Son prix varie : 50 € env en tarif plein, 25 € pour les moins de 19 ans. On peut l'obtenir par Internet ou dans les bureaux de l'office de tourisme *(VVV).* Prévoir une pièce d'identité et 5 € env de frais de dossier. Vu

son prix, cette carte s'amortit en quatre ou six musées. Elle peut s'avérer plus intéressante que l'*I Amsterdam Card* si vous décidez de vous limiter aux musées ou de vous aventurer en dehors de la ville. En revanche, elle n'offre ni la gratuité du transport ni les balades en bateaux-mouches. À vous de faire vos calculs... Si vous êtes adeptes de la marche à pied, n'hésitez plus !
Si vous voyagez dans d'autres villes qu'Amsterdam, vous pouvez être également intéressés par le *Holland Pass.* Pour en savoir plus : • *hollandpass.com* •

Les sorties

Alors là, c'est génial ! Écouter un groupe de jazz ou danser pour 5-12 €, boire une bière pour 3 ou 4 € dans un endroit à la mode, ça permet d'égrener le chapelet des lieux de nuit sans se mettre sur la paille.

Les toilettes

Ça ne devrait pas grever énormément le budget, sauf si vous buvez beaucoup de bière, mais sachez qu'elles sont quasi toutes payantes, parfois même dans les discothèques. Pour les clients des cafés, rassurez-vous, c'est gratuit.

CLIMAT

Le temps change très vite : alternance de vent fort, de soleil agréable et de courtes périodes de pluie (des giboulées typiques). En dehors de l'été, prévoir de bons vêtements chauds.

Les saisons

– ***Printemps :*** avril et mai sont les 2 mois de l'année où il pleut le moins. Très bonne période pour venir en week-end. Toute la Hollande est en fleurs. Il fait suffisamment bon, surtout fin mai, pour entreprendre de superbes balades à bicyclette dans Amsterdam, mais aussi dans l'arrière-pays.
– ***Été :*** moins de charme que le printemps. Beaucoup de monde à déambuler sous un ciel aux couleurs laiteuses. Mais c'est aussi en juin et juillet qu'il fait le plus chaud. Un peu à la manière tropicale, c'est l'époque où il pleut le plus.
– ***Automne :*** saison romantique par excellence pour visiter Amsterdam. Les arbres aux feuilles jaunies le long des canaux, la belle lumière oblique (chère à l'école hollandaise), les journées de pluie un peu fraîches et venteuses, la ville qui retrouve enfin son rythme normal : toute cette atmosphère propice aux promenades rêveuses nous a vraiment plu.
– ***Hiver :*** de mi-novembre à fin mars. Amsterdam se referme sur elle-même et sur ses mystères, comme une huître lasse des turpitudes estivales. La brume, le vent, le froid, la pluie culminent en janvier et février. À déconseiller aux frileux. Époque idéale pour les poètes errants, les coureurs de musées, les rêveurs et les buveurs. Ambiance envoûtante dans les « cafés bruns » enfumés, impression étrange et merveilleuse de se mouvoir dans un décor de théâtre. Avec un peu de chance, mars peut être une bonne option.

DANGERS ET ENQUIQUINEMENTS

Amsterdam est une ville où il fait bon se promener en toute quiétude. Notre seule mise en garde concerne les pickpockets, particulièrement actifs, à la nuit tombée, dans le quartier des boîtes et des restos de Leidseplein, ainsi que dans le quartier Rouge.

On vous proposera souvent des substances prohibées ; un refus ferme et poli (*dank u...* Prononcez-le bien, pour éviter tout quiproquo!) vous évitera d'être harcelé. De nuit, évitez aussi de vous engager dans les ruelles désertes et étroites du quartier Rouge. Si vous êtes agressé, ne jouez pas les héros, surtout avec les toxicos.
Si vous êtes en voiture, ne laissez pas d'objets apparents lors du stationnement de votre véhicule. Si vous louez un vélo, enchaînez-le à un arbre ou à un poteau quand vous faites des pauses, mais pas n'importe où : autour de la gare et dans le centre, garez-vous dans les lieux réservés si vous ne voulez pas retrouver votre vélo à la fourrière.
Dans la journée, ne prenez que les valeurs dont vous avez besoin et laissez le reste dans le coffre de l'hôtel. Évitez de porter la panoplie du parfait touriste, surveillez votre sac, et tout ira bien

DROGUES ET STUPÉFIANTS

La politique néerlandaise en matière de drogue a été plutôt... stupéfiante pour les autres pays européens. En Indonésie, la Compagnie des Indes orientales, puis l'État, possédait jusqu'au début du XXe s le monopole sur le transport, le contrôle de la qualité et la vente d'opium, destiné principalement à la communauté chinoise. Même si certains cherchent un remède au laisser-faire actuel, dans des centaines de *coffee-shops,* la marijuana et le haschisch se vendent toujours librement, en quantités certes bien délimitées.

MÉMOIRE COURTE

Il a fallu du temps pour que son existence officielle soit reconnue, mais une usine de cocaïne fonctionna bien à Amsterdam à partir de 1900. Le pic des ventes fut atteint en 1914-18, l'usine fournissant tous les belligérants. Parfois, la cocaïne se retrouva mélangée au rhum des soldats, pour diminuer la peur. Fermée en 1925, l'usine reprit ses activités en 1942, sous la direction des Allemands. Cette fois, les Américains et les Anglais firent tout pour que ce trafic cesse...

Répression et tolérance

Contrairement à l'idée communément véhiculée, LA CULTURE, LA VENTE ET LA CONSOMMATION DE TOUTE FORME DE DROGUE SONT INTERDITES PAR LA LOI. Cela dit, depuis l'introduction massive de stupéfiants en Europe (dans les années 1960), les Pays-Bas ont appliqué non seulement une politique répressive, mais aussi une politique de contrôle en établissant une distinction nette, dans la pratique, entre les drogues dures et les drogues douces, et entre le trafiquant et le consommateur.
Le détenteur de drogues dures et le trafiquant encourent de lourdes peines, les Pays-Bas s'étant récemment alignés sur les autres pays sur le plan des sanctions pénales. Dans le cas des drogues dites « douces », une distinction est établie selon les quantités. Selon la loi, le possesseur de moins de 5 g de haschisch ou de marijuana risque une amende. Celui qui détient plus de 5 g risque la détention et une forte amende. Là encore, dans la pratique, celui qui se balade avec 5 g de shit sur lui ne sera pas inquiété. Pourquoi ? Parce que le système tient à écarter les fumeurs occasionnels du milieu criminel et de la sphère pénale. Les petits consommateurs ne constituent donc pas la cible de la police. Bon nombre de fumeurs occasionnels interrogés soutiennent d'ailleurs le combat contre les drogues dures.

En 1996, le Parlement néerlandais a décidé d'une nouvelle politique en matière de drogue et de toxicomanie. La première licence d'exploitation est délivrée à un *coffee-shop,* marquant la volonté de fermer peu à peu les endroits trafiquant des drogues dures. Un aspect important de cette loi est que les *coffee-shops* devaient respecter cinq règles d'or : en plus de l'autorisation municipale, pas de vente de drogues dures ou chimiques, pas de publicité, respect de l'ordre public, interdiction de vendre à des mineurs et, enfin, interdiction de vendre plus de 5 g de haschisch par transaction. Ils ne peuvent détenir plus de 500 g en stock. Toute infraction à ce règlement entraînant la fermeture du *coffee-shop.* Bref, les Pays-Bas étaient entrés dans une phase répressive puisqu'ils réduisaient petit à petit le nombre des *coffee-shops* en ne renouvelant pas les licences de ceux qui fermaient ou en fermant ceux situés à proximité des écoles. Qui finira par gagner la partie ? D'un côté les partisans des *coffee-shops* soutiennent que cela permet de contrôler la qualité et de lutter contre le deal ; les autres sont fatigués de ce « narco-tourisme » qui entraîne chaque année de nouvelles nuisances : tapage nocturne, afflux de jeunes le week-end, problèmes de stationnement cruciaux.

Une tentative a été faite en 2011 de limiter l'accès des *coffee-shops* aux seuls résidents néerlandais. Une « carte cannabis » leur était délivrée.

Gérants de *coffee-shops* et partis de gauche se sont battus durant la campagne électorale des législatives pour éviter que la carte devienne une obligation. Un compromis a été trouvé avec les libéraux. En théorie, rien n'est validé, mais en pratique les villes peuvent continuer d'appliquer la politique qu'elles désirent. Le maire libéral de Maastricht a décidé de maintenir le *pass,* ce qui entraîna une fronde des gérants de *coffee-shops* d'une part, et une recrudescence du deal dans les rues d'autre part.

Une restriction d'ouverture à moins de 150 m des écoles devrait entraîner fin 2014 la fermeture de nombre de ces lieux qui font partie du paysage olfactif de la ville. Tout dépendra bien sûr des suites des élections municipales de 2014...

L'approche pragmatique des autorités néerlandaises concernant les drogues douces s'arrête aux frontières des Pays-Bas. Au-delà, Belgique comprise, chaque quantité de drogue, même douce, aussi minime soit-elle, peut toujours attirer les pires ennuis à son détenteur. **Et la justice française a même le pouvoir de poursuivre les délits de drogue commis par ses ressortissants aux Pays-Bas.**

UNE POLITIQUE DE RABAT-JOINTS PLUTÔT FUMEUSE !

Amsterdam, ville travailliste autant que touristique, a besoin de ses 220 coffee-shops pour attirer toute une population désireuse de dépenser ses euros en joints, pipes à eau et gâteaux au cannabis, vieille recette locale. Elle a dit non au « wiet pass », la fameuse carte cannabis. Pas question de transformer, comme ce fut envisagé en 2011, les coffee-shops *en clubs privés avec cartes de membres, réservées aux seuls résidents néerlandais. Sauf si l'opposition gagne du terrain, une fois la crise passée...*

FÊTES ET JOURS FÉRIÉS

Jours fériés

Les 25 et 26 décembre (on fête Noël deux jours durant !), Pâques, Pentecôte, Ascension, le 5 mai, jour de la libération des Pays-Bas, et le 27 avril, jour de l'anniversaire du roi (mais si cette date tombe un dimanche, on l'avance d'un jour, car dans la tradition protestante, le dimanche est le jour du Seigneur, pas celui du souverain).

Fêtes

En janvier

– ***La fête des tulipes :*** *fin janv (voir calendrier de l'office de tourisme).* Tout le monde peut cueillir les tulipes de la place Dam, c'est gratuit.

En février

– ***Carnaval :*** les Hollandais se déguisent avec de superbes costumes et dansent dans les rues. Très vieille tradition encore vivace, surtout dans le sud du pays (Brabant, Limbourg).

En mars

– ***Semaines artistiques d'Amsterdam :*** expositions, théâtre, concerts, spectacles de danse.

En avril et mai

– ***Anniversaire du roi :*** *le 27 avr en 2015.* Cette tradition date du couronnement de la reine Juliana en 1948. C'est la fête la plus populaire, la plus joyeuse et la plus surprenante de l'année. Toute la Hollande descend dans la rue, arborant la couleur orange de circonstance. Artistes, chanteurs, musiciens ambulants débordent d'euphorie. Il faut goûter la boisson spécialement préparée à cette occasion, l'*oranjebitter.* Tout le monde est en congé. Les magasins sont fermés, ainsi que certains musées. Le Vondelpark est réservé aux enfants et notamment aux musiciens en herbe, qui viennent y donner leur première représentation. Les rues sont noires de monde, c'est le grand déballage, chacun peut vendre ce qu'il veut au *Vrijmarkt* (au sens strict : « le marché libre »).
– ***Jour de la Libération :*** *5 mai* (fin de la Seconde Guerre mondiale en 1945, les Pays-Bas ont dû attendre les derniers jours de la guerre). Même type de manifestation.
– ***Fête du Hareng :*** *31 mai.* Le début de la saison de pêche donne lieu à de grandes réjouissances à travers tout le pays, notamment dans le port de Scheveningen, à côté de La Haye. La première tonne de *maatjes* est offerte très solennellement à la reine.

En juin et juillet

– ***Festival de Hollande :*** concerts, ballets, opéra, théâtre. Pensez à réserver vos places. Pour les enfants, spectacles en plein air au Vondelpark.
– ***Festivals de musique :*** un peu partout, en fait. Et notamment côté NDSM, dans les docks. Suivez le calendrier de l'office de tourisme.

En août

– ***Gaypride :*** *7-12 août 2015.* • *amsterdamgaypride.nl* • Longtemps considérée comme la capitale gay de l'Europe, la ville accueille la marche des fiertés gay et lesbienne pendant près d'une semaine. Un événement majeur : la « Canal Parade » sur les péniches qui réunit artistes, sportifs, professionnels des grandes marques et même la police et l'église protestante. Une fête populaire et très grand public qui rassemble autant d'hétérosexuels que d'homosexuels (300 000 visiteurs en moyenne), depuis 1996 ! Mais la fête ne doit pas faire oublier qu'il est quasiment impossible de circuler à vélo – foule oblige – ou en transports en commun et que les pickpockets sont très friands de cet évènement.
– ***Grachtenfestival*** *(festival des canaux)* **:** *14-23 août 2015.* Des concerts gratuits dans de nombreux lieux simultanément. Mélange de décontraction et raffinement assez incroyable, avec des orchestres de musique classique qui jouent sur des péniches. Également un festival théâtre et musique pour la jeunesse.

– ***Uitmarkt :*** *dernier w-e du mois.* C'est le coup d'envoi de la nouvelle saison culturelle. Des représentations en plein air se déroulent sur les quais et les ponts de la ville. Opéras et ballets ont lieu sur d'immenses scènes installées sur l'eau. Beaucoup de monde partout.

En septembre

– ***Grande fête des Fleurs :*** *1er sam du mois.* Un défilé de chars fleuris part d'Aalsmeer (ville célèbre pour la culture des fleurs) et se rend à Amsterdam.
– ***Festival du Jordaan :*** *mi-sept.* Durant 10 jours dans les rues de ce quartier. Comme toujours, les bars et les « cafés bruns » sont noirs de monde.

En novembre

– ***Concours hippique international d'Amsterdam :*** *en début de mois.*
– ***Le tour d'Amsterdam de saint Nicolas :*** *2de quinzaine du mois.* Venu d'Espagne, le saint accomplit le tour de la cité sur son cheval blanc.

En décembre

– ***Fête de la Saint-Nicolas :*** *5 déc au soir.* Le Père Noël passe d'abord en Hollande avant d'arriver chez nous ! Saint Nicolas, qui fait office de Père Noël, a donné naissance à cette fête familiale et conviviale où l'on distribue des cadeaux aux enfants.
– ***Amsterdam Light Festival :*** *5 déc 2014-18 janv 2015.* Lorsque les nuits sont les plus longues, le centre-ville brille de tous ses feux. Pour ce Festival des Lumières, le long de la rivière Amstel et des canaux du centre, des artistes proposent des installations originales et des projections sur les façades. Lors de la Parade de Noël, des dizaines de petits bateaux illuminés naviguent sur les canaux en parcourant les scènes enchanteresses.
– ***Nouvel an :*** *31 déc et 1er janv, la plupart des musées sont fermés.* Grosse ambiance dans les villes, qui tourne au délire à Amsterdam. Feux d'artifice dans tous les sens. Tous aux abris !

RACISME ?

Au Pays-Bas, les enfants sages reçoivent des cadeaux apportés par saint Nicolas le 6 décembre. Les enfants dissipés ont droit, eux, au Père Fouettard qui est... noir (Zwarte Piet). La commission des Droits de l'homme de l'ONU a demandé au gouvernement néerlandais de promouvoir plutôt le Père Noël !

HÉBERGEMENT

En dehors de l'hôtellerie, où toutes les catégories sont largement représentées, la Hollande a développé d'autres formes d'hébergement parfaitement adaptées à la grande famille des routards.

Les auberges de jeunesse

Elles sont nombreuses et souvent bien équipées. La carte d'adhérent, achetée en France de préférence, donne droit à une réduction de 2,50 € dans la trentaine d'AJ officielles *Stayokay* du pays. Les AJ privées sont nombreuses à Amsterdam, mais leur ambiance ne conviendra pas à tout le monde (notamment celles du centre) : pour un séjour en famille, ou si l'ambiance « jeune-cool-fumette » n'est pas votre tasse de thé, on vous conseille plutôt de réserver dans une AJ officielle. Les prix d'une nuitée démarrent à 17 €, petit déjeuner et draps compris. Le wifi gratuit est installé dans tous les *Stayokay*.

Les *Bed & Breakfast*

Ils sont peu nombreux dans les villes. Bien pour le tourisme vert ou pour dépanner lorsque tout est complet à Amsterdam. Réservation dans les offices de tourisme (*VVV*) ou à :

■ ***Bed & Breakfast Holland :*** *☎ (31) 20-615-75-27 (lun-ven 11h-17h). • bb-holland.nl/fr • Résa min 2 nuits, voire 3 certains gros w-e. Compter 55-110 € la nuit pour 2 pers à Amsterdam selon confort, et 45-65 € dans le reste du pays. Ajouter une quinzaine d'euros pour les frais de dossier.*

■ ***Hôtel de Boerenkamer :*** *• hotel-boerenkamer.nl • Site avec traduction française.* Chambres d'hôtes à la ferme dans la région d'Amsterdam et au nord des Pays-Bas.

■ ***Airbnb :*** *résa sur • airbnb.fr •* Des milliers de logements à tous les prix, dans tous les quartiers. 10 € de réduc à Amsterdam avec le code « Amsterdam2015» au moment de payer.

Les campings

Ils sont très nombreux (près de 1 400), mais presque tous sur le même modèle : un grand rectangle sans arbres, et quelques buissons pour séparer les caravanes des tentes ! Souvent bruyants, à proximité de grands axes routiers, équipés de douches et sanitaires payants. La Hollande ne gâte pas beaucoup les campeurs. On reçoit chaque année de nombreuses plaintes. Compter en moyenne entre 15 et 30 € par jour pour deux personnes avec tente et voiture.

– **Attention,** le camping sauvage est interdit partout en Hollande. Cela concerne aussi les camping-cars.

■ ***Holland Tulip Parcs :*** *☎ (31) 76-52-00-089. Site en néerlandais. • hollandtulipparcs.nl •* Un choix de campings surtout en région rurale. Brochure à télécharger.

Les *houseboats*

Il s'agit d'hébergements sur des péniches ou autres bateaux, dont la cale a été reconvertie en habitation avec tout le confort moderne. Également des maisons-pontons souvent mignonnes et agrémentées de jardinets fleuris. Ces *houseboats* sont généralement amarrés le long des canaux pittoresques dans le cœur même des villes comme Amsterdam, Rotterdam... Aménagés souvent pour 4-6 personnes : une formule originale, idéale en famille.

■ ***Houseboat Hotel :*** *☎ (020) 471-25-53. • houseboathotel.nl/fr •* Offres et réservation faciles en ligne.

À Amsterdam

Promotions sur Internet

De plus en plus d'hôtels modulent les tarifs de leurs chambres sur Internet en fonction du taux d'occupation. Lorsque vous avez choisi votre hôtel dans votre guide préféré, allez faire un tour sur son site internet pour voir ce qu'il propose à la période qui vous intéresse ! À certaines périodes, le prix des chambres évolue en permanence, allant parfois jusqu'à 50 % du prix de base (indiqué dans ce guide). Ces promotions sont extrêmement variables d'une semaine à l'autre, voire d'un jour à l'autre. Elles sont intéressantes pour les établissements 3 ou 4 étoiles.

Amsterdam a toujours été accueillante vis-à-vis des petits budgets. Rares sont les villes où les *budget hotels* sont aussi nombreux.

Amsterdam compte également de nombreux petits hôtels, comparables à nos 1 et 2-étoiles. Mais ils n'ont souvent que peu de chambres, d'où la **nécessité de réserver longtemps à l'avance, surtout pour le printemps et l'été.**
Pour les amoureux qui veulent la tranquillité, voir la rubrique « Prix moyens ». Ceux qui recherchent le romantisme feront bien de viser directement la rubrique « De chic à plus chic ». En dessous, l'hébergement est vraiment très fonctionnel ou carrément limite et étriqué côté confort. À Amsterdam, le mètre carré vaut très cher.
– ***Réservations :*** il vaut mieux réserver longtemps dès les premiers beaux jours. Aux périodes les plus demandées – Saint-Valentin, Pâques, week-ends de mai et d'août, fêtes de fin d'année –, il n'y a carrément plus de lits disponibles dans le centre. Pour réserver depuis l'étranger, appeler directement l'hôtel désiré ; c'est la solution la plus pratique. Ne pas hésiter à se faire confirmer par écrit l'enregistrement de la réservation, avec heure d'arrivée prévue, caractéristiques de la chambre et mode de paiement : liquide, carte de paiement. Cela évitera les mauvaises surprises dans une ville où pas mal d'hôteliers croulant sous la demande se préoccupent peu des voyageurs à la recherche d'une chambre abordable.
Ne négligez pas la clause qui permet à l'hôtelier de débiter votre compte du nombre de nuits réservées si vous n'avez pas signalé votre intention de résilier (même en partie) votre réservation dans un délai de 48h avant votre arrivée. De même certains vous ajoutent 5 % de frais en cas de réservation par carte de paiement, et vous débitent le montant des nuits dès la réservation !
La solution la plus rapide et la plus économique consiste à réserver sur les sites internet spécialisés, ou avec le central de réservation de l'office de tourisme qui contient une foule d'offres de dernière minute à prix cassés (résa en ligne gratuite, mais payante par téléphone ou en passant par le guichet).
Enfin, s'il n'y a plus rien de disponible, une bonne solution consiste alors à visiter Amsterdam depuis les environs (Haarlem, La Haye, Delft et Edam, par exemple) ; les liaisons ferroviaires sont très rapides et fréquentes.

■ ***Amsterdam Reservation Center (ARC) :*** *☎ (31) 20-20-18-800 et 0900-400-40-40 depuis les Pays-Bas. • iamsterdam.com/fr/visiting/hebergement • Lun-ven 9h-17h.* Sachez que vous ne paierez pas de frais de réservation si vous passez par Internet et réservez en ligne. En revanche, pour les réservations par téléphone, fax ou e-mail, ces frais s'élèvent à 15 € (forfaitaires, quel que soit le nombre de nuits réservées).

LANGUE

Voici quelques règles et un petit lexique pour vous aider à comprendre les panneaux, les menus des restos, et à échanger quelques mots. Cela dit, pas d'illusions, le néerlandais a des sonorités qui ne sont pas familières aux francophones, il vous faudra un peu de temps pour prononcer correctement ne serait-ce que les noms des musées. Heureusement, pratiquement tout le monde s'exprime en anglais – de quoi vous donner des complexes –, ce qui permet de communiquer sans problème. L'allemand est aussi très bien compris, mais l'anglais reste plus prisé.
– ***Néerlandais, mode d'emploi :*** l'accent tonique est presque toujours placé sur la première syllabe, sauf lorsque le mot est composé d'un préfixe, tels *be-*, *ge-*, *er-*, *her-*, *ont-*, *ver-*. Dans ce cas, l'accent tonique portera sur la syllabe suivante.
– ***Prononciation :*** le néerlandais fait une nette distinction entre les voyelles courtes et les voyelles longues.
Voici les lettres et groupes de lettres qui demandent des éclaircissements :

Voyelles courtes

e accentué	comme dans le mot « les »	*ik ben*
e non accentué	comme dans le mot « le »	*de*
o	comme dans le mot « sol »	*op*
oe	comme dans le mot « mou »	*moet*

Voyelles longues

aa	comme dans le mot « âne »	*naam*
ee	é long	*spreek*
eu	comme dans « peu » mais long	*deur*
ie	comme dans le mot « île »	*hier*
oe	ou long comme dans « boue »	*boer*
oo	comme dans le mot « côte »	*boot*
uu	comme dans le mot « mûre »	*uur*

Diphtongues

ij	comme dans le mot « soleil »	*wijn*
ui	comme dans le mot « œil »	*huis*

Consonnes

g	le g est légèrement aspiré	*geen*
h	le h est toujours aspiré	*hoe*
j	comme dans « yoga »	*ja*

Les lettres non reprises dans le tableau ci-dessus se prononcent comme en français. Mais certaines lettres se prononcent différemment en fin de mot :
– **d** se prononce *t à la fin d'un mot, mais pas s'il est suivi d'une voyelle. Par exemple, pour un mois, on dira maand (T), au pluriel maanden (D).*
– Quand la lettre **v** suit le son *p* ou *t*, elle se prononce *f* : o**p v**akantie.
– Quand la lettre **z** suit le son *p* ou *t*, elle se prononce *s* : da**t z**ijn. Mais les vrais Amstellodamois(es) prononcent toujours le z *s.*
– La combinaison de lettres **isch** se prononce comme dans le mot « visse » : Belg**isch.**
– La combinaison de lettres **ti** se prononce généralement *s* : sta**ti**on.

Vocabulaire

Les mots usuels et les expressions courantes

bonjour	*goedendag (mais on ne le dit plus vraiment, ça fait vieux jeu. Le matin on dit : goedemorgen, en prononçant plutôt goeiemorgen, l'après-midi, c'est : goedemiddag, et le soir goedenavond (en prononçant goeienavond). Dites simplement Dag ou daag, en prononçant dare, c'est mieux*
salut	*hallo, dag*
au revoir	*tot ziens*
demain	*morgen*
hier	*gisteren*

matin	*ochtend-morgen*
soir	*avond*
oui	*ja*
non	*nee*
merci	*dank u*
s'il vous plaît	*alstublieft*
je ne comprends pas	*ik begrijp het niet*
comment allez-vous ?	*hoe gaat het met u ?*
à droite	*rechts*
à gauche	*links*
où ?	*waar ?*
combien ?	*hoeveel ?*
trop cher	*te duur*
avez-vous l'heure ?	*hoe laat is het ?*
ouvert	*open*
fermé	*gesloten*

Transports

avion	*vliegtuig*
bateau	*boot*
vélo(s)	*fiets(en)*
port	*haven*
gare	*station*
train	*trein*
quai	*perron*
consigne	*bagagedepot*
sortie	*uitgang* (*uitrit* sur les routes)
entrée	*ingang* (*inrit* sur les routes)
excepté	*uitgezonderd* (panneaux d'interdiction)

Noms de lieux, rues

bureau de tourisme	*toeristen informatie*
poste	*post*
police	*politie*
banque	*bank*
rue	*straat*
digue	*dijk*
canal	*gracht*
place	*plein*
avenue	*laan*

Hébergement, restauration

auberge de jeunesse	*jeugdherberg*
hôtel	*hotel*
chambre	*kamer*
chauffage	*verwarming*
clé	*sleutel*
couverture	*deken*
lit	*bed*
salle de bains	*badkamer*
dormir	*slapen*
toilettes	*toilet*
restaurant	*restaurant*
manger	*eten*
boire	*drinken*
petit déjeuner	*ontbijt*

poisson	*vis*
hareng	*haring*
maquereau	*makreel*
saumon	*zalm*
truite	*forel*
viande	*vlees*
légumes	*groente*
fromage	*kaas*
fromage à la crème	*roomkaas*
pain	*brood*
carafe	*karaf*
eau	*water*
café	*koffie*
thé	*thee*
lait	*melk*
froid	*koud*
chaud	*warm*
bon	*goed*
mauvais	*slecht*

Argent

billet de banque	*bankbiljet*
monnaie	*geld*
pièce de monnaie	*geldstuk*

Le temps

lundi	*maandag*
mardi	*dinsdag*
mercredi	*woensdag*
jeudi	*donderdag*
vendredi	*vrijdag*
samedi	*zaterdag*
dimanche	*zondag*
été	*zomer*
automne	*herfst*
hiver	*winter*
printemps	*lente*
semaine	*week*
heure	*uur*
minute	*minuut*

Nombres

un	*een*	quarante	*veertig*
deux	*twee*	cinquante	*vijftig*
trois	*drie*	soixante	*zestig*
quatre	*vier*	soixante-dix	*zeventig*
cinq	*vijf*	quatre-vingts	*tachtig*
six	*zes*	quatre-vingt-dix	*negentig*
sept	*zeven*	cent	*honderd*
huit	*acht*	premier	*eerste*
neuf	*negen*	deuxième	*tweede*
dix	*tien*	troisième	*derde*
vingt	*twinting*	quatrième	*vierde*
trente	*dertig*	cinquième	*vijfde*

Les mots français venus du néerlandais

La langue néerlandaise (flamande en Belgique, avec de notables différences de prononciation) a fourni à la langue française pas mal de mots, surtout dans le vocabulaire de marine : bâbord, tribord (de *bakboord* et *stuurboord*), affaler, flibustier, foc, vrac, hareng, cabillaud..., ou d'autres comme mannequin, colza, bourse, boulevard (déformation de *bolwerk*), etc.

LIVRES DE ROUTE

– ***Le Journal d'Anne Frank*** (Le Livre de Poche n° 287). L'incontournable récit de l'Occupation à Amsterdam, rapporté par un réel talent en herbe, fauché par la barbarie nazie.
– ***Max Havelaar,*** de Multatuli (pseudonyme de Douwes Dekker ; Actes Sud, coll. Babel). Une dénonciation radicale de la période coloniale en Indonésie (1860) vue au travers de l'activité d'un négociant en café. Un vibrant plaidoyer pour la libération des peuples, qui fit de son auteur la cible des conservateurs. Le nom, devenu un label, est le symbole du commerce équitable.
– ***La Jeune Fille à la perle,*** de Tracy Chevalier (Folio n° 3648). Une plongée dans la vie quotidienne à Delft en 1664 avec pour cadre la famille du peintre Vermeer et le rôle joué par une modeste servante dans la réalisation d'un chef-d'œuvre de la peinture hollandaise.
– ***Semper Augustus,*** d'Olivier Bleys (Folio n° 4795). 1630 : un commerçant peu prospère de Haarlem embarque pour le Brésil dans l'espoir de faire fortune, en laissant la maison familiale sous la responsabilité de son fils aîné, qui ne va pas tarder à tomber sous de mauvaises influences. L'intrigue aborde un épisode historique réel, la *tulipomanie,* qui vit naître les premières opérations spéculatives pour des sommes défiant l'imagination.
– ***La Couleur bleue,*** de Jörg Kastner (Points thriller 1793). Amsterdam, 1669 : un teinturier assassine sauvagement sa famille. Le lendemain, le gardien de sa prison est pris d'un excès de folie et massacre sa compagne. Quel secret se dissimule derrière ces meurtres ? Dans une course rocambolesque, où les haines religieuses se mêlent au commerce illicite de la Compagnie des Indes, le jeune Cornélis, élève de Rembrandt et amoureux de sa fille, doit découvrir pourquoi le bleu serait devenu l'incarnation du mal et du crime.
– ***L'Attentat,*** de Harry Mulisch (Actes Sud, coll Babel). Occupation et répression nazie dans l'Amsterdam du début 1945, pour une réflexion intense sur le terrorisme sous le couvert d'une intrigue policière.
– ***Le Papou d'Amsterdam,*** de Jan Willem Van de Wetering (Rivages/Noir n° 313). Un des titres des nombreuses enquêtes bien ficelées d'un duo de flics amstellodamois : Grijpstra et De Gier. Une vision décapante des années 1980.
– ***Lettres à Théo,*** de Vincent Van Gogh (Grasset, Cahiers rouges n° 105). La poignante correspondance des deux frères, où Vincent fait part de son désarroi et de ses doutes d'artiste, et où Théo, qui ne le suivra que de quelques mois dans la tombe, tente de lui insuffler confiance et courage alors que sa propre existence connaît des instants précaires.
– ***Le problème Spinoza,*** de Irvin Yalom (Livre de Poche n° 33116) : Amsterdam, 1941. Le nazi Alfred Rosenberg, chargé de la confiscation des biens juifs, fait main basse sur la bibliothèque du philosophe Baruch Spinoza, chassé de sa propre communauté en 1656 et auteur d'une « éthique de la joie » qui influença les penseurs des siècles suivants. Entre polar et roman historico-philosophique, une plongée érudite dans la société hollandaise du Siècle d'Or et un regard acéré sur la fascination exercée par la pensée de Spinoza chez celui qui contribua auprès d'Hitler à l'extermination du peuple juif.

– ***Inspecteur Van der Valk,*** de Nicolas Freeling (Omnibus). L'intégrale des enquêtes d'un émule de Maigret, attachantes par leur atmosphère, dans les Pays-Bas et l'Europe des années 1960-70.

POSTE

La poste « POST.NL », qui a été privatisée en 1989, n'a plus aucun bureau de poste grand public à part entière, depuis octobre 2011. Il y a toujours le siège, ouvert au public, Singel 250. Tous les services de la poste sont désormais installés dans les supermarchés et chez les marchands de journaux. Les timbres pour l'Europe sont à 1,05 €.

SANTÉ

Pour un séjour temporaire aux Pays-Bas, pensez à vous procurer la carte européenne d'assurance maladie. Il vous suffit d'appeler votre centre de Sécurité sociale (ou de vous connecter au site internet de votre centre, encore plus rapide !), qui vous l'enverra sous une quinzaine de jours. Cette carte fonctionne avec tous les pays membres de l'Union européenne (y compris les 12 petits derniers), ainsi qu'en Islande, au Liechtenstein, en Norvège et en Suisse. C'est une carte plastifiée bleue du même format que la carte Vitale. Attention, valable 1 an, elle est gratuite et personnelle (chaque membre de la famille doit avoir la sienne, y compris les enfants). Attention encore, la carte n'est pas valable pour les soins délivrés dans les établissements privés.

Ça, c'est la théorie. Dans la pratique, il vous faudra souvent régler la facture au praticien ; à charge pour vous de vous faire rembourser à votre retour au pays. Conservez donc bien toutes les factures pour obtenir le remboursement au retour. Nous, ce qu'on en dit, c'est que pour être tranquille, il vaut mieux être couvert par une assurance-assistance. Cela évite d'avancer les frais médicaux et offre d'autres garanties qui ne sont pas superflues, même pour un pays aussi voisin que les Pays-Bas. Vérifiez d'abord que vous n'êtes pas couvert sans le savoir (par votre carte de paiement ou votre carte d'étudiant, notamment). Si besoin, souscrivez une assurance assistance-rapatriement avant de partir (*Routard Assurance,* par exemple).

RECORD D'ALTITUDE

Si les Néerlandais vivent en partie au-dessous du niveau de la mer, ils battent en revanche tous les records en matière de taille humaine ! Cela fait des décennies qu'ils n'arrêtent pas de pousser : la taille moyenne d'un homme entre 20 et 30 ans est de 185 cm et celle des femmes de 169 cm. La norme légale de la hauteur des portes est passée de 211 à 230 cm. Les raisons à cela ? Un régime alimentaire riche en protéines : lait, fromage, viande, poisson ; et surtout, affirment les anthropologues, les conditions de vie des petits Néerlandais, les plus chouchoutés d'Europe, paraît-il.

SITES INTERNET

• ***routard.com*** • Rejoignez la plus grande communauté francophone de voyageurs ! Échangez avec les routarnautes : forums, photos, avis d'hôtels. Retrouvez aussi toutes les informations actualisées pour choisir et préparer vos voyages :

plus de 200 fiches pays, une centaine de dossiers pratiques et un magazine en ligne pour découvrir tous les secrets de votre destination. Enfin, comparez les offres pour organiser et réserver votre voyage au meilleur prix. Routard.com, le voyage à portée de clics !

- ***holland.com*** • Très complet et utile pour connaître les programmes d'expos et les événements. Site traduit en français.
- ***iamsterdam.com*** • Le site officiel de la ville (en anglais).
- ***amsterdamautrement.nl*** • Pour préparer des visites guidées et insolites, en français, d'une ville qu'Els, la guide connaît par cœur. Un très bon plan.
- ***amsterdamhotspots.nl*** • Autre site donnant, en anglais, l'actualité culturelle d'Amsterdam, une sélection de clubs, d'hôtels (de charme souvent, mais assez chic), de restos, et un forum pour échanger les infos.
- ***keukenhof.nl*** • Pour les amateurs de champs de tulipes. Site traduit en français.
- ***vangoghgallery.com*** • L'œuvre du génial maître de la couleur (en anglais).

TABAC

Petit rappel : la loi antitabac, mise en place en 2008, concerne en premier les lieux publics. Restos, hôtels et bars se sont également pliés à la règle. Certains offrent parfois des espaces où l'on peut encore fumer, des fumoirs, en principe hermétiques et climatisés. Les interdictions et atteintes aux libertés sont toujours mal vécues par les Hollandais. Reste le statut ubuesque des *coffee-shops*, où l'on peut encore fumer des cigarettes « chargées », mais plus de tabac !

TÉLÉPHONE

On ne trouve plus de cabines téléphoniques au Pays-Bas !

– ***Pays-Bas → France :*** 00-33 + numéro de votre correspondant à neuf chiffres (sans le 0).

– ***France → Pays-Bas :*** 00-31 + indicatif de la ville sans le 0 + numéro de votre correspondant. Penser à le faire également avec les portables afin d'éviter d'importuner des Français ayant les mêmes numéros.

Indicatifs téléphoniques

Amsterdam	020
Delft	015
Haarlem	023
La Haye	070
Rotterdam	010
Waterland (Monnickendam, Marken, Volendam, Edam)	0299

Le téléphone portable en voyage

On peut utiliser son propre téléphone portable aux Pays-Bas avec l'option « Europe ».

– ***Activer l'option « international » :*** pour les abonnés récents, elle est en général activée par défaut. En revanche, si vous avez souscrit à un contrat depuis plus de 3 ans, pensez à contacter votre opérateur pour souscrire à l'option (gratuite). Attention toutefois à le faire au moins 48h avant le départ.

– ***Le « roaming » :*** c'est un système d'accords internationaux entre opérateurs. Concrètement, cela signifie que lorsque vous arrivez dans un pays, au bout de quelques minutes, le nouveau réseau s'affiche automatiquement sur l'écran de votre téléphone.

– Vous recevez rapidement un SMS de votre opérateur qui propose un ***pack voyageurs,*** plus ou moins avantageux, incluant un forfait limité de consommations téléphoniques et de connexion internet. À vous de voir...

– ***Tarifs :*** ils sont propres à chaque opérateur et varient en fonction des pays (le globe est découpé en plusieurs zones tarifaires). N'oubliez pas qu'à l'international, vous êtes facturé aussi bien pour les appels sortants que les appels entrants. Ne papotez donc pas des heures en imaginant que c'est votre interlocuteur qui payera !

– ***Internet mobile :*** utiliser le wifi à l'étranger et non les réseaux 3G ou 4G. Sinon, on peut faire exploser les compteurs, avec au retour de voyage des factures de plusieurs centaines d'euros ! Le plus sage consiste à ***désactiver la connexion*** « données à l'étranger » (dans « Réseau cellulaire »). Il faut également penser à ***supprimer la mise à jour automatique de votre messagerie*** qui consomme elle aussi des octets sans vous avertir (option « Push mail »). Opter pour le mode manuel.

Bons plans pour utiliser son téléphone à l'étranger

– ***Acheter une carte SIM/puce sur place :*** c'est une option très avantageuse pour certaines destinations. Il suffit d'acheter à l'arrivée une carte SIM locale prépayée chez l'un des nombreux opérateurs *(Vodaphone, T-Mobile, Telfort, KPN, Lyca, Ortel, H),* représentés dans les boutiques de téléphonie mobile des principales villes du pays et souvent à l'aéroport. On vous attribue alors un numéro de téléphone local et un petit crédit de communication. Avant de signer le contrat et de payer, essayez donc, si possible, la carte SIM du vendeur dans votre téléphone – préalablement débloqué – afin de vérifier si celui-ci est compatible. Ensuite, les cartes permettant de recharger votre crédit de communication s'achètent facilement. C'est toujours plus pratique pour trouver son chemin vers un *B & B* paumé, réserver un hôtel, un resto ou une visite guidée, et bien moins cher que si vous appeliez avec votre carte SIM personnelle.

– ***Se brancher sur les réseaux wifi*** est le meilleur moyen de se connecter au web gratuitement ou à moindre coût. De plus en plus d'hôtels, restos et bars disposent d'un réseau, payant ou non. Une fois connecté grâce au wifi, à vous les joies de la ***téléphonie par Internet*** ! Le logiciel ***Skype,*** le plus répandu, vous permet d'appeler vos correspondants gratuitement s'ils sont eux aussi connectés, ou à coût très réduit si vous voulez les joindre sur leur téléphone. Autre application qui connaît un succès grandissant, ***Viber*** permet d'appeler et d'envoyer des SMS, des photos et des vidéos aux quatre coins de la planète, sans frais. Il suffit de télécharger – gratuitement – l'appli sur son smartphone, celle-ci se synchronise avec votre liste de contacts et détecte automatiquement ceux qui ont *Viber.* Même principe, mais sans la possibilité de passer un coup de fil, ***Whatsapp Messenger*** est une messagerie pour smartphone qui permet de recevoir ou d'envoyer des messages photos, notes vocales et vidéos. La 1re année d'utilisation est gratuite, ensuite elle coûte 0,99 US$/an.

Urgences

☎ ***112 :*** voici le numéro d'urgence commun à la France et à tous les pays de l'UE, à composer en cas d'accident, d'agression ou de détresse. Il permet de se faire localiser et aider en français, tout en améliorant les délais d'intervention des services de secours.

– ***En cas de perte ou de vol de votre téléphone portable :*** suspendre aussitôt sa ligne permet d'éviter de douloureuses surprises au retour du voyage ! Voici les numéros des quatre opérateurs français, accessibles depuis la France et l'étranger :

■ **SFR :** *depuis la France, faire le ☎ 1023 ; depuis l'étranger : 📱 + 33-6-1000-1023.*
■ **Bouygues Télécom :** *depuis la France, ☎ 0-800-29-1000 ; depuis l'étranger : ☎ + 33-1-46-10-86-86.*
■ **Orange :** *depuis la France comme depuis l'étranger, 📱 + 33-6-07-62-64-64.*
■ **Free :** *depuis la France, ☎ 3244 ; depuis l'étranger, ☎ + 33-1-78-56-95-60.*
Vous pouvez aussi demander la suspension de votre ligne depuis le site internet de votre opérateur.

TRANSPORTS LOCAUX

En train et à vélo

Pour aller de ville en ville à travers les Pays-Bas, nous vous conseillons d'utiliser le train. En effet, le réseau ferroviaire *Intercity* est très efficace dans ce pays. Il dessert la plupart des grandes, moyennes et petites villes à la cadence d'au moins un train toutes les demi-heures. Les enfants sont très avantagés par des tarifs presque symboliques jusqu'à 11 ans, pour peu qu'ils soient accompagnés d'un adulte de plus de 19 ans. Site internet des chemins de fer néerlandais : *• ns.nl •*
NS Hispeed assure une liaison Amsterdam-Schiphol-Rotterdam en seulement 43 mn ; il n'y a pas plus rapide. Surtout quand vous voyez à travers les vitres du train les files de voitures bloquées par les bouchons suite à un accident sur l'autoroute...
Et sur place ? Ce n'est pas sans raison que les Pays-Bas comptent plus de vélos que d'habitants ! On dénombre 18 millions de bicyclettes pour 16,6 millions de citoyens, sans compter les vélos de location mis à la disposition des visiteurs. Près d'un Hollandais sur deux se rend à son travail ou à l'école à la force de ses mollets. Deux facteurs expliquent le phénomène : une conscience environnementale plus aiguisée qu'ailleurs et la hausse du coût des carburants.
Une solution sympathique donc pour cumuler les avantages : visiter les Pays-Bas à vélo, mais rejoindre les différentes villes en train. En effet, en achetant un billet pour votre bicyclette *(Dagkaart Fiets)* à 6 €, vous pouvez l'embarquer avec vous à bord. Attention cependant, les places sont limitées et, sauf en juillet et août, vous n'avez pas le droit de prendre les trains pendant les heures de pointe.
Aux Pays-Bas, les vélos ont priorité sur les voitures. Attention lors des changements de direction !
Il faut ajouter que tous les transports en commun des Pays-Bas sont considérés comme des espaces non-fumeurs. Mais ça, vous l'auriez deviné...

Limitation de vitesse et conduite à tenir

Des radars partout (mais alors, PARTOUT !) et aucun panneau clair... mieux vaut faire très, très attention !
- En ville : 50 km/h (sauf indication contraire, bien sûr !).
- Sur route : 80 km/h.
- Sur voie express : 100 km/h.
- Sur autoroute : 130 km/h (depuis 2012). Mais attention, là encore, on ne voit pas toujours les panneaux prévenant que la limitation est tombée à 120 ou 100, comme par exemple entre Amsterdam et La Haye.
- Taux d'alcoolémie autorisé : 0,5 g/l.
- Ceintures de sécurité avant et arrière obligatoires.
- Le jour, allumage conseillé mais pas obligatoire des feux de croisement sur route et autoroute.

Location de voitures

■ **Auto Escape :** *☎ 0892-46-46-10 (0,34 €/mn). • autoescape.com • Vous trouverez également les services d'*Auto Escape *sur • routard.com •* Auto Escape *offre 5 % de remise sur la location de voiture aux lecteurs du*

Routard *pour toute réservation par Internet avec le code de réduction « GDR15 ». Résa à l'avance conseillée.* L'agence *Auto Escape* réserve auprès des loueurs de véhicules de gros volumes d'affaires, ce qui garantit des tarifs très compétitifs.

■ ***BSP Auto :*** *☎ 01-43-46-20-74 (tlj 9h-21h30). • bsp-auto.com •* Les prix proposés sont attractifs et comprennent le kilométrage illimité et les assurances. *BSP Auto* vous propose exclusivement les grandes compagnies de location sur place, vous assurant un très bon niveau de services. Les plus : vous ne payez votre location que 5 jours avant le départ + réduction spéciale aux lecteurs de ce guide avec le code « routard ».

■ ***Hertz :*** *à l'aéroport. ☎ 502-02-40. Et à Overtoom 333, près des grands musées. ☎ 612-24-41. • hertz.nl •*

■ ***Avis-Budget :*** *Nassaukade 380. ☎ 284-70-20. • avis.nl • Près de Leidseplein. Facile d'accès. Même numéro à l'agence de l'aéroport.*

■ ***Europcar :*** *Overtoom 197a. ☎ 683-21-23. • europcar.nl •*

HOMMES, CULTURE, ENVIRONNEMENT

« Dieu créa le monde,
à l'exception de la Hollande,
qui fut créée par les Hollandais. »

Terres et eaux, à l'origine confondues, ont enfin trouvé chacune leur place et semblent s'y tenir. Cependant, naguère, leurs relations ont été bien tumultueuses. Sans doute est-ce à cause de cette difficulté à être ensemble que le peuple hollandais, perpétuellement sur ses gardes, a acquis son opiniâtreté, son esprit méthodique, son goût de la réflexion et de la liberté, illustré par l'accueil qu'il a fait à tous les exilés de l'histoire.
Amsterdam reste une destination où chacun se côtoie sans crainte d'afficher sa singularité : aussi bien gays et lesbiennes, puritains et fumeurs de moquette, tailleurs de diamants et habitants des péniches, Moluquois et Surinamiens, Turcs et Marocains. Piétons et cyclistes, aurait-on envie d'ajouter. On y respire un parfum de cosmopolitisme bon enfant dans un décor de village aux dimensions mondiales, qui globalement respecte encore les droits de chaque minorité. En dehors des tulipes, on y cultive dans les vieux cafés bruns un art de vivre à l'ancienne, la nuit éclaire les intérieurs cossus, le long des canaux, donnant tout son sens à cette notion parfois surannée que l'on nomme *gezelligheid,* un concept intraduisible, entre convivialité, bien-être et sociabilité.

La Hollande ou les Pays-Bas ?

La Hollande ? Eh non, ce n'est pas un pays ! C'est le nom de deux provinces des Pays-Bas, qui en comptent 12. La Hollande du Sud et la Hollande du Nord constituent, c'est vrai, la partie la plus visitée, la plus connue du pays. Résultat, il est communément accepté que la Hollande soit le nom du pays. Autre idée reçue : La Haye... Eh non, ce n'est pas la capitale des Pays-Bas, même si elle en a toutes les apparences (ministères, ambassades, etc.). La capitale des Pays-Bas est bien Amsterdam : c'est dans cette ville que se déroule le couronnement (même si l'on parle plutôt ici d'investiture) des monarques néerlandais. Si vous avez manqué celui de Willem-Alexander en 2013, il vous faudra attendre quelques années pour assister au prochain (Béatrix était reine depuis 1980).

BOISSONS

La bière

Les Hollandais ne sont pas seulement de grands buveurs de bière (près de 80 litres par an et par habitant). Ce sont aussi d'excellents brasseurs. Et l'on voit refleurir des brasseries un peu partout dans le pays. Les 12 plus grandes produisent à elles seules 90 % de la bière hollandaise. À ce jeu, *Heineken* (qui a fêté ses 150 ans en 2014) écrase tout le monde, surtout si l'on considère que la marque

possède aussi *Brand* et *Amstel.* Évidemment, cela ne laisse guère de place pour les autres. Et pourtant, on compte actuellement une bonne trentaine de microbrasseries dans le pays, et donc une variété incroyable de goûts, de recettes et de personnalités... On distingue plusieurs grandes familles.
– ***La pils*** ou ***lager,*** tout d'abord. Elle représente 85 % de la consommation. On y retrouve les bières des grands industriels comme celles citées plus haut, très bonnes au demeurant. On peut aussi citer la Kroon Pills produite dans le Brabant, une des régions de production les plus réputées. Ce sont des bières de soif, fraîches, légères, faciles à boire.
– Viennent ensuite les nombreuses ***bières blondes,*** plus fines, plus goûteuses et parfois plus douces que les précédentes. Certaines d'entre elles sont produites dans des abbayes, comme la *Christoffel* du Limbourg ou *La Trappe* du Brabant (autrefois appelée *De Schaapaskooi*). Cette dernière abbaye produit également une excellente ***bière blanche,*** la *Witte Trappiste,* ainsi qu'une magnifique ***bière rousse,*** à la couleur rubis foncé.
– Bien plus intéressantes à notre avis sont les ***bières de saison.*** Déjà pour leur côté éphémère, mais surtout pour leur fabrication artisanale et leur caractère bien trempé. Certaines bières d'hiver, troubles et non filtrées, titrent jusqu'à 9 ou 10° ! C'est le cas de la *Colombus,* produite à proximité d'Amsterdam, et surtout de la *Jopen Koyt,* produite à Haarlem (élaborée à base d'avoine et d'herbes, d'après une recette de 1407). On trouve également des bières de printemps *(spring bier)* et d'automne *(bockbier).*
Dans les « cafés bruns », on trouve, bien sûr, quantité de bières. Mais le choix est finalement assez limité (*Heineken* possède pratiquement toutes les pompes de la ville), et, quand ils ont le choix, les cafetiers s'approvisionnent plus volontiers en Belgique. Si le sujet vous intéresse, rendez-vous au *'t Arendsnest,* un bar d'Amsterdam (voir « Où boire un verre ? Dans le Jordaan et le nord des grands canaux »), spécialiste de la bière hollandaise (avec 12 pressions et 150 bouteilles).
En tout cas, quand on sert une bière, l'usage veut que l'on prenne soin d'y laisser un faux col. Pour les connaisseurs, il doit mesurer deux doigts de largeur. Au moment de lever son verre, à moins d'être seul au bar, et encore, on dit tout simplement : *Proost !* (« Santé ! »).

Dégustation de genièvre

Cette excellente eau-de-vie, un peu comparable au gin, a pu longtemps faire figure de boisson nationale hollandaise (ou flamande, puisque le nord de la France et la Belgique en produisent).
Elle tire son nom du *jenever,* fruit du genévrier, petite baie de couleur violette. Les vieux Hollandais en raffolaient (ils en boiraient plus de 3 l par an et par habitant !). Ses origines remontent au tout début du XVIIe s, quand un professeur de Leiden met au point ce breuvage aux vertus médicinales dans le dessein affiché de lutter contre les effets pervers de la richesse !
Au fil du temps, le goût de la baie de genièvre a eu tendance à s'estomper. On distingue traditionnellement le genièvre jeune *(jong)* du vieux *(oud)* ou du très vieux *(zeer oud).* Mais cette classification est trompeuse, car elle correspond en réalité à l'intensité de l'aromatisation et non pas à son âge. En effet, l'eau-de-vie de genièvre est avant tout le résultat d'une distillation de malts de maïs, de seigle, d'orge (c'est le jeune), puis éventuellement d'une infusion de genièvre, de cumin, d'anis ou de toute autre épice (c'est le vieux et le très vieux)...

POUSSE-MOUSSE !

Un bar roulant pour siroter une chopine de bière tout en pédalant avec huit copains : rien n'arrête les Bataves dès qu'il s'agit d'allier voyage, roues libres et bonne bière. Le tout sans polluer. Mais pas sans horripiler les habitants d'Amsterdam qui ne supportent plus de voir passer ce pousse-pousse pour fêtards. • *fietscafe.nl* •

Le ***jonge genever,*** qui titre 38°, se boit pur ou additionné d'un peu d'*angostura,* de *boonekamp,* ou même associé avec d'autres fruits comme la fraise, la mûre, la groseille ou plus couramment le citron... *citroen jenever* (comme carburant, on ne peut rêver mieux, non ?). Le genièvre est servi frappé dans un petit verre, le *borrel,* en forme de tulipe (forcément !), toujours rempli à ras bord. Les plus « vieux » s'apprécieront plutôt au digestif.
Outre les « cafés bruns », il existe encore à Amsterdam des lieux de dégustation spécialisés, appelés *proeflokaalen.* Le plus célèbre est le café *De Drie Fleschjes* (voir « Où boire un verre ? Dans le centre »). Les amateurs de genièvre ont une habitude particulière : ils commandent en même temps un verre de genièvre et une bière. Le serveur dépose alors un *stelletje* (duo) sur le bar. Une gorgée de genièvre, une gorgée de bière, et ainsi de suite jusqu'à plus soif... Cette pratique se résume en un mot, *kopstoot,* c'est-à-dire, littéralement, « le coup sur la tête » !
– Il existe en outre un grand choix de bonnes ***liqueurs,*** dont l'***advocaat*** (une liqueur d'œuf).

CUISINE

Une chose est sûre, la cuisine hollandaise est marquée au fer par ses origines maritimes et agricoles, mais surtout protestantes. On n'aimait autrefois ni le luxe ni l'ostentation, ce qui laissait peu de place au raffinement. Même l'emploi des épices restait très limité si l'on considère que le pays était spécialisé dans le commerce avec l'Orient. Mais voilà, quand le reste de l'Europe achetait, à prix d'or, poivre, safran et autre cannelle, les Pays-Bas, eux, préféraient s'enrichir avec...
Sachez quand même que la cuisine hollandaise existe bel et bien. Naturelle, copieuse, peu sophistiquée mais toujours savoureuse, élaborée le plus souvent avec des produits de très bonne qualité. Du frais, du sain et du bon. Voilà ce qui pourrait résumer cette cuisine familiale. Celle-ci se mange à la maison, d'où la difficulté rencontrée par le touriste amateur d'authenticité pour trouver des restos proposant des plats traditionnels. Et ça ne va pas en s'arrangeant, car les mœurs ont changé et, si les Hollandais sortent aujourd'hui dîner en ville, ils se passionnent pour d'autres plats que le *stampot* (patates grossièrement écrasées, accompagnées d'une saucisse et de sa sauce brune). Ultime souvenir de la cuisine essentiellement roborative et plutôt hivernale de bonne maman.
La crise n'a nullement vidé les snacks le midi et les restaurants à thème le soir, à Amsterdam, elle a même suscité l'ouverture de nombre de restaurants très tendance le long des docks, et dans les nouveaux quartiers un peu excentrés, ignorés des touristes rodant autour du quartier rouge.
En fait, les Néerlandais se passionnent pour la « cuisine du monde », métissage des traditions des cinq continents. Cuisines marocaine, afghane, sud-africaine ont changé la couleur des tables amstellodamoises. Rien qu'à Amsterdam, on estime à pas moins de 700 le nombre de ces restos qu'on aurait qualifié autrefois d'exotiques. Cela fait dire à certains que l'« on peut y manger dans toutes les langues ». Bien que pas donné, on vous conseille d'ailleurs de vous offrir une soirée dans un resto indonésien pour une *rijsttafel* (voir un peu plus loin).
Le mieux est encore de s'adapter aux habitudes locales et de repérer dans nos pages les adresses qui sauront vous faire plaisir.

Les habitudes alimentaires néerlandaises

– On attaque la journée par un ***petit déjeuner,*** servi avec une prodigalité étonnante et composé de pains variés, à garnir de fromage, de jambon, de saumon ou de viandes froides, le tout accompagné de café ou de thé. Et déjà à cette étape de la journée, les cafés cosy sont légion à proposer de copieux petits déjeuners, où les Amstellodamois de tous âges se retrouvent nombreux. On peut aussi préférer commander une part de gâteau et un jus frais, par exemple.

– D'une façon générale, on prend son ***déjeuner*** rapide (30 mn maximum, plus si le soleil est de la partie et si les terrasses incitent à prolonger l'instant) dans l'un des innombrables *eetcafés* (« cafés où l'on mange »), *coffee-shops* ou snacks. Le repas de midi se compose de deux ou trois *broodjes* (pains), d'une soupe ou éventuellement d'un petit plat chaud et d'une salade : cela s'appelle, sur les cartes... le *lunch.* Plus personne n'utilise le mot plus ancien de *koffietafel,* en dehors des enterrements et de certains repas dans de lointaines provinces. À l'école, au bureau, à l'atelier, il n'est pas rare que l'on ait apporté un casse-croûte dans une boîte à tartines. Les Hollandais boivent rarement de l'alcool à midi, mais plutôt du café au lait, ou même du lait tout simplement. Essayez, vous verrez. C'est un assez bon rythme.
– Entre 15h et 17h, il est d'usage de ***prendre le thé ou le café,*** accompagné ou non de petits gâteaux (ou même de grosses parts de tartes, pour les gourmands).
– ***Le dîner,*** repas principal, (en raison de la fin du travail entre 16h30 et 17h30) se prend entre 18h et 20h). Il se compose d'une soupe, d'un plat de viande ou de poisson avec des légumes, et d'un dessert. Traditionnellement, du moins. Mais les Amstellodamois sortent de plus en plus souvent dans les nouveaux restos branchés, au design contemporain, au nom souvent français, dans les bars à vins et dans les lieux déjantés qui ont ouvert leurs portes aux quatre coins de la ville et même au-delà du port. Ils servent également plus tard. Au centre, certains restaurateurs continuent, selon l'usage ancien, de servir leurs clients jusqu'à 20h30-21h. Heureusement, on peut souvent dîner plus tard dans la soirée (22h dernière limite).
– Un conseil pour éviter les impairs : si vous êtes invité chez quelqu'un à 18h, il s'agit d'une invitation à dîner. Si l'on vous invite pour 19h, c'est pour l'heure du pousse-café : vos hôtes auront déjà mangé ! Pas question non plus d'arriver à l'avance... Un petit retard de 5-10 mn est de bon ton.
– En résumé : bien manger le matin, légèrement à midi, et ne se mettre à table sérieusement que pour dîner. Voilà comment vivent les Amstellodamois. Et sachant que les musées ferment très tôt, on ne saurait que trop vous conseiller de vous caler sur ces horaires.
– LA CARAFE D'EAU GRATUITE SUR LA TABLE EST UN PRIVILÈGE DES RESTOS FRANÇAIS. À AMSTERDAM, VOUS DEVREZ LA PAYER ! (Est-ce écrit assez gros ?)

Les spécialités

– ***Le hareng salé,*** est connu dans le monde entier. Au début de la nouvelle saison de pêche, en mai et juin, le poisson n'a pas encore atteint sa maturité sexuelle et n'a pas droit à l'appellation de « hareng ». Il est vendu sous le nom de *maatje.* Sa chair est douce, faiblement saumurée, et c'est un pur délice. Le 31 mai, c'est la fête du Hareng, jour béni pour les Hollandais, qui marque le début de la saison. Pour certains amateurs, c'est en été, quand le poisson est le plus gras, qu'il a le meilleur goût. Il prend alors le nom de *groene* ou de *nieuwe haring* (le hareng nouveau est arrivé).

L'ART D'ENGLOUTIR LE HARENG

C'est dans la rue, près d'un kiosque, que les Amstellodamois préfèrent déguster leurs harengs. Pour respecter la tradition, pincer la queue du bout des doigts, pencher la tête en arrière et l'avaler d'un trait ! Pour le faire passer, on recommande un petit verre de genièvre glacé. Il va de soi qu'on peut aussi le commander au restaurant : cru, mariné (et servi avec des oignons) ou en sauce avec des pommes de terre chaudes.

– Les Hollandais raffolent de tous les ***produits de la mer*** : carrelet, sole, truite, crabe, crevettes, huîtres... Et ils excellent dans la préparation des poissons fumés : anguille, maquereau, hareng, saumon, flétan, tout y passe. Fumaison et saurissage se font généralement à l'ancienne, notamment dans la région du lac de l'Ijssel (l'ancien *Zuiderzee*). Quant à la succulente ***moule de Zélande,*** elle n'intéresse que peu les Hollandais puisque le pays exporte jusqu'à 60 % de sa production rien que vers la Belgique. Aux Pays-Bas, on préfère spéculer sur les cours, comme autrefois avec les épices. Vous en trouverez à la table de quelques restos spécialisés.

– ***À la soupe !*** Il fait assez froid en hiver, cela explique pourquoi les Hollandais aiment tant la soupe. Le plat national est d'ailleurs une soupe qui s'appelle *erwtensoep* ou *snert.* Elle contient des pois cassés et on la sert très épaisse. Si votre cuillère tient debout dans l'assiette, c'est bon signe ! Il en existe bien d'autres, toutes plus savoureuses les unes que les autres, l'idéal étant de tester la soupe du jour... De manière générale, les cuisinières ont une imagination débordante en la matière.

CAROTTES ROYALES

Les carottes étaient violettes en Europe, jusqu'à ce que les botanistes hollandais réussirent à cultiver une variété orange, créée spécialement en hommage à la couleur emblématique de leurs souverains.

– ***Un amour de potée.*** Le *stamppot* est un plat on ne peut plus rustique mais néanmoins délicieux. Les pommes de terre, servies avec de la viande cuite au bouillon, sont grossièrement écrasées et intimement mélangées à des légumes, généralement du chou. On trouve toutes sortes de variantes, comme le ***chou frisé avec des saucisses*** *(boerenkool met worst)* ou la ***choucroute au lard*** *(zuurkool met spek)*... sans oublier le célèbre et patriotique *hutsepot* de Leiden. Une chose est sûre, le cochon et la pomme de terre ont encore de beaux jours devant eux (si l'on peut dire, pour le pauvre cochon)...

– ***Le pain :*** ah, le pain hollandais !... Rien d'étonnant à ce que les sandwichs ici soient tous si bons. Au sésame, au pavot, au tournesol, aux graines de courge, blanc, brun ou noir... pas de doute, on est bien dans le nord de l'Europe ! Attention, le pain-beurre ou à l'huile d'olive qu'on vous pose sur la table est parfois facturé, sachez-le.

Les fromages

On connaît tous la Hollande, « l'autre pays du fromage »... En effet, impossible d'ignorer ce mastodonte de la pâte dure puisque le pays est le plus gros exportateur de fromages au monde. Et si les noms de ***gouda,*** d'***edam*** ou de ***maasdam*** résonnent de façon sympathique à nos oreilles, il faut savoir de quoi l'on parle. Par souci de santé publique, les pouvoirs publics ont rendu tellement draconiennes les conditions d'hygiène que les producteurs se sont tous vu, petit à petit, interdire la fabrication de fromage au lait cru. Certains fermiers ont bénéficié de dérogations et continuent, notamment dans la région de Gouda, à produire à l'ancienne et à défendre des fromages qui faisaient jusque-là la fierté des Pays-Bas. Même si une pasteurisation bien maîtrisée par le fermier peut donner des résultats honorables, ces règlements font le bonheur des industriels.

– ***Le gouda*** est, à juste titre, le plus réputé de tous. Il est avec un proche cousin, l'***edam,*** la star incontestée du plateau de fromages. L'un est produit au sud, l'autre au nord ; l'un était vendu au marché de Gouda, l'autre au marché d'Edam. Il existe des meules de 1 à 30 kg, plus ou moins affinées, ou des petites boules de 500 g assez peu affinées.

Ainsi, selon ses préférences ou le moment de la journée, on pourra les choisir jeunes, vieux, voire extra-vieux pour les meilleurs d'entre eux. Les premiers conviennent parfaitement au petit déjeuner. Les plus secs et les plus forts feront merveille sur un verre de porto ou de bordeaux. L'accord est d'autant plus parfait que les Hollandais faisaient commerce du vin et que l'histoire de ces produits est liée depuis le XVIIe s. Ce sont eux qui, en Bordelais, forts de leur expérience, ont

poldérisé les terres, faisant sortir de la mer et des marécages quelques-uns des futurs châteaux et grands crus. Et si ces fromages troquent pour l'exportation leur belle croûte dorée contre une épaisse couche de paraffine rouge, cela remonte à cette époque. Les fûts de bordeaux, arrivés emplis de vin, repartaient dans l'autre sens chargés de fromages qui se teintaient pendant le voyage au contact des tanins du vin et du bois... tout simplement ! Cumin, fines herbes, girofle, paprika, noix... les Hollandais raffolent des fromages aromatisés. Une tendance actuelle qui va s'accentuer jusqu'au retour à la tradition pure et simple, tout étant question de mode.
- ***Le maasdam :*** on le reconnaît à ses trous. Sa personnalité est plus marquée que celle de l'edam. On l'aime bien. Et puis on le trouve rarement sur nos marchés. Alors, mangez-en là-bas !
- Dernière chose, la mimolette est un fromage français. Pour exporter plus facilement un fromage assez ordinaire qui lui ressemblait, les Hollandais lui empruntèrent son nom... c'était bien avant les AOC. La mimolette française fait partie des meilleurs fromages du monde, et on ne saurait les confondre.
- Un tuyau pour acheter les fromages : demandez de les mettre dans un emballage sous vide, c'est mieux pour le transport et la conservation.

Les chocolats, bonbons et pâtisseries

- La star des douceurs hollandaises a pour nom ***pannekoek.*** Une crêpe qui débordera de l'assiette si elle est faite dans les règles de l'art. On la recouvre traditionnellement de *stroop,* un sirop de betterave proche du sirop d'érable ! Mais aux *pannekoeken,* on préfère incontestablement les ***poffertjes,*** que toute bonne grand-mère fabrique en un tournemain. Ce sont des sortes de minicrêpes, légèrement soufflées, cuites dans une poêle spéciale. On les enfourne brûlantes dans la bouche, juste recouvertes de beurre et de sucre glace.
- Toutes les sortes de ***réglisses*** *(drop)* ou de **bonbons** sont présentées dans des emballages attrayants. Ce qui est unique, ce sont les ***granulés en chocolat*** *(hagelslag)* que les enfants adorent sur leurs tartines (nous aussi !) ; on les trouve aussi bien chez les pâtissiers-chocolatiers qu'au supermarché. Le plus connu de tous les bonbons aux Pays-Bas est le *haagse hopje,* un délicieux caramel au café.
- On trouve également une gamme étendue de ***pains d'épice*** sucrés ou épicés, tels ceux de Groningue, de Deventer et de Frise, les pains d'épice au gingembre, sans oublier le célèbre spéculoos de la Saint-Nicolas.

PUBLICITÉ MACABRE

Un pharmacien hollandais inventa en 1828 le procédé pour obtenir de la poudre de cacao. En 1910, une célèbre marque de chocolat signa un accord avec la famille d'un condamné à la peine capitale. Avant son exécution, il devait crier « Buvez du chocolat Van Houten ! » Il tint parole, et ses proches touchèrent un petit pactole qui les mit à l'abri du besoin !

L'art de la *rijsttafel*

Un « art de la table » pour le moins original. Là, on change de continent et de civilisation ! Nous voilà en Indonésie (héritage colonial). Littéralement, *rijsttafel* signifie « la table de riz ». En effet, ce fameux plat, originaire de l'île de Java, se compose de riz cuit sec et d'une kyrielle de petits plats secondaires, contenant de la viande, des légumes variés, des sauces étranges et mystérieuses, des épices fortes et très fortes... Le serveur dépose l'ensemble sur la table. On est alors entouré d'une quinzaine de plats, tous différents. On mange dans une petite assiette creuse avec une cuillère dans la main droite et une fourchette dans la main gauche. Pas de baguettes en Indonésie !

Mode d'emploi de ce festin : commencez par mettre un peu de riz dans votre assiette, puis composez votre hors-d'œuvre vous-même en disposant les divers mets autour du riz. Gare aux piments ! Surtout les *ulek, mani* et *pati* : ce sont les plus redoutables. On goûte chaque mets accompagné de sa sauce et d'un peu de riz. Renseignez-vous auprès du serveur en cas de doute. La *rijsttafel* est si copieuse qu'il faut piquer un peu dans chaque plat si l'on veut arriver au bout du repas. Un conseil : ne pas manger trop vite. Car ce plat « religieux », naguère destiné à rendre la nature féconde, s'égrène tel un chapelet de grand-mère !

ÉCONOMIE

Comme dans un grand nombre de pays de l'Union européenne, un débat est en cours aux Pays-Bas sur la réforme de l'État providence. Le vieillissement de la population, la mondialisation, le progrès technologique et les libertés individuelles appellent une évolution du système de protection sociale allant au-delà de l'ajustement des taux de prestation ou d'un renforcement des incitations financières. Lorsque la protection sociale généreuse a été mise en place dans les années 1960, la population néerlandaise était jeune et ethniquement homogène, et les ménages présentaient des caractéristiques similaires. Ce n'est plus le cas.

Cinquième puissance économique européenne et 5e exportateur mondial de marchandises, le pays a été durement touché par les crises mondiales, et notamment celle de la zone euro, du fait de sa dépendance vis-à-vis du commerce extérieur. Sa croissance économique, restée négative ces deux dernières années du fait de la faiblesse de la demande, devrait connaître une reprise en 2014 (autour de 0,5 %) grâce aux investissements et aux dépenses publiques. En attendant, une agence de cotation a dégradé le royaume de son triple A.

Longtemps citée comme un modèle de réussite européen, l'économie néerlandaise a souffert des récessions successives qu'elle a subies. La dette publique a continué de s'accroître en 2013 pour représenter environ 75 % du PIB, les investissements sont en baisse, la consommation domestique reste atone et le marché du logement traverse une crise grave. Les finances publiques ont plongé dans le rouge, au-delà des limites du pacte européen de stabilité. La priorité du gouvernement de coalition de Mark Rutte est la consolidation budgétaire, avec comme objectif le retour à l'équilibre des finances publiques. Le déficit devrait être ramené à 3,2 % du PIB en 2014 (contre 3,9 % en 2013) grâce à des coupes budgétaires de l'ordre de 6 milliards d'euros, notamment dans les programmes sociaux. En 2013, le gouvernement de Mark Rutte (un libéral) a opéré un virage à 180° en matière d'austérité économique. Plusieurs réformes destinées à réduire le déficit public ont été mises au placard et un accord a été signé avec les partenaires sociaux pour doper le marché du travail et relancer la consommation en berne. La baisse des inégalités fait également partie de ses priorités. Les Pays-Bas présentent des revenus élevés par habitant avec une distribution assez égalitaire des revenus. Le taux de chômage, longtemps inexistant, a fortement augmenté depuis 2008, et devrait se situer autour de 8 % de la population active en 2014, record historique depuis 30 ans.

Le diamant

Les Pays-Bas font partie du cercle très fermé des grands diamantaires de la planète. La renommée d'Amsterdam comme cité diamantaire remonte à plus de quatre siècles. En 1585, lorsque l'Espagne remporte la bataille d'Anvers sur les Pays-Bas, de nombreux maîtres tailleurs qui avaient fait la réputation de cette ville fuient vers le nord et font d'Amsterdam le nouveau centre mondial du commerce

et de l'industrie du diamant. Au XIXe s, la découverte des mines de diamants d'Afrique du Sud provoque l'essor de l'industrie diamantaire hollandaise. Quelques-uns des plus célèbres diamants ont été taillés à Amsterdam, comme le Cullinan, le plus gros diamant jamais trouvé au monde, ou le Koh-i-Noor, qui fait partie des joyaux de la couronne d'Angleterre.
Sur l'ensemble de la production de diamants, 20 % à peine conviennent à la fabrication de bijoux ; le reste est consacré aux applications industrielles. Eh oui, il y a des milliers de diamants sur la tête de forage des puits pétroliers ! Pas étonnant que le litre de super soit si cher à la pompe ! (En fait, ces diamants grossiers n'ont aucune valeur.)
Chaque année, les tailleries de diamants d'Amsterdam drainent près d'un million de visiteurs. La *Diamond Foundation Amsterdam,* qui représente les cinq plus gros diamantaires de la ville, organise des visites intéressantes dans les ateliers (voir le chapitre consacré aux balades dans la ville). Le principe est immuable : la visite des ateliers est gratuite, mais, chez certains diamantaires, elle n'est pas commentée. Elle se termine par la présentation de superbes bijoux que l'on peut acheter à prix d'usine. Les premiers prix démarrent autour de 180 €.

ENVIRONNEMENT

Étymologiquement, *Hol-land* signifie « pays creux ». En effet, 24 % du territoire des Pays-Bas se situe au-dessous du niveau de la mer, avec le point le plus bas à Rotterdam à environ - 7 m d'altitude (si l'on peut parler d'altitude !). Circonstance aggravante, le pays se trouve au point de convergence de trois grands fleuves : l'Escaut, la Meuse et le Rhin.
Dire, alors, que pour ses habitants la préservation des terres est un combat acharné et permanent tient du cliché éculé.

DES VACHES ÉCOLOS

Une centrale thermique alimentée par les bouses de vache a créé l'événement à Leeuwarden, une ville de 100 000 habitants, qui possède le plus grand marché aux bestiaux des Pays-Bas. Encore modeste en énergie, la centrale peut déjà alimenter une cité de 2 000 âmes. Les vaches vont se sentir moins coupables de produire du méthane, un gaz à effet de serre.

De tout temps, des surfaces arables (les polders) ont été gagnées sur la mer par endiguement et drainage, puis assèchement par la plantation d'arbres sur les berges et grâce au concours des moulins de pompage. Les flux des eaux étant maîtrisés par des écluses, les terres peuvent être dessalées et consacrées aux cultures, les moulins remplissant alors plusieurs fonctions utiles : évacuation des eaux dans les canaux de drainage, mouture du grain, sciage du bois ou pressage de l'huile. Pour assécher des surfaces de grande dimension, ce fut une autre paire de manches.
Les inondations de 1916 eurent pour conséquence la fermeture du *Zuiderzee* par une digue de 30 km, tâche achevée en 1932. Résultat, l'IJsselmeer est désormais un lac d'eau douce sur lequel on a gagné 225 000 ha de terres. Belle performance. Mais les travaux d'Hercule du génie hydraulique hollandais se situent dans le chantier titanesque du plan Delta : après les inondations catastrophiques de 1953 qui firent près de 2 000 morts et 70 000 sinistrés, un gigantesque réseau de barrages et d'écluses cyclopéennes a été bâti en Zélande pour réguler les flux des marées montantes et l'écoulement de l'estuaire du Rhin et de la Meuse vers la mer, et pour désenclaver les îles du delta. Seuls sont restés libres les accès aux ports de Rotterdam et l'estuaire occidental permettant aux navires de remonter l'Escaut jusqu'à Anvers.

FAÏENCE DE DELFT

Delft est connue dans le monde entier pour sa production de faïence bleue. D'ailleurs, ne parle-t-on pas du bleu de Delft ? Et pourtant, en visitant musées et ateliers, on est frappé par la grande variété de couleurs : blanc, vert, jaune, et même noir... il y en a pour tous les goûts. L'essor de Delft date de la fin du XVIe s, au moment du déclin des brasseries locales. À l'origine, c'est la venue d'émigrés italiens importateurs de majoliques aux motifs Renaissance, ornés de fleurs ou d'oiseaux, qui développent cette activité. Mais c'est l'arrivée de la faïence chinoise, moins chère à la fabrication que la porcelaine, qui influence les fabricants locaux dans la confection de pièces d'un blanc lumineux à décor chinois de couleur bleue. Assiettes, plats, vases et carreaux se parent alors de scènes de genre ou d'illustrations bibliques qui font la renommée de la ville.

FLEURS

Les fleurs sont devenues une matière première qui se traite à l'échelle mondiale. Et c'est à Aalsmeer, dans la banlieue d'Amsterdam, que s'échange un tiers de l'ensemble du commerce mondial des fleurs coupées. Ce n'est pas un hasard si les Hollandais contrôlent la quasi-totalité du marché mondial : c'est précisément dans leur pays que l'on est passé du jardinage à la culture industrielle.
Tout a commencé au XVIIe s lorsque les jeunes Pays-Bas se sont entichés des tulipes. La richesse de ses couleurs et la distinction de ses formes séduisirent les Hollandais qui, mettant toute prudence au placard, se mirent à spéculer sur sa valeur. Aussitôt, un engouement proche de la folie s'empara d'eux, et l'on vit le prix des bulbes atteindre des sommets complètement extravagants, au point que les plus rares se négociaient jusqu'à 5 000 florins au XVIIe s, une somme avec laquelle on pouvait, à l'époque, s'acheter une petite maison en bordure du canal. Les autorités se virent obligées d'intervenir, et le marché des bulbes reprit des cours acceptables.

LA TULIPE EST... TURQUE

Son nom vient du turc tülben, *car sa forme rappelle celle du turban. Les sultans lui vouaient un tel culte que son exportation en était interdite. Et puis, des bulbes partirent en fraude à Vienne. Sous Louis XIV, la tulipe devint même la fleur officielle de la Cour. La Semper augustus, la plus convoitée, fut l'objet d'une spéculation complètement folle. Finalement, en la reproduisant de manière intensive, les Hollandais démocratisèrent cette fleur si convoitée.*

Pendant le terrible hiver de famine 1944-1945, les oignons de tulipe servirent d'aliment pour nourrir les enfants de La Haye et d'Amsterdam.
Aujourd'hui, la culture de la tulipe couvre plus de 3 000 ha dans la région de Haarlem, pour le plus grand plaisir des visiteurs. Mais rappelons quand même que la meilleure période pour les tulipes s'étend du 15 avril au 15 mai, pour les narcisses du 1er au 15 avril et pour les jacinthes de mi-avril à fin avril. Pour vous séduire, la Hollande se transforme en bouquets éclatants. Et toutes les nuances, les plus subtiles, les plus délicates se retrouvent dans ces immenses tapis de tulipes qu'un ciel de printemps modifie au gré de ses caprices...
Les amoureux de la beauté florale sont nombreux à se retrouver dans les champs de tulipes en fleur, entre Leiden et Haarlem ! Autour des villes de ***Rijnsburg, Warmond, Katwijk, Noordwijk Binnen, Sassenheim,*** une immense armée multicolore monte une garde pacifique.

Dans la région de Lisse, il y a une trentaine d'hectares de parcs fleuris. Parmi eux, ***Keukenhof, Hillegom, De Zilk, Vogelenzang, Bennebroek...*** D'immenses champs de fleurs qui viennent jusqu'à la côte. Cela est si vrai que la ville côtière de ***Den Helder*** est la citadelle avancée de la plus grande région de fleurs : crocus, narcisses, jacinthes, tulipes, à vous de composer votre bouquet !
Ici, la culture des fleurs à bulbes est tellement importante qu'on lui a consacré... un musée. Il se trouve à ***Limmen.***
Si vous aimez les îles, si vous aimez les fleurs, allez à ***Texel,*** vous y trouverez les deux. Cette île, qui se situe à 20 mn de Den Helder, possède également une plage magnifique, des forêts ombreuses, un village pittoresque.
Dans les nouveaux polders du Sud-Flevoland, à partir de mi-mai, ce sont les champs de colza qui dérouleront pour vous leur jaune profond, d'une brillance dorée presque insoutenable. Une route les traverse et vous conduit à ***Lelystad.*** Dans cette ville d'architecture moderne se trouve un formidable centre d'information sur les polders. Les polders, ça ne se décrit pas, ça se vit ! C'est la plus fantastique victoire de l'homme sur la mer. Des forêts, des lacs, une faune et une flore ont remplacé les vagues.
Site à consulter : ● *keukenhof.nl* ● (en français). Billets d'entrée en vente en ligne.

HISTOIRE EN OR (ET EN ORANGE !)

Les origines

Difficiles débuts pour Amsterdam ! Jusqu'au XIIe s, la région où le fleuve ***Amstel*** se déverse dans le Zuiderzee, cette mer intérieure que la mer du Nord avait fini par créer dans le nord des Pays-Bas, avait été un endroit marécageux peu hospitalier. « Qu'à cela ne tienne, on va s'y installer », se disent les habitants du comté de Hollande ! Et les voici bâtissant des cabanes dans des dunes de sable près de l'actuelle ville de Haarlem. Puis, à la fin du XIIe s, des pêcheurs s'installent sur la rive droite de l'embouchure de l'Amstel, en construisant une digue qui les protège des marées du trépidant Zuiderzee, le *Zeedijk* (digue contre la mer). Tout près de l'embouchure, on édifie également un passage sur l'Amstel équipé d'écluses, appelé *Dam.* L'endroit et le village qui s'y développent prennent le nom d'*Amstel-Dam,* qui deviendra, vous l'aurez compris... Amsterdam. Ce n'est qu'après avoir édifié les digues que les habitants construisent une église en bois dédiée à saint Nicolas, patron des pêcheurs et marins, appelée depuis la Réforme *Oude Kerk* (Vieille Église) et située au centre de l'actuel quartier Rouge.

UN PEU DE VOCABULAIRE

À la fin du Moyen Âge, le duché de Bourgogne était à son apogée. La partie nord des ses possessions (actuellement les territoires belge et néerlandais) était appelé « États de par-deçà » ou « Pays-Bas » pour les distinguer des « États de par-delà » (Bourgogne et Franche-Comté). D'où l'origine du terme « Pays-Bas » qui fut donné au cours des siècles et sous différentes formes, à plusieurs entités politiques sur ce territoire.

Dans cette région marécageuse, où le transport ne se fait que par voie d'eau, la position stratégique d'Amsterdam entre, d'une part, le ***Zuiderzee*** et la mer du Nord avec ses villes hanséatiques et, d'autre part, les villes de Haarlem, de Leiden et plus au sud la riche Flandre lui assure un essor rapide. Vers 1300, Amsterdam obtient les droits de cité du comte de Hollande, et la ville se développe sur la rive gauche, et en amont de l'Amstel autour de l'actuel Rokin.
La ville vit de la pêche et des échanges commerciaux. Le hareng nettoyé et conservé dans le sel devient le principal produit d'exportation. Il est échangé contre du blé, du bois et des peaux venant des villes hanséatiques, de la laine et

du plomb d'Angleterre, du drap et des produits laitiers de Flandre, du sel et du vin de France, et de la poterie d'Allemagne. En 1452, ***Philippe le Bon,*** duc de Bourgogne à laquelle les Pays-Bas sont rattachés, appelle Amsterdam « la ville la plus marchande de tout notre dit pays de Hollande ». Cent ans plus tard, la ville compte 30 000 habitants. Elle dispose d'un port intérieur (l'actuel *Damrak*) et d'un système de canaux et d'écluses permettant de régler le niveau de l'Amstel, en partie dévié hors de la ville, et de nettoyer les canaux en utilisant le courant du fleuve et les marées du Zuiderzee. Le canal en demi-cercle qui protège la ville du côté de la terre s'appelle le *Singel* (*omsingelen* signifie « encercler »).

Puis vient la Réforme ! Les idées de Luther et de Calvin se propagent dans toute l'Europe du Nord et coïncident avec le rattachement des Pays-Bas (actuelle Belgique comprise) à l'Espagne catholique. Philippe II, fils de Charles Quint, nomme des aristocrates espagnols aux postes clés de la ville. En 1568, le prince protestant Guillaume d'Orange et ses « gueux » déclenchent l'insurrection contre le roi d'Espagne. Ce n'est que 10 ans plus tard qu'Amsterdam, prudente, choisit de s'y rallier. En 1578, l'Altération marque le changement de religion qui s'opère dans la ville : les calvinistes y entrent et font quitter la ville en bateau aux administrateurs catholiques. Enfin, par l'***Union d'Utrecht*** (1579), la rupture est consommée : le nord du pays (les Pays-Bas actuels) se libère définitivement du joug des occupants et devient la république des sept Provinces-Unies, tandis que le Sud reste sous la domination espagnole. La « purification » ethnico-religieuse se réalise spontanément : les protestants se rassemblent en Hollande, les catholiques en Belgique... Mais c'est le Nord qui en profite le plus, les riches commerçants d'Anvers, les artisans qualifiés, les détenteurs de brevets, toute l'élite intellectuelle et artistique rejoint les Provinces-Unies. L'instabilité en Angleterre et en France ainsi que l'occupation de ses deux principaux concurrents (Lisbonne en 1580 et Anvers en 1585) par les Espagnols vont donner à Amsterdam, pendant près d'un siècle, une importance commerciale disproportionnée et une richesse matérielle, financière et culturelle inouïe. Le XVIIe s deviendra pour Amsterdam et les Provinces-Unies le Siècle d'or.

BANDE DE GUEUX !

En 1566, à Bruxelles, une délégation de nobles protestants et catholiques présenta à Marguerite de Parme, gouvernante des Pays-Bas pour Philippe II, une pétition, le « compromis des Nobles ». Ils réclamaient la modération dans l'application des lois religieuses et rejetaient l'Inquisition ! Les protestataires, quoique nobles, reprirent à leur compte l'appellation de « gueux » qui leur fut lancée par le pouvoir espagnol. Ils adoptèrent d'ailleurs pour insignes l'écuelle et la besace.

Les colonies

Nation de marchands et de navigateurs, les Pays-Bas furent une grande puissance coloniale. Le souvenir des grandes compagnies commerciales qui installèrent des comptoirs en bordure de tous les océans se retrouve dans l'architecture et le mobilier des maisons des riches négociants, et dans les musées de la ville.

Bien avant le Siècle d'or, des armateurs audacieux avaient envoyé aux quatre coins de la planète des vaisseaux chargés d'embarquer des cargaisons d'épices et de denrées rares : soieries, coton, porcelaine, thé, café, etc. ; au retour, ils réalisèrent des profits considérables. La presqu'île de Malacca en Malaisie fut en 1595 le but de la première expédition. Batavia, la future Jakarta, fut construite sur l'île de Java, et la VOC *(Verenigde Oost-Indische Compagnie),* la fameuse *Compagnie des Indes Orientales,* financée par émission d'actions, s'implanta à Ceylan et à Formose.

Dès le début du XVIIe s, supplantant les Portugais, les Hollandais contrôlent les routes maritimes de la mer Rouge au golfe du Tonkin, s'installant à l'île Maurice, aux îles de la Sonde et aux Célèbes. Ils poussent jusqu'à Bornéo, en Papouasie et en Tasmanie. Garanti par la Bourse d'Amsterdam, le ducat d'or hollandais jouit de la confiance universelle et sert de monnaie commerciale dans toute l'Asie. En 1641, tous les étrangers sont chassés du Japon, à l'exception des Hollandais, seuls autorisés à commercer au départ d'une île au large de Nagasaki. Après la faillite de la VOC en 1799, les avoirs de la compagnie passent à la Couronne. Toujours au XVIIe s, en Afrique, Le Cap est pris aux Portugais en 1652, et les descendants des colons, défricheurs du Natal (les *Boers*), seule colonie de peuplement néerlandaise implantée de longue date, donneront du fil à retordre aux Anglais jusqu'au début du XXe s.
À l'ouest, en 1621, les Hollandais mettent sur pied la WIC *(West-Indische Compagnie).* Ils achètent aux Indiens une île au bord de l'Hudson, appelée Manhattan, et fondent la Nouvelle-Amsterdam. Au sud, ils s'emparent de cargaisons d'or espagnol et portugais, et de places fortes au Venezuela et au Brésil. Se développe alors le triste commerce triangulaire qui voit les vaisseaux prendre en cargaison des esclaves sur les côtes d'Afrique pour les débarquer sur les côtes brésiliennes, puis rapporter de Recife (Pernambouc) les bois précieux et les denrées tropicales. Le cap Horn est doublé et baptisé du nom de la ville de Hoorn, au nord d'Amsterdam. Mais la métropole n'a pas les moyens humains suffisants pour coloniser massivement les contrées conquises, et lorsque le coût des expéditions dépassera les bénéfices, les têtes de pont seront abandonnées. De l'empire colonial ne subsisteront que des îles des Petites Antilles : Curaçao, Aruba et Saint-Martin, ainsi que la Guyane néerlandaise (Surinam), qui devient indépendante en 1975.

Pause « Oranje »

Avant de reprendre le récit des mésaventures de ce petit pays, une question, et une réponse. Vous aviez noté que les couleurs du drapeau des Pays-Bas étaient bleu, blanc, rouge (comme la France, mais en bandes horizontales). D'où vient donc cet attrait pour une couleur qu'on retrouve rarement sur les blasons ? Eh bien, tout simplement d'Orange, la petite cité du Vaucluse, connue universellement pour son théâtre antique et son arc de triomphe.
Avant d'être prise en 1660 par Louis XIV et rattachée à la France en 1713 au traité d'Utrecht, la ville était une principauté appartenant à une dynastie de l'Empire germanique. Lors de la sécession des provinces septentrionales contre le pouvoir espagnol au XVIe s, les rebelles se choisirent un chef de guerre en la personne de ***Guillaume le Taciturne,*** le plus éminent représentant de la famille d'***Orange-Nassau.*** Les oriflammes de ses régiments arboraient la belle couleur orange. Après son assassinat (qui voulait la peau d'Orange ? Patience, on vous dira tout un peu plus loin !), ses frères puis ses fils reprirent le flambeau de la révolte et furent nommés *stadhouders* (protecteurs) des villes et provinces sous la République. Plus tard, devenus souverains des Pays-Bas mais privés de leur petite principauté, ils maintinrent les armes d'Orange (désormais *Oranien*) dans leur blason. Une des républiques des Boers d'Afrique du Sud prit également le nom d'« État libre d'Orange ». CQFD.

Le Siècle d'or

Revenons à nos moutons, qui ne manquent pas, dans la campagne hollandaise. Retour sur la période la plus riche qu'ait connu Amsterdam. Prospérité et éclectisme intellectuel ! La chute d'Anvers, la fuite des riches Flamands et l'expulsion des Juifs de Lisbonne entraînent un afflux massif de commerçants. L'arrêt des hostilités, grâce à l'armistice signé avec les Espagnols (mais ils ne reconnaîtront les Provinces-Unies qu'en 1648), permet à Amsterdam de consolider son

commerce avec la mer Baltique, pilier principal de sa richesse, et d'établir une hégémonie maritime et commerciale au-delà de l'Europe. En 1602, la ***Compagnie des Indes orientales*** (VOC) est fondée par les villes commerçantes de Hollande et de Zélande, mais plus de la moitié du capital est originaire d'Amsterdam, où la compagnie a son siège. Celle-ci obtient le monopole sur l'importation d'épices d'Indonésie (noix de muscade, poivre et girofle), de porcelaine de Chine et du Japon, de textile des Indes, et plusieurs fois par an, une flotte part pour l'Orient. L'Afrique du Sud, l'île Maurice, Ceylan et l'Indonésie sont colonisés. Rien que ça !
Après la fondation de la Nouvelle-Amsterdam (la future New York) outre-Atlantique, en 1625, la Compagnie des Indes occidentales (WIC) est créée, en 1664, à Amsterdam, par un certain ***Peter Stuyvesant.*** Elle est chargée de contrôler le transport d'esclaves entre l'Afrique et les Amériques. L'île de Curaçao, dans les Antilles, devient le principal marché d'esclaves dans le Nouveau Monde.
Dans le nord-est du Brésil, le Pernambouc passe, en 1630, sous contrôle hollandais, permettant d'importer du sucre, du tabac et du cacao. Tous ces produits sont échangés et vendus à Amsterdam, dont la Bourse devient le centre financier du monde. Quantité de matières premières sont transformées en produits semi-finis en utilisant deux sources d'énergie largement disponibles, la tourbe et le vent, grâce à une machinerie typiquement hollandaise, le moulin à vent. Des milliers de moulins à Amsterdam même et dans les environs (la région de Zaandam) constituent un parc industriel inégalé pour l'époque (et un parc touristique étonnant aujourd'hui).
Les chantiers navals prospèrent et fabriquent des bateaux en série, attirant même le futur tsar ***Pierre le Grand,*** venu y travailler comme simple ouvrier (un stage de formation !). D'importantes zones industrielles se développent sur des îles artificielles dans le port. Amsterdam, qui compte 200 000 habitants, ne cesse de s'agrandir. Trois nouveaux canaux concentriques (Herengracht, Keizersgracht et Prinsengracht) sont creusés hors du Singel, clôturés par un nouveau canal de fortification, le Buitensingel. Ce qui permet aux promoteurs de vendre des maisons « les pieds dans l'eau ». Les demeures et les entrepôts sur les trois canaux appartiennent aux commerçants, les plus riches vivant dans la Boucle d'or *(Gouden Bocht)* du Herengracht, tandis que le quartier périphérique du Jordaan, entre le Prinsengracht et le Buitensingel, héberge les ouvriers et artisans. Quatre églises protestantes quadrillant la ville (les églises du Nord, de l'Ouest, du Sud et de l'Est) sont construites dans ces nouveaux quartiers.
Le symbole même de la prospérité et du pouvoir de cette ville, où vivent ***Rembrandt, Spinoza*** et ***Descartes,*** est le nouvel hôtel de ville sur la place du Dam, édifice en pierre importée d'Allemagne, et construit à partir de 1648 sur 13 000 pilotis en bois. Mais le pouvoir économique et politique d'Amsterdam allait apprendre à son tour que tout rêve mégalomane ne dure que ce que durent les rêves... ou guère plus.

Du Siècle d'or aux temps modernes

Parvenue au zénith de sa renommée, la nouvelle République, toujours dominante sur le plan maritime, doit se battre contre de nombreux ennemis : Portugais, Espagnols, Français, Suédois et surtout contre ces satanés Anglais. Son handicap de petit pays se fait d'abord sentir dans les colonies. En 1661, les Portugais délogent les Néerlandais du Pernambouc brésilien et, en 1664, la Nouvelle-Amsterdam est conquise par les Anglais et rebaptisée... New York (oui, on vous l'a déjà dit, c'est juste pour voir si vous suivez !). Et comme on est toujours plus fort à plusieurs, surtout pour écraser un plus petit, en 1672, la France, l'Angleterre et les principautés allemandes s'allient pour faire plier la République. Conduite par Turenne, l'armée de ***Louis XIV*** avance sur Amsterdam mais ne parvient pas à prendre la cité, qui se défend en inondant les polders au sud et à l'est de la ville. Et ça marche ! D'Artagnan perd la vie à Maastricht (prononcer « Maaaastrikt » s'il vous plaît !).

Malgré l'***afflux de huguenots,*** après la révocation de l'édit de Nantes, en 1685, la ville ne se développe plus. Au sein de la République, elle perd au XVIIIe s son rôle politique au profit de La Haye, où résident les princes d'Orange (le gouvernement se trouvait à La Haye depuis 1584). En raison de l'ensablement du Zuiderzee, elle abandonne une partie du commerce au bénéfice de villes hollandaises plus proches de la mer du Nord, comme Rotterdam, et de villes étrangères comme Londres et Hambourg. Pourtant, jusqu'en 1780, la richesse accumulée au Siècle d'or permet à Amsterdam de maintenir sa position financière et son leadership de banquier européen.

LA VRAIE VIE DE D'ARTAGNAN

D'Artagnan fut nommé gouverneur de Lille annexée par la France en 1667. Impopulaire auprès des Lillois, il ne songeait qu'à retourner sur le champ de bataille. Il en eut l'occasion lorsque Louis XIV entama la guerre de Hollande, où il trouva la mort en 1673 lors du siège de Maastricht, tué par une balle de mousquet en pleine gorge alors qu'il combattait un jour de relâche. En 1843, Alexandre Dumas découvrit un exemplaire de ses mémoires et s'en inspira.

Toutefois, le vent tourne et, comme toute bonne chose a une fin, la petite République va bientôt manger son pain noir. La quatrième guerre maritime avec l'Angleterre de 1780 à 1784, l'occupation de la ville en 1787 par l'armée prussienne au service du prince d'Orange, les troubles politiques et l'arrivée de l'armée française commandée par ***Pichegru*** (qui traverse les fleuves et les lacs gelés) pendant le rude hiver de 1795 mettent définitivement fin à une période de prospérité et de liberté qui durait depuis deux siècles.

Étonnamment, la Révolution française provoque une réaction diamétralement opposée à celle qu'elle eut dans d'autres pays. Ici, elle a pour effet d'instaurer la monarchie et d'abolir la république. Ça doit être ça, le droit à la différence ! ***Louis Bonaparte*** devient roi de Hollande, transforme l'hôtel de ville sur la place du Dam en palais royal et hisse Amsterdam au rang de grande capitale (elle le restera de 1808 à 1810). Pourtant, sur le plan économique, la ville s'appauvrit. Sur la liste des calamités, on trouve le blocus continental, l'obligation de participer aux guerres napoléoniennes et la perte de l'Afrique du Sud et de Ceylan. Après la défaite de la France à Waterloo, les Pays-Bas et la Belgique réunis font un petit bout de chemin ensemble, mais pas main dans la main, jusqu'à l'indépendance de la Belgique en 1830. Les Pays-Bas resteront jusqu'à nos jours une monarchie, avec Amsterdam comme capitale et La Haye comme centre politique.

JOLIE SALADE

La République batave fut créée en 1795 par les révolutionnaires français venus chasser le stadhouder d'Orange-Nassau soupçonné de vouloir établir une monarchie. Elle perdura jusqu'en 1806, jusqu'à l'installation de Louis Bonaparte sur le trône. Avant les tulipes, les cultures maraîchères étaient réputées, notamment pour la production d'une laitue frisée, qui fut appelée « batavia » en souvenir de cette république éphémère.

La ville ne s'en remet que lentement et retrouve en 1850 la même population qu'au XVIIe s : 200 000 habitants. Cependant, la reprise du commerce avec l'Indonésie et le Surinam, l'assèchement du lac de Haarlem, l'industrialisation et le creusement, en 1876, d'un canal reliant le port d'Amsterdam à la mer du Nord (Noordzeekanaal) entraînent une augmentation spectaculaire du nombre d'habitants. Une ceinture de quartiers populaires est construite hors du Buitensingel, entrecoupée seulement par le quartier au sud de la place de Leiden (Leidseplein), où apparaissent la salle de concerts (Concertgebouw), le musée de l'État (Rijksmuseum) et le musée municipal d'Art moderne (Stedelijk Museum). Le Vondelpark de 48 ha est aménagé, à la grande joie des babas du XIXe s (et de leurs petits-enfants, les futurs bobos du XIXe s). Avec la construction, en 1889, de la Gare centrale dans le vieux port et le comblement d'un grand nombre de canaux, la ville perd une partie de son aspect aquatique.

Le XXe s

Lors de la Première Guerre mondiale, les Pays-Bas restent neutres. Les années 1920 et 1930 voient la ville s'embellir, et on ne compte plus les maisons et édifices ornés de décorations en brique et pierre, dont le style prendra le nom d'école d'Amsterdam *(Amsterdamse School)*. En 1933, la crise économique frappe de plein fouet ; les nazis prennent le pouvoir en Allemagne, et les ***réfugiés Juifs Allemands*** commencent à affluer.

Contrairement à ses voisines, Rotterdam, Middelburg et Arnhem, Amsterdam n'est pas bombardée pendant la Seconde Guerre mondiale. Mais le quartier juif est transformé en ***ghetto,*** et la quasi-totalité de la communauté juive (80 000 habitants) est déportée, malgré une grève de solidarité qui éclate en février 1941. D'ailleurs, l'attitude du pays tout entier face à l'oppresseur force l'admiration de la communauté internationale. L'exemple de l'aide fournie à des familles juives, comme celle d'***Anne Frank,*** qui se cache dans une maison du Prinsengracht, deviendra hautement symbolique. De leur côté, les autorités, et notamment la reine Wilhelmine, appellent le peuple hollandais à la résistance, depuis l'Angleterre. Après la désastreuse bataille d'Arnhem (voir le film *Un pont trop loin*) et l'hiver de famine de 1944-1945, Amsterdam n'est libérée que le 8 mai 1945 (jour de l'Armistice) par les Canadiens.

L'indépendance de l'Indonésie, en 1949, porte un coup sévère au « commerce tropical » de la ville. Le port de Rotterdam, en liaison directe avec le Rhin, s'agrandit au détriment de celui d'Amsterdam. Ce manque à gagner ne sera qu'en partie compensé par le développement de l'aéroport de Schiphol. La ville se désindustrialise et se spécialise dans le secteur tertiaire.

Dans les années 1960, Amsterdam connaît l'afflux de travailleurs émigrés turcs et marocains, qui s'établissent dans la ceinture des quartiers populaires. Les ***Surinamiens*** sont également de la partie après l'indépendance de leur pays, en 1975. Amsterdam prend alors un visage multiracial et multiculturel. La ville s'engage dans une politique de modernisation et rend le centre accessible aux voitures. Ainsi, l'ancien quartier juif est démoli pour la construction d'une ligne de métro et d'une autoroute. Dans le quartier historique du Jordaan et surtout dans les quartiers populaires construits pendant la révolution industrielle, des centaines de pâtés de maisons disparaissent pour faire place à des constructions modernes. Des mouvements périodiques de protestation comme celui des ***provos*** des années 1960 et des squatters *(krakers)* tentent d'enrayer ce processus.

Aujourd'hui, Amsterdam a trouvé sa juste place dans le concert des cités néerlandaises. Si Rotterdam détient le pouvoir industriel et La Haye le pouvoir politique, ce modeste village de pêcheurs, devenu pendant un temps le centre du monde, reste – avec sa banque centrale, ses deux universités, ses trois grands musées et son centre historique – la capitale financière, universitaire, artistique, historique et touristique des Pays-Bas.

BREL ET LES MARINS DU PORT

Créée en 1964, la chanson Amsterdam *connut immédiatement un succès fulgurant, et ses paroles sont encore sur toutes les lèvres. Pourtant, peu d'admirateurs savent qu'il existe deux versions de la chanson. Dans le dernier couplet, Brel évoque les marins qui « dansent en se frottant la panse sur le ventre des femmes ». La version longtemps interdite en radio (on ne plaisantait pas avec ce genre de propos à l'époque) remplace le mot « dansent » par « bandent ». Sacré Jacques !*

HISTOIRE(S) DE NOTRE TEMPS

Les Pays-Bas contemporains

C'est en 2013, dit-on, qu'Amsterdam a fait sa véritable entrée dans le nouveau siècle. En effet, si les visiteurs d'Amsterdam vivaient au rythme de l'anniversaire des 400 ans des canaux et de la réouverture des trois grands musées de la vieille cité, le cœur de la ville battait au rythme du changement le plus important vécu par le pays depuis plus de 30 ans : l'intronisation du nouveau roi, et surtout, il faut bien le dire, d'une nouvelle reine. Le mariage en 2002 du prince héritier Willem-Alexander (devenu 11 ans plus tard le premier roi des Hollandais depuis bien longtemps) avec une jolie Argentine a sauvé quasiment le pays, selon certains. On parlait depuis un moment d'une abdication possible de la reine au profit de son fils, comme l'avaient fait sa mère et sa grand-mère avant la fin de leur vie.

À propos de mariage, le pays est devenu en 2001 le premier pays au monde à autoriser les mariages homosexuels avec les mêmes avantages, et les mêmes contraintes, que pour les hétéros, mais sans passer par un statut hybride comme le PACS français. Autre révolution des mœurs à la même époque : la législation qui autorise l'euthanasie en la réglementant très strictement. Une procédure difficile pour les familles, qui se sentent ici comprises et entourées. Encore une première mondiale à mettre au compte de l'esprit de tolérance de cet étonnant pays.De nos jours, les Pays-Bas sont un état démocratique dont le souverain symbolise l'unité. La mentalité néerlandaise de base a cependant peu changé. Même si la société s'est sécularisée, elle reste très marquée par les valeurs du calvinisme : éthique du travail, sobriété dans tous les aspects de la vie, recherche du consensus et individualisme réfréné. En cas de litige, toutes les parties concernées doivent pouvoir se faire entendre avant qu'une décision ne soit prise. L'ostentation et la vantardise sont mal vues, l'ordre et la propreté sont des vertus cardinales. Étaler sa richesse est considéré comme déplacé. Dans les maisons, les rideaux restent souvent ouverts après la tombée du jour, signe qu'on n'a rien à cacher. Aux yeux des Néerlandais, le goût du secret est suspect.

Même si la société civile reste profondément marquée par l'éthique protestante (sobriété, liberté de conscience, responsabilité individuelle...), les habitants ont bien changé et forment une des nations les plus athées du monde !

Pays-Bas, terre d'accueil ?

Le fait de vivre retranché derrière les digues a sans aucun doute influencé la culture néerlandaise. Il est clair que les Néerlandais recherchent volontiers les arrangements dont le détail remporte la pleine adhésion de toutes les parties. Les visiteurs étrangers ne manquent pas de remarquer le niveau élevé d'organisation dans tous les domaines de la société. Cette recherche systématique du consensus se manifeste dans la modération des exigences salariales, la tolérance sociale et la coopération des organisations patronales, des syndicats et du gouvernement. Cette approche a été désignée dans les années 1990 par une expression inspirée du milieu géographique : le « modèle du polder ».

PAS DE RIDEAUX AUX FENÊTRES !

Voilà qui surprend les visiteurs. Plusieurs explications : d'abord le besoin de faire entrer la lumière à l'intérieur, dans un pays au temps souvent couvert. Ensuite, la tradition calviniste qui veut que l'on n'ait rien à cacher puisqu'on mène une vie droite et ordonnée. Ensuite, le besoin de montrer que grâce au travail, on peut se payer un intérieur bourgeoisement confortable. Les chambres et salles de bains, à l'arrière sont occultées, elles. Tout de même !

Cependant, au début du XXIe s, les Néerlandais commencent à douter de l'efficacité de cette approche. Un des champions de cette remise en question, Pim Fortuyn, a été assassiné en mai 2002, juste avant les élections législatives auxquelles il se présentait pour la première fois et pendant lesquelles son parti a fait un tabac en rassemblant les mécontents de l'immigration derrière un slogan : *Holland is vol !* (« La Hollande est pleine ! »). Ses partisans remettent en cause l'État providence et proclament la faillite de la politique d'intégration. Les faibles performances économiques attisent leurs critiques. Les gouvernements suivants ont été fortement influencés par ce courant de réflexion et ont mis en œuvre une stricte discipline budgétaire ainsi qu'une révision des politiques en matière de protection sociale, d'assurance maladie, d'immigration et d'intégration.

Mutations sociales

Il est cependant clair que la politique et la société néerlandaises sont en train de changer. Le nombre de voix des partis du centre, gardiens traditionnels du modèle du polder, a chuté lors des dernières élections. Les partis ayant enregistré les plus fortes progressions sont ceux les plus marqués aux extrêmes : à gauche, le parti socialiste et, à droite, le parti pour la liberté.

Début 2008, le Conseil de l'Europe s'est inquiété de la montée du racisme et de l'islamophobie aux Pays-Bas. Autorités et médias s'affrontent autour de l'interdiction du port de la burqa dans les établissements scolaires et supérieurs, la fonction publique et les transports.

Il est vrai que la perspective de voir la part de la population allochtone (terme utilisé par opposition à autochtone, désormais interdit) dépasser dans les prochaines années les 50 % dans les plus grandes villes du pays provoque des réflexes de rejets identitaires assez radicaux. Il faut noter que la communauté la plus nombreuse est celle des Surinamiens, lesquels ont à 90 % la nationalité néerlandaise. Les musulmans seraient un peu moins d'un million.

Depuis le 1er octobre 2010, squatter est prohibé (par une loi qui s'appelle *Wet Kraken en Leegstand*). Amsterdam avait connu beaucoup de squats où des bouillons de culture fleurissaient, comme dans les *Kalenderpanden,* d'anciens entrepôts portant les noms des mois, désormais transformés en appartements très haut de gamme.

Les élections de 2010 virent les libéraux (VVD) gagner de peu (26,6 % des votes, 41 sièges) devant les travaillistes (24,8 %, 38 sièges). Troisième place : le parti populiste de Geert Wilders, qui avait fait campagne pour s'opposer à la « montée de l'islam » aux Pays-Bas, et enregistra une poussée remarquée de 9 à 24 sièges à la chambre basse. 4e place : le parti socialiste (extrême gauche – ancien parti communiste) tous les deux avec 10 % et 15 sièges. Remarquable est la perte du CDA avec 8,5 % (13 sièges). Traditionnellement ce parti faisait presque toujours partie de la coalition gouvernementale (en 1989, 35 %).

Contraint de présenter sa démission à la Reine en avril 2012, faute d'un accord avec Geert Wilders, Mark Rutte, chef de file du parti libéral, dut former une nouvelle coalition en septembre 2012, mais cette fois avec les travaillistes. Le VVD (bleu) et le PvdA (rouge) ont donc formé un gouvernement « violet ». Couleur logique pour sceller l'alliance entre deux partis longtemps adversaires.

Ce sont deux visions opposées du monde qui se sont rencontrées autour du problème fumeux du « *wiet pass* », la carte cannabis (voir chapitre « Utile »). Les travaillistes du PVDA en avaient fait un argument de campagne, promettant de revenir sur une mesure visant à interdire partout aux Pays-Bas l'entrée des 650 *coffee-shops* aux « touristes de la drogue ». La mesure, qui devait être généralisée dans tout le pays en janvier 2013, est laissée à la discrétion des villes, qui peuvent arguer de circonstances locales (assez vagues) pour continuer d'ouvrir les *coffee-shops* aux visiteurs étrangers (1,5 million par an à Amsterdam, selon les chiffres de la mairie).

Le maire, Eberhard van der Laan, membre du parti travailliste (PVDA), tient à montrer régulièrement jusqu'où peut aller la tolérance d'Amsterdam. Il a accordé le droit à quelques cafés/boîtes de nuit de rester ouverts 24h/24, ces bâtiments devant se trouver à la limite de la ville, ou du moins suffisamment éloignés des maisons et insonorisés. Quant aux squatters, on a vu la loi baisser les bras, dernièrement, devant les difficultés rencontrées par certaines familles, la liste d'attente pour obtenir un logement via les organismes publics ne cessant d'augmenter.

Et royales mutations !

On pourrait certes loger pas mal de monde dans le palais royal, bâtiment gentiment sinistre planté au cœur de la ville, et généralement inhabité, entre deux grandes réceptions. En fait, la famille royale vit à La Haye.
Ceux qui sont venus en avril 2013 pour assister au « couronnement » en ont été pour leurs frais. Aux Pays-Bas, il n'y a pas de couronnement, mais une intronisation.
Difficile de pronostiquer ce qui va changer dans les années à venir. Une chose est certaine, c'est qu'il y aura toujours du monde pour fêter le jour du Roi.
La naissance de William-Alexander, le 27 avril 1967, avait été accueillie dans l'euphorie par un pays qui voyait, après une régente et trois reines, un homme appelé enfin à porter la couronne. Mais les frasques de l'adolescent et de l'étudiant surnommé « *prince pils* » (en référence aux litres de bière qu'il pouvait ingurgiter dans les soirées) finiront même par faire douter la famille royale de ses capacités à monter sur le trône.
Devenu adulte, il entama une métamorphose que son mariage avec Maxima concrétisa aux yeux des Hollandais, rassurés par leur nouvelle reine.

MÉDIAS

Votre TV en français : TV5MONDE partout avec vous

TV5MONDE est reçue partout dans le monde par câble, satellite et sur IPTV. Dépaysement assuré au pays de la francophonie avec du cinéma, du divertissement, du sport, des informations internationales et du documentaire.
En voyage ou au retour, restez connecté ! Le site internet • *tv5monde.com* • et son application iPhone, sa déclinaison mobile • *m.tv5monde.com* •, offrent de nombreux services pratiques pour préparer son séjour, le vivre intensément et le prolonger à travers des blogs et des visites multimédia.
Demandez à votre hôtel le canal de diffusion de TV5MONDE et n'hésitez pas à faire part de vos remarques sur le site • *tv5monde.com/contact* •

PATINAGE

Les Hollandais sont les rois incontestés de la glisse... horizontale. Dès que le thermomètre descend au-dessous de zéro quelques jours, tous les canaux, fossés, lacs et étangs se couvrent d'une bonne couche de glace. Grosse frustration : ces dernières années, il n'a pas fait assez froid pour geler les canaux, sauf en 2009, où un ministère a donné congé à ses employés pour qu'ils profitent sans réserve des conditions favorables... Rebelotte en 2012 ! Où des températures extrêmes permirent aux patineurs et piétons de reprendre possession de leurs chers canaux. Ce fut, comme toujours, l'occasion de grandes réjouissances et de fêtes de voisins organisées... à même la glace !
L'engouement pour les patins ne date pas d'hier. Allez dans les musées jeter un coup d'œil sur les tableaux de ***Hendrik Avercamp,*** le spécialiste des scènes

d'hiver : les Hollandais du Siècle d'or chaussaient déjà leurs patins en famille à la première gelée, les plus jeunes utilisant une mâchoire de porc comme traîneau. Aux Jeux olympiques d'hiver, leurs descendants raflent les médailles dans des disciplines aussi exigeantes que le *short-track.* Il faut dire qu'on recense plus de 1 200 clubs de patinage et que, quand le temps le permet, est organisée une compétition particulièrement éprouvante de 200 km, la ***Elfstedentocht,*** reliant 11 villes frisonnes dans une ambiance particulièrement fervente. Cette course est au patinage ce que la *Vasaloppet* scandinave est au ski de fond.

PEINTURE HOLLANDAISE

Rembrandt, maître de l'ombre et de la lumière

> **QUAND ON N'A PAS LES MOYENS !**
>
> *Ayant toujours vécu sur un grand pied, Rembrandt fut contraint de vendre la tombe de Saskia, sa première femme, pour payer l'enterrement de sa maîtresse.*

Rembrandt, c'est son prénom. Son nom de famille : Van Rijn. Il est né à ***Leiden,*** ville située à 41 km d'Amsterdam, en 1606. Son père était le meunier de la ville. Sa famille ne vivait ni richement ni pauvrement. À 14 ans, le fils du meunier est inscrit à l'université mais les études ne l'intéressent pas. Il entre en apprentissage à 15 ans chez le peintre Jacob Van Swanenburg. Il quitte Leiden pour Amsterdam, où il travaille (6 mois seulement) dans un atelier. Retour au pays en 1625. À 19 ans, Rembrandt se met à son compte. L'élève est devenu chef d'atelier. De nombreux élèves gravitent déjà autour du petit maître. Il reçoit sa première commande importante, provenant de la corporation des chirurgiens, *La Leçon d'anatomie du docteur Tulp* (1632). Cette toile va le rendre célèbre, il s'installe définitivement à ***Amsterdam*** la même année. La renommée de Rembrandt va connaître un démarrage foudroyant grâce au contrat passé avec le marchand d'art Hendrick Van Uylenburgh. Ce dernier a une jolie nièce fort bien dotée. Son nom : ***Saskia.*** Rembrandt en fait son modèle favori. Coup de foudre et mariage en 1634. Tout lui sourit : argent, bonheur, gloire. À 33 ans, il est riche et célèbre. En 1639, le fils du meunier de province achète une grande maison bourgeoise dans le quartier juif, s'y installe avec Saskia et y ouvre un atelier qui sera toujours rempli d'élèves. L'un des plus célèbres, ***Gérard Dou,*** s'écartera pourtant radicalement de son maître en développant un goût pour la précision et le détail.

En plein bonheur arrive la « série noire »: vers 1640, il perd sa mère, et trois de ses enfants disparaissent en bas âge. Son fils ***Titus,*** né en 1641, est le seul à survivre. En 1642, alors qu'il achève son chef-d'œuvre, *La Ronde de nuit,* sa femme, Saskia, meurt de tuberculose à 30 ans. Ce sera un tournant crucial dans son existence. De plus, *La Ronde de nuit* a déplu à ses commanditaires. Rembrandt va mener dès lors une vie tourmentée, accumulant les spéculations ratées, dépensant sans compter pour ses collections personnelles, errant dans les environs d'Amsterdam à la recherche de croquis. Las des commandes de corporations, il peint de nombreuses scènes bibliques (*Les Pèlerins d'Emmaüs* en 1648, *Bethsabée* en 1654). Celui qui se représentait, hier, comme un cavalier élégant coiffé d'un béret à plume est devenu un artiste solitaire, mystique et visionnaire.

Après la mort de Saskia, une nourrice nommée Geertje Dircx vient vivre dans la grande maison de la Jodenbreestraat pour s'occuper de Titus. Rembrandt en fait sa maîtresse. Mais, en 1649, elle prend la poudre d'escampette. Le maître change de maîtresse. La nouvelle s'appelle ***Hendrickje Stoffels.*** Mais ce concubinage, jugé libertin dans la Hollande puritaine d'alors, lui attire les foudres de l'Église calviniste. Il est exclu des sacrements et se rapproche de la secte mennonite, qui conteste le pouvoir temporel de l'Église. En 1656, Rembrandt fait faillite. Ses biens et sa maison sont mis en vente. Il déménage et s'installe dans une modeste maison de Rozengracht, dans le quartier du Jordaan.

Alors qu'il continue à peindre avec acharnement *(Les Syndics des drapiers, Saül et David, L'Enfant prodigue, La Fiancée juive)*, sa compagne et son fils fondent ensemble un commerce d'art. Les commandes arrivant de nouveau, le maître retrouve une certaine prospérité (et non une ruine totale, comme on le dit souvent). Fidèle à son habitude, il vend cher ses œuvres et refuse toujours de les retoucher. En 1662, Hendrickje, sa compagne des mauvais jours, disparaît. Quatre ans plus tard, Titus se marie, mais il meurt à l'automne de la même année. Cette fois, Rembrandt connaît la vraie grande solitude de son existence. Sa peine est si lourde qu'il s'éteint le 4 octobre 1669, dans l'indifférence générale de ses concitoyens. Il a 63 ans. On l'enterre à Amsterdam dans l'église Wasterkerk. Curieusement, sa tombe n'a jamais été retrouvée.

UNE PRODUCTION CONTESTÉE

Le premier catalogue de 1836 recensant l'œuvre de Rembrandt comprend 600 tableaux. Au début du XXe *s, on dépassait les mille. Comment un seul peintre a-t-il pu abattre un tel travail ? En 1968 se constitua le* Rembrandt Research Project, *qui rassemble les meilleurs historiens et experts. L'enjeu était de taille : un Rembrandt peut atteindre 30 millions de dollars ! Depuis, certains tableaux, et non des moindres, ont été attribués à ses meilleurs élèves. Normal qu'il y ait eu confusion : souvent le maître signait de sa main des œuvres des membres de son atelier chargés de réaliser des commandes.*

Pourquoi Rembrandt est-il considéré non seulement comme le plus grand peintre hollandais, mais aussi comme l'un des plus puissants génies de l'histoire de la peinture ? Pour deux raisons essentielles : il est l'inventeur d'une technique audacieuse appelée le « clair-obscur ». Avant Rembrandt, seul le Caravage avait eu l'idée de juxtaposer aussi violemment sur sa toile des couleurs sombres, dans les noirs, et des couleurs claires, vives. Mais le peintre hollandais parvient pour sa part à dépasser ces oppositions spectaculaires, car il possède l'art de la transition. Marier la lumière et l'ombre, la clarté et l'obscurité (la vie et la mort ?), voilà l'invention géniale de Rembrandt. L'autre raison tient à son caractère, à sa vision du monde et des êtres. À l'instar de Dostoïevski, auquel Malraux le comparait (« Un frère de Dostoïevski, hanté de Dieu »), Rembrandt ne se contente pas de représenter les choses, il se jette corps et âme dans la création. Avec lui, la peinture européenne s'interroge pour la première fois sur l'homme. On ne décore plus, mais on explore les profondeurs de l'âme humaine pour y chercher l'essence du monde, et peut-être rôder autour de l'idée de Dieu. De tous les peintres du Siècle d'or, Rembrandt est le plus profond.

Vermeer ou le sublime dans la banalité

Parmi les grands maîtres du XVIIe s hollandais, Johannes Vermeer (1632-1675) est le seul dont on peut dire qu'il ne commença à exister que 200 ans après sa mort. D'ailleurs, c'est un obscur critique d'art français qui redécouvrit son œuvre à la fin du XIXe s. Contrairement à Rembrandt, qui laissa des centaines de toiles, on ne connaît de lui qu'une ***petite quarantaine de tableaux*** (les plus beaux sont au Rijksmuseum d'Amsterdam et au Mauritshuis de La Haye).

Vermeer peint les scènes les plus banales avec la plus grande subtilité. Il transforme l'ordinaire en merveilleux. Chez lui, on s'émeut même devant l'ombre formée par un clou dans un mur minable ! Signe particulier de l'artiste : n'aime ni les

foules ni le bruit. C'est pourquoi certains le dénomment « peintre du silence ». Cet oiseau rare est du genre magicien introverti, capable de faire de l'or avec de la vulgaire ferraille...
Drôle de lascar quand même. Il abhorre le mouvement et le passé. Il adore les choses les plus ordinaires, la banalité quotidienne. Pas de mythologie, une seule scène biblique *(Le Christ chez Marthe et Marie)*, nulle fresque grandiose et surtout pas de portraits de groupe, chers à Rembrandt par exemple. Aucun exotisme chez ce sédentaire indécrottable. Lui, ce qu'il aime par-dessus tout, c'est ce qui rassure : une ruelle vide ou des maisons de sa ville natale, une jeune fille avec un turban, une femme qui verse du lait dans un récipient, une autre qui lit une lettre *(La Lettre d'amour)*, pour ne citer que ces chefs-d'œuvre.
De nos jours, il raflerait tous les prix mondiaux de photographie rien que par son sens des plans et des cadrages, et par l'utilisation des couleurs. Il y a même des spécialistes pour prétendre qu'il aurait travaillé avec une *camera oscura*, l'ancêtre de l'appareil photo. Pour s'en convaincre, analyser par exemple *La Lettre d'amour*. Le peintre donne l'impression de s'être caché dans une petite pièce afin de mieux épier la conversation entre la bourgeoise et sa servante. Génial ! Autre signe particulier de Vermeer : les couleurs. Il en utilise beaucoup et très subtilement. Moderne dans ses alliances, il joue avec le jaune orangé et les bleu-violet, sans oublier les vert mer (pas de jeux de mots idiots, s'il vous plaît).
Pour corser le tout, il ne parle guère de lui. C'est son œuvre qui éclaire sa vie, pas le contraire. Il est né à Delft (la ville de la faïence) en 1632, s'est installé à La Haye comme marchand d'art. Et il a commencé tout simplement en peignant des prostituées, des joueurs, des entremetteuses, eh oui ! Enfin, ceux qui cherchent un « petit pan de mur jaune » (cité par Proust) feront le détour au Mauritshuis de La Haye, car c'est là que se trouve la fameuse *Vue de Delft*.

CONVERGENCE D'INTÉRÊTS

Peintre prudent et avisé, Vermeer choisit Antoine van Leeuwenhoek, un fabricant de lentilles (inventeur aussi du microscope) comme exécuteur testamentaire. Il est vrai qu'il avait grandement besoin du savant pour concevoir et perfectionner la « camera oscura » indispensable à sa peinture.

Frans Hals, le peintre de la vie

Un joyeux drille, ce Frans Hals ! Bon vivant, il aimait bien la boisson. Généreux en tout, il se maria deux fois et eut sept enfants qui, comme papa, furent tous peintres. Né en 1582 (ou 1583) à Anvers (ou à Malines ; on ne sait pas exactement), il vécut à ***Haarlem*** (à 24 km d'Amsterdam), où se trouve l'actuel musée Frans-Hals. Son existence fut assez tumultueuse : divers petits scandales le menèrent devant la justice, il contracta de nombreuses dettes et termina sa vie dans l'indigence.
Si Rembrandt, son contemporain, fut en quelque sorte le « témoin de l'âme » et Vermeer le « peintre du silence », Frans Hals fut celui « des émotions et des instincts humains ». Dans la centaine de portraits qu'il a peints, les buveurs, les chanteurs, les comédiens occupent une place importante. Mais on lui doit aussi des portraits d'enfants, des familles connues à l'époque (riches commerçants, notables, administrateurs). Sa série de tableaux appelée ***Les Gardes civiques*** montre ces hommes d'armes à la parade ou réunis autour d'une table de banquet. Il aimait la fête. Un de ses tableaux les plus connus est *Le Joyeux Buveur* (1628) au Rijksmuseum d'Amsterdam. Il représente un garde ou un soldat enivré. Un verre dans la main gauche, celui-ci nous salue de la main droite. Son visage est joyeux. Son regard est trouble mais fier. Voilà peut-être le premier portrait d'ivrogne de l'histoire de la peinture hollandaise. Le plus franc, le plus spontané et le plus réaliste.

Précurseur de l'impressionnisme, deux siècles avant son avènement, Frans Hals peignait à grands coups de pinceau rapides. Les détails ne sont pas aussi fignolés que chez Vermeer. La lumière de ses tableaux n'a pas l'intensité trouble des clairs-obscurs de Rembrandt. Mais les émotions et les impressions de ses personnages passent bien. C'est là tout le génie de Frans Hals, peintre de la vie et du mouvement.

Les autres peintres classiques hollandais

Alors que les navires hollandais sillonnent toutes les mers, Amsterdam devient au XVIIe s la capitale commerciale, financière et artistique de l'Europe. Ce formidable essor économique se traduit dans le domaine des arts par une explosion de la peinture. Contrairement à la France ou à l'Italie, où l'Église et les princes jouent le rôle de mécènes, aux Pays-Bas, ce sont les riches marchands et les corporations qui commandent des œuvres aux peintres. Pas de scènes de cour, pas de luxe tapageur, les sujets représentés sont toujours inspirés de la réalité, parfois la plus simple. Scènes d'intérieur, famille de marchands, corporations, paysages, scènes de la vie quotidienne, etc. Au Siècle d'or, la peinture hollandaise invente le réalisme et, pour la première fois, elle se démocratise. On trouve des toiles non seulement dans les maisons de la bourgeoisie, mais aussi chez les gens modestes. Pour répondre à cette énorme demande de peintures, il n'y avait pas seulement Rembrandt, Vermeer et Frans Hals, d'autres peintres ont contribué à la notoriété de l'école hollandaise.

Fin du Moyen Âge

Au XVe s, le peintre le plus important de cette époque est ***Geertgen tot Sint Jans*** (1460/1465-1488/1493).

Renaissance et maniérisme

Au XVIe s, la Renaissance est arrivée aux Pays-Bas un siècle après l'Italie. Un grand peintre célèbre pour *L'Adoration du veau d'or* : ***Lucas Van Leyden*** (1494-1533).

Le Siècle d'or

Des peintres du XVIIe s, on vous a déjà parlé des trois grands, mais il y en a de nombreux autres, présentés ici par genres.

– *Le paysage :* ***Hendrick Avercam*** (1585-1634) est connu pour son *Paysage d'hiver avec patineurs,* un tableau qui fourmille d'anecdotes cocasses. Il faut admirer les toiles de ***Hobbema*** (1638-1709), qui montre la Hollande à travers des paysages de plaine, de chaumières et de moulins noyés dans la brume. Mais le plus grand paysagiste, c'est ***Jacob Van Ruysdael*** (1628/1629-1682). Remarquez chez lui l'immensité du ciel (nuageux) et la lumière oblique et crépusculaire (qui annonce le romantisme). Il y a aussi les paysagistes urbains : ***Saenredam*** (1597-1665) peint des intérieurs d'église très dépouillés.

VANITAS VANITATIS

Les peintres hollandais de l'époque baroque sont passés maîtres dans la peinture de natures mortes : ensembles floraux, tables opulentes couvertes de victuailles à l'effet décoratif des plus heureux... Pourtant nombre d'entre elles sont des « vanités » à haute valeur symbolique, un genre très pratiqué tant chez les calvinistes que chez les catholiques. Ces représentations picturales où foisonnent les insectes, les fruits abîmés ou les pétales flétris évoquent la précarité de la vie et l'inanité des occupations humaines soumises à la fuite du temps. Parmi tous ces objets allégoriques, le crâne humain, symbole de la mort, est l'un des plus courants.

– *La mer :* la grande complice des Hollandais au Siècle d'or. Parmi les nombreuses toiles, il faut retenir les œuvres de ***Jan Van de Capelle*** (1624-1679) et de ***Willem Van de Velde le Jeune*** (1633-1707).
– *Natures mortes :* il y en a de très belles, révélatrices de la richesse du savoir-vivre à cette époque de prospérité. Certaines rappellent les règles à observer face à la mort : les « vanités », compositions moralisatrices et bourrées de symboles cachés, étaient censées exprimer la futilité et le côté éphémère de l'existence terrestre. Voir les toiles de ***Pieter Claes*** (1597/1598-1661) et de ***Willem Heda*** (1594-1680).
– *Peinture de genre :* son chef de file, ***Jan Steen*** (1626-1679), tenait une auberge pour faire vivre sa famille. Rien d'étonnant, donc, à ce qu'il s'en soit inspiré pour représenter des scènes de beuveries populaires, *La Joyeuse Famille,* ou des scènes d'intérieur pleines d'humour et non dénuées de moralisme. Il y a même une expression locale qui lui rend hommage : « un ménage à la Jan Steen », pour désigner une famille où c'est « le bazar ». Si vous dormez à l'hôtel *Frommer,* vous aurez forcément un de ses tableaux reproduits sur un des murs de la chambre (on s'habitue très bien, rassurez-vous !).
Citons également ***Van Ostade*** (1610-1685), ***Gérard Dou*** (1613-1675), qui fut un élève de Rembrandt, ***Gérard Ter Borch*** (1617-1681) et ***Pieter de Hooch*** (1629-1684). Mais à la différence de Jan Steen, qui peignait les paysans et le petit peuple, ceux-ci travaillaient pour les plus fortunés.

Vincent Van Gogh

Les débuts

Vincent Van Gogh naît le 30 mars 1853 au presbytère de Groot Zundert, dans le Brabant, dans une famille où, lorsqu'on n'est ni pasteur ni marin, on fait commerce d'art : le père est pasteur, trois des oncles marchands de tableaux, un quatrième amiral. En 1869, à La Haye, Van Gogh fait ses débuts à la galerie d'art Goupil. Il vit très isolé, enfermé dans une timidité farouche, tandis que sa connaissance un peu fanatique de la Bible effraie les relations qu'il peut avoir. Congédié par Goupil à cause de ses bizarreries, il exerce successivement le métier d'instituteur stagiaire en Angleterre et de vendeur en librairie à Dordrecht. Il se met à étudier la théologie pour être pasteur, mais là aussi, ses outrances compliquent ses rapports avec le clergé et la population. Il s'installe comme évangéliste volontaire dans le pays minier du Borinage en Belgique, mais sa générosité, ses liens fraternels avec les mineurs, dont la pauvreté le bouleverse, indisposent les autorités.

VAN GOGH, PEINTRE MALGRÉ LUI

Très jeune et déjà mystique, il fréquenta un séminaire évangélique. Puis il enseigna la parole divine dans le milieu pauvre des mineurs du Borinage en Belgique. Prenant fait et cause pour ce prolétariat, il se vit refuser sa nomination de pasteur par sa hiérarchie. Dépité et contrarié, il se consacra à la peinture.

Il commence à étudier la peinture avec l'aide matérielle de son frère ***Théo.*** En 1886, il rejoint ce dernier à Paris, où il fait connaissance de peintres tels que ***Toulouse-Lautrec,*** qui fait de lui le très beau portrait qu'on peut voir au Stedelijk Museum d'Amsterdam (c'est-à-dire au musée d'Art moderne). C'est à Paris que Van Gogh découvre l'enchantement de la couleur claire et les estampes japonaises.

De Paris à Arles, de Saint-Rémy à Auvers-sur-Oise

Mais après les premiers enthousiasmes, Van Gogh prend Paris en horreur et décide de s'installer à ***Arles,*** ce qu'il fait en 1888. Au cours de ce printemps, il lui arrive, tant il s'enivre de soleil et de lumière, de penser que tout va s'arranger pour lui. ***Gauguin*** le rejoint pendant l'été, mais sa présence, pourtant désirée, n'arrange rien : l'état de santé mentale de Van Gogh va en empirant et il doit faire, une première fois à sa demande, une autre fois à la suite d'une pétition des habitants de son quartier, deux séjours à la maison de santé de ***Saint-Rémy.*** Se jugeant, en 1890, en bonne voie de guérison, il revient à Paris pour revoir son frère, qui vient de se marier. Pissarro lui conseille de s'installer à ***Auvers-sur-Oise*** auprès du ***docteur Gachet,*** qui saura peut-être le guérir. Mais son état s'aggrave : sa mauvaise conscience vis-à-vis de son frère aux crochets de qui il vit et l'intime conviction que, quoi qu'il fasse, il est un « raté » le poussent au suicide le 27 juillet 1890. Son frère meurt le 21 janvier de l'année suivante. Tous deux sont enterrés à Auvers.

VAN GOGH NE SE SERAIT PAS SUICIDÉ

En 2011, une nouvelle biographie du peintre a évoqué l'hypothèse que sa mort pourrait avoir été accidentelle. Van Gogh aurait été blessé d'un coup de fusil involontaire par un duo d'adolescents qu'il connaissait bien. Il aurait alors décidé d'endosser la responsabilité de l'accident pour les protéger. Van Gogh n'aurait pas cherché activement à mourir, mais face à cette issue, il l'aurait acceptée « pour l'amour de son frère, pour lequel il était un poids financier ».

La peinture de Van Gogh

Il a peint plus de 800 tableaux pendant une période qui s'étend, tout au plus, sur 10 années. Van Gogh est un cas dans l'histoire de la peinture – Rembrandt excepté, sans doute –, et l'on pourrait, à partir de ses tableaux, retracer les étapes de sa brève existence. Amour de la vie mêlé à un profond mal de vivre transpirent de son œuvre avec une violence inouïe. « La couleur par elle-même exprime quelque chose », a-t-il dit. Ce qui allait devenir le principe fondamental du fauvisme était, en ce qui le concernait personnellement, une évidence. La couleur correspond à un état d'esprit. S'il a peint tant d'étoiles, tant de soleils – y compris les tournesols –, c'est que le jaune, « la haute note jaune », est pour lui le symbole de la foi, de l'espérance et de l'amour. Il chercha toujours à obtenir le maximum d'intensité et de vibration chromatique dans ses natures mortes. S'il veut exprimer « les terribles passions humaines », il emploie les verts et les rouges ; les traits noirs ne sont pas là dans un but plastique, mais parce qu'ils traduisent un « petit peu d'angoisse ». Il a commencé par utiliser les bruns et les noirs parce qu'il ne pouvait traduire autrement le dur labeur quotidien des populations misérables du Borinage. D'autres avant lui avaient peint les petites gens, mais sans jamais atteindre ce paroxysme de violence et de passion difficilement contenues.
À ***Paris,*** au contact des impressionnistes, ses couleurs deviennent très claires, sa peinture semble se libérer, mais c'est à Arles, où il peint « avec toute la lucidité et l'aveuglement d'un amoureux », que vont naître les grandes œuvres. À partir de 1889, la couleur explose, les larges coups de pinceau montrent le désarroi de son esprit qui sombre dans une folie d'autant plus cruelle qu'elle est intermittente. Les cyprès, les oliviers, les tournesols, les personnages, tout tordus et tendus, ne sont que l'expression de ce qui, en lui, se consume de souffrance, de passion, de recherche du dépassement.

Les peintres du XXe s

L'art hollandais ne s'arrête pas avec Van Gogh. Bien au contraire : le XXe s a vu éclore plusieurs écoles d'où ont émergé quelques pointures remarquables.
Une des écoles les plus marquantes a sans doute été ***De Stijl,*** mot néerlandais qui signifie tout bêtement « style ». Mouvement artistique né en 1917 autour d'une

revue et d'un manifeste pour « un renouvellement radical de l'art », à l'instigation de ***Theo Van Doesburg*** et ***Piet Mondrian.*** De Stijl prône une architecture rationaliste, géométrique et plastique où la peinture doit jouer le premier rôle. L'idée du groupe est de mettre en pratique les théories mathématiques de Mondrian sur la représentation picturale de l'essence des choses. Rejetant l'aléatoire, De Stijl exalte l'emploi des trois couleurs primaires en compagnie du noir, du gris et du blanc que parcourent des lignes droites à composante orthogonale. Van Doesburg saborde le mouvement en 1924 et rompt, au propre et au figuré, avec Mondrian en substituant des plans inclinés à un équilibre horizontal/vertical (c'est ce qui s'appelle voir les choses sous un autre angle !), puis en publiant en 1926 un nouveau manifeste, l'*élémentarisme,* axé sur une recherche de la dynamique.
Au-delà de ces querelles d'école, De Stijl a laissé des traces durables dans l'art contemporain, bien sûr, mais aussi dans l'architecture (le Bauhaus), le mobilier, la décoration ou la publicité.

Piet Mondrian (1872-1944)

Prof de peinture à 20 ans, il passe du paysagisme académique au fauvisme. Sous l'influence de Toorop et Seurat, il s'intéresse quelque temps à la théorie divisionniste de la lumière, puis, à Paris, en 1912, plongé dans les débuts du cubisme, il participe pleinement à l'émergence de l'abstraction. De retour en Hollande pendant la guerre, il épure sa peinture en utilisant des couleurs claires et des traits rectilignes verticaux et horizontaux. En 1917, il signe avec Theo Van Doesburg le manifeste du mouvement De Stijl, ainsi que quelques articles retentissants, fondateurs du nouveau credo pictural. Des années 1920 datent ses compositions les plus connues, où le cadre en forme de losange sur fond neutre, couleur blanc-gris, est coupé par des lignes à angle droit que séparent des plages de couleurs primaires asymétriques. Au fil des ans, après son exil à New York de 1940, ces structures colorées en recherche d'équilibre se compliquent un peu avec des lignes de couleur qui se chevauchent ou s'entrecroisent, toujours sur fond blanc, intégrant cette fois petits carrés et rectangles (ouf ! pas facile de décrire la peinture abstraite).
Un des mérites de Mondrian est d'avoir été source d'inspiration pour le couturier ***Saint Laurent*** et ses petites robes, la ligne de parfum Courrèges et le design anguleux des années 1960. La plus grande collection de ses œuvres peut être admirée au Gemeente Museum de La Haye.

Maurits Cornelis Escher (1898-1972)

Un des graphistes et graveurs les plus marquants du XXe s, dont beaucoup connaissent l'œuvre sans forcément connaître le nom. Après des voyages en Italie, dont les paysages urbains marqueront son imaginaire, il s'adonne à la gravure sur bois, y organisant un monde visible aux confins du fantastique où les éléments et les structures spatiales s'imbriquent et se répètent à l'infini. Bafouant les lois de la géométrie, ses décors forment d'étranges boucles où des cours d'eau s'autoalimentent et où des personnages gravissent des escaliers interminables pour se retrouver en fin de parcours à leur point de départ. Escher s'exerce aussi à des mosaïques d'éléments organiques dont la répétition présente d'infimes variations. Escher s'apparente aux surréalistes en forçant le spectateur à envisager une autre réalité.
À voir : le musée Het Paleis, qui lui est consacré, à La Haye.

Kees Van Dongen (1877-1968)

Un Batave naturalisé français, établi à Paris dès l'âge de 20 ans et gagnant sa croûte en dessinant des illustrations pour *L'Assiette au beurre, Frou-Frou* ou *L'Indiscret.* Influencé par Vuillard et Gauguin, il adhère au groupe des fauves, puis se rapproche des tendances expressionnistes allemandes du mouvement

Die Brücke. Sa palette très colorée révèle une peinture sensuelle et ardente. Après avoir croqué les travers de la Belle Époque, il se spécialise dans la description des guinguettes, du cirque, des cabarets et surtout des femmes du monde de l'élégance. Il tombe alors dans les mondanités en devenant le portraitiste attitré de la faune tropézienne, dont une célébrissime Brigitte Bardot en 1954. Il dira : « Pour leur plaire, il suffit de les amincir et de grossir leurs bijoux ! »

PERSONNAGES

– ***Hendrik Petrus Berlage*** *(1856-1934)* **:** le plus connu des architectes des Pays-Bas. Adepte des formes simples, il construit en 1898 la Bourse d'Amsterdam, édifice sobre et monumental inspiré par l'architecture romane. Il est la figure centrale de l'école d'Amsterdam, qui conçoit l'extension du sud de la ville comme un projet intégrant l'espace dans un ensemble urbain composé de formes et de matériaux inspirés de la tradition locale, en opposition à la vogue des cités-jardins de l'époque. Partisan d'un équilibre stylistique alliant valeur sociale de l'art et adéquation entre formes et contenus, il fut aussi l'un des premiers à faire connaître l'architecte américain Frank Lloyd Wright en Europe.

– ***Louis Bonaparte*** *(1778-1848)* **:** roi de Hollande de 1806 à 1810, il fut un souverain plus patriote que ses sujets en s'opposant au blocus de l'Angleterre imposé par l'Empereur, aux levées d'impôts et à la conscription forcée dans les armées de la France. Il faut dire qu'il avait de quoi se rebiffer : Napoléon, son cher frère, lui avait refilé Hortense de Beauharnais contre son gré. Révoqué comme un vulgaire préfet, il passa sa vie en exil, prenant quand même le temps de faire trois fils à sa volage épouse, dont l'un devint Napoléon III. Belle revanche ! Les Hollandais lui conservent une reconnaissance attendrie.

– ***Johann Cruyff*** *(né en 1947)* **:** le Hollandais volant aux pieds d'or est le chef de file d'une génération bénie du foot hollandais, propulsant l'équipe de l'Ajax Amsterdam vers les sommets européens, puis l'équipe nationale batave au premier rang des nations du ballon rond en échouant par deux fois en finale de la Coupe du monde. Entraîneur, notamment à Barcelone, il devint un champion de la Ligue antitabac après avoir connu un accident cardio-vasculaire. Dans son sillage, et grâce à une politique de formation des jeunes performante, le foot hollandais a fait jaillir une pléiade de joueurs de talent : Van Basten, Rijkaard, Davids... et plus récemment Van Nistelrooy, Robben, Kuyt, et Van Persie... Cruyff leur a ouvert la route.

– ***Dave*** *(né en 1944)* **:** de son vrai nom Wouter Levenbach. C'est le plus parisien des Hollandais connu pour sa gentillesse proverbiale et sa longue mèche blonde. Tour à tour routard (si, si !) en bateau sur les fleuves, guide touristique, il passe sous contrat avec Barclay à la fin des années 1960. Il connaît le succès avec *Vanina* en 1974 et *Est-ce par hasard* en 1975. Après une traversée du désert dans les années 1980, on le retrouve 30 ans après sur tous les plateaux.

– ***Érasme de Rotterdam*** *(1469-1536)* **:** fils illégitime d'un religieux et de la fille d'un médecin, son nom est indissociable de l'idée d'humanisme. « Je souhaite être un citoyen du monde, appartenir à tous, ou plutôt rester un étranger pour tous », écrivait-il à l'apogée de son magistère. Figure de proue d'une république des lettres dont le point commun était l'emploi du latin, Érasme fut aussi un nomade dans l'Europe de la Renaissance, ne se fixant nulle part alors que tous les princes cherchaient à se l'approprier. Ses écrits, dans lesquels il tentait une synthèse entre l'héritage spirituel de l'Antiquité et le christianisme, furent largement diffusés grâce aux progrès de l'imprimerie naissante et eurent un retentissement considérable. Ses échanges avec Thomas More, sa critique du Nouveau Testament qui servit de modèle à Luther, son *Éloge de la folie* et ses *Colloques* façonnèrent la pensée de ses contemporains. Mais son tempérament pacifiste, sa volonté conciliatrice et son sens subtil de la nuance alliés à une prudence peu héroïque l'empêchèrent d'adhérer à la Réforme dont il avait pourtant largement préparé l'éclosion. Puisqu'on est dans un registre plus intellectuel, signalons aussi ce bon vieux Descartes qui, bien que français (nul n'est pas parfait) a écrit en Hollande nombre de ses ouvrages.

– ***Anton Fokker*** *(1890-1939)* **:** il donna son nom à une firme d'aéronautique qui fabriqua autant d'avions de chasse pour les Allemands pendant la Première Guerre mondiale que d'avions commerciaux pour la Hollande. Né à Java, il devint un as du pilotage aux États-Unis, puis un constructeur d'aéroplanes performants. Grâce au tir à travers le pas de l'hélice, ses engins donnèrent un temps la suprématie aérienne aux pilotes du kaiser Guillaume II. Fokker est toujours l'un des fleurons industriels des Pays-Bas.

– ***Anne Frank*** *(1929-1945)* **:** une des figures emblématiques des victimes de l'Holocauste. Issue d'une famille juive allemande réfugiée à Amsterdam dès 1933, elle fut amenée à se cacher avec les siens dans une soupente après les rafles de 1942. Dénoncés, tous furent déportés en 1944. Seul, le père d'Anne Frank survécut. Le journal de sa fille, retrouvé sur les lieux de leur planque consignait tous les événements de cette vie de reclus avec ferveur et force de caractère. Des révisionnistes avancèrent l'idée d'un faux sans apporter la moindre preuve. Ne pas manquer de visiter la maison d'Anne Frank à Amsterdam.

ET LA FILLE STUPÉFIA SON PÈRE

Otto, le père d'Anne Frank, rentra vivant des camps en 1945. Il apprit que ses deux filles étaient mortes à Bergen-Belsen. Sa secrétaire lui remit alors le journal intime d'Anne. Il fut touché par l'incroyable maturité de sa fille malgré ses 14 ans. Otto passa le reste de sa vie à diffuser le message de paix de sa fille.

– ***Guillaume Ier d'Orange, dit le Taciturne*** *(1533-1584)* **:** père fondateur de la nation hollandaise, ancêtre de la dynastie régnante des Orange-Nassau, il se révéla un chef de guerre hardi et un politique avisé lors du soulèvement des Pays-Bas contre le pouvoir espagnol et des répressions religieuses au milieu du XVIe s. Parmi les plus riches seigneurs des Pays-Bas, il fut le principal représentant de l'opposition nobiliaire à la couronne d'Espagne et pourvoyeur en troupes et en finances de la révolte armée contre les terribles *tercios* du duc d'Albe, envoyé par Philippe II pour éradiquer l'hérésie dans les riches Flandres. En 1568, à Bruxelles, lors d'une entrevue de conciliation avec Marguerite de Parme, gouvernante des Pays-Bas, les doléances des rebelles furent traitées, avec dédain, de requêtes de « gueux ». Dès le lendemain, les partisans de Guillaume arborèrent la besace et l'écuelle, symboles de la révolte. Il fallut encore à Guillaume, exilé en Allemagne, plusieurs années de lutte et de guérillas sanglantes (grâce notamment à l'action de harcèlement des « gueux de mer ») pour se retrouver en position de force avec sa nomination de *stadhouder* (protecteur) de Hollande, Zélande et Utrecht. En 1577, Guillaume, converti au calvinisme mais partisan de la tolérance religieuse, fit une entrée victorieuse à Bruxelles et à Anvers. La Pacification de Gand avait jeté les bases d'une confédération politique garantissant la liberté de culte ; malheureusement, le fanatisme des iconoclastes protestants torpilla ces bonnes intentions. Les provinces catholiques du Sud se désolidarisèrent du projet et formèrent l'Union d'Arras en 1579, et celles du Nord, en majorité protestantes, s'associèrent en Union d'Utrecht et déchurent le roi d'Espagne de sa souveraineté. Philippe II répliqua en lançant un édit invitant « tout homme fidèle et pieux » à éliminer physiquement Guillaume comme « ennemi de l'Espagne et peste de la chrétienté ». Guillaume tomba au Prinsenhof de Delft en 1584, victime d'un tueur bourguignon, Balthazar Gérard, à la solde d'Alexandre Farnèse, le nouvel homme fort du roi d'Espagne.

– ***Christiaan Huygens*** *(1629-1695)* **:** physicien, mathématicien et astronome de très grand renom, un des génies scientifiques les plus féconds de son temps. Il vécut à Paris de 1665 à 1680. En plus d'une étude sur les anneaux de Saturne, il a œuvré à parfaire les connaissances de son époque en matière de calcul des probabilités, de la mesure du temps (il mit au point le mécanisme de pendule comme régulateur des horloges) et de l'hydrostatique. Dissident de Descartes, il fonde en 1656 sa propre théorie, toujours valable, du « choc des corps » puis écrit plusieurs traités sur la dynamique et la pesanteur.

– ***Joris Ivens*** *(1898-1989)* **:** le pape du cinéma documentaire, de qui se réclament tous les réalisateurs de cinéma social et militant. Il est de tous les combats engagés du XXe s : en Russie, en Espagne, en Chine, à Cuba à l'avènement de Fidel Castro, et au Vietnam. Passé maître dans l'art du montage et non dénué d'esthétisme, on lui doit comme joyaux d'une très longue carrière : *Borinage* en 1933, *Terre d'Espagne* en 1937, *Le 17e Parallèle* en 1967, *Comment Yukong déplaça les montagnes* en 1971 et *Une histoire de vent,* juste avant sa mort, en 1989.

– ***Mata Hari*** *(1876-1917)* **:** née Margaretha-Geertruida Zelle, son patronyme est passé dans la langue courante comme synonyme d'espion au féminin. Mais le mythe a ses limites. Plutôt courtaude et déjà sur le retour lors du déclenchement de la guerre de 1914-1918, elle avait un faible pour l'uniforme : pour sortir de son milieu, elle épouse d'abord un officier colonial, puis vit de ses charmes et de ses vagues talents de danseuse à Paris, en s'assurant les faveurs de quelques traîneurs de sabre peu regardants mais malheureusement ennemis. Impliquée dans quelques intrigues peu discrètes, elle fut victime de l'espionnite ambiante et condamnée à être fusillée pour l'exemple au fort de Vincennes en 1917.

AGENT DOUBLE, MATA HARI

Un siècle après sa mort, quand on rouvrira enfin son dossier de justice, on saura enfin si cette femme quasi mythique était ou non un agent double. Patientons, 2017 n'est pas si loin, ses ultimes secrets d'alcôve seront enfin dévoilés.

– ***Michiel Adriaanszoon de Ruyter*** *(1607-1676)* **:** amiral et marin, véritable figure de légende dans son pays. Embarqué comme mousse dès ses 11 ans, il devient à 30 ans commandant d'un navire corsaire de Flessingue, sa ville natale, puis se reconvertit dans la marine marchande en partant pour les Indes occidentales, le Brésil et le Groenland. Il est nommé contre-amiral et guerroie contre l'Espagne en 1641 puis contre l'Angleterre en 1652 en prenant la tête d'une escadre de 30 navires. Devenu commandant suprême de la flotte de guerre hollandaise, il vainc les Anglais dans la Manche en 1666 au cours d'une furieuse bataille qui dura 4 jours. Il incendie encore les navires britons dans l'estuaire de la Tamise en 1667. En 1672, Anglais et Français font alliance contre la République hollandaise, mais de Ruyter contrecarre les projets de débarquement par ses incessantes victoires. Mort au combat devant Syracuse, il est inhumé avec les honneurs princiers dans la Nieuwe Kerk d'Amsterdam.

– ***Baruch Spinoza*** *(1632-1677)* **:** philosophe issu d'une famille de juifs portugais, il fait de solides études talmudiques, puis fréquente des catholiques libéraux qui l'initient à l'enseignement de Galilée et de Descartes, provoquant son exclusion de la communauté juive. Installé comme opticien à La Haye, il y publie des écrits critiques à l'égard des croyances et des dogmes religieux. Attaqué de toutes parts pour son rationalisme, il décide de ne plus publier de son vivant. Son *Éthique* est donc une œuvre posthume où, rejetant l'anthropomorphisme de la divinité, il préconise un panthéisme où la réflexion sur soi permet de conduire à Dieu par une conception de l'âme, elle-même parcelle du divin.

– ***Wilhelmine*** *(1880-1962)* **:** première reine des Pays-Bas à la mort de son père Guillaume III en 1890, qui avait abrogé la loi salique de succession au trône. Austère, bigote, autoritaire et décidée, mais respectueuse de la Constitution, elle fit, avec Léopold III, roi des Belges, une tentative auprès d'Hitler pour préserver la paix en Europe. Réfugiée à Londres en 1940, elle incarna la résistance hollandaise au point qu'on disait d'elle qu'elle était le « seul homme d'Europe ». Elle abdiqua en 1948 au profit de Juliana, sa fille, qu'elle avait élevée à la dure.

SITES INSCRITS AU PATRIMOINE MONDIAL DE L'UNESCO

Organisation des Nations Unies pour l'éducation, la science et la culture

En coopération avec le centre du patrimoine mondial de l'UNESCO

Pour figurer sur la liste du Patrimoine mondial, les sites doivent avoir une valeur universelle exceptionnelle et satisfaire à au moins un des dix critères de sélection. La protection, la gestion, l'authenticité et l'intégrité des biens sont également des considérations importantes.

Le patrimoine est l'héritage du passé dont nous profitons aujourd'hui et que nous transmettons aux générations à venir. Nos patrimoines culturel et naturel sont deux sources irremplaçables de vie et d'inspiration. Ces sites appartiennent à tous les peuples du monde, sans tenir compte du territoire sur lequel ils sont situés. Pour plus d'informations : • *whc.unesco.org* •

La ligne de défense entourant Amsterdam sur 135 km a été inscrite au Patrimoine en 1996, ***les moulins du Kinderdijk*** en 1997 et ***le réseau des canaux du XVIIe s,*** en 2010.

AMSTERDAM

▸ Pour se repérer, voir le plan général détachable de la ville et le plan centre détachable en fin de guide.

« **J'aimerais mieux Amsterdam que Venise : car, à Amsterdam, on a l'eau sans être privé de la terre.** »

Montesquieu.

800 000 hab. (2,3 millions avec le Grand Amsterdam).
Ind. tél. : 020

Amsterdam, c'est d'abord une histoire d'eau. Elle est partout. Elle semble figée, et pourtant elle guide les pas. Canalisée, elle dicte le parcours du visiteur qui s'y promène comme dans un gros village, s'y perd facilement, mais d'instinct retrouve son chemin. À Amsterdam, on ne change pas facilement de trottoir : il faut contourner l'eau pour aller chercher un pont plus loin. Et comme 1 281 ponts courbent l'échine pour lui faire allégeance (2 000 avec la banlieue, un record mondial), on se laisse séduire par la grâce qui se dégage du tableau. Autour des canaux, des centaines d'étonnantes demeures se penchent doucement en murmurant : « Canal, suis-je toujours la plus belle du quartier ? » Ici, pas de volets ni de barreaux aux fenêtres, on ne cache rien. Ni les chats, ni les gens, ni les cuisines, ni les salons. Même certaines dames n'hésitent pas à se montrer en petite tenue, derrière leurs fenêtres du quartier Rouge.
Toute la magie de cette capitale de taille modeste est de s'offrir sans détour ni faux-semblant. Souriante et humble à la fois, toujours aimable, presque aimante, Amsterdam on l'aime, car on ne peut faire autrement. On voudrait lui trouver au moins un défaut, mais voici qu'une grappe joyeuse de jeunes filles passe à vélo, le dos bien droit, le guidon haut, suivie par un cortège de rires ; voici qu'un vieux café sans âge nous appelle de ses dizaines de petites bougies qui scintillent en vitrine. Avant même d'évoquer les musées, la rue a tant à offrir.

AMSTERDAM DÉPASSÉE PAR LE SUCCÈS DU VÉLO !

Ici, la « petite reine » porte bien son nom, tout le monde s'incline devant elle ! Les deux-roues connaissent un succès qui dépasse la municipalité. Chaque jour, près de 500 000 personnes parcourent quelque deux millions de kilomètres dans cette ville où il y a plus de vélos que d'habitants (881 000 bicyclettes ont été répertoriées officiellement). Une augmentation de 44 % en 20 ans.

« Père gardez-vous à droite, père gardez-vous à gauche », si le fantôme du dernier duc de Bourgogne revenait sur ses terres, il se souviendrait de ce mot fameux du premier de la lignée. Ici, il faut faire gaffe quand on roule, mais aussi à pied. Car il y a aussi les scooters, qui roulent à une vitesse moyenne de 36 km/h, au lieu des 20 autorisés, en moyenne. Une des rues principales, *Damrak,* est surnommée la rue « kamikaze », c'est tout dire...
Certains conduisent en téléphonant ou en écoutant de la musique, d'autres avec un enfant devant et un chien dans la caisse, derrière.
Si vous arrivez par la gare, vous photographierez comme tout le monde le célèbre parking de 2 500 places saturé sur 3 étages. En fait, ce sont près de 10 000 vélos qui sont garés autour de la gare, et la fourrière a de quoi s'occuper ; évitez de vous garer n'importe où. 1 700 places supplémentaires sont annoncées d'ici 2017, à la gare centrale, spot numéro 1 à Amsterdam pour les deux-roues. En attendant un immense parking souterrain. Le succès du vélo oblige à repenser toute la ville. Puisqu'on fait ses courses en vélo, pourquoi construire encore de grands centres commerciaux en périphérie ? Pour acheter, on trouve de tout dans le centre. Vous vous en rendrez vite compte... ne serait-ce qu'en marchant.

AMSTERDAM EN CHIFFRES...

Quelques chiffres encore, pour finir (ou pour commencer, plutôt, votre visite), afin vous donner une petite idée de ce qui vous attend :
183 nationalités ;
220 000 arbres ;
600 000 oignons de fleurs dans les 40 parcs et squares ;
255 tramways ;
32 marchés (dont un aux fleurs) ;
165 canaux ;
112 bateaux mouches ;
2 510 maisons flottantes ;
8 863 maisons et immeubles remarquables ;
654 pierres sculptées en façade ;
8 moulins à vent ;
51 musées ;
22 tableaux de Rembrandt (mais une seule *Ronde de Nuit*) ;
206 tableaux de Van Gogh ;
55 théâtres, salles de concert (mais un seul Concertgebouw) ;
1 515 cafés et bars ;
12 millions de visiteurs/an.

PRÉSENTATION DES QUARTIERS ET ORIENTATION

Comme il est fascinant de trouver une ville civilisée où il est possible de se perdre ! Rien ne ressemble plus à un canal qu'un autre canal. Dans cette cité concentrique, agencée comme une toile d'araignée, aucune rue honnête n'est droite, sans parler des multiples ruelles à peine plus larges qu'un guidon de vélo.
Leur dénomination mérite un petit complément de vocabulaire : ***straat*** signifie rue ; ***steeg,*** ruelle ; ***burgwal,*** boulevard (ancien rempart de défense, sur l'ancienne « levée ») ; ***plein,*** place ; ***gracht,*** canal. Parfois, plusieurs rues portent le même nom dans un même quartier. Pour les différencier, on leur donne un chiffre : *eerste* (première), *tweede* (deuxième), *derde* (troisième) ; ou une indication de direction : *dwars* (qui croise). Petite application pour voir si vous avez suivi : *eerste Laurierdwarsstraat,* première rue transversale à la rue des Lauriers.

Nous avons divisé la ville en quartiers de texture homogène en prenant la liberté de jouer un peu avec les divisions officielles. Ainsi, le quartier des grands canaux, un peu complexe avec sa forme en hameçon, est divisé en deux parties en raison d'atmosphères très différentes : le Jordaan et le nord des grands canaux, et le sud des grands canaux, autour de Leidseplein et Rembrandtplein. Pour ceux qui ne passeront que 3 jours à Amsterdam, voilà les incontournables.

– ***Le centre*** *(plan général détachable C-D2-3-4-5 et plan centre détachable détachable)* **:** cœur historique de la ville, il est délimité au nord par la gare, au sud par Muntplein, à l'ouest par Spuistraat et à l'est par les Zwanenburgwal et Oudeschans. Centre commercial et économique, il est truffé de longues rues piétonnes qui convergent vers le Dam, la grande place centrale d'Amsterdam. La principale artère est le Damrak, prolongée par le Rokin. Il abrite également en son sein le ***quartier Rouge*** *(Red Light District ; plan centre détachable D3),* sur lequel on tombe même quand on ne le cherche pas.

– ***Le Jordaan et le nord des grands canaux*** *(plan général détachable A-B-C1-2-3-4)* **:** notre zone s'étend de la Nieuwe Westerdokstraat au nord, au Singel à l'est, jusqu'à Leidsegracht au sud et Singelgracht à l'ouest. Elle incorpore le quartier du Jordaan délimité au nord par le Brouwersgracht (le canal des Brasseurs), au sud par le Leidsegracht, à l'est par le Prinsengracht et à l'ouest par le Lijnbaansgracht. Calme et vivant à la fois, autrefois très populo et maintenant mâtiné bobo, il occupe une place un peu à part dans le cœur des Amstellodamois (et dans le nôtre !). Nous lui avons adjoint le nord des grands canaux (le Prinsengracht, le Keizersgracht, le Herengracht et le Singel), où règne le même type d'ambiance. Cette partie des grands canaux, récemment classée par l'Unesco, comprend le quartier historique des *9 Straatjes* (les neuf rues comprises entre le Prinsengracht, le Herengracht, la Raadhuisstraat et Leidsegracht), qui devrait combler les chineurs et les amateurs de boutiques originales, épiceries fines et bons petits cafés. Sans parler de tous ceux qui seront ravis de trouver là nombre de petits restaurants qui poussent leurs terrasses au soleil dès les premiers beaux jours. Même type d'ambiance, au nord du Jordaan et des grands canaux, dans la Haarlemmerdijk *(plan général détachable B-C1),* prolongée par la Haarlemmerstraat, devenue une des rues les plus « tendance » de la ville.

– ***Le sud des grands canaux, autour de Leidseplein et Rembrandtplein*** *(plan général détachable B-C-D5-6)* **:** moins charmant que la partie nord des grands canaux, ce quartier touristique est le coin des boutiques, des restos et des boîtes. Le soir, la vie grouille dans un minuscule périmètre qui comprend la Leidseplein et deux rues parallèles : Lange Leidsedwarsstraat et Korte Leidsedwarsstraat. Au sud de Rembrandtplein et à l'est de Leidseplein, les petites rues autour de Frederiksplein retrouvent charme et bonhomie.

– ***Le Vondelpark et le quartier des musées*** *(plan général détachable A-B5-6 et plan Vondelpark)* **:** ce quartier chic, calme et résidentiel, entoure l'un des poumons de la ville, le Vondelpark, ainsi que les trois grands musées d'Amsterdam (le Rijksmuseum, le Van Gogh Museum et le Stedelijk Museum). Il se situe en face de la Leidseplein, de l'autre côté du Singelgracht.

Dans le chapitre « Amsterdam toujours un peu plus loin », vous découvrirez d'autres quartiers réservés à ceux qui choisiront de passer au moins 5 jours dans cette ville qui a reconquis les anciens quartiers ouvriers et les anciens docks pour en faire des lieux de vie où l'on peut découvrir son nouveau visage, de jour mais aussi de nuit.

– ***Le quartier De Pijp*** *(plan général détachable C-D6)* **:** au sud du Singelgracht, entre Hobbemakade à l'ouest et l'Amstel à l'est. Jusqu'au XIXe s, cette partie d'Amsterdam n'était que champs et polders. Pour faire face à la croissance galopante de la population à cette époque, on urbanisa De Pijp, qui devint un quartier ouvrier, dans lequel se mêlèrent, après la Seconde Guerre mondiale, population émigrée, étudiants et artistes. Aujourd'hui convoité par les yuppies, le quartier change lentement de physionomie et se pare d'adresses gentiment *trendy.* S'y trouve le plus grand marché de la ville (sur Albert Cuypstraat) avec, entre autres choses, de nombreux épices et produits exotiques.

– ***L'est et le sud-est :*** cette zone s'articule autour du ***Jodenbuurt*** *(plan général détachable E4),* du quartier du ***Plantage*** *(plan général détachable F-G4-5)* et de l'***Oosterpark*** *(plan général détachable F-G5-6).* L'ancien quartier juif ***(Jodenbuurt)*** s'est développé autour de l'actuel hôtel de ville *(Stadhuis),* puis vers l'est sous la pression démographique. Le quartier du ***Plantage*** s'étend au nord du Jodenbuurt jusqu'aux anciens entrepôts du port. Il est limité à l'est par l'Oosterpark. Il doit son nom d'origine française à la création de nombreux espaces verts au XVIIe s. Il devient le quartier des jeux et de la prostitution, avant d'être réhabilité par la mairie au XIXe s. Assez excentrée, cette partie d'Amsterdam est peu visitée par les touristes. Derrière des façades austères et modernes, elle abrite pourtant quelques écrins charmants et insolites où les routards avisés ne manqueront pas de s'aventurer.

– ***Les nouveaux quartiers du port :*** ils font partie des nouveaux lieux de vie à visiter. Outre l'Oosterdok *(plan général détachable E-F2)* et le Zeeburg *(plan Oostelijk Havengebied),* ils comptent désormais au nord, accessibles par le ferry, des espaces en mutation que créateurs et restaurateurs entendent préserver des promoteurs ***(NDSM).*** Au nord du Plantage et du Jodenbuurt et à l'est de la gare centrale, les nouveaux quartiers du port, l'***Oosterdok*** et le ***Zeeburg,*** ont investi des zones d'entrepôts longtemps en friche. ***Zeeburg*** inclut les presqu'îles de Java Eiland, KNSM Eiland, Borneo Eiland et Sporenburg, également appelées ***Oostelijk Havengebied*** (« les docks est »). Zone résidentielle à l'architecture contemporaine pleine de surprises, ce nouvel Amsterdam est aussi lieu de création grâce à nombre de structures plus ou moins alternatives, dédiées aux arts et à la musique, comme *Musiekgebouw aan 't IJ* (voir plus loin les rubriques « Où écouter de la musique ? » et « À voir. À faire »).

ADRESSES ET INFOS UTILES

Arrivée à l'aéroport

✈ ***Schiphol Amsterdam Airport*** *(plan Grande Couronne) :* *Evert v/d Beekstraat 202.* ☎ *0900-01-41 (depuis les Pays-Bas) ou 794-08-00 (depuis l'étranger).* • *schiphol.nl* • À 18 km au sud-ouest du centre d'Amsterdam... et à 5 m au-dessous du niveau de la mer. À l'intérieur, tous les services sont articulés autour de Schiphol Plaza.

Services à l'aéroport

ℹ ***Office de tourisme :*** *entre les halls d'arrivée 1 et 2. Tlj 7h-22h.*

■ ***Distributeurs d'argent*** acceptant les cartes *MasterCard, Visa...*

■ ***Change :*** voir plus haut notre rubrique « Argent, banques, change » dans le chapitre « Pays-Bas utile ». Banque ***ABN-AMRO*** *(tlj 6h-22h).* Distributeurs automatiques pour le change des billets.

■ ***Consigne :*** *au sous-sol, entre les halls d'arrivée 1 et 2.* ☎ *795-28-43. Tlj 6h-22h.* On peut laisser ses bagages pendant 1 mois maximum (très cher). Également des casiers accessibles 24h/24 pour une durée de 7 jours maximum (6-12 € par 24h selon la taille du bagage).

■ ***Bagages perdus :*** *au sous-sol, entre les halls d'arrivée 1 et 2.* ☎ *794-08-00 (depuis l'étranger) ou 0900-01-41 (depuis les Pays-Bas). Tlj 7h-18h.*

– ***L'exposition du Rijksmuseum à l'aéroport :*** *tlj 9h-20h.* Le musée national expose dans l'aéroport (entre les portes E et F) une vingtaine de toiles de maîtres du XVIIIe s. Avec un peu de chance, vous allez vous retrouver face à une œuvre de Rembrandt, Van Gogh ou Hals dès votre arrivée à Amsterdam. Entrée gratuite pour les voyageurs munis d'une carte d'embarquement. Initiative originale et bienvenue !

Accès en ville

➢ ***Le train :*** le moyen le plus rapide et le moins cher pour se rendre à la

gare ferroviaire centrale CS *(Centraal Station ; plan général détachable D2).* Accès bien fléché. Liaisons : 5h-1h, trains ttes les 15 mn (jours fériés ou non) ; 1h-5h, 1 train/h. Durée du trajet : 15-20 mn. Compter 4,40 € l'aller simple. Automates avec CB. Acheter et composter le billet avant d'emprunter les escalators qui descendent aux quais. À signaler que l'*I Amsterdam Card* n'inclut pas le trajet depuis l'aéroport.

➢ ***Le taxi :*** environ 40 € la course ! Privilégiez le train. Sauf si votre vol part tôt un dimanche matin, évidemment. Cela dit, possibilité de réserver et de partager un taxi qui déposera et récupérera différents clients le long du trajet. Un peu plus long, mais beaucoup moins cher ! *(• schiphol.nl •)*

➢ ***Le bus :*** la ligne 370 dessert le sud et le centre de la ville en 25 mn, entre 6h et 1h. Prix : 5,50 €. Le car n° 197, sur la plaza, qui rejoint le Leidseplein en 30 mn (40 mn avec les embouteillages, 20 mn les jours de grand vent), ne coûte que 3,50 €.

➢ ***Schiphol Hotel Shuttle :*** *arrêt A7, juste à la sortie du hall d'arrivée n° 4. ☎ 339-47-41. • schipholhotelshuttle.nl •* Départs 6h-21h, ttes les 10-30 mn. Résa pour le retour : prévenir 2h à l'avance via votre hôtel. Tarif : 16,50 € l'aller simple, 28 € l'A/R ; réduc enfants. Même principe que le taxi collectif. Un peu plus cher quand l'hôtel ne figure pas sur leur liste. Le billet s'achète à l'office de tourisme *(VVV)* ou au comptoir *Connexxion* (Schiphol Plaza, près du hall d'arrivée n° 4). Dessert le centre-ville et une centaine de grands hôtels. Pas donné, mais confortable et pratique.

Arrivée en train

Centraal Station *(gare ferroviaire centrale ; plan général détachable D2) : Stationsplein. ☎ 0900-92-96 (depuis les Pays-Bas slt). • hispeed.nl • ns.nl • Au cœur de la ville.* Le train *Thalys* y débarque les passagers venant de Paris 7 à 9 fois/j. La gare est en travaux jusqu'en 2017. Le passage en voie souterraine des voitures devrait permettre de dégager la sortie côté ferrys, afin d'offrir une véritable plate-forme réservée aux vélos et aux piétons (les vélos ayant toujours la priorité, comme le parking voisin le prouve). Les départs des tramways se font côté ville, juste devant la sortie principale.

Office de tourisme *(plan général détachable D2, **1**) : Stationplein 10. Face à la gare (voir plus loin).*

■ ***Change GWK :*** *dans le couloir central qui donne accès aux quais. Tlj 8h (10h dim)-22h.* Distributeur automatique.

■ ***Consignes à bagages :*** *en entrant dans la gare, sur la droite, tt au fond. Paiement par CB.* Casiers payants (petits et grands). Grandes consignes autour de 8 €, très pratiques. Maximum 48h.

■ ***Objets trouvés :*** *Stationsplein 15. ☎ 557-85-44.*

Arrivée en voiture

Si vous devez gagner le centre-ville en voiture (ce qu'on vous déconseille, voir plus loin la rubrique « Transports. En voiture »), suivez les panneaux *S* (itinéraire urbain le plus rapide). Toutes les sorties du périphérique A 10 sont numérotées de S 101 à S 118. Bon plan, le parking *Oosterdokkade* où vous pouvez vous garer pour 10 € seulement (5h min et 24h max pour ce prix). À 5 mn de la gare centrale, à l'est.

Infos touristiques

Avertissement : il existe à Amsterdam des bureaux d'information touristique, financés par des professionnels du tourisme qui essaient de vendre les produits de leurs adhérents. Oubliez-les. La solution la plus rapide et la

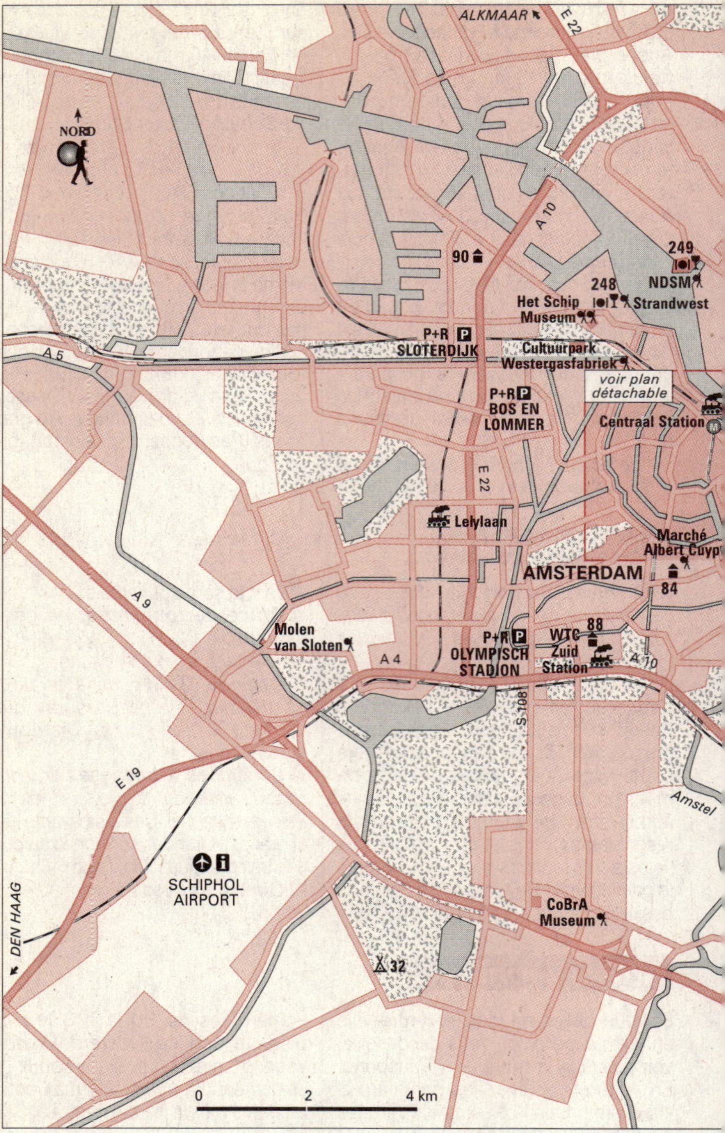

Adresses utiles

- Office de tourisme
- P + R (Park and Ride)
- **23** Bureau Cition

Où dormir ?

- **30** Camping Zeeburg
- **32** Het Amsterdamse Bos
- **84** Van Ostade Bicycle Hotel

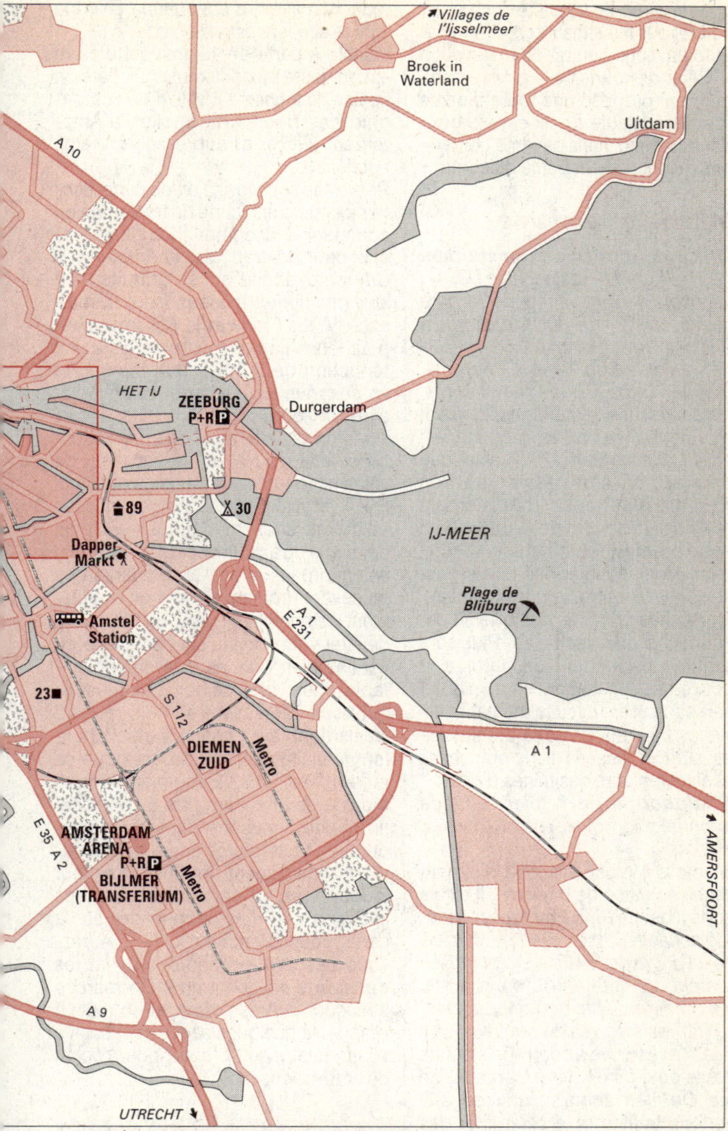

AMSTERDAM – Grande Couronne

88 Qbic Hotel
89 Stayokay Zeeburg
90 Meininger Hotel

Où boire un verre ? Où grignoter sur le pouce ?

248 Pont 13 et Rem Eiland
249 IJ Kantine, Pllek, Noorderlicht et autres bars de l'ancien chantier naval NDSM

plus économique consiste à réserver son hôtel sur les sites internet spécialisés, ou avec le central de réservation de l'office de tourisme ● *iamsterdam.com* ●, qui propose une foule d'offres de dernière minute à prix cassés (résa en ligne gratuite, mais payante par téléphone ou en passant par le guichet).

L'office de tourisme

🅸 ***Office de tourisme d'Amsterdam*** *(VVV ; plan général détachable D2,* ***1****) : Stationsplein 10 (en face de la gare centrale). ☎ 702-60-00. ● amsterdamtourist.nl ● Ouv tlj, au min 9h-17h ; certains j. jusqu'à 18h, voire 19h en été.* Toutes les infos sur les monuments, les musées, les excursions (à pied, à bicyclette, en bateau-mouche, en canal-bus, en *water-taxi*...), ainsi que *Your Map of Amsterdam* (environ 2,50 €), un plan précis d'Amsterdam avec l'index des noms de rues. On peut aussi y réserver sa chambre d'hôtel (commission), acheter des billets pour le tramway, le métro, le bus, les principaux musées et même des billets pour les concerts ou spectacles. Plusieurs brochures permettent de partir à la découverte d'Amsterdam ou d'un quartier en particulier : circuits thématiques, à pied ou à vélo, balades architecturales, sites et musées, lieux branchés ; elles s'avèrent être des mines d'infos.

🅸 ***Schiphol Airport*** *(plan Grande Couronne) : voir plus haut « Arrivée à l'aéroport ».*

🅸 Même s'il n'est pas officiellement rattaché à l'office de tourisme, il existe aussi le kiosque ***Pink Point*** *(plan général détachable B3) : au pied de Westerkerk, à l'angle de Raadhuistraat et Keizergracht. ☎ 428-10-70. ● pinkpoint.org ● Horaires aléatoires (officiellement 10h-18h mais en réalité ouv plutôt en soirée).* On y trouve à coup sûr la bonne adresse pour faire la fête. Le magazine ***Time Out*** (en anglais ; environ 3 €) répertorie la liste et le calendrier des spectacles, expos, attractions...

Le *pass* idéal : l'*I Amsterdam City card*

Son prix est de 47 € pour 24h, 57 € pour 48h ou 67 € pour 72h. 5 % de réduction si on la commande en ligne (voir le site ● *iamsterdam.com* ●).
Valable à partir de 12 ans, cette carte est en vente aux différents guichets de l'office de tourisme *(VVV)*, de la compagnie des transports publics d'Amsterdam *(GVB)*, et auprès de certains hôtels.
Présentée sous forme d'une carte électronique et d'une carte de transports en commun, et accompagnée d'un livret explicatif en français, l'*I Amsterdam City card* donne accès gratuitement aux principaux musées (sauf la maison d'Anne Frank et le Rijksmuseum, pour lequel la carte accorde juste une réduction de 2,50 €), aux transports en commun (sauf le trajet centre-ville-aéroport de Schiphol), à des excursions en bateau, ainsi que des réductions de 25 à 50 % sur des locations de vélos et voitures, sur certains parkings *P + R (Park & Ride)*, dans des musées et autres sites touristiques, et puis dans une dizaine de restos.
Attention, les expos temporaires des musées entraînent parfois un supplément de quelques euros. En fait, avant de jeter votre dévolu sur ce passeport, vérifiez bien qu'il est réellement rentable pour votre séjour. Les musées qui vous intéressent sont-ils inclus ? Quels sont leurs horaires d'ouverture (on ne visite pas tant de sites que ça entre 10h et 17h) ? Êtes-vous un marathonien de la culture prêt à enchaîner au moins 3 musées dans la journée ou avez-vous plutôt envie de découvrir tranquillement un musée par jour (auquel cas, la carte n'est pas très intéressante) ? Les promenades sur le canal vous branchent-elles ? Aurez-vous besoin de prendre souvent les transports en commun ? On marche beaucoup à Amsterdam, et on roule à vélo. Voilà quelques sages questions à vous poser avant d'opter pour l'achat de cette carte.

« Amsterdam autrement »

– ***Visites guidées insolites.*** Els de Haan organise des visites guidées à pied hors des sentiers battus et en français, de 2 à 3h, pause café comprise. Commencez par le Jordaan nord, qu'elle connaît comme sa poche (12,50 €), afin de découvrir les secrets cachés dans les murs et sur les façades de ce quartier branché. Le lieu de rendez-vous est au coin de Prinsengracht et Westerstraat, en face du Noorderkerk *(plan général détachable B2)*. Et réservez pour une autre visite, encore plus insolite : Amsterdam passe le bac (17,50 €). Une découverte de l'ancien chantier naval NDSM, qui ravira les amateurs de street art et d'insolite, au nord de la ville. Autre visite possible : les îles occidentales. Pour en savoir plus, et connaître tous les lieux de rendez-vous, consultez le site • *amsterdamautrement.nl* • ☎ *(00-31)-(0)6-33-88-30-31.*

Poste et télécommunications

✉ ***Poste centrale*** *(plan centre détachable C3)* **:** *Singel 250-256 ; angle Raadhuisstraat.* ☎ *330-05-55. Lun-ven 8h-18h30 ; sam 9h-17h.*

@ ***Internet*** *(plan général détachable E2,* ***2****)* **:** *à la* ***bibliothèque centrale*** *(Openbare Bibliotheek Amsterdam), Oosterdokskade 143.* ☎ *523-09-00.* • *oba.nl* • *Tlj 10h-22h.* L'architecture contemporaine du bâtiment est superbe (voir plus loin dans la rubrique « À voir. À faire »). Pour les non-membres, Internet payant (1 € par ½ heure, à payer à la borne bleue près de l'accueil). Mais le wifi est partout dans les cafés, restos, et l'accès est gratuit, profitez-en...

Banques et change

Voir plus haut nos conseils pour le change dans la rubrique « Argent, banques, change » du chapitre « Pays-Bas utile ».

■ ***Bureaux du GWK :*** *à la gare centrale (plan général détachable D2) et à l'aéroport.* ☎ *0900-05-66. Tlj 8h (9h dim)-22h.*

■ ***ABN-AMRO :*** ☎ *0900-00-24 ou 629-91-11. Dans le centre (plan centre) : Damrak 33 et 82 (change slt, et distributeur) ; Vijzelstraat 68-78.*

■ ***Pour les cartes perdues ou volées :*** ***American Express,*** ☎ *504-86-66 ;* ***Carte Visa,*** ☎ *660-06-11. Pour* ***MasterCard,*** *mieux vaut contacter votre banque (chacune disposant de son propre numéro).*

Représentations diplomatiques

Important : les ambassades ne se trouvent pas à Amsterdam mais à La Haye.

■ ***Consulat de France*** *(plan général détachable C5,* ***4****)* **:** *Vijzelgracht 2.* ☎ *530-69-69 ; le w-e, en cas d'extrême urgence :* ☎ *06-51-59-69-48.* • *consulfrance-amsterdam.org* • *Lun-ven 9h-12h30, plus mer 14h-16h ; les autres ap-m, sur rdv.* L'institut français d'Amsterdam en dépend *(même adresse ; lun-ven 9h30-17h, sam 9h30-12h ;* ☎ *531-95-01 ;* • *institutfrancais.nl* •*).*

Urgences

■ ***Police, ambulance, pompiers :*** ☎ *112.*

■ ***Commissariats de police :*** ***Commissariat principal*** *(plan général détachable A4,* ***1****) : Elandsgracht 117 ; au-delà du Jordaan (mais à 5 mn de Leidseplein). Autres bureaux de police : Beursstraat 33 (plan centre détachable D3), à la limite du quartier Rouge ; Nieuwe Zijds Voorburgwal 104 (plan centre détachable C3), dans le centre, pas loin du Dam.* ☎ *0900-88-44 (numéro commun).* Utile de s'y rendre en cas de vol (vélo ou auto), même si les flics se montrent souvent blasés.

■ ***Centre médical de garde*** *(SHDA ; Stichting Huisartsen Dienstenposten Amsterdam)* ***:*** *☎ 088-0030-600. En sem 17h-8h ; w-e 24h/24.* Vous appelez un standard qui vous mettra en contact avec un médecin. En journée, demandez à votre hôtel, qui pourra vous orienter vers un médecin. Ou adressez-vous à ***Touristdoctor*** : *☎ 427-50-11. 📱 06-27-23-53-80.*

■ ***Dentistes :*** *☎ 0900-821-22-30.*

✚ ***Hôpital Onze Lieve Vrouwe Gasthuis*** *(plan général détachable G6)* ***:*** *Oosterpark 9. ☎ 599-91-11.* Le plus central des hôpitaux d'Amsterdam.

Culture, spectacles

■ ***Réservation et vente de billets pour les spectacles : UIT Buro*** *(Stadsschouwburg ; plan général détachable B5,* ***5****), Leidseplein 26, angle Marnixstraat. ☎ 621-13-12 (jusqu'à 16h slt ; infos slt). ● amsterdamuitburo.nl ● ou, en anglais, ● iamsterdam.com ● Sur le flanc droit du théâtre municipal. L'entrée a été déplacée du côté de Leidseplein. Lun-ven 10h-19h ; sam 10h-18h ; dim 12h-18h. Infos et résas slt sur place ou en ligne.* Bon accueil et documentation abondante sur tous les événements de la ville. On peut y acheter des places pour la plupart des spectacles et concerts (y compris ceux des églises) et les billets d'entrée pour le Van Gogh Museum, le Rijksmuseum et la maison d'Anne Frank.

– Possibilité aussi de réserver à l'office de tourisme *(VVV)* de la gare centrale (Stationsplein). Voir plus haut.

■ ***Last Minute Ticket Shop*** *(plan général détachable B5,* ***5****)* ***:*** *Leidseplein 26. ● lastminuteticketshop.nl ● Au UIT Buro, t{j, en ligne (ou sur place à partir de 10h).* Billets à 50 % sur une sélection de concerts ou de spectacles pour le soir même. Consulter le site.

– Et sinon, pour le théâtre et les concerts, vous pouvez aussi réserver directement au guichet des salles : ***Beurs van Berlage*** *(plan centre détachable D3), Damrak 213* ; ***Théâtre Carré*** *(plan centre détachable D4), Amstel 115-125* ; ***Stadsschouwburg*** *(plan général détachable B5), Leidseplein 26* ; ***Concertgebouw,*** *Concertgebouwplein 2-6* ; ***Muziektheater*** *(plan général détachable D4), Amstel 3* ; ***Muziekgebouw aan 't IJ*** *(plan général détachable E-F2), Piet Heinkade 1.*

■ ***Concerts gratuits :*** nombreux. Consulter la rubrique « À voir. À faire. Amsterdam gratuit ».

■ ***Radio, TV en français :*** Radio France internationale (RFI), TV5Europe, FRANCE 24 sont reçues à Amsterdam. Se renseigner pour la fréquence et se reporter à la rubrique « Médias » du chapitre « Hommes, culture, environnement ».

■ ***Journaux et magazines français : Librairie Athenaeum Nieuwscentrum*** *(plan centre détachable C4,* ***6****), Spui 14-16. ☎ 514-14-70. ● athenaeum.nl ● Lun-sam 8h-20h (21h jeu) ; dim 10h-18h.* La librairie la plus intello d'Amsterdam propose une sélection de livres en français. Kiosque à journaux bien fourni adjacent. De nombreux kiosques sur Leidsestraat et à la gare centrale proposent des journaux étrangers.

■ ***Cinémas :*** notre préféré reste le rococo ***Tuschinski*** *(plan centre détachable C4,* ***7****). Reguliersbreestraat 26-34. ● tuschinski.nl ●* La plupart des cinémas d'Amsterdam se trouvent autour de Leidseplein *(plan général détachable B5)* et projettent les films en v.o. Mais désormais tous les fans de cinéma passent le bac pour se retrouver à l'Eye, la nouvelle cinémathèque, au nord de la gare centrale (ferry direct). *Plus de détails dans la rubrique « À voir. À faire ».*

Loisirs

■ ***Sauna Déco*** *(plan général détachable C2,* ***8****)* ***:*** *Herengracht 115. ☎ 623-82-15. ● saunadeco.nl ● Lun-sam 12h (15h mar)-23h ; dim*

13h-19h. Entrée : 22 € ; réduc lun et mer-ven 12h-15h : 18 €. Un sauna pas comme les autres, situé dans une belle demeure dessinée par Berlage (l'architecte de la Bourse du commerce) à la fin du XIXe s et aménagé dans un superbe style Art déco. Balustrades, vitraux, escalier, tout ou presque provient du *Bon Marché,* à Paris, qui bazarda le tout dans les années 1970 avant d'entamer un lifting. Au programme : sauna (mixte), massages (professionnels) et soins (sur résa). À signaler, on s'y retrouve en tenue d'Ève ou d'Adam.

■ ***Piscine De Mirandabad*** *(hors plan général détachable par E6)* **:** *Mirandalaan 9. ☎ 252-44-44. • mirandabad.nl • Ⓜ RAI ou Ⓣ Station RAI (n° 4). Au sud, dans le Martin Luther King Park. Horaires variables et compliqués. Entrée : 4 € env.* Bien qu'il ne fasse pas une chaleur tropicale à Amsterdam en été (encore moins hors saison), l'envie de se baigner est un désir universel dont on ne saurait vous priver. Piscines extérieures ouvertes de mai à septembre.

– ***Patins à glace et rollers :*** les Amstellodamois sont des patineurs impénitents. En été, ils chaussent leurs rollers et empruntent le fantastique réseau de pistes cyclables de la ville. Lieu de balade le plus couru : le Vondelpark *(plan général détachable A6 et plan Vondelpark).* En hiver, ils glissent sur les dizaines de kilomètres de canaux quand ils sont gelés (ce qui se fait de plus en plus rare).

Patineurs attention ! L'épaisseur de la glace (quand il y en a...) n'est pas constante. Ne vous approchez pas des groupes de canards et autres bestiaux qui agitent l'eau en permanence. Patinez uniquement là où les autres le font. Pour les adeptes du roller, savoir qu'il vaut mieux avoir un très bon niveau vu le nombre d'obstacles (rails de trams, vélos imprévisibles, voitures, etc.). Les débutants devront privilégier plutôt le cadre bucolique du Vondelpark.

■ ***Fridaynightskate*** *(plan Vondelpark)* **:** *Vondelpark. • fridaynightskate.com • Ts les ven soir. Gratuit.* Organisent un tour d'Amsterdam (20 km ; 2h env) différent chaque semaine ; se renseigner pour le circuit et le point de rendez-vous. Pour skaters confirmés.

Compagnies aériennes

Elles sont toutes représentées au ***Schiphol Amsterdam Airport.*** *• schiphol.nl •* Près de 100 au total...

■ ***Air France :*** *☎ 654-57-20.*

■ ***Swiss Airlines :*** *☎ 0900-202-02-32 (0,40 €/mn).*

■ ***KLM :*** *☎ 474-77-47.*

Supermarchés

Une cinquantaine de supermarchés *Albert Heijn (AH)* sont disséminés un peu partout dans la ville. Attention, ils n'acceptent pas les cartes de paiement étrangères. Voici quelques adresses stratégiques :

AH *(plan centre détachable C4,* ***9****)* **:** *Koningsplein 4. Tlj 8h-22h.*

AH *(plan Vondelpark, C1,* ***9****)* **:** *Overtoom 122. Tlj sf dim 8h-22h.*

AH *(plan centre détachable C3,* ***9****)* **:** *Nieuwezijds Voorburgwal, angle Raadhuisstraat. Tlj 8h-22h.* Particulièrement bien approvisionné, idoine pour faire ses réserves de produits typiques (fromages, poissons fumés ou marinés, etc.) avant de rentrer au bercail.

AH *(plan centre détachable D3,* ***9****)* **:** *Nieuwmarkt 18. Tlj 8h (10h dim)-22h.*

AH *(plan Vondelpark, D2,* ***9****)* **:** *Museumplein. Tlj 8h-22h.* Très grand, pratique là encore pour faire le plein de produits ; à proximité immédiate des musées, c'est aussi l'endroit idéal pour improviser un pique-nique (grande pelouse sur le Museumplein).

Ekoplaza *(plan Vondelpark, C1,* ***10****)* **:** *1e Constantijn Huygensstraat 49-55. • ekoplaza.nl • Tlj 8h-19h.* Petit supermarché (ou grande supérette !) spécialisé dans les produits biologiques. On y trouve de tout, mais garanti pur bio, pur écolo ! Une dizaine de franchisés en ville, notamment sur Elandsgracht *(plan général détachable A4, **10**)* ou Haarlemmerdijk 160-164 *(plan général détachable B1, **10**)*.

Marqt *(plan centre détachable D5, **14**)* : *Utrechtsestraat 17.* • *marqt.com* • *Lun-sam 9h-21h ; dim 11h-20h. CB uniquement, attention !* Une ancienne banque désaffectée, réaffectée et transformée en supermarché bobo plutôt haut de gamme. Dans les rayons où le béton côtoie le marbre brut, on trouve de quoi faire un casse-croûte des plus gourmand. Snacks, fromages, traiteur, sandwichs, salades ; beaucoup de produits bio, ou du moins régionaux et exotiques. Pratique mais pas forcément économique. Également, plusieurs adresses en ville, toujours bien placées.

Épiceries de nuit

Au sud des grands canaux, autour de Leidseplein et de Rembrandtplein

Big Bananas *(plan général détachable B5, **11**)* : *Leidsestraat 73. Lun-ven jusqu'à 0h30 ; sam jusqu'à 1h30.* Très beaux produits : fruits frais soigneusement sélectionnés et beau choix de jus de fruits et de *smoothies*.

Et sinon, pour dépanner, un ***kiosque en plein air*** *(plan général détachable C4)* : *angle Herengracht et Koningsplein (prolongement de Leidsestraat). Lun-jeu jusqu'à 1h ; ven-sam jusqu'à 2h.* Fruits, chips, confiseries...

Dans le Jordaan et le nord des grands canaux

Dolf's Avondverkoop *(plan général détachable B1, **12**)* : *Willemsstraat 79. Tlj 16h-1h.*

Dans le Jodenbuurt

Sterk *(plan général détachable E4, **13**)* : *Waterlooplein 241. Tlj 8h-2h.*

TRANSPORTS

Services

■ ***Laveries automatiques :*** de nombreuses laveries, souvent appelées *wasserettes*, sont présentes dans la ville. Par exemple :

– ***Clean Brothers Wasserettes*** *(plan général détachable B2, **25**)* : *Westerstraat 26. ☎ 627-98-88. Dans le quartier du Jordaan. Tlj 8h-20h.* Propose aussi un *service wash* (lavage et repassage).

– ***Powders Laundrette*** *(plan général détachable B5, **26**)* : *Kerkstraat 56. Tlj 7h-23h.*

– ***Wash@Net*** *(plan centre détachable D4, **27**)* : *Amstel 30. Tlj 11h-22h.* Hyper central, on peut surfer sur Internet pendant que la lessive tourne !

TRANSPORTS

▸ Pour se repérer, voir le plan des transports détachable en fin de guide.

Informations et adresses utiles

■ **GVB** *(plan général détachable D2, **16**)* : *Stationsplein 10. ☎ 0900-80-11.* • *gvb.nl* • *Lun-ven 7h-21h ; w-e 10h-18h.* Juste à côté et dans le même édifice que l'office de tourisme *(VVV)* de la gare centrale, cet organisme gère les transports publics (trams, bus et métros) de la ville. Prendre un ticket pour accéder au guichet. Plan et horaires des transports en commun à disposition, et vente des tickets.

– **Autres bureaux :** *dans les stations de métro de la gare centrale (plan général détachable D2) et de Weesperplein (plan général détachable E5-6) ; à la gare WTC Zuid (plan Grande Couronne), au sud d'Amsterdam ; à la gare Bijlmer-Arena (plan Grande Couronne), au sud-est d'Amsterdam ; et à la gare Lelylaan (plan Grande Couronne), à l'ouest d'Amsterdam.*

– **Les titres de transport :** attention, pas de précipitations. Oubliez la carte à puce rechargeable, la *OV-chipkaart,* plutôt réservée aux locaux, qui peuvent la recharger avec leur carte bancaire néerlandaise (les autres ne sont pas acceptées). Et elle n'est intéressante que lors d'un séjour de longue durée. Mieux vaut prendre un des titres de transport « traditionnels » *(GVB 24h, 48h, 72h et 96h)* également vendus aux guichets *GVB.* Les cartes à 7,50 € pour 24h (idéales) et les tickets à l'unité peuvent aussi s'acheter auprès du chauffeur de tram ou de bus.

– **Quelle formule choisir ?** Même si le transport est gratuit avec l'*I Amsterdam Card* (voir plus haut « Infos touristiques » dans « Adresses et infos utiles »), rien ne vous oblige à en faire l'acquisition, si vous avez de bons pieds ou un bon vélo.

Les billets à l'unité (2,80 € pour une ou plusieurs zones, dans le centre même) sont valables 1h sans correspondance. Valides de 1 à 7 jours (7,50-32 €), les « cartes à la journée » *(GVB Dagkaart)* sont les plus pratiques (pas besoin de faire attention aux zones) et les plus avantageuses pour se déplacer en centre-ville. On peut les utiliser sur n'importe quelle ligne de tram, de bus, de métro et dans les bus de nuit. Il suffit de les composter en montant à bord et en descendant. Dans le tram, dirigez-vous vers la cabine de l'assistant ou la borne. N'oubliez pas cette étape du compostage (check-in obligatoire devant les bornes), les contrôles sont très fréquents.

– ***N'oubliez surtout pas le check in ET le check out !*** **IMPORTANT :** pour pouvoir l'utiliser plusieurs fois, n'oubliez pas de « badger » (valider) votre ticket à la montée ET à la descente du tram, bus et métro !

– ***Ne vous fiez pas trop aux horaires !*** Petite précision utile : les horaires de bus annoncés (y compris sur les panneaux électroniques) sont purement indicatifs ! Ils donnent plus une idée de la fréquence, car ils ont souvent 1 à 5 mn de retard... ou d'avance !

– **Les bus de nuit** *(Nachtbussen)* **:** 12 lignes spéciales fonctionnent la nuit (n°s 351 à 363). Toutes passent par la gare centrale. Vous pouvez les emprunter si vous possédez une *Dagkaart,* sinon, il vous faudra acheter des tickets spéciaux (4 € l'unité). Vous trouverez le plan des *Nachtbussen* dans la brochure générale du *GVB.*

À PIED

Le centre ancien d'Amsterdam est relativement petit, les distances sont donc assez courtes. Pour aller de la gare centrale à la place du Dam : à peine 10 mn. Depuis le Dam jusqu'à Leidseplein : 10 à 15 mn. De Waterlooplein à l'église Westerkerk et au quartier du Jordaan (à l'ouest des canaux) : 20 à 25 mn maximum. Pour les « îles du nord », un aller en ferry prend quelques minutes (l'attente peut être plus longue!).

– ***Le secteur des canaux, le quartier du Jordaan et le quartier Rouge ne se découvrent bien qu'à pied.*** Pour admirer les façades du Siècle d'or, il faut sans cesse lever la tête pour scruter les détails. Les heures idéales pour se promener sont les premières de la matinée, le crépuscule (l'heure de la tournée des « cafés bruns ») et la nuit bien sûr, question d'ambiance !

– ***Attention aux vélos, aux Smart électriques, aux scooters électriques ou non, et aux tramways.*** Soyez vigilant quand vous traversez une rue, car contrairement aux voitures, on n'entend pas venir les vélos ! Ni les nouvelles Smart électriques. Ça a l'air bête, mais les cas de touristes se faisant durement bousculer sont fréquents. Pour les tramways et les scooters, pensez à sortir couverts, en hiver, mais pas avec des capuches ou des bonnets sur les oreilles, ça peut être dangereux.

– ***Attention encore :*** dans l'esprit des policiers, le code de la route s'applique

AUSSI aux piétons. Ne vous étonnez pas de vous faire réprimander (contravention de 65 € s'ils sont de mauvaise humeur !) si vous traversez au rouge ou en dehors des passages protégés même si la voie est libre. Des amendes de quelques dizaines d'euros sont prévues et facilement distribuées par des flics à vélo ou à rollers (ceux qui patrouillent à cheval dans les parcs ont d'autres chats à fouetter).

– ***Sachez vous repérer avec les numéros des maisons.*** Un truc bon à savoir, les rues et les quais bordant les canaux sont toujours numérotés selon la même logique : tout part de la gare centrale, au nord de la ville. Ainsi, les numéros des grands canaux commencent à la gare centrale et ça tourne dans le sens inverse des aiguilles d'une montre. Les numéros impairs sont à gauche, les pairs à droite, quand on vient du port (un héritage de Louis-Napoléon, ne vous plaignez pas trop fort, sinon on vous le fera remarquer, en tant que Français !). Exemple avec le *plan général détachable D5* : le n° 7 du Keizersgracht se trouve près du port côté est du canal, tandis que le n° 610 est situé à l'autre bout du canal, au sud de Rembrandtplein côté sud. Même principe pour les canaux qui partent en étoile des grands canaux : le n° 20 de Bloemgracht dans le Jordaan *(plan général détachable A-B3)* se trouve près de Prinsengracht, côté nord...

À BICYCLETTE

De loin le moyen de transport et de découverte préféré par beaucoup à Amsterdam. Cela dit, la situation n'est pas forcément idyllique : il y a souvent des embouteillages... de vélos, et entre cyclistes locaux pressés et touristes forcément plus lents, les rapports sont parfois tendus.

Mais, en définitive, avec ses kilomètres de canaux enjambés par de petits ponts, sa configuration plate, ses pistes cyclables bien tracées et sa circulation automobile sévèrement réglementée, la ville se prête admirablement à ce mode de déplacement agréable, écologique et rapide.

Toute la ville semble ainsi vivre au rythme de ces bicyclettes, élégantes mais simples, où l'on est haut et bien perché. Toutes les générations se croisent, avec chiens et enfants dans les paniers, et l'on ne peut qu'admirer ceux et celles qui gardent l'équilibre, un sac à la main et le portable à l'oreille.

– ***Chutes (de bicyclette) :*** on en voit peu, et elles ne sont jamais très graves. Attention quand même au rétropédalage (système de freinage sur les vélos hollandais traditionnels qui n'ont pas de frein au guidon), aux rails de tram et aux voleurs (plus de 200 bicyclettes volées par jour) ! Pensez à bien verrouiller votre antivol à chaque arrêt, et enchaîner votre vélo à un arbre ou à un poteau.

– ***Quelques règles de circulation :*** interdiction pour deux cyclistes de rouler de front, personne sur le porte-bagages, vélo à la main dans les zones piétonnes, respect des sens interdits sauf mention contraire (petit panneau blanc rectangulaire marqué « *uitgezonderd* » sous le panneau de sens interdit). Et si les vélos ont désormais la priorité sur les voitures, ils ne l'ont pas sur le tramway ! Voilà pour la théorie, mais vous réaliserez bien vite que certains cyclistes grillent les feux rouges, d'autres prennent les sens interdits, etc. Les grosses infractions sont sanctionnées par la police ; il vous en coûtera quelques dizaines d'euros. Pas de pitié pour les cyclistes qui roulent sans éclairage la nuit. De plus, lorsqu'on ne connaît pas la ville et tous ses réseaux de circulation qui s'entrecroisent, mieux vaut être prudent.

– ***Parking :*** les hôtels possèdent rarement des parkings fermés pour les bicyclettes de leurs clients. Si vous laissez votre vélo à l'extérieur pour la nuit, attachez-le à un support fixe (poteau, arbre...) au moyen d'un gros antivol de moto. Sinon, vous pourriez ne plus le retrouver le lendemain. Dans le centre, faites très attention à ne pas le placer en dehors des lignes blanches. Il existe aussi deux parkings couverts et gardés (1,50 à 5 € par 24h) de part et d'autre de la gare centrale *(plan général détachable D2)*, et un autre gratuit sous la bibliothèque centrale *(plan général détachable E2)*.

Location

On peut louer une bicyclette pour quelques heures ou plusieurs jours. Les loueurs appliquent des tarifs dégressifs en fonction de la durée de location. Vérifier si l'assurance est comprise ou non dans le prix, celle-ci couvre le vol, mais en cas de dommage, il faut régler une franchise de 50 € environ.

D'éventuelles « ruptures de stock » en pleine saison, notamment pendant les week-ends prolongés de mai ou en été, menacent de vous laisser à pied sur le pavé. Utilisez leurs sites de réservation en ligne quand ils existent. Sinon arrivez le premier... ou le dernier, pour être sûr d'avoir une monture le lendemain !

Si vous n'en avez pas l'habitude, préférez un vélo classique à l'authentique vélo hollandais, qui freine grâce au rétropédalage. C'est assez « casse-gueule », beaucoup de loueurs ont d'ailleurs renoncé à ce système.

Si vous crevez un pneu, téléphonez à votre loueur ou sonnez chez l'habitant. Un mot utile : « pompe à vélo » se dit « *fietspomp* », mais bien souvent le geste de gonfler suffira pour se faire comprendre, sans équivoque possible.

Quoi qu'il en soit, pour louer un vélo, se munir d'une pièce d'identité et de sa carte de paiement. Une empreinte de la CB est faite à titre de caution. À défaut, une somme en liquide (50 €) fera l'affaire. Nous avons sélectionné quelques loueurs, mais vous avez vraiment un grand choix, dans tous les quartiers.

Dans le Jordaan et le nord des grands canaux

■ ***Frédéric Rent a Bike*** *(plan général détachable C1-2,* ***17****) : Brouwersgracht 78. ☎ 624-55-09. • frederic.nl • À 5 mn à pied de la gare centrale. Tlj 9h-17h30. Tarifs : 8 € pour 3h, 10 € pour une journée (retour 17h30), 15 € pour 24h, 25 € pour 48h, 60 €/sem, etc. quelle que soit l'heure de prise en charge, assurance vol comprise.* Tenu par un sympathique Hollandais moustachu originaire de... Menton et son fils ! Famille d'artistes, ce qui explique les sculptures et les tableaux dans l'atelier à vélos ! Doc et infos sur la ville et les balades à vélo dans la région. Notre meilleure adresse. Rien à dire sur le rapport qualité-prix-accueil. Loue aussi des chambres d'hôtes, et même des appartements avec vue (voir plus loin « Où dormir ? Dans le Jordaan et le nord des grands canaux »).

■ ***Bike City*** *(plan général détachable B3,* ***18****) : Bloemgracht 68-70. ☎ 626-37-21. • bikecity.nl • Ⓣ Westermarkt (n°s 13 et 17 depuis la gare centrale) et Bloemgracht (n° 10 de Leidseplein). Tlj 9h-18h. Résa en ligne possible. Selon type de vélo : 10-13 € pour 4h, 14-16 €/j., 44-54 € pour 5 j.* Accueil aimable, conseils de balades...

Dans le centre

■ ***Mac Bike*** *(plan général détachable E2,* ***19****) : Stationsplein 5. ☎ 624-83-91. • macbike.nl • Tlj 9h-17h45. Parking à vélos tlj 6h (7h sam, 8h dim)-minuit. Résa en ligne possible. Tarifs : 15-25 € pour 24h selon vélo, avec ou sans assurance vol ; 25 % de réduc avec l'I Amsterdam Card.* C'est le loueur de la gare centrale (à droite, dans l'aile est), pratique pour ceux qui arrivent en train. Propose aussi des vélos enfants, des tandems, d'amusants « vélos-cargos » pour transporter les enfants, des circuits à faire soi-même et des tours guidés.

■ ***Holland Rent a Bike*** *(plan centre détachable D3,* ***20****) : Damrak 247. ☎ 622-32-07. En sem 7h-19h ; sam 8h-18h ; dim 9h-18h. Tarifs : 8 € si on rapporte le vélo le même jour et 10 € jusqu'au lendemain 11h ; tarifs dégressifs.* Vélos classiques à rétropédalage en bon état, mais aucune assurance n'est comprise : le moindre dommage (ou vol) sera à votre charge. Vente de vélos neufs et d'occasion.

■ ***Damstraat Rent a Bike*** *(plan centre détachable C3,* ***21****) : Damstraat 20-22. ☎ 625-50-29. • rentabike.nl • Près du Dam. Tlj 9h-18h. Résa conseillée et livraison possible. Compter 12-25 € pour 24h selon le type de vélo, assurance non comprise.* Bicyclettes, tandems, vélos enfants, « vélos-cargos ». Infos sur des balades à réaliser aux environs.

Au sud des grands canaux, autour de Leidseplein et de Rembrandtplein

■ ***Mac Bike*** *(plan général détachable B5,* ***19****) : Weteringschans 2. Voir* *plus haut. Autre adresse sur Waterlooplein, 199 (plan général détachable E4).*

Excursions à vélo

■ ***Yellow Bike*** *(plan centre détachable C2,* ***22****)* **:** *Nieuwezijds Kolk 29. ☎ 620-69-40. • yellowbike.nl • Tlj 9h30-17h, mais certains tours peuvent être annulés faute de clients hors saison. Infos et résa vivement conseillées, surtout si vous tenez à une visite en français.* La location du vélo est comprise dans les 2 formules proposées. Et s'il pleut, *Yellow Bike* fournit aussi les cirés... jaunes, bien sûr. Propose aussi la location classique (possibilité de se faire livrer le vélo à l'hôtel, moyennant un petit supplément). Pour les promenades à vélo, 2 formules :

– ***Le Big City Tour* :** *tlj à 13h30, pour une balade de 2h. Tarifs : 25 €/pers. Guide francophone sur résa ou sur place selon disponibilité.* Un guide expérimenté conduit un petit groupe de bicyclettes jaunes à travers la ville (4 personnes minimum, 12 personnes maximum), tout en racontant avec passion l'histoire d'Amsterdam. Pendant cette très sympathique balade, on flâne de ruelles en canaux, on découvre le quartier du Jordaan, le Vondelpark, et bien entendu on passe devant tous les hauts lieux, de la maison d'Anne Frank au Rijksmuseum, sans oublier les visites des petites cours cachées.

– ***Countryside Bike Tour* :** *tlj à 9h30. Durée : env 4h. Tarif : 31,50 €/pers env (boissons et repas non compris).* Promenade champêtre dans le Waterland, région pittoresque au nord d'Amsterdam. Très, très agréable si le temps est de la fête.

■ ***Amsterdam Velo* :** *résa sur le site ou ☎ 772-78-86. 📱 06-41-17-60-32 (nº NL !). Tour centre-ville : 25 €/pers env. Randonnée dans le Waterland, avec arrêt dans les villages : 30 €/pers env.* Jetez un œil sur le site *• amsterdam-velo.com •* pour mieux préparer une balade vraiment sympa, elle aussi, avec un guide francophone, avec arrêt ici et là pour découvrir des détails architecturaux ou des scènes de la vie quotidienne.

TRANSPORTS

EN TRAMWAY

C'est le moyen de transport public le plus pratique, aussi bien pour les Amstellodamois que pour les touristes. L'essentiel des 16 lignes rayonne à partir de la gare centrale. Plan gratuit disponible dans les bureaux du *GVB* ou sur leur site *• gvb.nl •*

■ ***Gare principale et billetterie GVB* :** *Stationsplein 10. ☎ 0900-80-11. • gvb.nl • Lun-ven 7h-21h ; w-e 10h-18h.* Pour les différents types de billets, voir les « Informations et adresses utiles (transports en commun) » plus haut, au début de la rubrique « Transports ».

Principales lignes de tram

Ils circulent de 6h à minuit (plus ou moins 15 mn selon les lignes). Fréquence moyenne : jusqu'à 6 trams/h 7h-19h. Ne soyez pas surpris si la voie indiquée n'est pas forcément la bonne, et ne protestez pas si l'un d'eux part juste sous votre nez, il y en a régulièrement.

➢ De la gare centrale à Leidseplein : nºs 1, 2 et 5.

➢ De Leidseplein au Rijksmuseum : nºs 2 et 5.

➢ De la gare centrale à la place du Dam : nºs 1, 2, 5, 13, 17 ; ou 4, 9, 16 et 24.

➢ De la gare centrale aux Rijksmuseum, musée Van Gogh et musée d'Art moderne (Stedelijk Museum) : nºs 2 et 5 (très pratiques).

➢ Du Rijksmuseum au Tropenmuseum (musée des Tropiques) : nºs 7 et 10.

EN BUS

Plus discrets que les tramways, les bus circulent surtout en dehors du centre-ville, c'est-à-dire au-delà du secteur des grands canaux. Pour les noctambules, il existe des bus de nuit, en service de minuit à 6h quand ceux du jour se reposent (plan de ces *Nachtbussen* dans la brochure générale du *GVB* ou sur leur site internet).

EN MÉTRO

Circule de 6h à minuit environ. Quatre lignes de métro actuellement, et une cinquième en travaux qui passera sous l'IJ, vers le nord, dont la mise en circulation a été repoussée de 2 ou 3 ans, vues les difficultés rencontrées par sa réalisation. Le métro est pratique pour se rendre en périphérie (campings, parkings *P + R*), mais seules quelques stations de la ligne principale, reliant la gare centrale à la banlieue sud-est, peuvent être utiles dans le centre. Il s'agit des arrêts de Nieuwmarkt, Waterlooplein, Weesperplein et Wibautstraat.

EN BATEAU

Impensable de visiter Amsterdam sans faire une balade sur les canaux qui sillonnent la ville. Sur ces chemins d'eau, on transportait autrefois les marchandises des bateaux jusqu'aux entrepôts et greniers des riches marchands. Aujourd'hui, des bateaux, chargés de passagers aux yeux écarquillés, glissent en silence sur les eaux de la « Venise du Nord ». À moins d'avoir sa propre barque ou un copain habitant l'une des quelques 2 500 maisons flottantes que compte la ville (certains *B & B* ou hôtels vous proposent aussi des hébergements sur des péniches), il n'y a guère d'autres solutions que de choisir entre les différentes formules de promenade que nous vous présentons.

Les bateaux-mouches : des ribambelles de vedettes sont alignées au pied de Prins Hendrikkade (devant la gare centrale ; *plan général détachable D2*), le long du Damrak et du Rokin *(plan général détachable D2),* ainsi que sur Stadhouderskade *(plan général détachable B5),* à proximité du Rijksmuseum. Il y a l'embarras du choix : une dizaine de compagnies se partagent le marché. Elles affichent toutes à peu près les mêmes tarifs : environ 15 € par adulte, pour une promenade de 1h à 1h30. Le départ du Damrak serait le moins cher aux yeux des habitués (départ ttes les 20 mn, 10 €)
– Bon à savoir : avec l'*I Amsterdam Card,* vous bénéficiez de la gratuité avec 2 compagnies (*Holland International* ou la *Blue Boat Company*). ATTENTION, pas de cumul possible, votre carte est vérifiée à chaque montée. L'itinéraire, invariable mais superbe, ne permet aucune escale. On passe par le port, les grands canaux, et on revient au point de départ. Commentaire en plusieurs langues, dont le français (se renseigner). À la belle saison, prendre un bateau avec toit ouvrant, sinon on crève de chaud.
– Quelques noms de compagnies : ***Holland International*** *(départ de Prins Hendrikkade-gare centrale), ☎ 625-30-35, • hir.nl • ;* ***Rederij Plas,*** *☎ 624-54-06, • rederijplas.nl • ;* ***Gray Line,*** *☎ 535-33-08, • graylineamsterdam.com • ;* ***Blue Boat Company*** *(départ de Stadhouderskade, près du Rijksmuseum), ☎ 679-13-70, • blueboat.nl •*
– *Un bon tuyau :* venez en fin d'après-midi ou en soirée (pour la compagnie *Holland International*) si vous voulez éviter les foules. Pas mal de bateaux partent presque vides. Enfin, sachez qu'il existe des croisières-dîners (chères).

■ ***Canal Bus*** *(plan Vondelpark, D2) : Weteringschans 26. ☎ 623-98-86. • canal.nl • Tlj 10h-18h30 env (21h30 en juil-août). En saison, départ ttes les 30 mn env et en hiver ttes les heures env de la place de la gare centrale, près de l'office de tourisme (VVV). Forfait 24h : 22 €, réduc ; - 25 % avec l'*I Amsterdam Card *(ou 10 % en passant par le site internet).* Pas de guides à bord, juste un commentaire enregistré et des infos sur Amsterdam, c'est plutôt une simple navette. 3 itinéraires différents (vert, bleu, rouge) avec 5 à 8 arrêts, près des principaux musées et lieux stratégiques de la ville. Guichet principal en face du Rijksmuseum, mais on peut acheter ses tickets à chaque étape. Les bateaux fonctionnent au gaz naturel, silencieux et propre ! Cela mérite d'être signalé.

■ ***Canal Bike*** *(embarcations à pédales ; plan Vondelpark, D2) : Weteringschans 26. ☎ 626-55-74 ou 623-98-86. • canal.nl/canal-bike • Tlj 10h-18h (22h en été). Résa vivement conseillée. Tarif : 8 €/h par pers ; tarifs dégressifs et réduc de 25 % avec l'*I Amsterdam Card *; caution de 20 €.* À Amsterdam, on pédale même sur l'eau ! Une manière originale de découvrir la ville à son propre rythme. Mieux vaut quand même être à deux. On peut aussi embarquer du renfort (maximum 4 personnes, soit 2 équipes de 4 mollets !). Très romantique en fin d'après-midi. Évitez les jours de pluie. On compte 3 embarcadères de *Vélocanos* : Rijksmuseum, Leidseplein, et à côté de la maison d'Anne Frank sur Prinsengracht. On peut rendre l'engin où l'on veut. Une brochure détaillée est fournie, comportant le plan de la ville, des idées de circuits, des curiosités et anecdotes sur Amsterdam, ainsi que les quelques règles élémentaires de navigation sur les embarcations à pédales ! Attention, on ne peut utiliser ces embarcations la nuit sous peine d'amende !

– Pour ceux qui ne veulent rien faire comme les autres, possibilité de ***louer une gondole***, eh oui, pendant 1h ! *☎ 68-69-86-86. 📱 06-47-46-45-45 (nº NL !). • gondel.nl • Compter 140 € pour 6 pers max.*

Excursions dans le Waterland

■ ***Wetlands Safari :*** *☎ 686-34-45. 📱 06-53-55-26-69. • wetlandssafari.nl • De mi-avr à mi-sept, dim-ven. Départ à 9h30 (10h dim) depuis la gare routière, derrière la gare centrale. Tarif : 43 €/pers, transports en bus, café et repas inclus.* 3 randonnées dans les polders du Waterland à pied avec découverte des marais en canoë. Durée effective de la balade : 5-6h, pause repas comprise. Pour les sportifs amoureux de la nature.

EN VOITURE

Venir jusqu'ici en auto n'est intéressant que si d'autres étapes sont prévues en cours de voyage, à l'écart des grands axes (en Belgique ou dans le sud des Pays-Bas...). Sinon, pour ne visiter qu'Amsterdam, **la voiture est à proscrire.** Elle est aussi vaine et inutile qu'à Venise, et sera une source de tracas et de problèmes en tout genre. **On vous conseille donc de lire attentivement ce qui suit.**

Le choix d'un parking en périphérie

Pour éviter les prix prohibitifs des rares parkings d'hôtels *(env 40 € pour 24h !)* et des quelques parkings du centre *(env 5 €/h et 50 €/j. en moyenne !)*, mieux vaut garer sa voiture à la périphérie, dans un grand parking gardé, puisque le vandalisme n'est pas rare. Mieux vaut surtout consulter avant le départ le site de l'office de tourisme *• Iamsterdam.com •* et taper « parking ». Car ici les règles évoluent vite, tout étant fait pour que les visiteurs prennent les transports en commun pour aller au centre-ville. Ici, vous ne payerez que 8 € pour 24h, si vous arrivez en semaine avant 10h, et 1 € pour les 24h suivantes. Si vous arrivez après 10h, notamment le week-end, vous ne devriez payer que 1 € pour 24h.

– ***Parkings P + R :*** **le plan le moins cher... sous certaines conditions.** Les parkings *P + R (Park and Ride)* sont situés à la périphérie d'Amsterdam, près de l'autoroute A 10, et à proximité de transports publics. Ils sont ouverts 24h/24 (sauf exceptions). **Attention,** suivre toutes les règles ci-dessous, sinon vous n'aurez pas droit au tarif à 8 €/j. (encore moins à celui à 1 €). On n'a plus droit à un ticket gratuit pour les transports en commun, à vous de l'acheter dans un joli distributeur bleu. Ne trichez pas, sinon vous devriez payer au retour 86 € max pour 24h. Ticket : 5 € pour 2 ; 5,90 € pour 3... et jusqu'à 7,70 € pour 5 (le maximum autorisé par la formule *P + R*).

Prendre un bus, tram ou métro, pas le train. Check-in évidemment ET check-out dans le centre, par exemple à la gare centrale : la ville veut avoir la preuve que le *P + R* est utilisé seulement pour les visiteurs du centre-ville.

– Au retour, même cinéma. Il vous faudra, avec le ticket du *P + R,* effectuer check-in et check-out depuis le centre avant de retourner au parking.

On résume : le ticket que vous vous êtes procuré dans le distributeur bleu du *P + R* doit être validé in/out à l'aller, direction centre-ville et, au retour, in/out depuis le centre-ville, sinon pas de réduction (dernier check-in obligatoirement en centre-ville). Sachez aussi

que le prix spécial *P + R* n'est valable que 4 j. (96h). Si vous restez plus longtemps, vous paierez **toute la durée** de stationnement au tarif normal du parking (24-30 €/j.).
Important : ne rien laisser en évidence dans les voitures.

🅿 ***P + R Transferium ArenA*** *(plan Grande Couronne) : Burgemeester Stramanweg 130. Situé sous le stade ArenA (près de la station de métro Bijlmerstation). Depuis les autoroutes A 1, A 2, A 9 et A 10, suivre les panneaux indicateurs (sortie Ouderkerk de l'A 2 et de l'A 9). Pour rejoindre le centre-ville, env 25 mn avec le métro, ou bus de nuit nº 356. Attention, stationnement limité 24h et peu conseillé pendant les grands événements sportifs ou autres.*

🅿 ***P + R Olympisch Stadion*** *(plan Grande Couronne) : Olympisch Stadion 44. Depuis l'autoroute A 10, sortie S 108. Accès au centre-ville avec les trams nºs 16 et 24 ; bus de nuit nº 358. Souvent complet (inabordable pendant les grands événements sportifs).*

🅿 ***P + R Bos en Lommer*** *(plan Grande Couronne) : Leeuwendalersweg 23b. Depuis l'autoroute A 10, sortie S 104. Accès au centre-ville avec le métro, les trams nºs 7 et 14, et le bus nº 15. Ouv 7h-22h pour les arrivées ; sorties 24h/24. On peut payer en espèces.*

🅿 ***P + R Sloterdijk*** *(plan Grande Couronne) : Piarcoplein 1. Depuis l'autoroute A 10, sortie S 102. Accès au centre-ville par le bus nº 48 (oubliez le train, car vous n'auriez plus droit au prix doux pour le stationnement). Souvent complet lui aussi.*

🅿 ***P + R Zeeburg*** *(plan Grande Couronne) : Zuiderzeeweg 46a. Depuis l'autoroute A 10, sortie S 114. Accès au centre-ville avec le tram nº 26 ; bus de nuit nº 359.*

Le problème du parking en ville

Bon, on a beau essayer de vous faire peur, vous avez décidé de tenter l'aventure et d'entrer en ville avec votre voiture. Dans ce cas, petit tour d'horizon.
Sachez que pour limiter la circulation et diminuer la pollution, la ville a adopté une série de règlements draconiens : une multitude d'axes sont interdits aux voitures, ou sont à sens unique et le stationnement est très contrôlé. Sur les rares places de parking aménagées, ne pas payer son stationnement, c'est perdre à tous les coups, car les patrouilles du Service municipal de stationnement *(Cition)* sillonnent la ville sans relâche.

■ ***Bureau Cition*** *(plan Grande Couronne,* ***23****) : Daniel Goedkoopstraat 9. ☎ 140-20, puis demander le service Cition. • cition.nl • Ⓜ Spaklerweg (nº 51). Tlj 24h/24.* On est sympa, on vous indique la fourrière. En cas de cumul d'amendes, vous y retrouverez votre voiture avec cette fois-ci une amende non plus de 50 ou 70 € (prix à payer pour un mauvais stationnement) mais d'au moins 200 €.

– ***Cartes de stationnement :*** si vous devez rester longtemps sur Amsterdam, il est intéressant d'en acheter une. Pour le jour même, il suffit d'aller au parcmètre voisin et d'inscrire sa plaque d'immatriculation. Plus besoin de placer la carte derrière le pare-brise, on ne vous en donne pas. Vous êtes enregistré numérique et vous payez par CB seulement : *Visa, Mastercard* et *American Express.*
Selon vos besoins, choisir entre : Dagkaart (9h-19h ; 7,80-30 € selon le quartier) ; Avondkaart (9h-21h, 11,70-26 € selon le quartier) ; 24h (11,70-45 € selon le quartier). Achat sinon de cartes au Parkeerloket Centrum Amstel 1.
– ***Service de parking par chauffeurs :*** *proposé par certains hôtels. Tarifs : 30-40 €/j.* On vient chercher votre voiture et on vous la ramène le jour demandé. Quelques contraintes d'horaires cependant.
– ***Parkings réservés aux riverains :*** si la mention « *Uitgezonderd Vergunningshouders* » figure sur un panneau à proximité, fuyez ! Cela signifie « Réservé aux détenteurs d'une autorisation ». Les gens paient des autorisations pour ces places réservées ; n'attendez aucune tolérance de leur part. Dans le quart d'heure qui suit, grâce au comité de vigilance local, vous risquez de voir dégager votre voiture en fourrière.

– ***Parkings couverts du centre-ville :*** ils peuvent être très utiles, surtout pour la nuit. Selon le parking, les prix varient du simple au double. Compter en moyenne entre 5 € pour 1h (et parfois même pour seulement 30 mn) et 50 € pour 24h (le plus élevé, le *Byzantium*, atteignant 68 €).

P ***Parking Amsterdam Centraal*** *(plan général détachable D2) : Prins Hendrikkade 20a. ☎ 638-53-30. Face à la gare. Ouv 24h/24.*

P ***Parking De Kolk*** *(plan général détachable C2) : Nieuwezijdse Kolk 18. ☎ 427-14-49. Entre la gare et le Dam. Ouv 24h/24.*

P ***Parking Bijenkorf*** *(plan centre détachable C3) : Dam 1. ☎ 0900-44-66-880 (0,20 €/mn). Ouv 24h/24.*

P ***Parking Byzantium*** *(plan général détachable A5) : Tesselschadestraat 1g. ☎ 0900-44-66-880 (0,20 €/mn). Ouv 24h/24.*

P ***Parking Museumplein*** *(plan général détachable A6) : Museumplein. ☎ 0900-44-66-880 (0,20 €/mn). Dim-mer 7h-1h ; jeu-sam 7h-2h30 (mais on peut quitter le parking à tte heure).*

P ***Parking Europarking*** *(plan général détachable A4) : Marnixstraat 250. ☎ 0900-44-66-880 (0,20 €/mn). Situé à 5 mn à pied de Leidseplein, à 10 mn du Dam et face au commissariat central ! Lun-jeu 6h30-1h ; ven-dim 24h/24.*

P ***Parking Heinekenplein*** *(plan général détachable C6) : Eerste Van der Helstraat 6. ☎ 470-08-88. Lun-mer 7h-minuit ; jeu-sam 7h30-2h ; dim 9h-21h. Un des moins chers (env 30 €/j).*

P ***Parking Muziektheater*** *(plan général détachable D4) : Waterlooplein 1. ☎ 624-99-19. Sous le marché aux puces devant la mairie (Stadhuis). Ouv 24h/24.*

P ***Parking Waterlooplein*** *(plan général détachable D-E4) : Valkenburgerstraat 238. ☎ 420-79-30. Sous le supermarché AH, au coin de Jodenbreestraat.*

P ***Parking Passenger Terminal Amsterdam*** *(plan général détachable F2) : Piet Heinkade 27. ☎ 020-419-16-89. Tlj 7h-1h (mais possibilité de quitter le parking à tte heure).*

EN TAXI

Leur tarification doit être visible (jusqu'à quatre passagers, le prix au kilomètre ne doit pas excéder 2,10 € ; au-dessus, il reste à 2,64 €) et la carte de chauffeur doit être apparente sur le pare-brise. Aujourd'hui, on tient compte du délai d'attente et des embouteillages pour fixer le prix. Pour vous plaindre : *☎ 0900-202-18-81 (0,13 €/mn). ● taxi.amsterdam.nl ●*
À titre indicatif, quelques prix de trajets : Centraal Station-Museumplein : environ 17 € ; Leidseplein-Dam : environ 15 €. « Compteur » se dit « *meter* ».

Taxi Central Amsterdam (TCA) : *☎ 777-77-77.* La plus importante des compagnies et aussi la plus sûre, fonctionnant 24h/24.
Mieux vaut consulter le site de l'office de tourisme *● Iamsterdam.com ●* si vous avez une quelconque inquiétude en ce domaine, car le statut des taxis est en pleine évolution, afin d'éviter les illégalités en tous genres.
Et même si les taxi-scooters sont absents momentanément du paysage pour cause de faillite, ce ne sont pas les transports originaux qui manquent. Les *FietsTaxi* sont des vélos-taxis qui ont un joli succès. Un moyen très original et léger de se déplacer sur de petites distances. Ils attendent les clients sur certaines places ou sont joignables par mobile *(n° NL : 06-45-41-27-25). Prix : 0,90 €/mn.* Plusieurs compagnies exploitent ce moyen de locomotion.
D'autres taxis sont dispos selon l'humeur, on trouve même sur le site de l'office un taxi-disco ou un taxi-calèche.

OÙ DORMIR ?

Bonne nouvelle : une nouvelle génération d'hôtels est apparue depuis quelques temps. Amsterdam, après avoir longtemps été peuplée de petits hôtels coûteux, exigus et rénovés avec pingrerie, propose des hôtels joliment aménagés, décorés façon design ou du moins assez zen. Une petite révolution. Pour tous les budgets. Petit état des lieux et des mœurs, pour vous permettre de bien faire votre choix.

– **Le rapport qualité-prix dans les hôtels moyenne gamme est souvent médiocre comme partout,** et les amoureux d'un certain confort (ou les amoureux tout court) devront choisir longtemps à l'avance, ou en vérifiant sur Internet les bons plans du moment, car les tarifs varient considérablement en fonction de l'affluence touristique (du simple au double, voire au triple !). Pâques, la Pentecôte, fin avril quand tout le pays célèbre l'anniversaire royal, août, les fêtes de fin d'année sont annonciateurs de galères pour ceux qui n'auraient pas réservé leur chambre longtemps à l'avance. Même souci le week-end, et ce, tout au long de l'année... Les vendredi, samedi et dimanche voient les prix monter en flèche ; beaucoup d'hôtels pratiquent ces jours-là les mêmes prix qu'en haute saison.

– **L'idéal, pour trouver un hébergement correct, c'est de venir... en semaine, en basse ou moyenne saison !** Dans ce cas, un hôtel de luxe se négocie pour « presque rien », notamment sur Internet. Oubliez alors les hôtels pratiquant des prix fixes toute l'année (si, si, il y en a !), qui peuvent en revanche être très avantageux en... haute saison !

– **Heureusement, les structures type *hostel* sont nombreuses à Amsterdam :** lits en dortoir à prix raisonnables, déco design, ambiance internationale garantie, bar convivial le plus souvent...

– Une autre solution consiste à visiter Amsterdam en se logeant dans les environs (à Haarlem ou à Edam, par exemple). Intéressant pour qui voyage en voiture et en famille, par exemple, connait déjà la ville et entend privilégier les extérieurs. Pour un séjour en ville, à déconseiller.

– **Le petit déjeuner est généralement compris dans le prix !** Néanmoins, vérifiez bien au moment de la réservation que tel est bien le cas, car beaucoup d'hôtels dissimulent une importante hausse des prix en facturant en plus la prestation (vous courez même le risque dans les petits hôtels du centre de ne pas en avoir du tout, mais les *eetcafés* ne manquent pas).

– De nombreux hôtels, même dans la catégorie des petits budgets, ont négocié des tarifs préférentiels avec certains musées, par exemple. Renseignez-vous sur cette opportunité ! On ne saura trop vous conseiller de choisir un hébergement dans le quartier des musées, précisément, à moins que vous ne teniez absolument à avoir une vue sur le canal et les voitures garées tout au long des berges.

– **Mieux vaut voyager léger !** De manière générale (excepté dans les hôtels chic), les vieilles maisons abritant les hôtels ne permettent pas d'installer un ascenseur. Et les escaliers sont souvent raides... Mieux vaut le savoir si vous avez de grosses valises ou des difficultés à marcher, par exemple. Dans ce cas, préférez les adresses un peu hors du centre, ou les hôtels de chaîne. Ces derniers sont souvent moins exigus, mieux équipés, et font l'objet de nombreuses promos...

– Certains hôteliers amstellodamois traditionnels préfèrent les billets à la carte de paiement, même si vous avez dû en donner les références pour confirmer votre réservation. Cela permet de débiter votre compte du nombre de nuitées réservées en cas d'annulation moins de 48h avant votre arrivée prévue. Dès lors, faites-vous bien préciser le mode de règlement accepté ou prévoyez suffisamment de liquide. En cas de règlement par carte, la note peut être majorée de 5 % pour couvrir les frais bancaires.

– **Précisez votre heure d'arrivée.** Si vous annoncez votre arrivée pour « la fin de l'après-midi », cela signifie souvent 16-17h pour un Hollandais, qui dîne dès 18h. Si vous débarquez plus tard, votre réservation risque d'avoir profité à quelqu'un d'autre ! Il vaut mieux fixer une heure précise, avec une marge de sécurité, et appeler impérativement en cas de retard.

– Autre petit conseil : pour une chambre double, précisez clairement si vous désirez un grand lit *(double big bed)* pour deux ou deux lits séparés *(twin beds)*. Sans cette précaution – on est chez les calvinistes –, il y a un risque de gâcher votre escapade amoureuse...

– Plusieurs lecteurs se sont plaints des odeurs fortes et persistantes de tabac et de pétard dans certaines chambres d'hôtel. Vérifiez qu'il n'y ait pas de *coffee-shop* en dessous !
– Les routards au sommeil léger feront bien d'apporter leurs boules Quies® s'ils logent près d'une église à carillons, notamment Oude Kerk dans le quartier Rouge, qui bat la chamade même la nuit.
– Connexions wifi : une grande majorité des hébergements s'est équipée pour répondre à la demande et ne facture pas cette prestation. Les exceptions sont signalées par la mention « payant ». Pour l'utilisation d'un ordi, leur usage est curieusement parfois payant par contre.
– ***IMPORTANT :*** comme on ne peut pas planquer en permanence un enquêteur du *Routard* sous chaque lit, n'hésitez pas à nous écrire pour nous faire part par courrier ou e-mail, de vos difficultés ou désagréments. On vous promet qu'on réagira au plus vite pour ne mentionner que les adresses qui en valent vraiment la peine.

Dans la Grande couronne

Campings

Les campings ci-après sont facilement accessibles au centre-ville en transports en commun ou à vélo. Ils proposent des *trekkershutten*. Ces petites cabanes en bois sont rudimentaires : des lits superposés et une table, mais ni cuisine ni salle de bains et pas de draps ni de serviettes. Les prix sont intéressants un groupe de 4 personnes ! En saison, penser à réserver, car ce mode d'hébergement est très couru.

⛺ ***Camping Zeeburg*** *(plan Grande Couronne,* ***30****) : Zuider Ijdijk 20. ☎ 694-44-30. • campingzeeburg.nl • De la gare centrale,* Ⓣ *Piet Heintunnel (n° 26, durée du trajet : 7 mn env). En voiture, sortie S 114 (Zeeburg) depuis le Ring (A 10). Cuv tte l'année (mais activité limitée en hiver). Résa recommandée. Pour 2 pers avec tente et voiture, 18-24 € selon saison ; douche et eau chaude payantes. Éco-cabines et wagonnettes (2-4 pers) : 60-80 €/nuit selon saison (2 nuits min). CB acceptées ; frais de résa 6 €. 💻 (payant). 📶* Camping propre et accueillant, installé sur sa petite presqu'île bien à lui, même si la vue lointaine sur les ponts et l'autoroute qui diffusent gentiment leur rumeur casse un peu le charme. Bien équipé : bar et petit resto, location de vélos et de kayaks, laverie, petite boutique et coffres gratuits pour les objets de valeur. Piscine à proximité. Bonne situation pour rejoindre le centre à vélo. Il vaut mieux parler l'anglais pour réserver par téléphone. S'il n'y a plus de place ou si vous voulez être au calme, poussez plus au nord jusqu'au camping ***De Badhoeve*** *• campingdebadhoeve.nl •*

⛺ ***Het Amsterdamse Bos*** *(plan Grande Couronne,* ***32****) : Kleine Noorddijk 1, à Aalsmeer-Bovenkerk, Amstelveen. ☎ 641-68-68. • campingamsterdamsebos.com • Tt près de l'aéroport. De la gare centrale, bus n° 172 jusqu'à la gare routière de Amstelveen, puis bus n° 171. Depuis l'aéroport, 10 mn avec le bus n° 199. En voiture, suivre l'A 10 (Ringweg West/Den Haag), puis l'A 4 (vers Den Haag) et l'A 9 (vers Amstelveen) ; sortie n° 6 (Aalsmeer), puis suivre la N 231. Ouv tte l'année. Pour 2 pers, env 25 € avec tente et voiture. Chalets et Trekkershutten (1-8 pers) 35-100 € selon saison ; cottage 2-6 pers avec cuisine et sdb 100-150 € la nuit. 📶* Ce camping pas cher est entouré d'une belle forêt et bien équipé. Location de vélos sur place. Reste un gros inconvénient : la proximité de l'aéroport et le bruit de ses gros et nombreux avions.

Dans le centre et autour de la gare centrale
(plan détachable)

De la gare centrale à Muntplein et tout au long du Prins Hendrikkade, les bus déposent leurs cargaisons de touristes devant de grands hôtels internationaux. Profitez des offres internet pour vous payer un coup de folie dans la catégorie « charme ». Mais la majorité des adresses mentionnées dans le centre et le quartier Rouge sont plutôt destinées aux plus jeunes et à ceux que l'environnement ne risque pas de perturber. Pour un peu plus de romantisme ou de tranquillité, mieux vaut orienter les recherches vers les autres quartiers.

Bon marché

Stayokay Amsterdam Stadsdoelen *(plan centre détachable D4,* ***33****) : Kloveniersburgwal 97.* ☎ *624-68-32.* • *stayokay.com* • Ⓣ *Muntplein (nos 4, 9, 16 ou 24 de la gare centrale). Réception 7h-0h30. Résa conseillée. Nuitée 20,50-41 € selon chambre et saison, petit déj et draps inclus ; réduc membre. CB acceptées.* Excellente adresse car bien équilibrée : routarde mais sans laisser-aller, bien gérée, accueillante et agréablement rénovée. Dortoirs de 8 à 20 lits, mixtes ou séparés, et quelques doubles. Le bar-cafétéria (18h-minuit) sert des plats chauds le soir. Services pratiques : garage à vélos, laverie, casiers pour les bagages ; réservation de tickets *Eurolines* et vente de cartes de transport.

Bob's Youth Hostel *(plan centre détachable C2,* ***35****) : Nieuwezijds Voorburgwal 92.* ☎ *623-00-63.* • *bobsyouthhostel.nl* • *À 5 mn de la gare à pied. Réception 8h-3h. Résa indispensable pour les apparts, mais impossible pour les dortoirs. Nuitée 12-18 €/pers en sem et 25-33 € le w-e, petit déj inclus. Apparts 70-90 € pour 2-3 pers.* Certes, l'endroit ne conviendra pas à tout le monde, mais l'ambiance de cet établissement parfaitement situé est plutôt sympathique. Les dortoirs (4, 6, 8 et 16 lits) sont répartis dans 2 bâtiments différents. Ensemble coloré et propre. Casier pour entreposer les affaires (caution de 10 € demandée). Pour une plus grande intimité, réservez l'un des 9 appartements (mais évitez le plus petit, au rez-de-chaussée). Le plus grand, perché sous les toits, nous a conquis : vaste, lumineux avec une jolie vue, sa chambre et son grand salon sont séparés par une demi-cloison.

The Shelter City *(plan centre détachable D3,* ***34****) : Barndesteeg 21.* ☎ *625-32-30.* • *shelter.nl* • *À 10 mn de la gare à pied, dans une ruelle à la lisière du quartier Rouge. Couvre-feu à 2h. Nuitée 17-35 € selon période et nombre de lits, petit déj compris (promos pour les filles le dim soir). CB acceptées.* Cet endroit, appartenant à une fondation protestante, est aussi saugrenu dans ce quartier qu'un sex-shop installé dans les grottes de Lourdes. Les quelque 160 lits sont répartis en chambres et dortoirs accueillants (4-20 personnes) ; garçons et filles séparés, bien entendu. Ensemble sommaire mais clair et propre. Cour intérieure avec table de ping-pong, cafétéria (possibilité de déjeuner et de dîner), four à micro-ondes à disposition, laverie automatique à proximité. Location de casiers pour les bagages avec caution de 5 €.

Flying Pig Downtown Hostel *(plan général détachable D2,* ***37****) : Nieuwendijk 100.* ☎ *420-68-22 ou 428-49-34.* • *flyingpig.nl* • *À 372 m de la gare ! Nuitée 20-40 € selon saison et nombre de lits dans la chambre ou le dortoir ; petit déj et draps inclus. CB acceptées. (payant).* Vaste AJ indépendante. Dortoirs de 4 à 32 lits, et quelques chambres doubles. On peut dormir à 2 dans des lits doubles superposés en dortoir. Ambiance jeune (et fêtarde), et personnel du même âge. Bar et joli salon au rez-de-chaussée. Au sous-sol, une cuisine (à disposition) et de petites salles à l'ambiance intime et chaleureuse.

De bon marché à prix moyens

Winston Hostel *(plan centre détachable D3,* ***52****) : Warmoesstraat 129.* ☎ *623-13-80.* • *winston.nl* • *Résa impérative le w-e et en hte saison. Env 27-43 €/pers en dortoir. Doubles 74-144 €. Résa sur Internet avec prix très fluctuants. CB acceptées. (payant).* Les dortoirs (de 4 à 8 lits) et les quelques chambres doubles, d'un confort simple mais suffisant, ont bénéficié d'un gros effort de déco. L'art et le design se sont invités sur les murs et dans les moindres recoins. Résultat, il règne ici une ambiance jeune, saine et conviviale, et les espaces communs s'avèrent particulièrement agréables. Sur place, bar, billard, musique, etc., il y a même une salle de concerts attenante (voir plus loin « Où écouter de la musique ? »).

Tourist Inn *(plan général détachable C2, **38**) : Spuistraat 52. ☎ 421-58-41. • tourist-inn.nl • À 5 mn à pied de la gare. Résa obligatoire de 3 nuits le w-e. Selon saison, lits en dortoir 3-6 pers 20-47 €, doubles avec sdb 67-147 € ; petit déj et draps inclus. CB acceptées.* Un petit hôtel bien situé, fonctionnel et propre mais sans charme particulier. Chambres agréables et calmes, parfois avec vue sur le canal, mais de petite taille et sommairement meublées ; certaines avec salle de bains sur le palier. Ascenseur dans le bâtiment principal (pas dans l'annexe).

Bulldog Hotel *(plan centre détachable D3, **40**) : Oudezijds Voorburgwal 220. ☎ 620-38-22. • bulldoghotel.com • Dans le quartier Rouge. Selon j. (sem ou w-e) et saison, lits en dortoir 8-12 pers 20-40 €, doubles 90-130 € ; petit déj et draps inclus. CB acceptées. (payant).* L'historique chaîne *Bulldog* squatte tout le quai avec ses nombreux *coffee-shops,* dont un juste à côté de l'hôtel. Le ton est donné ! Les amateurs d'herbe et de champignons s'y sentiront à leur aise, les autres un peu moins. Cela dit, les chambres, pas bien grandes, sont ici aussi non-fumeurs et vraiment nickel. Gros effort de déco : couleurs vives, têtes de lits originales, salles de bains modernes à damier... Belles chambres sous les combles. Accueil avenant et pro, rare dans cette partie de la ville. Sur place, bar, billard...

De prix moyens à très chic

B & B Le Maroxidien *(plan général détachable E3, **30**) : Prins Hendrikkade 534. 06-11-87-37-00. • lemaroxidien.com • À 10 mn à pied de la gare centrale et du centre. Doubles 100-130 € selon saison et nombre de nuits, petit déj bio compris. CB refusées. Table d'hôtes 47,50 € tt compris. Parking payant sur résa (15 €/nuit).* Amarrée dans le légendaire port d'Amsterdam, cette péniche de 1925 qui transportait sable et cailloux a été reconvertie en un *B & B* doté de tout le confort moderne et irréprochable sur le plan écologique. Juste 3 chambres mignonnes, cosy et décorées avec un goût exquis dans le style du Maroc, du Mexique et de l'Inde. Elles se partagent 2 belles salles de bains au design exotico-contemporain réussi, et un salon marocain. Accueil attentionné. Une excellente adresse.

The Exchange *(plan centre détachable D3, **68**) : Damrak 50. ☎ 523-00-80. • exchangeamsterdam.com • Doubles 120-330 € selon confort et période (surveillez les promos sur Internet). Accord avec le parking public voisin.* Cet hôtel est résolument design, voire avant-gardiste, et risque d'en déstabiliser plus d'un. Les chambres sont conçues comme des œuvres uniques (plus ou moins éphémères) de jeunes artistes designers. Le résultat est pour le moins surprenant, voire déconcertant : 61 chambres de confort et de tailles (très) variables (de 1 à 5 étoiles !), au style souvent minimaliste et décalé et parfois un peu trash. Pour les amateurs ! Si vous tenez à une chambre « sage », pensez à le préciser, il y en a (quand même !) quelques-unes.

Art'otel Amsterdam *(plan général détachable D2, **42**) : Prins Hendrikkade 33. ☎ 719-72-00. • artotelamsterdam.com • À 5 mn de la gare, dans le quartier Rouge. Doubles 150-350 € selon confort et saison ; prix intéressants sur Internet. CB acceptées.* Un hôtel, un musée du design, un petit théâtre de la mode, une galerie de peinture ? Un lieu show et chaud à la fois, où il fait bon se laisser aller à regarder s'agiter le petit monde des people d'ici ou d'ailleurs, qui semblent tous s'y donner rendez-vous le temps d'un verre, d'un repas, d'une expo, et plus si affinités. Plus d'une centaine de chambres élégantes, fonctionnelles, lumineuses. Bel accueil, belle ambiance, beau dépaysement. Piscine, sauna.

Dans le Jordaan et le nord des grands canaux

Le romantisme et le charme des canaux ont un prix qui a tendance à peser négativement sur la qualité obtenue. Là, plus qu'ailleurs encore, les escaliers très raides et étroits ne conviendront pas aux personnes peu mobiles ou aux jambes fragiles.

Bon marché

The Shelter Jordan *(plan général détachable A3,* ***43****) : Bloemstraat 179. ☎ 624-47-17. • shelter.nl • Ⓣ Marnixstraat (nos 13 ou 17 depuis la gare centrale). Nuitée 17,50-38 € selon saison et période, petit déj et draps compris (voir, sur le site, le tableau exact des prix par dates). CB acceptées (majoration de 5 %).* Cette *YMCA* de patronage chrétien est un des refuges nocturnes les moins chers de la ville, dans ce quartier qu'on adore. Dortoirs non mixtes de 4 à 20 lits récemment réarrangés. Grands casiers gratuits (moyennant caution) pour les bagages. Bon petit déj. À la cafétéria, assez cosy et animée, possibilité de déjeuner ou de dîner. Micro-ondes à disposition. Piano, petite bibliothèque et TV communautaire. Laverie automatique à proximité.

De prix moyens à chic

Frédéric rent... a room, a home, a boat *(plan général détachable C1-2,* ***17****) : Brouwersgracht 78. ☎ 624-55-09 (9h-18h slt). • frederic.nl • Chambres et apparts 60-110 €. Péniches et appartements pour 4-5 pers 133-213 €. CB refusées.* Frédéric et son fils, les sympathiques loueurs de vélos francophones (voir plus haut « Transports »), proposent un vaste choix de locations dans tout ce quartier qu'on adore, puisqu'ils gèrent un réseau d'offres originales émanant de particuliers. Dans leur incroyable maison bric-à-brac aux carreaux de faïence colorés, la chambre la plus chère est équipée d'une baignoire à bulles et d'un matelas à eau. Les 2 autres se partagent une salle de bains. Pour les autres formules, consultez le site internet ! De la péniche toute équipée à l'appartement avec vue sur les canaux, en passant par la maison luxueuse posée sur l'eau, vous devriez trouver votre bonheur.

B & B La Festa *(plan général détachable A4,* ***31****) : Hazenstraat 64. 06-17-73-88-85. • bb-lafesta.com • Ⓣ Rozengracht (nos 13 ou 17 depuis la gare centrale). Selon saison, compter 80-145 € pour 2 ; petit déj non compris (11 €). CB acceptées.* Dans une ruelle tranquille en plein cœur d'un quartier animé, une chambre confortable (salle de bains, TV, bureau...) aménagée avec goût et sobriété dans le registre contemporain, au-dessus d'un resto italien. Également un studio du même tonneau avec une agréable cuisine ouverte et un balcon sur l'arrière du bâtiment. Excellent rapport qualité-prix.

Hotel Van Onna *(plan général détachable A3,* ***47****) : Bloemgracht 102-108. ☎ 626-58-01. • hotelvanonna.nl • Ⓣ Westermarkt (nos 13 ou 17 depuis la gare centrale). Résa conseillée. Doubles 76-126 € ; quadruples 126-196 € ; petit déj compris. CB acceptées.* Un petit hôtel aménagé dans 3 petites maisons contiguës donnant sur le canal. Toutes les chambres disposent d'une salle de bains ; certaines sont un peu exiguës (voir le site, ou sur place, avant d'accepter). On ne vient pas ici pour la déco tristounette et monacale, mais pour la propreté irréprochable et l'atmosphère saine. Et pour une fois, l'escalier, élargi, est aisément praticable ! Hors saison, les prix ne baissant pas beaucoup, ce n'est pas forcément une bonne affaire.

Linden Hotel *(plan général détachable A2,* ***48****) : Lindengracht 251. ☎ 622-14-60. • hotelacacia.nl • Depuis la gare centrale, bus n° 18 ; arrêt Willemstraat. Doubles 105-150 €, petit déj inclus CB acceptées.* Un hôtel qui aura connu une rénovation progressive bienvenue. Les chambres, parfois petites, sont néanmoins lumineuses, et l'installation d'un ascenseur va en faciliter désormais l'accès. Ici, le vrai plus, c'est le prix, hors saison, et le quartier. Au calme, l'hôtel donne sur un canal pittoresque flanqué de péniches amarrées. Accueil très pro. Marché animé les samedi sur le Lindengracht et lundi sur la Westerstraat.

Hotel Clemens *(plan général détachable B3,* ***49****) : Raadhuisstraat 39. ☎ 624-60-89. • clemenshotel.com • Ⓣ Raadhuisstraat (nos 13 ou 17 depuis la gare centrale). Séjour de 3 nuits min le w-e. Doubles 88-178 € selon confort* *et saison ; triples 150-200 € ; petit déj compris. CB acceptées.* Cette belle bâtisse de style Art nouveau donnant sur une grande rue animée a peaufiné un nouveau look pour le couronnement du roi. On qualifiera désormais de charme ce petit hôtel de 9 chambres confortables et coquettes, propres et bien tenues. Préférer une chambre sur l'arrière, car les autres sont bruyantes. Petit balcon dominant la rue pour prendre le petit déj aux beaux jours.

Hotel Hegra *(plan général détachable B3,* ***51****) : Herengracht 269. ☎ 623-78-77. • hotelhegra.nl • Doubles 70-145 € selon confort, petit déj non compris (7 €) ; familiales 110-170 €. CB acceptées. Parking payant. (payant).* Une maison étroite et ancienne sur l'un des plus jolis canaux. Une dizaine de chambres seulement, rénovées (et toutes dotées de leur salle de bains), pas bien grandes (voire minuscules), que l'on rejoint, comme souvent ici, par un escalier vraiment raide et étroit... Bon courage pour monter les valises ! Petit déj basique, mais... vue imprenable sur le canal.

Hotel Pax *(plan général détachable B3,* ***49****) : Raadhuisstraat 37. ☎ 624-97-35. • hotelpax.nl • Ⓣ Raadhuisstraat (nos 13 ou 17 depuis la gare centrale). Doubles 58-110 € ; quadruples sans sdb 80-140 € selon saison. Pas de petit déj. CB acceptées. (payant).* Sous les arcades d'un bel ensemble architectural en demi-cercle, on gravit un escalier particulièrement raide, où sont suspendus plein de miroirs de toutes tailles. L'ensemble a été progressivement rénové. Les chambres, qui restent modestes, offrent un rapport qualité-prix intéressant, surtout hors saison. Petit balcon pour celles de devant (mais il faut ne pas avoir peur du bruit), celles à l'arrière sont évidemment moins bruyantes.

De chic à encore plus chic

Hotel Sebastian's *(plan général détachable C2,* ***67****) : Keizersgracht 15. ☎ 423-23-42. • hotelsebastians.nl • Doubles 115-315 € selon taille, vue et saison ; bons plans sur Internet comme toujours.* Les propriétaires du très chic hôtel *The Toren* (voir plus loin) ont racheté cet hôtel pour en faire un 3-étoiles de charme. Idéalement situé à l'orée du Jordaan, au bord du canal, il offre d'excellentes prestations et un bon rapport qualité-prix (et il y a un ascenseur !). Même si certaines chambres ne sont pas très grandes, la plupart donnent sur le canal. La déco mêle artistiquement design, kitsch et baroque, mais l'emploi de couleurs sombres, dans les tons noir, violet et orange, pourrait aussi bien en rebuter certains. Joli bar à l'ancienne.

't Hotel *(plan général détachable B2,* ***50****) : Leliegracht 18. ☎ 422-27-41. • thotel.nl • Ⓣ Raadhuisstraat (nos 13 ou 17 depuis la gare centrale). Doubles 139-199 € selon vue et saison, petit déj compris ; quadruples 249-289 €. CB acceptées.* Au bord d'un canal tranquille, cette charmante maison ancienne livre 8 jolies petites chambres confortables rénovées et plutôt bien équipées (TV, coffre...), desservies par un escalier très raide. Déco sobre et consensuelle, à la fois classique et contemporaine, avec quelques touches de couleur. Très propre. Les moins chères donnent sur l'arrière. On aime bien « Leliegracht », sous les combles, mansardée, spacieuse et jouissant d'une vue panoramique sur les canaux alentour. Sympa, un monte-escalier électrique a été aménagé pour aider les personnes en difficulté !

Hotel Canal House *(plan général détachable B2,* ***53****) : Keizersgracht 148. ☎ 622-51-82. • canalhouse.nl • Résa indispensable. Doubles 170-525 € selon taille, bon petit déj compris.* Difficile de ne pas avoir le coup de foudre pour cet hôtel de charme, joliment situé dans une élégante maison du Siècle d'or. Les chambres ne sont pas données (c'est le moins que l'on puisse dire), mais les prix peuvent chuter assez fortement en basse saison. Cadre exceptionnel mêlant judicieusement les références rétro et le design contemporain. Chaque chambre a son propre caractère et du charme, bien que les moins chères soient nettement plus petites et sans vue. L'accueil vraiment cordial et souriant couronne le tout.

Hotel Amsterdam Wiechmann *(plan général détachable B4, **54**) : Prinsengracht 328-332. ☎ 626-33-21. • hotelwiechmann.nl • Doubles 130-175 € selon vue, saison et catégorie ; triples et quadruples 200-265 € ; petit déj compris. Réduc de 15 % oct-mars à partir de 3 nuits. CB acceptées.* Le vieux poêle et l'armure médiévale qui monte la garde près de la réception annoncent un intérieur très « vieille Hollande », cosy et chaleureux : cheminées, horloge, tapis et meubles anciens. Chambres tout confort ; comme dans toutes les vieilles maisons des canaux, on peut choisir entre celles sans vue mais hyper calmes sur l'arrière, et d'autres, plus romantiques (et plus chères !), profitant du pittoresque panorama des chemins d'eau d'Amsterdam. Les amateurs de calme se rattraperont à l'heure du petit déj avec une salle très agréable et totalement ouverte sur le canal. Très bien tenu et entretenu, cet hôtel s'avère une excellente adresse dans sa catégorie.

Hotel Estheréa *(plan centre détachable C3, **55**) : Singel 303-309. ☎ 624-51-46. • estherea.nl • Ⓣ Paleisstraat (n°s 1, 2 ou 5 depuis la gare centrale). Doubles 140-350 € selon confort, vue et saison, familiales 199-500 € ; petit déj-buffet en sus 18 €. CB acceptées. (payant).* Un 4-étoiles situé en bordure d'un beau canal. Ce sont en fait 4 vieilles maisons qui ont été réunies et rénovées en mêlant les styles traditionnel et moderne. Les chambres, relativement petites, sont très confortables, bien arrangées et bien équipées (minibar, coffre, TV + DVD). Déco cossue et un poil chargée, mêlant or et velours cramoisis – donc pas vraiment design, mais douillette, raffinée et chaude à souhait. Ascenseur, bar et *lounge*. Journaux étrangers en vente. Accueil pro et charmant.

The Toren *(plan général détachable B2, **32**) : Keizersgracht 164. ☎ 622-60-33. • thetoren.nl • Doubles 173-580 € selon confort, vue et saison ; petit déj compris. Là-encore, vérifiez les meilleures dates possibles sur le site.* Un hôtel de charme aménagé dans une vieille maison du XVIIe s plantée au bord du canal. Une quarantaine de magnifiques chambres confortables et chaleureuses. Design un brin baroque, pour une ambiance théâtrale et feutrée : beaux tissus lourds aux tons chauds, dorures, marbre, lumières tamisées... Les moins chères sont plus petites et donnent sur l'arrière. Avec leur vue sur le canal, les plus onéreuses sont spacieuses et dotées d'un jacuzzi. Sur place, bar branché tout aussi insolite. Magnifique salle de petit déjeuner (que l'on prendra en hiver au coin du feu). Une excellente affaire en basse saison.

Dans le Vondelpark et le quartier des musées

Dans ce quartier chic et résidentiel, plutôt paisible, pas de canaux romantiques, certes, mais des adresses d'un meilleur rapport qualité-prix qu'ailleurs. Alors, ne les négligez pas, surtout qu'elles restent finalement assez près du centre. Un quartier à cheval entre Jordaan et le nord des grands canaux, d'un côté, et le sud des grands canaux, autour de Leidseplein, ce qui explique le positionnement de certaines adresses, non indiquées sur la carte Vondelpark mais rattachées à l'un ou ou l'autre de ces quartiers.

De bon marché à prix moyens

Stayokay Amsterdam Vondelpark *(plan Vondelpark, C2, **78**) : Zandpad 5. ☎ 589-89-96. • stayokay.com • Ⓣ Leidseplein (n°s 1, 2 ou 5 depuis la gare centrale). Réception 7h30-minuit. Résa de 2 nuits min le w-e. Lits 17,50-34,50 € ; doubles 50-110 € selon saison ; petit déj et draps inclus ; réduc membre. CB préférées. (payant).* L'une des plus célèbres AJ officielles d'Amsterdam. Installée dans une belle et impressionnante maison de la fin du XIXe s, genre chalet Belle Époque, entourée d'annexes modernes, cette grande auberge de jeunesse (536 lits !) est avantageusement située en bordure

Adresses utiles

- 3 Museumplein
- 9 Supermarchés AH (Albert Heijn)
- 10 Ekoplaza

Où dormir ?

- 70 Conscious Hotel Vondelpark
- 71 Hotel Bema
- 72 Conscious Hotel Museum Square
- 73 Bilderberg Hotel Jan Luyken
- 74 Jupiter Hotel
- 75 Hotel Museumzicht
- 76 Hotel Quentin England
- 77 Flying Pig Uptown Hostel
- 78 Stayokay Amsterdam Vondelpark
- 79 Heemskerk Suites
- 81 Sander Hotel
- 82 Hotel Aalders
- 83 Hotel Atlas

Où manger ?

- 155 George WPA
- 156 De Knijp
- 162 Blauw

Où boire un verre ?

- 155 George WPA
- 207 't Blauwe Theehuis

À voir

- 318 House of Bols

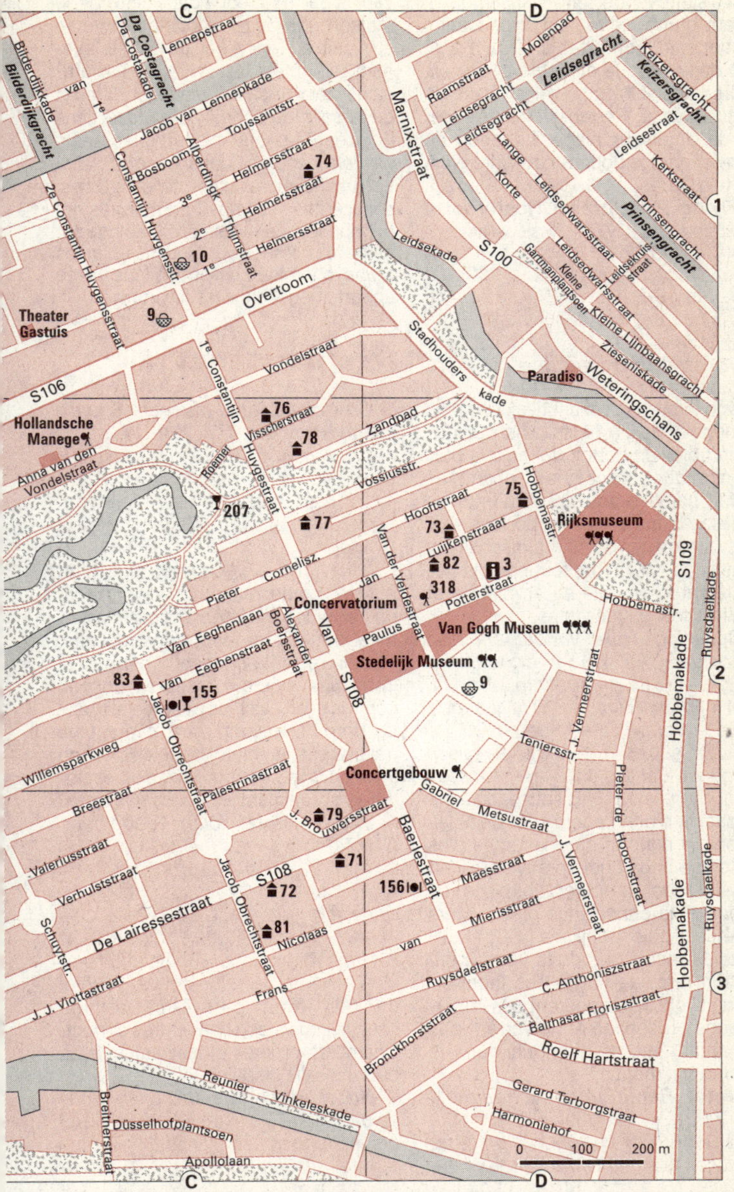

AMSTERDAM - Vondelpark

OÙ DORMIR ?

du paisible Vondelpark. L'ensemble, à défaut d'être intime, est impeccable, pratique et confortable. Douche et w-c dans chaque chambre et dortoir, coffres disponibles pour les objets de valeur, laverie. Possibilité de déjeuner ou de dîner sur place. Location de vélos et garage pour mettre votre bicyclette à l'abri.

Flying Pig Uptown Hostel *(plan Vondelpark, C2, **77**) : Vossiusstraat 46. ☎ 400-41-87 ou 428-49-34. • flying pig.nl • Ⓣ Leidseplein (n°s 2 ou 5 depuis la gare centrale). Nuitée 20-40 € selon confort, saison et nombre de lits dans la chambre ou le dortoir ; petit déj et draps inclus. CB acceptées. (payant). (gratuit au rdc).* AJ indépendante proposant des chambres ou dortoirs de 2 à 14 lits, ainsi que des lits doubles en dortoir (formule la plus économique). L'accès aux chambres se fait par des couloirs étroits et un peu alambiqués, mais les dortoirs sont frais et propres. Cuisine à disposition, et au sous-sol, un bar tout en bois très chaleureux. Excellente ambiance et conseils touristiques futés.

Conscious Hotel Vondelpark *(plan Vondelpark, A2, **70**) : Overtoom 519. ☎ 820-33-33. • conscioushotels.com • Ⓣ Overtoomsesluis (n° 1 depuis la gare centrale, arrêt au pied de l'hôtel). Doubles 70-190 € selon saison et confort. Parking (30 €/j.). Ascenseur. CB acceptées.* D'entrée, on aime ou pas, le bio et l'écolo sont déclinés du sol au plafond dans un style plus bobo que baba cool ; preuve qu'il est possible de concilier l'expérience design et la conscience *green*. Murs végétaux, bois labellisés FSC, matériaux de récup', produits verts, petit déj bio, etc., le lieu a ses inconditionnels, qui se moqueront des imperfections du service et ne verront pas les détails moins glamour, dans le second bâtiment.

Hotel Bema *(plan Vondelpark, C3, **71**) : Concertgebouwplein 19b. ☎ 679-13-96. • bemahotel.com • De Schiphol, bus n° 370. Ⓣ Museumplein (n°s 5 ou 16 depuis la gare centrale). Doubles 70-105 € selon confort et saison, petit déj compris (servi en chambre !). CB acceptées.* Long escalier très pentu, mais l'effort en vaut la peine ! Il règne dans cette vieille maison une belle ambiance bohème et paisible. Tenue par un couple avenant, elle mêle les styles : déco africaine pour le salon, anciens fauteuils de la salle de concert d'en face dans l'entrée. 7 chambres simples mais joliment décorées dans les tons clairs. Les moins chères, sans salle de bains, sont petites et sommaires, mais restent mignonnes. Les plus confortables sont de belle taille et, pour certaines, dotées d'une cheminée. Propose aussi des appartements dans les environs.

De prix moyens à chic

Conscious Hotel Museum Square *(plan Vondelpark, C3, **72**) : De Lairesestraat 7. ☎ 671-95-96. • conscious hotels.com • Ⓣ Museumplein (n° 16 depuis la gare centrale). Doubles 80-200 € selon saison ; quelques familiales 90-220 €. Petit déj 14 € env. CB acceptées.* Un peu plus cher que son grand frère du Vondelpark, car un peu plus central, en tout cas à proximité immédiate des grands musées. Pour le reste, le concept y est cultivé dans une moindre mesure ; un peu comme si on avait fait avec les moyens du bord ! L'ensemble est néanmoins frais, agréable, plutôt spacieux et l'on y retrouve les grands principes écolophiles qui animent les *Conscious Hotel*.

Jupiter Hotel *(plan Vondelpark, C1, **74**) : Tweede Helmersstraat 14. ☎ 618-71-32. • jupiterhotel.nl • Ⓣ Constantijn Huygenstraat (n° 1 depuis la gare centrale). Réception 7h-23h. Doubles 59-99 € selon confort et saison, petit déj inclus ; familiales 99-149 €. CB refusées.* Hôtel un peu froid peut-être, comme l'accueil, mais peu cher et très correct. Chambres propres et plaisantes, avec ou sans salle de bains.

Hotel Museumzicht *(plan Vondelpark, D2, **75**) : Jan Luijkenstraat 22 ; angle Hobbemastraat. ☎ 671-29-54. • hotelmuseumzicht.nl • Ⓣ Hobbemastraat (n°s 2 ou 5 depuis la gare centrale). Selon confort et saison, doubles 65-155 €, compter env 25 € de plus pour une triple ; petit déj compris. CB acceptées (commission*

2 %). Belle maison victorienne presque le nez sur le Rijksmuseum. Propose 14 chambres au confort simple mais plaisantes et bien tenues. Escalier raide, comme d'hab', quoi !

Sander Hotel *(plan Vondelpark, C3,* ***81****) : Jacob Obrechtstraat 69. ☎ 662-75-74. • hotel-sander.nl • Ⓣ Willemsparkweg (n° 2), Roelof Hartplein (n° 5) et De Lairessestraat (n° 16 de la gare centrale) et bus n° 197 de l'aéroport. Doubles 51-170 € selon saison ; petit déj en sus : 8 €. CB acceptées.* Un hôtel confortable installé dans une vaste demeure d'un quartier calme et résidentiel (l'hôtel en lui-même n'est pas un modèle d'insonorisation, par contre). Une vingtaine de chambres bien équipées, avec salle de bains, téléphone, coffre et TV. Là aussi, plaisant petit déj servi dans une véranda. Accueil charmant. Ascenseur. Bar, jardin et terrasse à disposition.

Hotel Quentin England *(plan Vondelpark, C2,* ***76****) : Roemer Visscherstraat 30. ☎ 529-07-59. • quentinhotels.com • Ⓣ Leidseplein (n°s 1, 2 ou 5 depuis la gare centrale) ou Constantijn Huygenstraat (avec le n° 1). Doubles 58-178 € selon confort et saison ; petit déj 10 €. CB acceptées.* Reproduction d'un cottage anglais faisant partie de l'« Europe unie » (voir « Le Vondelpark et le quartier des musées » dans « À voir. À faire »), voici un petit hôtel au calme, assez coquet et confortable. Les chambres se répartissent sur 4 étages (sans ascenseur, comme d'hab'). Les moins chères ont une salle de bains commune. Rapport qualité-prix moins évident en haute saison.

Hotel Aalders *(plan Vondelpark, D2,* ***82****) : Jan Luijkenstraat 13-15. ☎ 662-01-16. • hotelaalders.nl • Ⓣ Hobbemastraat (nos 2 ou 5 depuis la gare centrale). Doubles 74-174 € selon confort et saison ; familiales 135-250 € ; petit déj compris. CB acceptées.* Grande maison en brique. Chambres assez spacieuses et bien équipées (douche, w-c, TV...), dont certaines donnent sur un jardin intérieur et peuvent héberger 3 ou 4 personnes. Les *superiors* ont bénéficié d'un effort de déco, à l'image de la n° 9, d'inspiration flamande, mais les standard sont tout à fait honorables à l'aune de la ville. Certains seront ravis d'apprendre qu'il y a même un ascenseur ! Petits déj variés.

De chic à très chic

Bilderberg Hotel Jan Luyken *(plan Vondelpark, D2,* ***73****) : Jan Luijkenstraat 58. ☎ 573-07-30. • bilderberg.nl • Ⓣ Hobbemastraat (nos 2 ou 5 depuis la gare centrale). Doubles 99-245 € selon confort et saison ; petit déj 16-19,50 €. CB acceptées. (payant).* Un hôtel datant du XIXe s, joliment rénové et extrêmement bien situé. Une maison pleine de charme, dans une rue calme à 2 mn des musées, avec des chambres très agréables pour qui veut goûter au plaisir d'un séjour confortable à tous les sens du terme. Service impeccable. Là encore, vérifiez les réservations sur Internet pour dénicher la période idéale.

Heemskerk Suites *(plan Vondelpark, C3,* ***79****) : Jan Willem Brouwersstraat 25. ☎ 679-49-80. • heemskerksuites.nl • Juste derrière le Concertgebouw. Appart 137-237 €/nuit ; séjour de 3-4 nuits min. CB acceptées. Petit déj 13,50-16,50 €.* On adore la façade Art and Craft (« école d'Amsterdam » pour être plus précis), plutôt sobre, voire austère. À l'intérieur, place à la couleur et à la lumière ! 4 appartements à thème flambant neufs et joliment équipés pour un séjour « prolongé ». L'un des appartements est équipé d'une baignoire-jacuzzi, un autre d'un balcon ; ceux situés à l'arrière donnent sur le jardin et l'opéra ; on ne peut plus calme donc ! Petite précision utile, ménage et entretien sont à votre charge.

Hotel Atlas *(plan Vondelpark, C2,* ***83****) : Van Eeghenstraat 64. ☎ 676-63-36. • hotelatlas.nl • Ⓣ Jacob Obrechtstraat (n° 2 depuis la gare centrale). Selon confort et saison, doubles 120-270 €, triples 160-230 € ; petit déj 14 €. Promos sur Internet.* Cette croquignolette maison Art nouveau, située à l'orée du Vondelpark, abrite des chambres de charme, aux couleurs pétantes et chaudes. On a un petit faible pour certaines chambres *superiors* qui ont su allier charme et confort, esprit rétro et déco contemporaine (et vice versa). D'autres sont beaucoup plus classiques, voire banales... Excellent accueil.

Au sud des grands canaux, de Leidseplein à Rembrandtplein, et de Fredericksplein à Oosterpark

Bon marché

Hans Brinker Hotel *(plan général détachable C5,* ***56****) : Kerkstraat 136-138. ☎ 622-06-87. • hans-brinker.com • Ⓣ Prinsengracht (nos 1, 2 ou 5 depuis la gare centrale). Nuitée en chambre ou en dortoir 22,50-53,50 € ; draps et petit déj compris (un min de 2 nuits est parfois demandé). CB acceptées.* Plus de 500 lits dans un grand bâtiment au cœur de l'adorable quartier des antiquaires, calme et vivant à la fois. Les chambres et dortoirs disposent tous de salle de bains privée. Propre, bien situé, pratique, mais pas spécialement chaleureux. Petit déj dans une grande salle, genre cantine. Casiers pour les bagages. Dispose aussi d'un bar (17h-2h) et d'une discothèque pour les fêtards (jusqu'à 4h du matin).

De prix moyens à chic

Hampshire Inn *(plan général détachable C5,* ***69****) : Prinsengracht 1015. ☎ 623-77-79. • prinsengrachthotel.nl • Ⓣ Nieuwezijds Kolk (nos 1, 2, 5, 13 et 17 depuis la gare centrale). Doubles 77-130 € selon confort, vue et saison.* Avec sa façade un peu austère, cet hôtel situé sur l'élégant canal des Princes est une adresse on ne peut plus consensuelle et donc recommandable : une position stratégique, des prix raisonnables, un confort moderne (ascenseur, distributeur de boissons ; TV écran plat, bouilloire, sèche-cheveux...), des chambres classiques et joliment décorées. Les principaux attraits de cette adresse restent pourtant, d'un côté, sa vue imprenable sur le canal et, de l'autre, son joli jardin caché (où est servi le petit déjeuner aux beaux jours).

Hotel Asterisk *(plan général détachable C6,* ***57****) : Den Texstraat 14-16. ☎ 624-17-68. • asteriskhotel.nl • Ⓣ Ferdinand Bolstraat (nos 16 ou 24 depuis la gare centrale). Réception 7h30-22h. Doubles 68-120 € selon confort ; familiales 159-179 € ; petit déj compris si paiement en espèces. CB acceptées.* Niché dans une jolie rue calme, à proximité du Rijksmuseum et de Frederiksplein. De tailles différentes, avec ou sans salle de bains, les chambres sont fraîches, agréables et un ascenseur, dans une aile de la maison, permet d'accéder plus facilement dans les hauteurs. Un grand aquarium glougloute dans la jolie pièce où l'on prend le petit déj-buffet.

Hotel De Admiraal *(plan centre détachable D5,* ***58****) : Herengracht 563. ☎ 626-21-50. • admiraalamsterdam.nl • Ⓣ Rembrandtplein (nos 4 ou 9 depuis la gare centrale). Doubles 75-105 € selon confort, taille et saison ; petit déj compris. Chambres familiales 3-4 pers 120-220 €. CB acceptées.* Les prix des chambres ont le mérite de rester contenus dans cette vieille demeure amstellodamoise du Siècle d'or (1666). Ne pas s'attendre au grand confort : salle de bains sur le palier pour les moins chères et mobilier de récup' pour tout le monde... L'ensemble, où règne une ambiance de pension désuète, ne manque pas de charme malgré ses imperfections. Les plus belles chambres ont vue sur le canal. Nos préférées (disponibles en version quadruple) sont les n° 6 en angle et n° 12 avec sa petite terrasse. À la nuit tombée, beau spectacle quand le pont est illuminé.

Hotel De Munck *(plan général détachable D5,* ***64****) : Achtergracht 3. ☎ 623-62-83. • hoteldemunck.com • Ⓣ Frederiksplein (n° 4 depuis la gare centrale). Doubles 60-160 € selon confort et saison ; petit déj compris. CB acceptées.* 2 maisons mitoyennes face au mignon petit canal d'Achtergracht, où sont amarrées des péniches habitées. Jardin fleuri et courette avec des petites tables à l'arrière. Rien de très design. Une quinzaine de chambres claires, agréables et bien tenues, dont une particulièrement grande, avec son balcon en façade. Ce n'est pas le cas de l'annexe dans le jardin, où les chambres sous les toits sont trop petites. Déco années 1960 dans la salle.

Hôtel de la Poste *(plan général détachable D5, **59**) : Reguliersgracht 5. ☎ 623-71-05. • hotel-de-la-poste.nl • Doubles 85-110 € selon confort ; pas de petit déj. CB refusées.* Dans le coin du « pont aux 15 ponts », que l'on aime beaucoup. Pas très loin non plus de Rembrandtplein, l'une des 3 places les plus animées d'Amsterdam. Cette vieille bâtisse abrite une vingtaine de chambres. N'éternuez pas trop fort, car la façade penche déjà nettement vers l'arrière ! À la réception, accueil aimable. On parle quelques mots de français (à cause du nom de l'hôtel ?). Certaines chambres (toutes avec TV, douche et w-c) auraient besoin d'un petit coup de frais.

De chic à très chic

NL Hotel *(plan général détachable A4-5, **62**) : Nassaukade 368. ☎ 689-00-30. • nl-hotel.com • Ⓣ Leidseplein (nos 1, 2 ou 5). Doubles 70-190 € selon confort et saison, familiales 150-200 € ; petit déj 10 €. CB acceptées.* Dans une étroite maison en brique, ce boutique-hôtel abrite 13 chambres petites mais charmantes et confortables : parquet, coin salon, salle de bains avec douche ou baignoire. Déco contemporaine soignée, conjuguant orientalisme discret et motifs floraux. Éviter celles du rez-de-chaussée, petites et sombres, préférer les plus calmes, celles qui s'ouvrent sur l'arrière-cour arborée. L'escalier est d'une raideur typiquement amstellodamoise ! Accueil charmant.

Hotel Mercure Frommer *(plan général détachable C5-6, **44**) : Noorderstraat 46. ☎ 622-03-28. • mercure.com • Ⓣ Weteringsch (nos 24, 16 depuis la gare centrale). Résa conseillée. Doubles 70-240 € selon confort et saison. CB acceptées.* Près d'une centaine de chambres, à deux pas des canaux, des musées, au calme, dans un lieu qui a une jolie histoire. Celle de ces maisons d'artisans rachetées il y a 40 ans, par le fondateur d'un guide de voyages célèbre aux Pays-Bas, pour en faire un hôtel qui porte toujours son nom. Désormais intégré dans le giron d'une chaîne qu'on ne présente plus, rénové de façon colorée par un admirateur de Jan Steen (ses scènes d'intérieur célèbres couvrent un mur de chaque chambre), il fait partie des adresses à retenir quand on arrive à tomber sur une promo intéressante, ce qui arrive fréquemment.

Hotel V *(plan général détachable D6, **46**) : Weteringschans 136. ☎ 020-662-32-33. • hotelv.nl • Ⓣ Stadhouderskade (n° 4 depuis la gare centrale), et Frederiksplein (nos 7 et 10 ; arrêt au pied de l'hôtel). Doubles 99-209 € selon confort et saison, petit déj compris ; promos sur Internet. CB acceptées. Parking payant.* Ce boutique-hôtel, aménagé dans un immeuble de brique austère mais de caractère, offre un bon rapport qualité-prix pour Amsterdam. La restauration a su mettre en valeur l'architecture rétro, répondre à une volonté de gestion écolo, tout en offrant un confort et une déco dernier cri. Les chambres les moins chères sont assez petites (voire très petites) et parfois un peu sombres ; elles n'en paraîtront que plus douillettes aux amoureux qui devront se serrer un peu. Location de vélos.

Hotel Orlando *(plan général détachable D5, **60**) : Prinsengracht 1099. ☎ 638-69-15. • hotelorlando.nl • Ⓣ Utrechtsestraat (n° 4 depuis la gare centrale). Résa conseillée. Doubles 120-170 € selon chambre, petit déj compris. CB acceptées.* Près de l'Amstel, dans une bâtisse du XVIIe s, au bord du majestueux Prinsengracht. Le propriétaire, un talentueux architecte au look très british, a décoré les 6 grandes chambres claires de manière personnelle, simple et raffinée. Les matériaux sont de très bonne facture, les murs peints couleur taupe, les rideaux turquoise, les tapis épais... On y trouve tout le confort attendu. Une très belle adresse, vraiment charmante et bien tarifée pour la ville.

Marcel's Creative Exchange *(plan général détachable B5, **61**) : chez Marcel Van Woerkom, Leidsestraat 87.*

☎ 622-98-34. • marcelamsterdam.com • Ⓣ Prinsengracht (nos 1, 2 ou 5 depuis la gare centrale). Résa indispensable longtemps à l'avance en hte saison. Doubles tt confort 150-175 €, pas de petit déj. CB refusées. Dans une belle bâtisse du XVIIe s, Marcel, artiste reconnu internationalement et fringant septuagénaire excentrique à la langue bien pendue, a exercé pendant près de 25 ans ses talents d'architecte d'intérieur. Un parti pris pour les lignes pures : tons à dominante noir et blanc et mobilier design se retrouvent dans les appartements modulables pouvant accueillir 1 à 4 personnes. Clair et très tranquille, idéal pour un groupe d'amis, l'endroit conviendra particulièrement aux artistes et aux musiciens. Une adresse de charme pas banale.

Hotel Agora *(plan centre détachable C4,* ***63****) : Singel 462. ☎ 627-22-00. • hotelagora.nl • Ⓣ Koningsplein (nos 1, 2 ou 5 depuis la gare centrale). Très central, près du marché aux fleurs. Doubles 59-200 € selon confort, vue et saison ; petit déj compris. CB acceptées.* Installé dans une maison de 1735 rénovée de la cave au grenier. Déco simple et fraîche, fleurs et musique douce dans la belle véranda du salon. Chambres propres, non dénuées de charme. Les moins chères font salle de bains commune, quant aux plus chères, donnant sur le canal Singel, elles conviendront à ceux qui n'ont pas peur de l'animation et du bruit de la rue.

The Bridge Hotel *(plan général détachable E5,* ***66****) : Amstel 107-111. ☎ 623-70-68. • thebridgehotel.nl • Ⓣ Waterlooplein (no 9 depuis la gare centrale). Doubles 130-295 €, petit déj inclus. CB acceptées.* Chambres rénovées, de spacieuses à très spacieuses (rare à Amsterdam !), toutes ou presque avec une magnifique vue sur l'Amstel (ou le canal) et les péniches. Certaines donnent directement sur le *Magere Brug,* l'un des ponts les plus célèbres d'Amsterdam. Déco sobre et agréable avec quelques petites touches industrielles apportées par le mobilier. À signaler pour les amoureux qu'il n'existe pas de chambres à grand lit ! Éviter les chambres sur cour, elles manquent singulièrement de vue. Et c'est quand même l'atout principal de cet hôtel familial.

Hotel Arena *(plan général détachable F5-6,* ***86****) : 's Gravesandestraat 51 ; angle Mauritskade. ☎ 850-24-00 ou 10. • hotelarena.nl • Ⓣ Sarphatistraat ou Eerste Van Swindenstraat (Tropenmuseum) (no 9 depuis la gare centrale). Doubles 99-330 € selon taille et catégorie ; petit déj 18,50 €. CB acceptées. Parking payant.* Les plafonds élevés, les immenses couloirs et escaliers de fer forgé de cet ancien orphelinat du XIXe s ne manquent pas de charme. L'esprit design et minimaliste qui a présidé à sa dernière mutation a rendu l'hôtel moins accessible hors promos... Joli bar avec terrasse, et restaurant doté d'un beau petit déj-buffet. Dans une ancienne chapelle, concerts et soirées branchées durant le week-end.

Dikker & Thijs Fenice Hotel *(plan général détachable B5,* ***39****) : Prinsengracht 444. ☎ 620-12-12. • dtfh.com • Ⓣ Prinsengracht (nos 1, 2 ou 5 depuis la gare centrale). Doubles tt confort 99-350 €, petit déj inclus. CB acceptées.* Dans une belle bâtisse qui accueillit autrefois une des plus grandes tables de la ville. Plus de 100 années ont passé, l'hôtel a su évoluer avec le temps, et vous pourrez avec un peu de chance profiter d'une des immenses chambres d'angle, heureusement insonorisées, donnant sur le canal mais aussi sur la rue la plus commerçante d'Amsterdam.

Hotel Seven Bridges *(plan général détachable D5,* ***65****) : Reguliersgracht 31. ☎ 623-13-29. • sevenbridgeshotel.nl • Ⓣ Keizersgracht (nos 16 ou 24 depuis la gare centrale). Résa conseillée. Doubles 75-205 € selon chambre et saison, petit déj optionnel servi en chambre 10 €. CB acceptées. (payant).* Cette maison de 3 étages, et de 300 ans surtout, toute en brique, donne sur un joli petit canal et propose des chambres à la déco chargée, hétéroclite, parfois kitsch, mais toujours uniques et très personnalisées. Mansardées et impeccables, les chambres du 3e étage sont plus abordables. On conseille la chaleureuse no 9, plutôt Art déco, pour les jeunes couples, la no 10 pour les promeneurs solitaires, et la nº 7, au 2e étage, un rien coquine avec ses grands miroirs et 3 fenêtres ouvrant sur le canal. Petit déj servi en chambre, dans de la porcelaine fine. Une adresse hors du commun.

À 15 mn du centre en vélo

De bon marché à prix moyens

Stayokay Zeeburg *(hors plan général détachable par G5 ou plan Grande Couronne,* ***89****) : Timorplein 21. ☎ 551-31-90. • stayokay.com • Depuis la gare centrale, bus nº 22 (arrêt Javaplein), plus 5 mn de marche ; depuis le Dam, Ⓣ Zeeburgerdijk (nº 14). P + R Zeeburg pour qui vient en voiture (8 €/j., voir infos sur le site). Résa conseillée. Selon saison, lits 13,50-40 €, twins 45-105 € ; petit déj et draps inclus. Réduc membre. (payant).* Excentrée dans ce quartier d'immigration coloré et en réhabilitation, une des AJ officielles de la ville. Environ 500 lits répartis dans 100 chambres : doubles, familiales (2 doubles avec salon au milieu), quadruples et dortoirs 6 personnes. Amsterdam a employé les grands moyens pour transformer cette ancienne école en hostel design simple et fonctionnel. Divers services, dont location de vélos. Espace resto-bar très agréable (10h-1h). Un lieu de séjour sympa, entre le Troppenmuseum et le pittoresque Dapper Market (voir la rubrique « À voir. À faire. Les marchés »).

Meininger Hotel *(plan Grande Couronne,* ***90****) : Orlyplein1. ☎ 808-05-02. • meininger-hotels.com • Juste à côté de la gare de Sloterdijk (à 5 mn en train de la gare centrale) ; Ⓣ Sloterdijk (nº 12). Compter à partir de 17 €/pers en dortoir, 23 € en chambre double ; prix sur le site, en français, qui fluctuent selon les dates. Petit déj 6 €.* Une chaîne qui décoiffe, apportant confort et originalité à petits prix. Un hybride entre l'auberge de jeunesse et l'hôtel 3 étoiles. 220 chambres à l'ouest de la ville, réparties entre dortoirs, chambres doubles ou familiales. Le système tarifaire fonctionne comme celui des hôtels *low-cost* et fluctue selon l'offre et la demande. On peut y réchauffer sa propre nourriture, y casser la croûte dans une cantine cosy et branchée ou manger dans le resto où vous croiserez même des hommes d'affaires.

Qbic Hotel *(plan Grande Couronne,* ***88****) : Stawinskylaan 241, WTC (World Trade Center), Tour C. ☎ 43-321-11-11 (central de résa). • qbichotels.com • De l'aéroport, train jusqu'à Amsterdam-Zuid WTC. Ⓣ Zuid WTC (nº 5 depuis la gare centrale). Doubles 45-130 € ; petit déj non compris (env 10 €/pers). Règlement CB obligatoire (voir plus loin).* Du design à petits prix, au cœur d'un quartier d'affaires. Depuis Zuidplein, rejoindre la galerie du 1er étage par les escalators et la longer pendant 100 m sur la droite. 35 chambres toutes conçues sur le même modèle : lit futuriste et extra-large, murs blancs et photos de la ville, salle de bains sans porte signée Starck ! À la réception, l'ordinateur (francophone !) permet de s'enregistrer (carte de paiement ici obligatoire), et de régler la note. Les meilleurs deals sont obtenus en réservant en ligne, puisque les prix évoluent perpétuellement en fonction de la demande.

Van Ostade Bicycle Hotel *(hors plan général détachable par C6 ou plan Grande Couronne,* ***84****) : Van Ostadestraat 123. ☎ 679-34-52. • bicycle hotel.com • Ⓣ Albert Cuypstraat (nos 16 ou 24) ou Tweede van der Helststraat (nº 3) ; bus de nuit nº 354. Doubles 80-115 € selon confort et période, petit déj compris ; familiales 110-165 €. Min de 3 nuits le w-e. CB acceptées.* Dans le sud d'Amsterdam, au cœur du quartier du Pijp, à proximité du plus grand marché de la ville. La façade avec les petites reines pendues à la gouttière du *Van Ostade* donne le ton. Une quinzaine de chambres coquettes et colorées, avec ou sans salle de bains. Confort simple mais suffisant. Ambiance maison d'hôtes : tout le monde communique, discute, échange et écoute de la musique dans l'accueillante salle du rez-de-chaussée... Tenu par des fans de vélo, cet hôtel est pas mal fréquenté par leurs pairs (seuls ou à deux !). On y trouvera des itinéraires et idées de promenade. Garage clos et gratuit pour les vélos (location à prix doux). Garage payant pour les voitures, non mais !

OÙ MANGER ?

On compte près de 180 nationalités à Amsterdam, cela se ressent inévitablement dans la cuisine, on ne peut plus cosmopolite ! Dans cette rubrique, on vous a mis de tout, depuis le café-épicerie sympa du midi, jusqu'au bistrot branché à la française ou au resto traditionnel à la hollandaise, à fréquenter le soir, à deux ou entre amis, en passant par quelques adresses plus exotiques et quelques-uns des nombreux *eetcafés*.

On a classé les authentiques « cafés bruns » dans « Où boire un verre ? », car c'est leur vocation première, mais vous pouvez très bien penser à eux, à l'heure du petit creux.

Amsterdam change, côté cuisine aussi. Il y a toutes les nouvelles cafétérias des musées, qui cartonnent, et toutes les adresses tendance autour du port, dans d'anciens docks, voire d'anciens containers, qui poussent leurs tables au soleil, dès les premiers beaux jours, afin que chacun puisse profiter du passage des bateaux et de la vue sur une ville en pleine mutation.

On n'a pas pu se retenir de glisser aussi, en fin de chapitre, certains lieux pour les becs sucrés, qui vont adorer les pâtisseries ou les tartes du moment, sans parler des éternels pancakes. Allez, après tout ça, ce n'est même pas la peine de vous souhaiter bon appétit, surtout si vous avez fait des heures de marche ! Comme la plupart des menus sont en anglais, vous devriez être rassurés.

Par contre, on évitera de vous souhaiter large soif, car ce n'est plus tellement la tendance. Surtout si vous n'êtes pas du genre à craquer sur les bières brunes ou blondes du moment. On ne vous le redira pas à chaque fois, mais boire du vin ici n'est pas ce qu'on peut faire de mieux (surtout pour le portefeuille), sauf un verre de temps en temps dans un des restos-bars à vins un peu chic que vous aurez envie de vous offrir, un soir, entre amoureux de la vie ou amoureux tout simplement.

Petit rappel, au passage : il est interdit de fumer dans les cafés et restaurants, mais certains ont choisi d'entrer en résistance... Et on ne parle pas des *coffee-shops* ici, l'herbe ne suffisant pas à équilibrer un repas, même pour un végétarien (on a glissé quelques adresses bio, au fait).

Dans le centre et près de la gare centrale (plan détachable)

Sur le pouce

Dutch Four BV *(plan centre détachable C3,* ***124****) : Zoutsteeg 6. ☎ 626-33-88. Tlj 8h-18h (17h le w-e). Sandwichs 2,70-5,80 € ; assiette env 13 €.* Dans une ruelle si étroite qu'on la croirait couverte se cache une petite adresse spécialisée dans le poisson. Comme dans les traditionnels kiosques de rue, on y trouve des harengs, des maquereaux, des rollmops, de l'anguille, des crevettes grises, etc. De quoi remplir son *broodje* à la mode hollandaise pour un déjeuner on ne peut plus typique. Le gros atout, ce sont les 2 tables et les 3 tabourets, qui permettent de manger assis et au chaud (appréciable en hiver !). Le service à l'assiette (calculé au poids) permet de se concocter un assortiment sur mesure. Dé-li-cieux ! Super accueil.

De Drie Graefjes *(plan centre détachable C3,* ***146****) : Eggerstraat 1. ☎ 626-67-87. Situé en face du précédent, en guise de clin d'œil.* Lunchroom et *american bakery,* qu'ils disaient, en l'honneur de 3 petits comtes sur l'histoire desquels nous ne saurons rien. Qu'importe ! Voilà un amour de vieux café où l'on s'accroche à la rambarde pour grimper au premier, le temps d'une pause le midi. Soupe du jour et grande variété de sandwichs.

Bon marché

Latei *(plan centre détachable D3,* ***106****) : Zeedijk 143. ☎ 625-74-85. • latei.net • Tlj 9h-18h* *(dim 11h-18h). Menus 14-18 €.* Petit café rock'n roll aux allures de brocante vintage. Une dizaine de tables, dont la moitié en mezzanine, où une dizaine de lampes-plafonniers vous caressent la tête. Le pain de la boulangerie *Dutch Hartog* accompagne omelettes ou soupes « maaltijd » (tout un repas). Goûtez sinon à la tarte aux pommes, à un cheese-cake à tomber, servi dans des assiettes anciennes à fleurs. Le thé est servi en vrac et les *smoothies* de fruit et légumes sont faits minute. Le service prend plus de temps.

|●| *Café Tisfris* *(plan centre détachable D4,* ***107****)* **:** *St Antoniebreestraat 142. ☎ 622-04-72. Tlj 9h-19h. Salade env 13 € ; sandwich chaud env 5 €. CB refusées.* Un café plaisant qui s'étend en demi-cercle de la rue Sint Antonie au paisible canal Zwanenburgwal. Très hautes fenêtres et faïences jaunes, déco originale, plantée de piliers à la Klimt. Et aux premiers rayons de soleil, une petite terrasse s'installe sur le pont ! Dans l'assiette, une restauration fraîche et très correcte. Savoureuses salades, *broodjes uit de oven* (petits pains chauds) à la mozzarella, au saumon, ainsi que des quiches, des soupes et des sandwichs plus classiques.

|●| *La Place* *(plan centre détachable C4,* ***101****)* **:** *Rokin 160. ☎ 622-01-71. Tlj 10h (11h dim-lun)-20h (21h jeu). Plats 8-24 € ; petits déj à partir de 5 €.* Un self prônant une cuisine saine et bio, dans la mesure du possible, installé dans plusieurs vénérables demeures du XVIIe s. Au 1er étage, sous une jolie verrière, bon choix de plats chauds, un buffet de salades généreux, des sandwichs, des potages, des pâtisseries maison, des jus de fruits frais. Le plateau emporté, optez pour les salles donnant sur l'Amstel ou pour le coin bibliothèque ; et pour qui aime les livres, justement, annexe sympa à la Bibliothèque centrale *(Oba)* de l'***Oosterdok*** *(plan général détachable E2)*, au 7e étage *(ouv 10h-22h)*. Quand il fait beau, jolie vue sur la vieille ville.

|●| *Atrium* *(plan centre détachable D4,* ***103****)* **:** *Oudezijds Achterburgwal 237. ☎ 525-39-99. Lun-ven 9h-19h30 (19h ven). Menu 8 € (étudiants 5,50 €). CB refusées.* Cette vaste salle située dans l'enceinte de l'université d'Amsterdam nourrit non seulement un bon millier d'étudiants, mais aussi les gens du quartier. N'hésitez pas, l'endroit est ouvert à tout le monde. Formule à prix dérisoire, cadre agréable : on est dans la cour de la fac, couverte d'une structure moderne. *Café ouv 15h30-1h (3h ven).*

|●| *Kam Kee, Nam Kee et New King* *(plan centre détachable D3,* ***104****)* **:** *Zeedijk 103-111. Tlj 11h30-23h. Repas ou menus 8-20 €.* 3 restos chinois en enfilade en face du temple bouddhique du Chinatown d'Amsterdam. En commun, des cartes à rallonge détaillant une litanie de plats (de la simple soupe aux mets plus élaborés) toujours copieux, qui conviennent à tous les goûts et budgets. *New King* reste le plus soigné (service et déco) et le seul à accepter les cartes de paiement. Pas de quoi casser trois pattes à un canard laqué, direz-vous, et pourtant *Nam Kee* a été élu meilleur resto chinois des Pays-Bas grâce à ce plat, comme quoi !

|●| *Kantjil & De Tijger* *(plan centre détachable C4,* ***105****)* **:** *Spuistraat 291-293. ☎ 620-09-94. Tlj 12h-23h. Rames 15-17,50 €/pers ; rijsttafels 50-64 € pour 2 pers. CB acceptées.* Vaste cantine au cadre pas désagréable occupant tout un pâté de maisons. Pas de la grande gastronomie, on est loin des meilleures *rijsttafels* (voir la rubrique « Cuisine » dans « Hommes, culture, environnement »), mais c'est l'occasion de découvrir à petit prix l'étonnante et détonante cuisine indonésienne (bien que les épices soient ici plutôt « discrètes »).

Prix moyens

|●| *Tibet Restaurant* *(plan centre détachable D3,* ***110****)* **:** *Lange Niezel 24. ☎ 624-11-37. Tlj 13h-1h. Plats 7-19 € ; menus à partir de 22 €. CB acceptées.* Ceux qui connaissent le pays savent que la sympathique cuisine tibétaine est limitée en variété et généralement modeste en qualité. Cela explique pourquoi raviolis aux crevettes, canard pékinois et autres plats chinois complètent les menus « tibétains »... Mais attention ! Le cadre garni de *tangkha* et de tapis, parfumé d'encens, est chaleureux et approprié. Et puis la cuisine, correcte, fait bien une large part aux spécialités tibéto-séchouanaise (du nom de la province chinoise voisine, célèbre pour sa cuisine). Accueil aussi souriant que sur le « toit du monde ».

IOI ***Haesje Claes*** *(plan centre détachable C4,* ***111****) : Spuistraat 275. ☎ 624-99-98. Tlj 12h-22h. Menu 23,50 € ; plats 16,25-24,50 €.* Un des grands classiques estampillés « hollandais traditionnel » de la ville. Habillé dans la tradition des tavernes bourgeoises et populaires à la fois, avec bougies sur les tables, cuir de Cordoue et lambris sombres, sans oublier les serveuses toujours débordées. Cuisine rustique et copieuse. À la carte, noter le *vis hors-d'œuvre,* un assortiment d'anguille, de saumon fumé, de harengs, de crevettes et de maquereaux, les *stamppot,* ou encore l'entrecôte au gouda. Très touristique (venir tôt), mais sans bonne ni mauvaise surprise.

IOI ***Koh-I-Noor*** *(plan centre détachable C3,* ***113****) : Rokin 18. ☎ 627-21-18. Tlj 17h-23h. Plats 15-25 € ; menus autour de 18 €. Menu dégustation pour 2 à 30 €/pers. CB acceptées.* Un resto indien tenu par un jovial Pendjabi. Grand choix de plats, dont d'onctueux currys et des spécialités de tandoori (viandes marinées dans du yaourt et des épices, puis grillées dans un four spécial). Service irréprochable.

IOI ***Harkema*** *(plan centre détachable C4,* ***114****) : Nes 67. ☎ 428-22-22. Tlj 12h-16h, 18h-23h. Plats 14-21 €.* Une brasserie contemporaine où les groupes en goguette venant du quartier Rouge croisent ceux qui sortent des théâtres et brasseries de la rue. Vieux plancher, cuisine ouverte, service enlevé, plats simples et bons, bar design et grands volumes.

IOI ***Bijenkorf*** *(plan centre détachable C3,* ***157****) : Dam 1. ☎ 0800-01818 (n° gratuit). Dim-lun 11h-20h ; mar-mer 10h-20h ; jeu-ven 10h-21h ; sam 9h30-20h.* Au 5e étage de ce grand magasin populaire entre *Galeries Lafayette* et *Harrod's* à Londres. Grande cafétéria-traiteur appelée *La Ruche* avec self-service et restaurant à la carte. Cuisine internationale de très bonne qualité avec des accents fusion vers l'Asie et l'Italie. Pâtisseries et jus de fruits frais. Idéal pour une pause-shopping en plein centre.

Chic

IOI ***Lucius*** *(plan centre détachable C3-4,* ***129****) : Spuistraat 247. ☎ 624-18-31. Tlj 17h-22h. Menu 40 €. Compter 70 € env le plateau de fruits de mer pour 2.* Ce joli bistrot à l'ancienne spécialisé dans le poisson et les fruits de mer, en particulier des poissons en provenance de la mer du Nord, fait partie des bonnes tables d'Amsterdam. Moules et harengs figurent donc en bonne place sur la carte, cuisinés de différentes façons, tout en gardant une addition raisonnable. D'autres poissons comme la sole, vendue au poids, au cours du marché, peuvent atteindre des sommes faramineuses mais laissent un souvenir impérissable. Les amateurs ne seront pas déçus !

Dans le Jordaan et le nord des grands canaux

Sur le pouce

Les ***kiosques à poisson*** font partie intégrante de la carte d'identité de la ville, on les trouve partout dans le centre et particulièrement près des canaux. Ils proposent toute la journée des sandwichs à l'anguille (délicieux), aux crevettes, au saumon ou à l'éternel hareng. Les produits sont toujours d'une étonnante fraîcheur. Parfaits pour un en-cas ou un déjeuner léger.

Stubbe's Haring *(plan général détachable C2,* ***115****) : canal Singel, sur le pont reliant Haarlemmerstraat et Nieuwendijk. Tlj sf dim-lun, jusqu'à 17h30.* Ce kiosque emblématique sert le meilleur sandwich au hareng frais qu'on n'ait jamais goûté à Amsterdam ! Endroit super clean, qualité et fraîcheur irréprochables.

Kiosque à poisson *(plan général détachable B3,* ***125****) : face à l'église Westerkerk, tt près de la maison d'Anne Frank.* Une affaire familiale qui a fait ses preuves. Fraîcheur et saveur garanties.

Wil Graanstra's Frites *(plan général détachable B3,* ***125****) : Westermarkt. Juste devant l'église Westerkerk. Mar-sam 11h-17h. 5 € env.* Cette petite baraque à frites est une véritable institution depuis les années 1950. Bonnes frites artisanales - les meilleures d'Amsterdam selon certains - vendues en cornets et à dévorer en flânant le long des canaux.

De bon marché à prix moyens

Piqniq *(plan général détachable B1,* ***122****) : Lindengracht 59. ☎ 320-36-69. Tlj sf mar 8h-17h30. Env 10-12 €.* Ce *lunchroom* du Jordaan propose, dans un cadre très printanier, sandwich, soupe, quiche du jour. Rien d'extraordinaire côté recettes, si ce n'est qu'ils ont trouvé celle du succès : ingrédients de qualité, service rapide et souriant, on peut consulter ses mails, et aussi profiter des quelques tables en terrasse de cette grande rue bien calme. Pour en savoir plus : • *piqniq.nl* •

Sla *(plan général détachable B2,* ***123****) : Westerstraat 34. ☎ 789-30-19. Mar-ven 12h-21h. Salades 7,50-9,50 €, soupes 5,50 €. Ici, on paye slt par CB.* Un bar à salades très tendance, où on peut choisir tous les ingrédients en montrant du doigt (pratique!). Soupes et boissons fraîches, l'idéal pour qui veut se refaire une santé. Bière locale, vin biologique et café équitable, la totale. Autre *Sla* dans le quartier de Pijp *(2e Ceintuurbaan, ouv lun-dim 12h-21h).*

Singel 404 *(plan général détachable B4,* ***116****) : Singel 404. ☎ 428-01-54. Tlj 10h30-19h. Sandwichs 6-8 €. Plats autour de 11 €. CB refusées.* Installé dans une agréable petite salle en longueur avec mezzanine, ce café-restaurant déborde aux beaux jours dans la rue, où il installe sa terrasse au bord du canal. On se presse ici le midi pour le plat du jour, ou pour dévorer de copieux sandwichs appétissants garnis d'une bonne dose de verdure. L'endroit se prête aussi très bien aux petits déj tardifs et aux brunchs... Sympa aussi pour siroter des jus de fruits frais. Beaucoup d'attente le midi, parfois, vous aurez tout le temps de lire les infos que vous avez zappées dans ce guide.

Greenwoods *(plan général détachable C2,* ***117****) : Singel 103. ☎ 623-70-71. Tlj 9h30-17h (18h ven-dim). Repas 10-14 €. CB refusées.* Petit café tout beau et tout bio au bord du canal. Aux fourneaux, les patronnes ne chôment pas, tout est fait maison : quiches, *pies,* soupes de légumes ; même le chocolat chaud est un régal ! Bon petit déj. Choix de sandwichs et de croque-monsieur - ou *tosti* - au saumon, au fromage, etc. Voir les suggestions du jour au tableau noir. L'endroit idéal pour un brunch ou après un tour à bicyclette. Charmante terrasse pour les beaux jours. Autre *Greenwoods* sympathique, mais cette fois au sud des grands canaux : *Keizersgracht 465 (plan général détachable B-C5).*

De Pizza Bakkers *(plan général détachable B1,* ***118****) : Haarlemmerdijk 128. ☎ 427-41-44. Dim-ven 17h (16h dim)-22h ; sam 12h-23h. Pizze 6,50-13 €. CB acceptées.* Petite pizzeria dont la solide réputation dépasse largement le quartier. Un des plus tendance du moment, avec ses bars, ses boutiques. Élégant cadre et mobilier contemporain de couleur grise. Dans l'assiette, de délicieuses pizzas croustillantes, mais aussi de bonnes salades, *antipasti, dolci...* On s'est régalés pour trois fois rien ! Plusieurs autres établissements en ville, dont un près du zoo *(Plantage, Kerklaan),* si vous êtes devenus accros.

De Bolhoed *(plan général détachable B2,* ***119****) : Prinsengracht 60-62. ☎ 626-18-03. Tlj 12h-22h. Plats 13-17,50 €. CB refusées.* Déco simple, vert pomme et orange, jolies lampes et quelques bouddhas discrets. Resto bio végétarien qui a eu le chic pour aller chercher un peu partout dans le monde des idées de recettes goûteuses. Les mini-entrées de *tzatziki, guacamole* et *houmous* donnent le ton. Quelques salades copieuses et originales pour faire le plein de verdure, bonnes quiches et bons gros gâteaux. Également des soupes et quelques plats chauds.

Yam Yam *(hors plan général détachable par A2,* **132***) : Frederik Hendrikstraat 90.* ☎ *681-50-97. La Frederik Hendrikstraat est perpendiculaire à la Eerste Hugo de Grootstraat, qu'il suffit de remonter ; le resto fait l'angle. Tlj sf lun 18h-22h. Résa conseillée. Compter un peu moins de 13 € pour une pizza. CB refusées.* Un chouia excentrée, cette petite trattoria-pizzeria de quartier à la déco tendance réjouissante est très courue, n'espérez pas avoir une table en passant. La carte, très simple et aux prix relativement élevés, joue avec des ingrédients frais et de qualité. La pizza Yam-Yam à base de mascarpone et de *tartuffo* sera peut-être néfaste à votre tour de taille, mais quelle onctuosité... On s'est régalés ! Les desserts participent également à la bonne réputation de l'endroit.

Prix moyens

Open *(plan général détachable C1,* **126***) : Westerdoksplein 20.* ☎ *620-10-10. Tlj 11h-1h (2h ven-sam) ; cuisine ouv 12h-17h, 18h-22h30. À midi en sem, formule 18 € ; le soir, plats 19-25 €.* On aime bien ce resto perché sur un ancien pont de chemin de fer tournant, avec ses grandes baies vitrées donnant sur les canaux, et sa déco un peu délire. Cuisine savoureuse d'inspiration méditerranéenne, mitonnant avec soin et simplicité les produits frais de la saison. À la carte, quelques plats réalisés sous vos yeux dans la cuisine ouverte, à commander aussi en demi-portion. Bons petits vins au verre pour ne pas se ruiner. Ambiance branchée mais relax.

De Struisvogel *(plan général détachable B3-4,* **120***) : Keizersgracht 312.* ☎ *423-38-17. Tlj 18h-23h. Résa conseillée. Menu unique 25 € (avec quelques suppléments).* Discrètement blotti à l'entresol d'une vieille maison, un petit resto chaleureux et romantique, avec son vieux plancher de bois et ses bougies sur les tables. Au tableau noir, cuisine créative soignée, mâtinée d'influences françaises et espagnoles. Ici, l'autruche *(struisvogel)* ne se cache pas. Également du poisson, si ça peut vous rassurer.

't Zwaantje *(plan général détachable B3-4,* **139***) : Berenstraat 12.* ☎ *623-23-73. Tlj 16h30-23h. Résa conseillée en saison. Plats 14-25 €.* Une bonne option pour qui veut manger à la hollandaise, cuisine et ambiance s'entend. *Stamppot, spare ribs,* sauce *saté, erwtensoep* (soupe aux pois), moules-frites, soupe de poisson, *hutspot* (genre de potée au lard, aux carottes et aux oignons) et autres mets tous aussi roboratifs, c'est le principe. Cadre chaleureux et animé, tout en préservant ce qu'il faut d'intimité. Déco chargée, mais juste comme il se doit. Tapis sur les tables et bar généreusement garni de bouteilles. Service souriant et pro.

Eetcafé Roserijn *(plan général détachable B-C1,* **133***) : Haarlemmerdijk 52.* ☎ *626-80-27. Tlj 12h-16h30, 19h-22h30. Plats 15-19 €. CB acceptées.* Un café tout simple devenu en peu de temps un des endroits les plus populaires du quartier... Cuisine de bistrot, saine et roborative, à déguster sur fond de musique sympathique. Le chef s'arrange toujours pour que figurent à la carte 1 ou 2 spécialités hollandaises, comme la soupe de pois ou un bon *stamppot* des familles. Autre énorme avantage, le *Roserijn* est ouvert midi et soir... Avis à tous ceux qui, le midi, ont du mal à se contenter d'une soupe ou d'un sandwich...

Namaskar *(plan général détachable C2,* **134***) : Haarlemmerstraat 47, angle de Binnen Vissersstraat.* ☎ *427-28-99. Tlj 12h-22h. Résa conseillée le soir. Plats 7-20 € ; menus 20-27 €. CB acceptées.* Devanture colorée pour un cadre sans grande originalité. Déclinaison de spécialités indiennes classiques, peu chères et assez copieuses, dont des mets végétariens. Les plats sont accompagnés de riz basmati et de *naan*. Certains peuvent être très épicés, se renseigner si nécessaire. Service poli. Carte en français.

Balthazar's Keuken *(plan général détachable A4,* **131***) : Elandsgracht 108.* ☎ *420-21-14. Mer-sam 18h-22h30. Résa plus que conseillée. Menu unique 32,50 €. Compter 45 €. CB acceptées.* Ici, dans une ambiance informelle au décor simplissime, soigneusement inachevé et amusant, on se serre autour de petites tables en regardant les mitrons s'activer sur de superbes plans de travail en bois et inox. Dans les assiettes, un mariage habile de nouvelle cuisine et de plats du terroir. Choix limité au menu de la semaine, composé de 3 plats. Vin maison à prix doux. Le resto n'ouvre que 4 soirs par semaine, car les mousquetaires du fourneau sont traiteurs le reste du temps.

Moeders *(plan général détachable A3,* ***136****) : Rozengracht 251. ☎ 626-79-57. Tlj 17h-1h (cuisine jusqu'à 23h). Plats 15-21 € ; menus 26-32 €. CB acceptées.* Sachez d'abord qu'au « resto des mères » une photo de la vôtre pourra rejoindre la multitude d'autres mamans qui tapissent déjà les murs. Et si c'est son anniversaire *(« verjaardag »)* tandis que vous voyagez ensemble, prévenez en réservant : elle aura une petite surprise... Ambiance chaleureuse et décontractée, soutenue par une déco savamment dépareillée, comme ces verres et assiettes offerts par les clients lors de l'ouverture du lieu ! Au menu : cuisine hollandaise traditionnelle, dont du *hutspot* (un *stamppot*) et l'amusant *Dutch Ricedish,* un assortiment de spécialités maison, servi sans riz malgré le nom, pour le clin d'œil à la *rijsttafel* (« table de riz » indonésienne). Choix tentant de desserts et bons cafés. Bien pour un verre aussi, en fin de soirée. Carte en français.

De chic à très chic

Caffè Toscanini *(plan général détachable B1,* ***127****) : Lindengracht 75. ☎ 623-28-13. Tlj sf dim 18h-22h30. Résa obligatoire. Menus 35-45 € ; carte à partir de 25-30 €.* Un italien incontournable, et pour beaucoup le meilleur de la ville. Rien de chic, apparemment, mais des prix choc. Grande et longue salle chaleureuse qui se termine par le « saint des saints » : la cuisine ouverte tout inox ! Déco sobre : photos en noir et blanc, et affiches de cinéma de Fellini, passion du chef Alberto. On se régale de ses succulentes spécialités de la grande Botte (poissons, viandes, et pâtes pour les fauchés), dont il sublime le goût. Pas de pizzas (malheureux, n'insistez pas !) mais une carte des vins (au verre) bien fournie.

Bordewijk *(plan général détachable B1,* ***137****) : Noordermarkt 7. ☎ 624-38-99. Tlj sf dim-lun 18h30-22h30. Plats 26-36,50 € ; menus-carte 39-59 €. CB acceptées.* Une des meilleures tables d'Amsterdam, tenue de main de maître par un patron jovial et attachant. Au menu, rien que du bon : bœuf gros sel, poisson du jour finement préparé, plats en sauce, pot-au-feu grand-maman. Du terroir bien travaillé et reconstituant. Un peu cher, mais qualité et saveurs sont aux rendez-vous. Les amateurs de design industriel seront ravis.

Hostaria *(plan général détachable B2,* ***140****) : 2e Egelantierssdwarsstraat 9. ☎ 626-00-28. Tlj sf lun 19h-22h. Plats et pâtes 13,50-21 €. CB refusées.* Une chaleureuse adresse italienne au coude à coude, où les plats sont savoureux et les vins bien choisis. Sur les murs de la petite salle tout en longueur, de grandes actrices qui ont fait la gloire de leur pays... On se demande encore comment les 2 cuisiniers réussissent à préparer les commandes de tout ce petit monde dans une cuisine – dans la salle – grande comme un mouchoir de poche ! Attention toutefois, l'addition grimpe vite avec le vin !

Lieve *(plan général détachable C2,* ***142****) : Herengracht 88. ☎ 624-96-35. Tlj 17h30-22h (22h30 le w-e). Menus 27-35 € ; carte env 40 €. CB acceptées.* Dans une riche demeure, au bord de l'élégant canal des Seigneurs (Herengracht), un splendide resto à la déco on ne peut plus tendance. Mélange de design et de baroque, elle participe à la mise en scène d'une cuisine belge et conceptuelle. Ici, les sauces sont riches, doucement épicées, volontiers sucrées... La formule « gastronomique » (terme un poil exagéré) permet de goûter à plusieurs petits plats, joliment présentés. Bref, l'endroit idéal pour une dînette intime et conviviale. Carte en français.

Bistrot Neuf *(plan général détachable C2,* ***135****) : Haarlemmerstraat*

9. ☎ 400-32-10. • bistrotneuf.nl • Tlj 12h-23h. Résa plus que conseillée ven et sam. Formules 18,50-25 € au déj ; le soir, menus 29,50-44,50 €. Vin au verre à partir de 4 €. Une des belles adresses de ce quartier en pleine mutation, où l'on peut déjeuner d'un tartare de saumon ou d'une bouillabaisse made in Amsterdam. Un vrai bar à vin où l'on cuisine les escargots, le chèvre chaud et le foie gras à la française tout en apportant une note locale. Côte de bœuf à partager si vous ressentez le besoin de reprendre des forces. La sélection de vins, raison d'être du bistrot, est réalisée par le magasin attenant, du même propriétaire.

|●| ***De Groene Lanteerne*** *(plan général détachable C2,* ***141****) : Haarlemmerstraat 43. ☎ 624-19-52. Tlj sf dim 18h30-23h. Résa impérative. Plats 27,50-45 € ; menu 55 €. CB acceptées.* Resto discret, réputé pour sa minuscule devanture de 1,50 m de large citée dans le *Livre des records* des Pays-Bas. Dans ce resto de forme triangulaire, Frans Hals et Vermeer seraient à leur aise : petites tables en bois, bougies, vitraux colorés, faïences de Delft, de jolies poutres et un raide escalier à vis. Les plats sont élaborés avec finesse et selon le marché du jour, avec des produits aussi beaux que bio dans la mesure du possible. La carte des vins est remarquable, mais chère. Accueil attentif et pas du tout guindé. Carte en français (principalement d'ailleurs !).

Au sud des grands canaux, autour de Leidseplein, de Frederiksplein et de Rembrandtplein

Autour de Leidseplein, deux rues se distinguent très nettement : Lange Leidsedwarsstraat et sa collègue Korte Leidsedwarsstraat. Sorte d'Expo universelle de la cuisine, elles couvrent pratiquement tous les pays des cinq continents, sauf peut-être le Burkina Faso et la Papouasie-Nouvelle-Guinée. Tout le monde est là, pour le meilleur et surtout pour le pire. Cela dit, si vous voulez dîner tard, c'est ici qu'il faut aller ! Pour les vraies découvertes, avancez plutôt à l'intérieur du triangle formé avec les deux autres places emblématiques du quartier : Rembrandtplein, qui marque la liaison avec le centre et le quartier Rouge, et Frederiksplein, qui ouvre plus au sud sur le nouveau quartier cher aux noctambules, De Pijp.

Bon marché

|●| ***Van Dobben*** *(plan centre détachable D4-5,* ***144****) : Korte Reguliersdwarsstraat 5-9. ☎ 624-42-00. Lun-mer 9h30-21h, jeu 9h30-1h, ven-sam 9h30-2h, dim 11h30-20h. Env 10 €. CB refusées.* Campé dans une ruelle qui échappe à l'effervescence de la Rembrandtplein, *Van Dobben,* malgré ses allures de fast-food, est en fait une véritable institution à Amsterdam (depuis 1945 !). Les Hollandais viennent se poser sur les gros tabourets noirs qui s'alignent le long du comptoir-bar, le temps d'engloutir une délicieuse *vleeskroket* (croquette de viande) ou quelques *broodjes.* À accompagner d'un grand verre de lait (de toute façon, il n'y a pas d'alcool !). Sur les comptoirs, des *potjes* de moutarde pour en tartiner les petits pains à volonté. Bon, il y a aussi plein d'autres sandwichs, et même un plat du jour copieux et peu cher.

|●| ***Soup en Zo*** *(plan général détachable C5,* ***145****) : Nieuwe Spiegelstraat 54. ☎ 330-77-81. Tlj 11h30-19h. Soupes et plats 4,50-13 €. 3 tarifs selon soupe choisie et 4 selon taille, pain et topping inclus.* Une dizaine de soupes par jour, végétariennes ou non (la large vous fera un repas !). Également quelques salades. Vente à emporter uniquement (mais on peut se poser sur le banc, dehors). Très prisé par les Amstellodamois, friands de déjeuners sur le pouce. Autre *Soup en Zo* sur Jodenbreestraat, à côté de la *Rembrandthuis.*

Prix moyens

|●| ☕ ***Buffet van Odette*** *(plan général détachable C5,* ***128****) : Prinsengracht 598. ☎ 423-60-34. Tlj sf mar. Mer-sam 10h-20h30 ; dim-lun 10h-17h. Snack le midi 8-10 €. Plats 11,50-19 €. Le soir,*

carte plus élaborée. En déménageant, Odette a gagné en charme et en surface. On y trouve toujours le midi de délicieux et moelleux sandwichs, des soupes, des salades mais aussi des pâtisseries maison, à déguster assis à la charmante terrasse en bord de canal, ou dans la ravissante salle. Le soir, l'ambiance se veut plus romantique, les plats proposés à la carte ou au tableau ne sont pas donnés, mais la qualité, l'originalité, la fraîcheur ont un prix. Bien aussi pour le petit déj ou pour une pause entre deux balades. On en raffole !

Hans en Grietje *(plan général détachable C5,* ***109****) : Spiegelgracht 27. ☎ 624-67-82. Tlj 11h-1h (cuisine jusqu'à 17h30). Plats 12-18 €.* Bien pour apaiser un petit creux après une balade au sud des canaux ou à la sortie du *Rijksmuseum.* Sous un bric-à-brac d'objets suspendus au plafond, on y grignote les traditionnels petits pains hollandais, les fameux *broodjes,* ainsi que des croquettes, des soupes, des omelettes et de bonnes crêpes. Terrasse agréable en été.

Steakhouse Piet de Leeuw *(plan général détachable C5,* ***149****) : Noorderstraat 11. ☎ 623-71-81. Tlj 12h (17h le w-e)-23h. Résa conseillée le soir et le w-e. Plats 16-22 €. CB acceptées.* Ce petit resto particulièrement animé attire une clientèle fidèle et bruyante, dès 18h, juste après la sortie du boulot. On commence par prendre un verre, puis on commande son steak, en partageant éventuellement sa table, un bon moyen de rencontrer des locaux. Plafond craquelé, photos jaunies et service un peu bourru participent à l'âme du lieu. Un dernier détail : apportez une craie et laissez libre cours à votre inspiration sur le tableau noir des toilettes, c'est fait pour ça.

Wagamama *(plan général détachable B5,* ***150****) : Max Euweplein 10. ☎ 528-77-78. Tlj 12h-22h (23h ven-sam). Plats 11-17 €. CB acceptées.* Une grande cantine japonaise servant de très généreux bols de nouilles ou des soupes (tout aussi généreuses) et quelques plats de viande. 2 grandes salles à la déco épurée, éclairées de part et d'autre par des baies vitrées, sont séparées par la cuisine ouverte et le bar. Longues tables où tout le monde s'installe, en se tassant un peu aux heures d'affluence. Ce n'est assurément pas de la grande cuisine japonaise, mais c'est sain, frais. Atmosphère conviviale et service jeune. Autre adresse sur Rembrandtplein, dans la nouvelle galerie *The Bank.*

Tagore *(plan général détachable D5-6,* ***147****) : Utrechtsestraat 128. ☎ 624-19-31. Tlj 8h-23h. Plats 15-25 €. CB acceptées.* Petit resto indien intime, coquet, sobre et tout de blanc vêtu. On est loin des foisonnements colorés habillant habituellement les restos du sous-continent. En revanche, dans l'assiette, c'est plutôt de l'authentique ! Nombreux plats végétariens et un copieux *mixed-grilled.* Service et accueil chaleureux.

Chic

Take Thaï *(plan général détachable D5,* ***112****) : Utrechtsestraat 87. ☎ 622-05-77. Ouv tlj 17h-22h. Résa conseillée. Menus 28-40 € ; carte env 34 €.* Dans une rue riche en restos exotiques, voici un excellent thaïlandais (ce qui relève presque du pléonasme !). La salle, moderne, tout en longueur et d'un blanc immaculé, manque sans doute d'intimité mais pas de raffinement. La cuisine est à l'unisson, subtile, parfumée et joliment présentée.

Tempo Doeloe *(plan général détachable D5,* ***151****) : Utrechtsestraat 75. ☎ 625-67-18. Tlj sf dim 18h-23h30. Résa obligatoire (souvent 48h avt).* Rijs*ttafels 29-45 €. CB acceptées.* Voilà plus de 30 ans que ce resto marie traditions et épices, sans concession... Des étoiles indiquent la force du piment. Mieux vaut ne pas crâner et enfourner illico une bouchée de riz ou commander un verre de jus de mangue ou de goyave si c'est trop fort ! La force des épices n'entrave en rien la diversité et la rare délicatesse des plats qui composent ce voyage culinaire devenu plutôt chérot au fil des années. À réserver aux inconditionnels, cependant.

Garlic Queen *(plan centre détachable C4,* ***152****) : Reguliersdwarsstraat 27. ☎ 422-64-26. Tlj sf lun-mar 17h-23h. Résa conseillée. Plats 15-22 € ;*

menu 32,50 €. CB acceptées. Petite salle toute bleutée, très gaie (comme tout le quartier), d'à peine 30 couverts. Ici, c'est l'ail qui règne en maître, dans la déco comme dans les plats ! Que vous choisissiez poisson, crustacés, salades, pâtes, viande ou desserts, il sera difficile d'y échapper. Prix assez soutenus mais justifiés par la qualité. Service un tantinet « queen », une orientation suivie par une partie de la clientèle, et de la rue en général.

|●| ***Brasserie Schiller*** *(plan centre détachable D5,* ***138****) : Rembrandtplein 26-36. ☎ 554-07-23. Tlj 7h-23h. Plats 15-25 €.* La brasserie Art déco hors du temps qui semble avoir conservé intacts, depuis plus d'un siècle, son décor comme ses serveuses, ses plats comme sa clientèle, mélangée et affairée. Beaucoup d'habitués, et une vraie ambiance le soir tôt comme le midi, tôt. Il y a une terrasse qui permet de voir passer le temps et les gens, tout en surveillant une ronde de nuit un peu kitsch, derrière laquelle jeunes et moins jeunes se font tirer le portrait, sur la place. Rembrandt doit se retourner dans sa tombe.

Dans le Vondelpark et le quartier des musées

Un quartier d'autant plus plaisant à vivre que vous aurez peut-être choisi un hôtel au calme, par ici, à quelques pas de trois des plus importants musées de la ville (Rijksmuseum, Van Gogh Museum, Stedelijk Museum), qui ont rouvert leurs portes en 2013 après des mois, voire des années de travaux. Des musées qui proposent désormais des tables plus ou moins sophistiquées, avec vue ou du moins avec terrasse, que nous vous conseillons forcément si vous sentez que les forces commencent à vous manquer, en cours de visite (voir plus loin « À voir. À faire »).

Certaines des adresses signalées dans les pages précédentes, au sud des grands canaux, se retrouvent à proximité de ces mêmes musées, ceci dit, au cas où vous craindriez de ne pas trouver de table à votre goût après votre visite à Rembrandt ou à Van Gogh : *Hans et Grietje, Buffet van Odette,* etc.

De prix moyens à chic

|●| ***George WPA*** *(plan Vondelpark, C2,* ***155****) : Willemsparkweg 74. ☎ 470-25-30. Tlj 11h-23h. Snacks et plats 7-19 € le midi ; le soir plats 21-29 €.* À deux pas du Vondelpark, cet agréable bistrot à la déco discrète et à la terrasse accueillante ne désemplit pas. Clientèle chic mais décontractée du quartier qui se retrouve au « Double You » pour avaler une pizza extra-mince avec un Martini sec. Dans l'assiette : sandwichs, soupes, salades et omelettes à prix doux, le midi, mais aussi quelques plats consistants plus chers, à savourer le soir, dans une ambiance tamisée, et de succulents desserts. À engloutir sur fond de musique branchée.

|●| ***Blauw*** *(plan Vondelpark, A3,* ***162****) : Amstelveenseweg 158-160. ☎ 675-50-00. À l'ouest du Vondelpark. Ⓣ nos 1 ou 2. Tlj 18h (17h sam-dim)-22h30 (23h ven-sam). Résa obligatoire. Plats 21-26 € ; rijsttafels 25-30 €.* Ce restaurant indonésien quelque peu excentré est à conseiller à qui veut vivre l'expérience d'une « table de riz » sortant de l'ordinaire. Déco et cuisine ont misé sur la modernité et le design. À table, c'est une vraie fête, un véritable voyage. Une quinzaine, voire une vingtaine de mets, tous plus raffinés et étonnants les uns que les autres, concoctés par un jeune chef inspiré et passionné. Accueil exceptionnel.

|●| **De Knijp** *(plan Vondelpark, D3,* ***156****) : Van Baerlestraat 134. ☎ 671-42-48. Tlj 17h30-0h30. Soupe 6,50 € ; plats 17-24 €. CB acceptées.* Une salle intime et chaude, grâce aux boiseries qui l'habillent et aux appliques en pâte de verre. Mezzanine très agréable. Soupes, salades, bons desserts, et surtout des viandes fondantes. Les portions un peu chiches et les prix un peu surestimés sont compensés par l'atmosphère intimiste et la qualité du service.

Dans le quartier du Pijp

Sur le pouce

Burgermeester *(hors plan général détachable par C6,* ***121****) : A. Cuypstraat*

48. ☎ 0900-287-43-77 (0,08 €/mn). Ⓣ n°s 16 ou 24. Tlj 12h-23h. Burgers 3,25-11 € selon taille et garniture. Un petit snack qui a réussi le pari de concilier fast-food, petits prix et plaisirs gourmands ! Dans un cadre nickel et design, on se régale de burgers préparés à la demande. On choisit la taille, la viande et la recette (plus ou moins épicée ou exotique). On peut avec supplément y ajouter des aubergines grillées, de la *mozzarella di buffala*... Et si vous hésitez, vous pouvez opter pour l'assortiment de 3 miniburgers. Il y a même des burgers au chèvre fermier ou des *falafels* pour les végétariens. Autre adresse, plus centrale : *Elandsgracht 130 (plan général détachable A4) ; ☎ 423-62-25.* La 3e se trouve au Plantage, en face du jardin zoologique : *Artis, Plantage, Kerklaan 37.*

De bon marché à prix moyens

De Vredespijp *(hors plan général détachable par C6,* ***164****) : Eerste van der Helststraat 11a. ☎ 676-48-55. • vredespijp-artdeco.com • Lun-sam 10h-18h (fermé lun matin hors saison). Soupe 5,50 €, broodje 7,50 € env.* Ce « calumet de la paix » (en v.f.) est une joyeuse bonne adresse pour une pause déjeuner sur le pouce, au milieu de la plus étonnante brocante Art déco que l'on connaisse, à prix relativement doux en ces temps si durs. Tables et fauteuils soigneusement dépareillés, mais vraie bonne cuisine de femme. On va commander au comptoir, la soupe du jour est excellente, le *broodje* est copieux et savoureux, le sourire est de la partie.

Stadskantine *(hors plan général détachable par C6,* ***164****) : Van Woustraat 120. ☎ 774-18-47. • stadskantine.nl • Tlj 8h-22h (à partir de 9h le w-e). Plats 8-10 €. Paiement par CB slt.* Dans le même esprit et le même quartier que le précédent. Petits déjeuners pour les faims de marché (il est à côté). Plats à la carte pour les végétariens, les amateurs de poisson et même les viandards. Pour le dessert, l'après-midi, un bon conseil : allez savourer un gâteau ou une tarte dans une des adresses les plus agréables du quartier : ***De Taart Van m'n Tante*** *(voir plus loin « Où déguster une bonne pâtisserie ? Où faire une pause plus sucrée que salée ? »).*

Bazar *(hors plan général détachable par C6,* ***240****) : Albert Cuypstraat 182. ☎ 675-05-44. Lun-ven 11h-1h (2h ven) ; sam 9h-2h ; dim 9h-minuit.* Une ancienne église désaffectée, qui fut transformée en un bar, puis en... bazar. Ceux qui connaissent la maison mère de Rotterdam retrouveront avec plaisir ici un cadre exotique et moyen-oriental dépaysant autant qu'apaisant. Une adresse toujours très courue qui reste suffisamment agréable pour manger à prix raisonnables, après avoir flâné et fait quelques emplettes au célèbre marché Albert Cuyp de la rue.

Dans l'est, de l'Oosterpark à l'Oosterdok

À l'est de la ville, il existe encore des quartiers où les touristes s'aventurent peu, où l'on peut se mettre au vert, avant de remonter vers les docks, en traversant un parc paisible faisant le lien avec le quartier du zoo. Arrêtez-vous pour grignoter sur le pouce au Tropenmuseum ou au Jardin Botanique (voir « À voir. À faire », plus loin) avant d'attaquer la découverte de l'Amsterdam actuel : celui des anciens chantiers navals et des entrepôts. Le long de l'interminable façade en brique rouge d'anciens entrepôts superbement restaurés, ou tout le long de la nouvelle promenade aménagée à l'est de la gare centrale, les terrasses de l'Entrepotdok sont le rencart des branchés du quartier, des artistes qui habitent dans les lofts et des petits malins qui viennent admirer Amsterdam d'en haut, depuis les cafés-terrasses aménagés au dernier étage de la Bibliothèque centrale (le restaurant *La Place* y a fait son nid) mais aussi de tous les grands buildings voisins appartenant à de grandes chaînes d'hôtels.

Sur le pouce

Frank's Smoke House *(plan général détachable G4,* ***419****) : Wittenburgergracht 303. ☎ 670-07-74. Lun*

9h-16h ; mar-ven 9h-18h ; sam 9h-17h. CB refusées. Juste quelques tables pour goûter aux fumaisons maison, si l'on peut dire, dans l'assiette ou en sandwich. Saumon, maquereau, anguille, hareng. *Voir plus loin la rubrique « Achats ».*

Langendijk *(hors plan général détachable par G4,* ***130****) : Zeeburgerstraat 1. ☎ 427-50-77. • langendijkeetcafe.nl • Lun-ven 8h30-1h ; w-e 9h30-3h. Petits déj et brunchs 5-15 € env ; snacks, servis midi et soir, 6-19 €. CB refusées.* Une sorte de *diner* américain, posé au bord de l'eau, au pied du moulin de la *Brouwerij 't IJ* (voir plus loin « Où boire un verre ? »), et où il fait bon faire une pause pendant la visite de l'Entrepotdok. Tout particulièrement le dimanche, à l'heure du brunch, car, ce jour-là, un concert de blues ou de jazz démarre à 16h. Sinon, petite carte de sandwichs, soupes, burgers... Terrasse chauffée, avec coussins et couvertures.

De bon marché à prix moyens

CREA *(plan général détachable F5,* ***148****) : Nieuwe Achtergracht 170. Lun-sam 10h-1h, dim 11h-19h.* C'est le café du centre culturel de l'UVA (une des deux universités). On peut y boire un verre et manger un plat roboratif, voire même végétarien, ce qui est souvent une réussite à Amsterdam. Idéal en marge des événements organisés sur place : *• crea.uva.nl/cafe.php •*

Koffiehuis Van den Volksbond *(plan général détachable F4,* ***158****) : Kadijksplein 4. ☎ 622-12-09. Lun-sam 18h-22h ; dim 17h-21h. Plats ou salades 7-20 €. CB refusées.* Près du pont-levis, dans une vieille salle à l'entrée des entrepôts, une adresse authentique et pas banale, avec un vieux poêle en fonte pour donner le ton. Murs blanc et rouge ornés de « taches de couleurs » hétéroclites : ici une grosse fleur, là un tableau kitsch ou encore des affiches de théâtre. Dans le brouhaha des conversations et des coups de fourchette, on pioche dans des salades fraîches, un poisson ou en viande en sauce, des légumes de saison, à la bonne franquette autour de grandes tablées.

Chic

Greetje *(plan général détachable E3,* ***159****) : Peperstraat 23. ☎ 77-97-450. Tlj sf lun 18h-22h (23h ven-sam). Entrées 10-16 € ; plats 24-27 €. Résa recommandée. CB refusées.* Une des meilleures tables d'Amsterdam. Intime au possible avec ses vieilles boiseries et ses motifs de Delft reproduits sur les murs. Dans une atmosphère de bistrot un peu chic, on découvre toutes sortes de recettes oubliées remises au goût du jour. La quintessence de la nouvelle cuisine hollandaise en somme. Rustique dans le principe et savoureuse au final, elle utilise les produits du terroir et respecte les saisons. Du coup, la carte change régulièrement : anguille moelleuse et délicatement fumée, croquettes de panais, *fishpot,* lapin au vinaigre et ragoûts en tout genre, servis en cocotte, mousse de pain d'épice...

De Kas *(hors plan général détachable par G6,* ***160****) : Kamerlingh Onneslaan 3. ☎ 462-45-62. Ⓜ Amstel et 15 mn pedibus. Ⓣ Hogeweg (nº 9 depuis la gare centrale). Tlj sf sam midi et dim 12h-14h, 18h30-22h. Menu unique 39 € le midi et 49,50 € le soir ; pas de carte. CB acceptées.* Dans un cadre de verdure préservé, cette ancienne pépinière flanquée de serres reconverties est une des grandes tables d'Amsterdam. Le lieu est magique et l'ambiance informelle. La grande majorité des produits est cultivée dans des champs qui dépendent du resto : 24 variétés de tomates, 3 sortes de fraises... autant de surprises proposées dans le menu du marché, le seul et l'unique au déjeuner comme au dîner.

Au nord, sur les rives de l'IJ, dans les anciens chantiers navals

Prenez le ferry (il est gratuit, en plus) derrière la gare centrale pour découvrir l'autre face, un peu plus cachée même si visible depuis la rive si on connaît ses repères, du nouvel Amsterdam. Le nord de la ville n'est pas touristique, mais

c'est là que se trouvent aujourd'hui, à l'ombre des anciens entrepôts, les bars, les restos, les terrasses où le tout-Amsterdam se retrouve, aux premiers rayons du soleil. Des lieux de vie, avec des animations le plus souvent ; consultez leurs sites, souvent très bien réalisés. Plusieurs ferrys, à intervalles réguliers, donc, mais à ne pas confondre : l'un mène aux entrepôts NDSM au nord-ouest, les autres allant vers l'Eye (le musée du Cinéma, qui attire aussi tous ceux qui veulent manger en terrasse avant de se faire une toile) ou vers d'autres restos typiques que nous vous indiquons ci-dessous.
ATTENTION, la carte bleue est obligatoire dans toutes ces adresses excentrées, autour du port. C'est effectivement le meilleur moyen pour les gérants et propriétaires des lieux d'éviter d'être braqués!

De prix moyens à chic

Stork *(plan général détachable G1,* ***108****) : Gedempt Hamerkanaal TO. 96. ☎ 634-40-00. • restaurantstork.nl • Accès (gratuit) en bateau depuis la gare centrale (direction IJplein) ; puis compter 10-15 mn à pied en longeant l'IJ (un taxi peut aussi vous récupérer à l'embarcadère et vous y ramener pour 7,50 € ; pour cela, il suffit d'appeler à la descente du bateau : ☎ 631-27-27). Tlj sf lun nov-avr. Le midi, lunch 25 € env; le soir, compter plutôt 40 €.* Cet endroit étonnant est en réalité un ancien atelier de fabrication et le moins que l'on puisse dire c'est que l'architecte a admirablement tiré partie de ce passé industriel. De grandes baies vitrées permettent à la lumière d'inonder la vaste salle des machines, devenue salle de resto. Elles permettent surtout de profiter d'une vue magnifique sur Amsterdam. La petite virée en bateau ne fait qu'ajouter du charme à l'endroit. Splendide terrasse au bord du fleuve. Dans l'assiette, pas mal de poissons et de fruits de mer. Cuisine typiquement hollandaise ; plus élaborée le soir (et donc plus chère).

Wilhelminadok *(plan général détachable F1,* ***102****) : Noordwal 1. ☎ 632-37-01. • wilhelmina-dock.nl • Accès (gratuit) en bateau depuis la gare centrale (direction IJplein). Tlj à partir de 11h. Carte snack 6,50-9,50 €. Plats 16,50-21,50 €.* Des poutres en béton transformées en plafond à la française, des lustres en cristaux, un vaisselier à l'ancienne, un pilier central au look de borne d'amarrage, des tables en bois, des lumières douces, des fleurs fraîches pour créer l'ambiance. Un service décontracté et une cuisine de saison, simple, réalisée devant votre nez par une équipe imperturbable. Grande terrasse aux beaux jours. Et bien sûr, on garde le meilleur pour la fin, vu que c'est un resto pieds dans l'eau au sens strict : une vue imprenable sur la ville, le port.

IJ Kantine *(plan Grande Couronne,* ***249****) : NDSM-Werf 1. MT.Ondinaweg 15-17 ☎ 633-71-62. Programmation sur • ijkantine.nl • Accès (gratuit) en bateau ttes les ½ heures depuis la gare centrale (direction NDSM). Tlj à partir de 9h. Carte snack 6,50-18 €. Plats 13-25 €.* L'ancienne cantine des ouvriers du chantier naval est devenue un lieu brut de décoffrage, vaste, lumineux, où l'on s'installe sur les banquettes en moleskine pour profiter de la vue et de la vie, dans une ambiance cool. Murs de verres et de bouteilles sagement alignées et joliment colorées, mobilier bistrot sur pieds de fonte, terrasse-guinguette, pour une pause cantine chic, autour d'un hamburger maison, d'un filet de dorade grillé ou d'une salade NDSM.

Deux autres adresses étonnantes, dans le quartier NDSM (même accès que l'*IJKantine*), juste à quelques mètres l'une de l'autre *(plan Grande Couronne,* ***249****)* : **Pllek,** un restaurant aux fausses allures de squat créé dans des anciens containers de paquebot. Là aussi une immense baie vitrée permet d'admirer les bateaux. Le restaurant propose même des cours de yoga le dimanche matin face au canal, sur la terrasse (pour avoir une petite idée de ce lieu attachant : • *pllek.nl* •). Pour les claustros, ou simplement les amoureux de la chlorophylle, son voisin, le restaurant **Noorderlicht,** s'est installé dans un ancien hangar. On se croirait dans une grande serre avec des plantes, des objets de récup...

Rem Eiland *(plan Grande Couronne,* ***248****) : Haparandadam 45. Sur la*

OÙ MANGER ?

rive sud, face à NDSM. Y aller en vélo ou en voiture, car on se perd un peu dans le quartier Spaarndammerbuurt. ☎ *688-55-01* • *remeiland.com* • *Tlj. Lunch carte 17-22 €. Menus le soir 31-37 €.* Ils sont (pas si) fous, ces Hollandais ! Du ferry, on ne voit que cette ancienne plate-forme qui servit d'émetteur à l'une des premières TV pirates des Pays-Bas (« TV Noordzee », 1964). Cette tourelle carrée haute de 80 m, qui faillit être démolie, a été finalement sauvée in extremis par 2 associés qui en ont fait l'un des lieux les plus originaux de la ville. On y accède par un long escalier en métal et le resto-café vous accueille dans un décor design métallique et rouge, entre le style chantier, bistrot et marin. *Rem Eiland* propose des poissons et crustacés (superbes croquettes de crevettes) à des prix accessibles. Le spectacle est autant dans l'assiette qu'à travers la fenêtre, il faut l'avouer.

Pont 13 *(plan Grande Couronne,* ***248****) : Haparandadam 50, à 3 mn du précédent.* ☎ *770-27-22. Face au quartier NDSM, qu'on peut admirer sur l'autre rive.* Cette drôle d'embarcation n'est rien d'autre que l'ancien bac qui traversait autrefois l'IJ. Arrimé et transformé en bar avec terrasse, le *Pont 13* a gardé ses lampes et appareillages. Déco industrielle mais assez chaleureuse. On peut aussi y manger en profitant d'une belle carte des vins didactique, suggérant un plat pour chaque cru. Non loin, sur la terre ferme, devant l'ensemble d'habitations voisin, un autre établissement exhibe une terrasse garnie de hamacs aux beaux jours.

OÙ DÉGUSTER UNE BONNE PÂTISSERIE ? OÙ FAIRE UNE PAUSE PLUS SUCRÉE QUE SALÉE ?

Pour les becs sucrés, les occasions de faire une pause au fil des canaux ou lors de la visite d'un musée ne manquent pas. Vous avez dû déjà repérer au fil de vos balades certaines boulangeries-pâtisseries que vous avez promis de visiter avec bonheur pour les quatre-heures... terme peu indiqué ici, en fait. Car vous risquez de trouver porte close si vous arrivez un peu tard, puisqu'on dîne à partir de 18h, et qu'une pause sucrée doit se faire... entre 11h et 16h. Ne soyez donc pas surpris si la vendeuse de *La Pompadour* (la pâtisserie la plus glamour de la ville) vous ferme la porte au nez, à 17h20, vous invitant gentiment à repasser le lendemain à 9h.

Dans le centre et près de la gare

Boulangerie Gebroeders Niemeijer *(plan général détachable D2,* ***174****) : Nieuwendijk 35.* ☎ *707-67-52. Mar-ven 8h15-18h30 ; w-e 8h30 (9h dim)-17h. Autour de 5 €.* Une maison qui a pas mal transformé sa déco d'origine pour être dans le vent de l'époque. Tartes, macarons et autres pâtisseries alléchantes que l'on peut accompagner d'un café ou d'un thé. Idéal au petit déj ou au goûter. À midi, sandwichs concoctés avec le pain maison. Pain bio généralement.

De Bakkerswinkel *(plan centre détachable D3,* ***100****) : Warmoesstraat 133 (tlj 8h-17h30, 18h le w-e). Déjeuner 10-14 €. CB refusées.* Espace clair, entièrement rénové, très agréable pour déguster sur le pouce des tartes au citron ou aux pommes chaudes. Large choix de thés et jus de fruits. Plusieurs formules de petits déj. À partir de midi, omelettes et quiches. Soupes, salades et tartines maison. *2 autres, dans Amsterdam Sud : Roelof Hartsstraat 68 et Westerpark : Regulatorhuis, Polonceaukade 1.*

Dans le Jordaan et le nord des grands canaux

Boulangerie Vlaamsch Broodhuys *(plan général détachable C1,* ***175****) : Haarlemmerstraat 108.* ☎ *528-64-30. Tlj sf dim 8h30-18h30 (17h sam). Env 5-9 €.* Une longue salle moderne avec un appétissant étalage de pains, viennoiseries, tartes, et plein de sandwichs à engloutir autour des quelques tables au fond. Il s'agit d'une boulangerie franchisée (plusieurs adresses en ville), mais la fabrication reste artisanale et de qualité. Tout est frais et vraiment bon. *2 autres adresses : Eerste Constantijn Huygensstraat 64 et Elandsgracht 122b.*

Pancakes ! *(plan général détachable B4,* ***173****) : Berenstraat 38. ☎ 528-97-97. Tlj 10h-19h. Résa indispensable, surtout le w-e. Crêpes 8,70 € env. Petit supplément pour paiement par CB.* Un peu plus molles, un peu plus épaisses, ces crêpes-là n'ont pas grand-chose à voir avec leurs cousines bretonnes, mais qu'importe ! Cette coquette petite crêperie s'avère une bonne adresse pour les familles. Les crêpes s'y révèlent fort honnêtes (et permettent de déjeuner à prix correct). À l'heure du goûter, on y retournera pour une assiette de *poffertjes* (des « merveilles »), à déguster comme il se doit arrosés de beurre et d'une pluie de sucre « impalpable »...

Pâtisserie La Pompadour *(plan général détachable B4,* ***170****) : Huidenstraat 12. ☎ 623-95-54. Lun-ven 10h-17h30 ; sam 9h-17h ; dim 12h-17h30.* De notoriété publique, voici une des meilleures adresses de la ville. Florentins, financiers, biscuits secs, chocolat chaud (hmm, du *Valrhona...*) : rien ne nous a déçus ! Malgré le cadre de riches boiseries et de lourdes tentures, l'atmosphère n'a rien de guindé. Levez les yeux, les lustres sont rigolos ! Posez-vous (si vous trouvez de la place, mais ici ça vaut le coup de patienter dehors après avoir réservé) et régalez-vous, parce que c'est vraiment ce que vous avez de plus raisonnable à faire ! En période de Noël, vous y trouverez toutes sortes de biscuits, gâteaux et friandises propres aux fêtes : *kruidnoten, pepernoten* et autres spéculoos...

Au sud des grands canaux, autour de Leidseplein et de Rembrandtplein

Pâtisserie Kuyt *(plan général détachable D5,* ***171****) : Utrechtsestraat 109-111. ☎ 623-48-33. Tlj sf dim 8h-17h.* Encore une bien bonne halte pour acheter pain, pâtisseries et chocolats. Salon de thé délicieux pour déguster sur place. Produits de très bonne qualité. On reviendra !

Pâtisserie Holtkamp *(plan général détachable C5,* ***143****) : Vijzelgracht 15. ☎ 624-87-57. Tlj sf dim 8h30-18h (17h sam). CB refusées.* Indéboulonnable depuis 1926, la plus célèbre des pâtisseries amstellodamoises ne se contente pas de confectionner des gâteaux à se pâmer de bonheur. Uniquement à emporter... Pas d'inquiétude, vous aurez tout le temps de profiter du bel intérieur Art déco en faisant la queue !

Dans le quartier des musées

De Taart Van m'n Tante *(plan général détachable C6,* ***172****) : Ferdinand Bolstraat 10. ☎ 776-46-00. Tlj 10h-18h. Part de gâteau env 5-6 €. CB refusées.* Ce salon de thé fait fureur auprès des gourmandes un peu fofolles, des mecs pas tristes et des familles recomposées. Dans une débauche de kitsch assumé, sur fond de décor bariolé, tous les sexes peuvent se retrouver ici pour des cheese-cakes ou des *pecan pies* à se damner. C'est le temple du *fairy cake,* reconnaissable à l'épaisse couche de crème ou de glaçage et aux couleurs délirantes et acidulées... Si vous êtes au régime, allez voir plus loin ! Quelques tartes salées à l'heure du déjeuner.

OÙ BOIRE UN VERRE ? OÙ GRIGNOTER DANS LA BONNE HUMEUR ? OÙ PRENDRE L'AIR D'AMSTERDAM ?

« CAFÉS BRUNS » ET « CAFÉS BLANCS »

Même si l'on y voit très peu de matelots, Amsterdam reste un port et, comme dans tous les ports du monde, les bars et les cafés pullulent. On ne conçoit pas une

visite de la ville sans passer quelque temps dans ces endroits souvent formidables et parmi les plus sympas d'Europe. Sans eux, Amsterdam serait comme Rome sans ses égl ses !
Particularité locale, on distingue deux mondes très différents parmi les cafés, un peu comme les Anciens et les Modernes : les « bruns » et les « blancs » (voir ci-après). Cependant, quelle que soit leur couleur, on peut très souvent manger dans les cafés d'Amsterdam. Ils s'appellent alors ***eetcafés*** (on le signale quand c'est le cas) et proposent, en dehors des *broodjes* (les délicieux sandwichs hollandais), des petits plats très simples.
S'attabler formellement à midi n'est pas dans les mœurs du pays. La plupart des « vrais » restos étant fermés, les Amstellodamois font une pause dans un de ces *eetcafés*.

Les « cafés bruns »

Beaux, vieux et chaleureux, on les remarque au premier coup d'œil. Rien n'a changé, ou si peu, à leur décor d'origine. Les plus anciens dateraient de 1624, le café *Chris* dans le quartier du Jordaan est de 1629, comme le café *Karpershoek* près de la gare. La plupart remontent au XVIIe s. Depuis cette époque, ce sont les mêmes jolies façades et devantures à carreaux donnant sur les canaux paisibles, les mêmes intérieurs patinés par les siècles, avec leurs planchers en bois usés par le piétinement des buveurs, leurs alignements de tonneaux de bière, de bouteilles, de verres, et un bar toujours en bois, tout comme le reste de l'ameublement. Certaines tables sont recouvertes d'un tapis destiné à absorber la bière. Un vieux poêle et une table de lecture complètent souvent ce décor de peinture de l'école hollandaise.
Rembrandt et Frans Hals sont toujours ici chez eux, dans cette ambiance de clair-obscur et de fumée. Les plafonds et les murs ont été brunis par des siècles de joyeuse tabagie aujourd'hui révolue, jadis alimentée par les longues pipes en terre (souvenez-vous des personnages de Vermeer). Cette patine unique est la marque et le signe de reconnaissance du « café brun », d'où le nom. Gare à celui qui s'aviserait de repeindre en couleur claire ces vénérables institutions d'Amsterdam. Pas touche !
Les Amstellodamois, toutes catégories sociales confondues, s'y pressent après leur journée de travail, dans le brouhaha des conversations entrecroisées et le tintement des verres. On y boit de la bière, du genièvre, on y chante, on se bouscule autour du bar. Entre 18h et 19h, en semaine, mais surtout les vendredi et samedi soir, les places assises sont prises d'assaut.
Le « café brun » semble être fait pour les histoires. D'ailleurs, Albert Camus, qui visita la Hollande en 1954, s'inspira de cette atmosphère très particulière (que les Hollandais appellent *gezelligheid*) pour écrire *La Chute,* un de ses plus beaux romans. C'est dans un bar d'Amsterdam que son personnage principal fait la confession de sa vie. Les « cafés bruns » apparaissent comme des maisons de la mémoire orale de la ville. Combien de marins, combien de capitaines ont raconté dans ces tavernes obscures leurs aventures lointaines aux pays des épices ? Java ! Sumatra ! Curaçao ! Malacca ! Surinam !
Petit détail pratique : ces cafés ouvrent souvent vers midi, s'éveillent l'après-midi, mais vivent avec le crépuscule et la nuit.
Et pour tout savoir de l'art de déguster bières et genièvres, rendez-vous dans la partie « Hommes, culture, environnement. Boissons » en début de guide.

Les « cafés blancs »

Appelés aussi « grands cafés », ils sont plus spacieux, plus clairs, plus high-tech et postmodernes que leurs aînés. On apprécie ces endroits animés, sortes de bouillons de culture, fréquentés par tout ce que la ville compte de jeunes de tous horizons ou de moins jeunes toujours dans le coup.
La plupart des « cafés blancs » ouvrent leurs portes avant les « cafés bruns ». Le service y est assuré par des étudiants, des stagiaires, des jeunes à la recherche

de petits boulots, très rarement par des barmen professionnels. Si le contact reste spontané et assez naturel, l'efficacité du service s'en ressent parfois.

L'AMSTERDAM NOUVEAU EST ARRIVÉ

2013 aurait été selon certains l'équivalent de l'an 1 pour Amsterdam, l'année du changement sur tous les plans. Un roi remplace une reine, et des brasseries ouvrent, hommage indirect au prince *pils,* qui en avalait des litres quand il était plus jeune. Des musées rouvrent avec des cafés-restaurants ouverts sur la ville. On trouve des établissements au design contemporain aussi bien au rez-de-chaussée du nouvel immeuble NRC (le premier quotidien des Pays-Bas) qu'au dernier étage de la nouvelle bibliothèque de la ville, dans les anciens docks. On se bouscule pour passer le bac (prendre le ferry, si vous préférez) afin d'aller déjeuner dans d'anciens containers ou dans d'anciennes cantines ouvrières, on se dore au soleil sur les rives, on pense à Brel et on se dit que le petit monde qu'il avait chanté a bien changé, d'un seul coup...

Des tranches de vie sur pain blanc ou brun, à déguster sur le pouce

On vient de plus en plus dans ces cafés, qu'ils soient bruns ou blancs, design ou décadents, non seulement pour passer un bon moment, goûter une bière locale (même si Heineken a fêté ses 150 ans, il y a encore des brasseries nouvelles et véritablement artisanales à découvrir), mais aussi s'offrir une tranche de vie hollandaise, sur du pain blanc, brun ou noir : on y grignote, et on y mange souvent plutôt bien, simple et bon. Surveillez les plats du jour, au tableau, quand il y en a un. Le soir, mieux vaut réserver dans certains, à moins que vous n'ayez envie de patienter dehors. Si le temps est clément, ce n'est pas un souci.

Les anciens docks et leurs cafés avec vue

Il suffit de passer le pont, désormais, à l'est de la gare centrale, pour s'offrir une balade jusqu'au pied des nouveaux buildings abritant des hôtels de luxe, (mais aussi la Bibliothèque centrale sur sept niveaux), qui cachent, au dernier étage, des bars *lounge* où les habitués comme les visiteurs se retrouvent face au panorama d'une ville surprenante, toujours en mutation. De l'autre côté de la gare, il suffit cette fois de prendre le ferry pour se retrouver dans le monde des anciens dockers, devenu le repère (et le repaire) de toute une faune avide de grands espaces. Dans le port d'Amsterdam, il n'y a pas que les marins qui boivent, à la santé des uns et des autres, mais aussi les bandes de copains et les familles qui se retrouvent autour de grandes tablées amicales, du café matinal au dîner aux bougies, face au fleuve.

Dans le centre
(plan détachable)

Autour du Dam et du quartier Rouge

Les bars louches et les *coffee-shops* sans âme sont assez nombreux dans le quartier Rouge. Situés à l'orée de ce monde à part, les cafés cités ici n'ont pas été faciles à dénicher. Raison de plus pour aller y boire un verre !

🍷 ***De Drie Fleschjes*** *(plan centre détachable C3,* ***200****) : Gravenstraat 18. ☎ 624-84-43. Situé dans une petite rue piétonne, à deux pas du Dam, du côté nord de l'église Nieuwe Kerk. Tlj 12h-20h30 (19h dim).* Rien n'a changé ici depuis 1650, date de l'ouverture du café. On se croirait dans un tableau de Frans Hals. Les Hollandais appellent ce genre de café des *proeflokalen,* c'est-à-dire des maisons de dégustation spécialisées dans le genièvre. Il y a à peine de quoi s'asseoir. Tout se passe devant le comptoir en bois, très bas. Derrière s'alignent 3 rangées de tonneaux patinés par les siècles et remplis de liqueur. Notez les cadenas qui les ferment. Dans cette ancienne distillerie, la tradition veut que la dégustation soit gratuite pour les distillateurs professionnels. Demandez à goûter à la Korenwijn, un des meilleurs genièvres. Attention : venir tôt, car à 20h30 le patron va se coucher. Aux beaux jours, on déguste dehors, autour de petites tables où les gens chic se retrouvent en fin de journée.

Het Proeflokaal Wynand Fockink *(plan centre détachable D3, **201**) : Pijlsteeg 31. ☎ 639-26-95. Tlj 15h-21h.* Clean et patiné, cet estaminet pittoresque et grand comme un mouchoir de poche s'inscrit dans la pure tradition du « café brun ». Né en 1679, il vieillit plutôt bien et brasse allégrement les générations. Les rares étagères plient sous le poids de l'âge et le comptoir en bois a conservé sa bassine en cuivre pour rincer les verres. Sitôt vidés, sitôt lavés (et autant dire qu'ils se vident plutôt vite !)... Atmosphère bon enfant, parfaite pour une dégustation de genièvre ou de liqueur de fruit. Également quelques bières hollandaises à la pression et des jus artisanaux. Au nº 43 de la ruelle, on aperçoit l'antique distillerie, toujours en activité, et ses alambics.

De Engelbewaarder Het Amsterdamsch Litterair Cafe *(plan centre détachable D4, **202**) : Kloveniersburgwal 59. ☎ 625-37-72. Tlj 10h-1h (3h ven-sam).* On affectionne particulièrement cette adresse, un « café brun » classique et élégant à la grande baie vitrée donnant sur un canal. Un lieu plein de douceur et de charme pour boire un verre. Petite *jazz session* bien sympa le samedi ou le dimanche après-midi. On y sert aussi, au déjeuner et au dîner, des plats d'inspiration internationale de bonne facture, mais pour un prix un peu surestimé, comme souvent.

De Jaren *(plan centre détachable D4, **203**) : Nieuwe Doelenstraat 20-22. ☎ 625-57-71. Tlj 10h-1h (2h ven-sam) ; cuisine 17h30-22h30. Snacks et sandwichs env 5-9 € ; plat env 15 €. CB acceptées.* Cette ancienne banque est l'un des établissements les plus connus de la nouvelle génération des « grands cafés » d'Amsterdam. De très hauts murs couleur crème, du carrelage, une déco dépouillée et surtout beaucoup de lumière et d'espace. L'ensemble est signé Onno de Vries, le Philippe Starck national. Situé en plein quartier universitaire, c'est le camp de base des étudiants. On se donne rendez-vous au grand bar, ou sur la terrasse-jardin au bord de l'Amstel. Idéal pour faire une pause-café à toute heure du jour. On y mange également très bien et pour pas cher : formule plat chaud ou buffet de salades, au 1er étage.

Cafe 't Gasthuys *(plan centre détachable C4, **204**) : Grimburgwal 7. ☎ 624-82-30. Tlj 12h-1h.* Classique « café brun » fréquenté par les étudiants de la fac à côté. Halte discrète dans ce coin aux multiples canaux. Côté assiette, évitez, ça n'a pas d'intérêt. Un rendez-vous d'amis de tous âges. Dès le printemps, une terrasse s'installe au bord du canal.

Hofje van Wijs en Zonen *(plan centre détachable D3, **232**) : Zeedijk 43. ☎ 624-04-36. • hofjevanwijs.nl • Tlj sf lun 12h-23h (boutique jusqu'à 19h).* Cette brûlerie à l'ancienne qui embaume le café torréfié est un petit havre de paix au cœur de Chinatown. Quelques tables donnent sur le canal, d'autres sur une ravissante courette. Idéal pour un café, un thé ou une part de tarte maison. Vous pouvez même grignoter local ou vous offrir une fondue au fromage, plat qui aurait tendance à devenir national.

Brasserie De Prael *(plan centre détachable D3, **210**) : Oudezijds Armsteeg 26. Tlj 10h-minuit.* Les brasseries artisanales font fureur à Amsterdam. Si vous ne voulez plus entendre parler d'Heineken, allez faire un tour ici, dans un des plus vieux endroits de la ville, à côté de maisons alignées comme celles qu'on trouve en blanc et bleu dans les vitrines.

Café In de Waag *(plan centre détachable D3, **206**) : Nieuwmarkt 4. ☎ 422-77-72. Tlj 10h-minuit ; cuisine ouverte 10h-22h30 ; lunch 10h-17h.* Superbement installé dans un ancien local du *poids public*. Design étudié, ce resto-snack chic propose une carte variée de cafétéria. Son énorme atout aux premiers rayons de soleil : une grande terrasse qui s'étale sur la place. Très agréable à toute heure.

NRC Café *(plan centre détachable C3, **230**) : Rokin 65. ☎ 775-35-53.*

• nrcrestaurantcafe.nl • Tlj 9-23h. Rien de plus normal que de trouver du monde lisant le journal, tôt le matin, dans ce coin ensoleillé, face à ce qui sera demain la plus belle avenue de la ville, une fois les travaux du métro terminés! On est ici au rez-de-chaussée du nouvel immeuble abritant les bureaux du plus célèbre quotidien du pays. Idéal pour un lunch le midi, ou pour se poser à toute heure de la journée. Accueil décontracté.

Quartier Putain *(plan centre détachable D3,* ***239****) : Oudekerksplein 4. ☎ 624-82-30. • quartierputain.nl • Tlj sem 8h-22h, sam 10h-22h, dim 10h-20h.* Chanson en hommage au quartier devenue le nom d'un café coloré, décomplexé, avec un bout de terrasse et une salle à l'étage où l'on essaye de trouver une place autour de la grande table en bois ou près des fenêtres tandis que le juke-box à l'ancienne passe « Tous les garçons et les filles ». Un monde de récup en tous genres où l'on se sent bien.

Kapitein Zeppos *(plan centre détachable C4,* ***248****) : Gebed Zonder End 5. ☎ 624-20-57. Tlj sf lun 12h-15h30, 17h30-23h. Plats 6-24 € le midi et 18,50-27,50 € le soir. CB acceptées.* Vieille maison dans une ruelle dérobée, qui abrita successivement un couvent, un relais de chevaux et une fabrique de cigares ! Aujourd'hui, le resto a pris le nom d'un héros de télévision flamande des années 1960 ! Quelques tables sur des estrades, le bois du parquet qui craque, des affiches anciennes, un ancien jardin d'hiver et un bric-à-brac de statuettes en tout genre. D'octobre à mai, *Café chantant* le 1er dimanche du mois, vers 16h (payant). Et toute la salle de chanter, sous le regard compassé de la Vierge Marie. Aux beaux jours, une petite terrasse bien agréable s'installe dans la ruelle. Resto dont même les végétariens ressortent enchantés, voire même en chantant.

Hoppe *(plan centre détachable C4,* ***211****) : Spui 18-20. ☎ 420-44-20. Tlj 11h-1h (2h ven-sam).* Un des « cafés bruns » les plus connus d'Amsterdam (il fut élu le meilleur des Pays-Bas en 2012). Il faut y passer une fois, par curiosité, vers 18-19h. La plupart des clients restent debout, à boire leur bière au coude à coude. Il faut se frayer un chemin pour atteindre le bar et commander son verre. Beaucoup restent dehors. Superbes tonnelets et peintures d'époque. Les bières sont plutôt bonnes, et le choix de genièvres est remarquable. Ici, on ne fait que boire, on ne mange pas. Dernier détail : vous verrez 2 entrées ; c'est celle de droite qu'il faut choisir (avec un gros rideau). Le café « debout », à l'angle, l'autre étant pour les « assis ».

Café De Karpershoek *(plan général détachable D2,* ***208****) : Martelaarsgracht 2. ☎ 624-78-86. Tlj 7h-minuit.* Affichant fièrement « 1606 » sur la devanture, les propriétaires affirment que c'est le plus vieux « café brun » de la ville. En tout cas, c'est certainement l'un des plus typiques, avec son plafond bas, ses quelques carreaux de faïence de Delft aux murs et son plancher recouvert de sable. Une sorte de rendez-vous de matelots, où les habitués viennent jouer aux cartes. Passé de mode et plutôt glauque, il rabat aujourd'hui les égarés du secteur, et quelques touristes avides de curiosités historiques. Pour l'accueil... on repassera, mais ça fait aussi partie du « charme » des cafés bruns !

Scheltema *(plan centre détachable C3,* ***209****) : Nieuwezijds Voorburgwal 242. ☎ 623-23-23. Tlj 11h-23h.* Ce « café brun » patiné était le rendez-vous des journalistes avant que les grands journaux nationaux n'aillent s'installer en périphérie de la ville. Certains continuent d'y venir. Typique et convivial, avec sa table de lecture et son vieux poêle au milieu de la salle. Un café-restaurant jouant la carte traditionnelle, où il fait bon se poser. Accueil qui peut surprendre, parfois.

Café De Beiaard *(plan centre détachable C4,* ***212****) : Spui 30. ☎ 622-51-10. Lun-sam 11h-1h (2h ven-sam) ; dim 12h-minuit.* Bien placé, ce bar possède un large aquarium, parfait pour s'écrouler sur une chaise et regarder passer les gens. Plus de 60 bières en bouteilles et une quinzaine à la pression, belges en majorité. Si avec ça vous ne trouvez pas votre bonheur ! Bon enfant, classique et informel, on y entame facilement la conversation avec son voisin.

Het Schuim *(plan centre détachable C3,* ***213****) : Spuistraat 189. ☎ 638-93-57. Près de Magna Plaza. Tlj 11h-1h (3h ven-sam).* Une glycine en façade. Grande salle avec un long bar sur la gauche où les dizaines de bouteilles d'alcools et de liqueurs sont alignées comme à la parade. Dans un cadre gentiment psyché, un rendez-vous d'habitués du quartier venus siroter un *witteke* ou avaler vite fait l'une des suggestions du tableau noir. Quelques tables en terrasse quand arrivent les beaux jours. Ambiance cool et multiethnique assurée par des copains de tous âges qui se retrouvent après le boulot sur fond musical agréable.

Café De Zwart *(plan centre détachable C4,* ***214****) : Spuistraat 334. ☎ 624-65-11. Lun-sam 9h-1h (2h sam) ; dim 11h-21h.* Petit café d'habitués en plein centre, à côté du célébrissime *Hoppe.* Avec son haut plafond et ses murs jaunis témoignant de l'incurable tabagie passée des clients, parmi lesquels nombre d'écrivains connus, voilà un « café brun » on ne peut plus rassurant. Image aussi parfaite et rassurante pour un habitant d'Amsterdam qu'un « bar des Sports » ou un « café de l'Église » dans nos villages de France.

Café Gollem *(plan centre détachable C4,* ***215****) : Raamsteeg 4. ☎ 626-66-45. En sem 16h-1h ; w-e 14h-2h.* Dans une rue miniature, un café unique en son genre. Comment cette taverne de poche, où l'on entre avec un chausse-pied, peut-elle proposer près de 200 bières de tous pays ? Pour choisir, consulter le tableau noir où les noms d'illustres bières inconnues sont inscrits à la craie. Les connaisseurs savent qu'ici on trouve de tout rayon mousse et qu'il s'y passe toujours quelque chose. Résultat, le succès coule à flots, et même si les prix sortent un peu de leur lit, nous ne réveillerons pas le Golem pour ça.

Tomaz *(plan centre détachable C4,* ***225****) : Begijnensteeg 6-8. ☎ 320-64-89. Ouv jusqu'à 1h en sem et 3h le w-e ; cuisine 12h-21h.* Un de ces cafés typiques en ville, à deux pas du Béguinage. Petite salle intime et terrasse bien agréable pour siroter une Hertog Jan, une bière pression rafraîchissante, avec quelques croquettes maison. On peut s'offrir sandwichs, soupes et boulettes en tous genres, à midi et à l'heure de l'apéro. À l'extérieur, une jolie terrasse éclairée à la bougie avec de chaudes couvertures hors saison pour les fumeurs.

Bar à tapas Catala *(plan centre détachable C4,* ***216****) : Spuistraat 299. ☎ 623-11-41. Tlj 16h-minuit. Tapas 3-16 € selon produit et taille des portions. CB refusées.* Situé dans un coin très animé le soir. On s'y précipite à l'heure de l'apéritif ou avant le spectacle. Quelques petites tables serrées et plein de monde papotant face au bar. De gros jambons *Serrano* et *Pata negra* qui pendouillent dans un coin, des assiettes débordant d'olives et des petits pots fourrés de cure-dents, pas de doute, voici bien un petit bout de Catalogne planté à deux pas du Spui. Bon, l'équipe est plutôt latino, mais qu'importe ! Bons vins espagnols.

Dans le Jordaan et le nord des grands canaux

Sur les grands canaux

't Arendsnest *(plan général détachable C2,* ***219****) : Herengracht 90. ☎ 421-20-57. Tlj 16h-minuit (2h ven-sam).* Exclusivement d'origine hollandaise, pas moins de 30 bières à la pression et 150 en bouteilles. Un vrai conservatoire national ! À ce titre, le patron, ardent défenseur du patrimoine, mériterait une médaille. Il n'hésite pas à parcourir 15 000 km par an pour dénicher la perle rare parmi les micro-brasseries du pays. Si le sujet vous intéresse, une halte s'impose, mais vous n'aurez sans doute pas assez d'un week-end pour faire le tour de la question... Attention quand même, certaines bières titrent 10° !

Café De Vergulde Gaper *(plan général détachable B2,* ***217****) : Prinsenstraat 30 ; angle Prinsengracht. ☎ 624-89-75. Tlj 10h-1h (3h ven-sam).* Une adresse tout en douceur qui vit à mi-chemin entre le « café brun » et le « café blanc », au rythme du canal qui lui sert de miroir. Y faire halte les jours de beau temps, pour une pause rayons de soleil-bière sur sa terrasse aménagée au bord de l'eau. Ou pour un lunch : pains garnis, soupes, omelettes.

🍸 ***Het Molenpad*** *(plan général détachable B4,* ***218****) : Prinsengracht 653. ☎ 625-96-80. Tlj jusqu'à 1h (2h ven-sam) ; cuisine 18h-22h30.* De petites tables ovales et une grande peinture champêtre murale, avec son paisible moulin. Cette adresse rassemble depuis longtemps une clientèle très mélangée. On adore ce lieu qu'on fréquente à sa guise pour boire un verre ou faire un vrai repas. Le soir, on y sert de belles assiettes, des soupes et de bons desserts. Un classique du circuit des « cafés bruns », qui continue avec régularité de contenter son petit monde.

🍸 ***Werck*** *(plan général détachable B3,* ***220****) : Prinsengracht 277. ☎ 627-40-79. À côté de la maison d'Anne Frank. Tlj sf dim-lun 10h-1h (3h ven-sam). Het nieuwe Werck,* c'est « le nouveau quartier » en v.f., construit de 1609 à 1612 pour les ouvriers, appelé plus tard Jordaan. Le mot *werk,* en néerlandais moderne, signifie toujours la même chose : travail. Une valeur qui fait sourire dans le cadre de ce resto-bar au spacieux cadre design. Éclairé par ses baies en journée, la lumière se tamise quand le jour décline. Aux beaux jours, dans la cour, terrasse avec de longues tables régulièrement prises d'assaut. Fait aussi resto (jusqu'à 22h30) et boîte de nuit.

🍸 ***Café De Doffer*** *(plan général détachable B4,* ***221****) : Runstraat 12-14. ☎ 622-66-86. Tlj 12h-3h (4h ven-sam). CB acceptées.* Encore une de ces petites adresses qu'on affectionne. Atmosphère conviviale sur fond de musique cool : guitare folk, country. Les gens du quartier s'y retrouvent pour une bière, mais aussi pour un petit plat simple et frais aux heures des repas. Menu plus conséquent le soir.

Dans le Jordaan

🍸 ***Papeneiland*** *(plan général détachable B-C1,* ***224****) : Prinsengracht 2 ; angle du Brouwersgracht. ☎ 624-19-89. Tlj 11h (12h dim)-1h (3h sam).* Dans un coin très romantique, cette magnifique maison au pignon à redents date de 1642. À l'intérieur du café où trône un poêle en fonte, une grille à côté de l'escalier montre l'accès à un tunnel qui débouche sur l'autre côté du canal ! Au XVIe s, il permit à de nombreux catholiques d'échapper à leurs oppresseurs, d'où le nom *Papeneiland* (« île des papistes »). On dit qu'un fabricant de cercueils y aurait vendu jadis des boissons pour arrondir ses fins de mois. Un des 10 « cafés bruns » historiques d'Amsterdam, avec ses carreaux de Delft et ses lampes de cuivre. On y sert aussi la soupe du jour, des pains garnis (goûtez donc au *gehakt*) et une sublime tarte aux pommes.

🍸 ***'t Smalle*** *(plan général détachable B2,* ***229****) : Egelantiersgracht 12. ☎ 623-96-17. Tlj 10h-1h (2h ven-sam) ; résa conseillée si l'on veut y manger le soir.* Des vitraux, quelques tables, un service affable, un cadre patiné mais pas léché : c'est cosy, intime, coquet. Ce décor, digne d'un tableau, abritait autrefois la distillerie de Pieter Hoppe. Dès le printemps, quelques bancs et chaises permettent de s'asseoir le long du canal. Il y a même une terrasse sur un ponton au ras de l'eau ! Petite restauration de soupes, sandwichs et salades. Le 2e service, à 20h30, est plus agréable, car il y a moins de monde.

🍸 ♪ ***De Twee Zwaantjes*** *(plan général détachable B2,* ***223****) : Prinsengracht 114. ☎ 642-31-99. Tlj sf mer 20h-1h (3h ven-sam).* Les soirs de week-end, l'endroit mérite une escale (n'oubliez pas que vous êtes dans un port...). Ambiance surchauffée par la musique et la bière qui coule à flots. Musique live le plus souvent, dans un esprit baluche et jazzy, au son de l'accordéon... Les bobos du Jordaan y croisent les ex-yuppies des années 1980. Et tout ce joli monde, agglutiné autour du bar, déborde certains soirs sur le trottoir.

🍸 ***De Prins*** *(plan général détachable B2,* ***223****) : Prinsengracht 124. Tlj 10h-1h (2h ven-sam) ; cuisine 10h-22h.* Un de ces « cafés bruns » aux murs jaunis et au parquet usé par le temps, sans décoration particulière. S'y installer à la bonne franquette pour étancher une petite soif entre deux visites ou savourer l'un des en-cas alléchants : bonne grosse soupe en hiver ou plantureuse salade en été. Un *eetcafé* bon et pas cher, typiquement amstellodamois. Avec la vue sur le canal, ça ne se refuse pas !

Café Chris *(plan général détachable B3,* ***226****) :* *Bloemstraat 42 ; angle Eerste Bloemdwarstraat.* ☎ *624-59-42. Tlj 15h-1h (2h ven-sam, 21h dim).* Ce serait donc lui, le plus vieux des « cafés bruns » d'Amsterdam. Installée dans une maison rectangulaire en brique, cette jolie taverne date de 1624. On se plaît à imaginer que Rembrandt l'a connue et fréquentée, puisque, veuf et ruiné, il vint s'installer dans ce quartier artisanal et populaire du Jordaan. Une collection de bocks de bière est suspendue au-dessus du vieux bar et, pour actionner la chasse d'eau des toilettes, il faut chercher dans la salle, derrière le mur des w-c ! Y passer vers 18-19h. C'est dans le clair-obscur du soir qu'il faut y boire une vraie bière. Salle (moderne) au-dessus.

Café Thijssen *(plan général détachable B1,* ***227****) :* *Brouwersgracht 107 ; angle Lindengracht.* ☎ *623-89-94. Tlj 8h (7h30 sam, 9h dim)-1h (3h ven-sam).* Donnant sur un canal et une petite place qu'on voit à travers les baies vitrées, ce café est l'un des plus sympas qu'on connaisse. Clientèle de jeunes qui papotent en écoutant une musique éclectique, dispersés autour de tables de bois ou accoudés au long bar qui traverse la salle et force les tabourets à s'adapter aux différents niveaux du sol. L'été, on sort les tables en terrasse, ce qui est bien agréable. Possibilité de grignoter quelques petites choses sympathiques. Et l'*apple pie* maison, couverte de chantilly, est une grande réussite.

Winkel Café *(plan général détachable B2,* ***245****) :* *Noordermarkt 43.* Adresse « spécial jour de marché » (lundi et samedi). Ces jours-là, vu la file d'attente qui déborde dans la rue, tout le monde semble finir son marché ici, pressé de déguster une généreuse part de tarte aux pommes tout juste sortie du four et blanchie de crème fouettée ! Mais c'est bien tous les jours, et d'autant plus quand il fait beau, attablé à la terrasse rudimentaire.

De Reiger *(plan général détachable B2,* ***228****) :* *Nieuwe Leliestraat 34.* ☎ *624-74-26. Dim-jeu 17h-minuit ; ven 17h-1h ; sam 15h-1h.* Un des « cafés bruns » les plus populaires du quartier. Et un bon *eetcafé,* pour qui aurait envie d'y manger un morceau autant qu'y boire un verre. Adresse conviviale avec ses multiples salles, sa déco rétro et son ambiance pittoresque.

Café De Tuin *(plan général détachable B2,* ***231****) :* *Tweede Tuindwarsstraat 13. Tlj 11h-1h (2h ven-sam).* Un des bars favoris des gens du quartier ; clientèle alternative, surtout des jeunes. Hésitant entre le « brun » et le « blanc », l'ancien et le moderne, ce troquet vaut plus pour ce qu'il y a dans la boîte que pour son emballage dont tout le monde se fiche ici (pour preuve, la tapisserie vieillotte qui orne les murs !).

De Jordaan Eetcafé *(plan général détachable A-B4,* ***246****) :* *Elandsgracht 45.* Kitsch ! C'est le maître mot pour les visiteurs de la maison, détaillant la galerie de photos de fiestas bien populo en se surprenant à dodeliner de la tête aux airs d'un juke-box jouant les rengaines autochtones. Dont évidemment celles de Johnny Jordaan, mort en 1989 et honoré par une petite place au bout de la rue. Pour les habitués, c'est juste la vie telle qu'on l'entend par ici, au *Jordaan.* Amusant.

Au sud des grands canaux, autour de Leidseplein, de Frederiksplein et de Rembrandtplein

Autour de Leidseplein

Café Américain *(plan général détachable B5,* ***236****) :* *Leidsekade 30 ; au rdc de l'American Hotel.* ☎ *624-53-22. Entrée par la porte à tambour. Tlj 7h-1h. Jazz-brunch dim 12h-15h.* Ouvert en 1902, ce célèbre café se distingue de ses congénères amstellodamois par sa grandeur, son intérieur Art nouveau *(Jugendstil),* ses vitraux, ses scènes de Shakespeare peintes au mur et ses lustres Tiffany. Ouvert tôt, les oiseaux de nuit viennent ici terminer la soirée et grignoter un bon petit déj. Table de lecture traditionnelle, autour de laquelle se retrouvent de vieux habitués, des minettes en baskets, des écrivains à ou sans succès, et beaucoup de gens ordinaires et curieux, comme nous.

🍷 ***De Balie*** *(plan général détachable B5,* ***205****)* **:** *Kleine Gartmanplantsoen 10. ☎ 553-51-30. Tlj 10h-1h (2h ven-sam).* L'un des endroits d'Amsterdam où il fait bon se poser le temps d'un verre. On y trouve un théâtre, un bar, un resto, et les Amstellodamois ont pris l'habitude de s'y retrouver à toute heure. Si le resto s'avère cher et prétentieux (et pas bon !), on pourra grignoter au bar, tout en lisant le journal ou son guide préféré. Ambiance gentiment intello, un brin new-yorkaise.

Autour de Rembrandtplein

🍷 ***De Kroon*** *(plan centre détachable D4,* ***233****)* **:** *Rembrandtplein 17. ☎ 625-20-11. Situé au 2e étage d'un immeuble qui surplombe cette place animée. Tlj 12h-1h (3h ven-sam) ; cuisine 12h-22h.* On l'appelle aussi le *Royal Café.* Un portrait de la reine Wilhelmine rappelle qu'il fut inauguré l'année même de son couronnement, en 1898. Immense salle doublée d'une véranda ouvrant sur les arbres de la place, une table de lecture où dépouiller les journaux, des ventilos, des plantes vertes, de vieux lustres et des spots ultramodernes. Le bar est formé d'un énorme comptoir et de vitrines provenant d'une ancienne pharmacie. Dans cet incroyable bric-à-brac sous verre, on trouve un microscope en laiton, un squelette de singe, une lunette astronomique, des serpents dans des bocaux et un fatras de pièces anciennes. Cuisine à l'image du lieu, imaginative et bien présentée. Prix raisonnables le midi et sensiblement plus chers le soir.

🍷 ***The Three Sisters*** *(plan centre détachable D4,* ***233****)* **:** *Rembrandtplein. À côté du De Kroon.* Gigantesque pub à l'américaine : vaste salle, bar central, escaliers monumentaux, petits coins tranquilles et fausse bibliothèque avec canapés Chesterfield. Pub irlandais à côté et *steak house* ouvert dès 17h. Lieu de rendez-vous avant de plonger dans la jungle des boîtes du coin.

🍷 ***De Heeren Van Aemstel*** *(plan centre détachable D5,* ***234****)* **:** *Thorbeckeplein 5. ☎ 620-21-73. Tlj 11h-1h (2h ven-sam). Concerts gratuits mer-jeu, 5 € ven-sam.* Voici l'un des plus grands cafés d'Amsterdam. Avec ses imposants lustres Art déco et ses lambris tristes, noircis par des décennies de tabagie, cet établissement se démarque de l'image traditionnelle du « café brun ». L'endroit devient vraiment intéressant le soir, du mercredi au samedi, à partir de 21h environ, quand un groupe de musique tente de décoincer la galerie de portraits. Jazz, blues, rock, ici on n'est pas sectaire. Formations de bon niveau. On peut également y manger, mais si côté musique c'est réussi, côté cuisine il y a beaucoup de fausses notes.

Autour de Frederiksplein

🍷 ***Café Oosterling 1877*** *(plan général détachable D6,* ***235****)* **:** *Utrechtsestraat 140 (à l'angle de Frederiksplein). ☎ 623-41-40. Tlj 12h-1h (20h dim).* Là, c'est vraiment la totale, plus typique tu meurs ! Toute la panoplie de ce « café brun » a surmonté sans dommage les assauts du XXe s et risque de survivre au suivant : bar en pierre très bas (les hommes étaient-ils si petits à l'époque ?), énormes et petits tonneaux sur les étagères et derrière le bar. Un vieux poêle en fonte au centre de la pièce veille sur son petit monde d'habitués en ronronnant d'aise tout l'hiver. Ici, sur les tonneaux transformés en tables, pas d'*Amstel,* uniquement de la *Brand.* Tant mieux, puisqu'elle est bonne. Calme comme un couvent dans la journée, *Osterling* se remplit le soir, et surtout en fin de semaine, générations et sexes confondus. Petite terrasse très animée en été.

Dans le Vondelpark, le Pijp et le quartier des musées

Vous avez déjà les terrasses et les bistrots des musées qui vont vous occuper un moment. On n'insiste donc pas...

🍷 ***'t Blauwe Theehuis*** *(plan Vondelpark, C2,* ***207****)* **:** *Vondelpark 5. ☎ 662-02-54. Tlj 9h-22h.* Kiosque tout rond, tout bleu, très fifties, planté au cœur du Vondelpark. Large terrasse sur le parc pour flemmarder peinard durant des heures en sirotant. À condition de trouver une place. On va commander au bar. Reposant et proche du centre, histoire de se mettre au vert sans aller trop loin.

George WPA *(plan Vondelpark, C2,* ***155****) : Willemsparkweg 74. ☎ 470-25-30.* Un bistrot-*lounge* qui bouge un peu, avec une terrasse accueillante (voir plus haut « Où manger ? Dans le Vondelpark et le quartier des musées »).

Le Flamingo *(hors plan général détachable par C6,* ***247****) : à l'angle de Albert Cuypstraat et D. Helststraat. À quelques enjambées à l'ouest du Bazar (voir « Où manger ? »).* Eetcafé gentiment branché et à la déco *fusion*, tout en restant très convivial. Bien pour la pause café, accompagné d'un spéculoos de premier choix. Idem pour un genièvre, un *broodje* ou le petit plat consommé en mezzanine.

À l'est du centre ancien

Si vous êtes un fan de botanique, allez boire un verre ou grignoter sur le pouce au jardin du même nom, après en avoir payé l'entrée (voir plus loin).

Sluyswacht *(plan général détachable D4,* ***242****) : Jodenbreestraat 1. ☎ 625-76-11. Lun-sam 10h-1h (3h ven-sam) ; dim 12h-19h.* Au cœur du quartier juif, cette petite maison d'éclusier transformée en « café brun » donne sur l'Oude Schans, avec une jolie perspective sur Montelbaanstoren. Plutôt que de demander l'adresse, cherchez des yeux cette maison de poupée qui semble avoir été oubliée par le temps. À l'intérieur, tables étroites, guéridons et tabourets hauts. Éclairage sombre et bougies. Salle à l'étage parfois louée pour des *parties* privées. Excellent pour une halte café en profitant de l'adorable terrasse. Petits pains garnis pour les fringales à satisfaire.

Brouwerij 't IJ *(hors plan général détachable par G4,* ***243****) : Funenkade 7. Bus n° 22 depuis la gare centrale. Tlj 14h-20h. Visite de la brasserie du ven au dim à 15h20 en anglais (16h en néerlandais). Entrée 4,50 €, bière incluse.* Ancien bain public, la petite brasserie en brique rouge fait toujours le bonheur des amateurs de bière amstellodamois. Elle est située au pied du moulin à vent de Gooier, qui date du XVIIe s et a repris du service lors de la pénurie de combustible durant la Seconde Guerre mondiale. Salle d'un grand dépouillement, patinée par des générations de coudes et de godillots. Des canettes de bière de toutes provenances s'alignent sur les étagères. On peut voir les cuves, posées comme un défi derrière une fenêtre du bar. Autant de raisons pour attirer une foule de buveurs inconditionnels, tous âges confondus. On vient s'y réchauffer en hiver avec les copains. En été, petite terrasse plein sud pour lézarder au soleil.

Dans les anciens docks, sur les rives de l'IJ

En fait, il suffit de prendre le ferry derrière la gare centrale pour se retrouver dans le monde des anciens dockers. L'ancien chantier naval NDSM fait partie des lieux « show » où l'on se retrouve pour boire, manger, prendre l'air du temps (voir aussi « Où manger ? »). Au retour, n'hésitez pas à arpenter les rives aujourd'hui réhabilitées, à l'est de la gare centrale, où vous pourrez aller découvrir Amsterdam du haut des buildings des grands hôtels construits ici. On est loin du monde des cafés bruns, dans tous les sens du terme.

L'Oostelijk Havengebied, à l'est de la gare centrale

Kanis & Meiland Café *(plan Oostelijk Havengebied, C1,* ***244****) : Levantkade 127. ☎ 418-24-39. Tlj 10h-1h (3h ven-sam).* On se sent à l'aise dans cette grande salle parquetée où trône un billard, que ce soit au bar, à une table ou assis dans les vieux fauteuils en cuir du coin *lounge*. Le vrai bric-à-brac intemporel, une alchimie dont les Hollandais semblent avoir le secret. Terrasse selon la météo. Petite carte de salades et sandwichs, sélection de vins servis dans des verres à cidre, et brunch le dimanche. Service très décontracté, musique selon l'humeur du jour.

De Zwijger *(plan Oostelijk Havengebied, A1,* ***248****) : Piet Heinkade 179. ☎ 788-44-44. • dezwijger.nl • Ⓣ Kattenburgerstraat (n° 26) ; ou bus n° 42 depuis la gare centrale.* Cet ancien entrepôt réfrigéré fut un refuge d'artistes d'avant-garde dans les années 1980-1990. Passé de lieu culte en lieu culturel, il tente d'entretenir le mythe et accueille désormais des manifestations, des expositions officielles. On peut aussi y boire un verre, tout en admirant par la fenêtre le fascinant Jan Schaeferbrug, ce pont à l'allure si reptilienne...

Lloyd Hotel & Culturele Ambassade *(plan Oostelijk Havengebied, B2,* ***322****) : Oostelijke Handelskade 34.* Un mastodonte reconverti et sophistiqué. Se reporter à la rubrique « À voir. À faire ».

L'*Eye* et le nouveau quartier nord

C'est par le bac (un ferry différent du précédent, plus régulier d'ailleurs) qu'il vous faudra traverser pour aller boire un verre à la terrasse de l'*Eye,* musée du Cinéma en lui-même décomplexé *(plan général détachable E1).* À moins que vous ne vous arrêtiez dans le nouveau complexe d'***Adam*** *(Amsterdam Dance and Music).* On appelle ainsi l'ancienne tour Shell qui devrait, une fois terminée, devenir un des spots du nouveau quartier nord (accessible seulement en 2017 par le métro, depuis la gare centrale). Une tour qui devrait faire parler d'elle en 2015, avec ses bars, restos, les clubs *Heaven* et *Hell,* pour ceux qui hésiteraient entre le ciel et l'enfer. Deux noms bien trouvés pour ces lieux « show » aménagés au rez-de-chaussée et bien sûr au dernier étage. • *adamtoren.nl* •

Le quartier NDSM, au nord-ouest, par le ferry

IJ Kantine, Noorderlicht Café, Pllek *(plan Grande Couronne,* ***249****) : NDSM-Werf 1. Accès (gratuit) en bateau ttes les ½ heures depuis la gare centrale (direction NDSM). Tlj jusqu'à 23h.* L'ancienne cantine des ouvriers du chantier naval est l'un des lieux à ne pas manquer dans cet espace ouvert à la création et à la restauration sous toutes ses formes. Mais dans le genre étonnant, ne manquez pas ***Pllek,*** bar aménagé dans un ancien container, avec sa boule au plafond, sa déco de bric et de broc et sa carte réduite mais sympa. Le ***Noorderlicht Café*** (« Lumière du Nord ») a trouvé sa place dans un ancien hangar de stockage, et l'on peut profiter de la vue et de la cuisine jusqu'à 22h. Grandes terrasses aux beaux jours, ça va sans dire. Et bonne musique (voir « Où manger ? »).

À l'ouest de l'*IJ Kantine* (à 5 mn à pied) un bâtiment en ovale, avec beaucoup de verre et de bois blond, abrite le ***Loetje aan 't IJ*** *(tlj 10h-22h30).* La carte ne cherche pas à vous en mettre plein la vue, avec raison, mais pour un déjeuner de soleil, ou boire un verre, c'est suffisant.

OÙ ÉCOUTER DE LA MUSIQUE ?

Nous ne proposons ici qu'une petite sélection des lieux où écouter de la musique, mais sachez que ceux-ci sont nombreux, car mis à part ceux dont l'objet principal est musical, nombre de boîtes ou bars proposent aussi des groupes de tout poil, une ou deux fois par semaine.

INFOS CONCERNANT LES CONCERTS

- La petite brochure *Day by day* donne le programme du mois (musique, théâtre, expos).
- Consulter • *amsterdammusicdance.com* • (en anglais) et • *uitburo.nl* • (seulement en néerlandais) pour dénicher adresses et concerts à venir.

– Le **Concertgebouw** *(plan Vondelpark, C-D2-3)* reste évidemment, depuis 125 ans, l'attraction musicale numéro 1 pour tous les amoureux de la musique classique. Une des plus belles salles de concert du monde entier, réputée pour son acoustique parfaite. Venir à l'heure, car il y a du monde. *Places 20-120 €. Tlj, à 12h30 (sf en été), concert gratuit. Sinon, concerts à prix doux le dim mat (billets 15-30 €). En été, choix de concerts à prix raisonnables (20-50 €). • concertgebouw.nl •*

Dans le centre

♩ **Winston Kingdom** *(plan centre détachable D3, **52**) : Warmoesstraat 131. • winston.nl • Salle de concert attenante au Winston Hostel (voir plus haut « Où dormir ? »). Se renseigner pour les horaires exacts. Entrée : 5-20 € selon spectacle.* Programmation extrêmement variée : techno, hip-hop, *D'n'B,* funk, rock, disco, électro, *indie,* reggae... mais aussi folk, pop, *dance* et même cabaret. Il s'y passe quelque chose tous les soirs ou presque !

Dans le Jordaan et le nord des grands canaux

♩ **'t Geveltje** *(Jazz Café ; plan général détachable A3, **254**) : Bloemgracht 170. ☎ 623-99-83. • jazzgeveltje.nl • Mar-jeu 20h-3h ; ven-sam minuit-4h.* On s'y presse depuis plus de 25 ans, et on a raison. L'ambiance y est vraiment décontractée. Ce *Jazz Café* fait disco (musique des années 1960 à 1980) le samedi. Beaucoup de jeunes et d'artistes. Live jazz le mardi, jam session pour débutants le mercredi.

♩ **Maloe-Melo** *(plan général détachable A4, **255**) : Lijnbaansgracht 163. ☎ 420-45-92. • maloemelo.com • Tlj 21h-3h (4h ven-sam) ; salle de concert à partir de 22h30. Entrée payante le w-e (5 €) et variable selon concert les autres soirs.* Au fil du temps, *Maloe-Melo* est devenu le rendez-vous amstellodamois des amateurs de blues et de rock. Le genre petite salle et grosse ambiance ! *Texas blues,* punk rock, soirées Elvis, *western swing* : la grande famille du rock se déchaîne jusqu'à l'aurore dans une atmosphère de fête très contagieuse et bon enfant. Ceux qui veulent danseront jusqu'à l'épuisement.

Au sud des grands canaux, autour de Leidseplein et de Rembrandtplein

♩ **Café Alto** *(plan général détachable B5, **250**) : Korte Leidsedwarsstraat 115. ☎ 626-32-49. Tlj 21h-3h (4h ven-sam).* Aussi petit que réputé, l'endroit propose tous les jours des formations de qualité dans une atmosphère chauffée à blanc. Le genre de lieu où l'on a d'emblée l'impression d'être entre amis. Ça fait du bien une telle simplicité. Autre avantage : pas de droit d'entrée, et la bière est à peine plus chère qu'ailleurs. Côté musique, c'est toujours le jazz qui tient ici le haut du pavé, et c'est tant mieux.

♩ **Paradiso** *(plan général détachable B5, **251**) : Weteringschans 6. ☎ 626-45-21. • paradiso.nl • Entrée payante. Achat des billets à la caisse ou dans les grands magasins de disques.* Dans les années 1960, cette ancienne église devint le temple de la contre-culture. Les années (et un changement de direction) ont émoussé la verve contestataire du lieu, mais la musique est toujours bonne. Excellente acoustique. Les 35-40 ans viennent ici en pèlerinage, et les 18-20 ans suivent les concerts avec une régularité bigote. Programmation très éclectique, allant de la pop au rock jusqu'au reggae, en passant par la *dance.* L'endroit propose aussi du théâtre, de la danse, des projections de film...

♩ **Melkweg** *(plan général détachable B5, **252**) : Lijnbaansgracht 234a. ☎ 531-81-81. • melkweg.nl • Juste derrière Leidseplein. Ouv à partir de 19h30 et selon programme. Caisse ouv tlj à partir de 16h30. Prix de l'entrée selon concert.* Un lieu vraiment extraordinaire : dans cette ancienne et superbe laiterie, on trouve une salle de concert, un cinéma programmant des œuvres qu'on ne voit pas ailleurs (qui plus est, dans une salle magnifique), un théâtre, un espace vidéo projetant tous les délires possibles et imaginables, un salon de thé où sont servis un plat du jour, des sandwichs ou des gâteaux, une galerie d'art, et enfin un *tearoom* cosy où, en dehors du thé, sont proposées moult autres herbes de provenance internationale et dont on ne fait pas forcément des infusions. Ceux qui ne se sentent pas solidaires de la contre-culture pourront se contenter de venir se trémousser sur la piste de danse puisque, après le concert, ça fait boîte. En fin de semaine, house, techno, *drum'n'bass,* avec les meilleurs DJs du moment. Le *Milky Way,* comme on l'appelle ici, porte bien son nom, car il constitue le lieu phare de la culture parallèle de la ville

♩ ***Jimmy Woo Lounge*** *(plan général détachable B5,* ***264****) : Korte Leidsedwarsstraat 18. ☎ 626-31-50. • jimmywoo.com • Jeu-dim 23h-3h (4h ven-sam) ; parfois ouv lun-mer.* Mélange inhabituel d'antiquités et d'équipements avant-gardistes. Salle au design ultra-contemporain doublé d'une atmosphère évoquant l'univers interlope des bouges de Macao. Lanternes, mobilier en cuir et tissus en soie, atmosphère de luxe, opulence et volupté. Cocktails exclusifs, DJs résidents triés sur le volet, éclairage de 12 000 ampoules sur la piste... les *clubbers* les plus blasés succombent à ce glamour irrésistible. Les people en visite à Amsterdam y finissent souvent leurs nuits.

♩ ***Bourbon Street*** *(plan général détachable B5,* ***253****) : Leidsekruisstraat 6-8. ☎ 623-34-40. • bourbonstreet.nl • Tlj 22h-4h (5h ven-sam). Concerts à partir de 22h30 en général. Entrée gratuite avt 23h. Âge min 23 ans (!).* Toute petite salle avec son long bar sur le côté et, au fond, la scène. Spécialisé dans le blues, mais pas mal non plus niveau jazz, rock, pop, soul et funk, le tout en live.

♩ ***De Heeren Van Aemstel*** *(plan centre détachable D5,* ***234****) : Thorbeckeplein 5.* Voir plus haut « Où boire un verre ? ».

Dans l'est et les nouveaux quartiers du port

♩ ***Muziekgebouw aan't IJ*** *(plan général détachable F2) : Piet Heinkade 3. ☎ 788-20-00. • muziekgebouw.nl •* Derrière la gare, au bord de l'eau, cette magnifique bâtisse en verre abrite plusieurs salles à l'excellente acoustique, dédiées à la musique classique, contemporaine et au jazz. Leur structure permet d'accueillir de grands orchestres comme de petits ensembles. Concert-déjeuner une fois par mois, un mardi. Beaucoup de concerts sont proposés à prix très convenable *(20-30 €).*

♩ ***Bimhuis*** *(plan général détachable F2) : Piet Heinkade 3. ☎ 788-21-88. • bimhuis.nl •* Petite boîte noire « collée » au *Muziekgebouw aan't IJ,* c'est l'un des meilleurs clubs de jazz de la ville. Très différent des précédents. Ici, c'est plutôt le style centre de recherche expérimentale. Quand une pointure du jazz est en ville, elle vient se produire au *Bimhuis* pour y trouver l'acoustique idéale. La scène, placée devant d'immenses baies vitrées, a pour arrière-plan la voie ferrée et les lumières de la ville. Très vite complet pour les grands concerts. Le mardi soir, super *jam-sessions* sans protocole pendant lesquelles les jazzeux de la ville élaborent de beaux bouquets de notes, en toute simplicité. Possibilité de manger, de grignoter ou de boire un coup avant et après les concerts.

♩ ***Hotel Arena*** *(plan général détachable F5-6,* ***86****) : 's Gravesandestraat 51 ; angle Mauritskade. ☎ 694-74-44. • hotelarena.nl •* Ⓣ *Sarphatistraat (nos 7 ou 10 de Leidseplein) ; Tropenmuseum (no 9 depuis la gare centrale). Bus de nuit no 357 (départ de la gare ou de Rembrandtplein).* Cette adresse (voir aussi « Où dormir ? » plus haut) accueille, les vendredi, samedi et parfois dimanche, des formations de jazz, rock, reggae ou blues. Il s'agit de vrais concerts, souvent de très bon niveau. Si c'est ici que vous dormez, pourquoi ne pas y passer une soirée en musique ? Surtout si vous n'arrivez pas à dormir.

– Attention, ne pas confondre avec le stade *ArenA,* où s'entraîne le célèbre club de foot de l'Ajax. Cette enceinte accueille les concerts des mégastars de passage, style Rolling Stones ou U2. *• amsterdamarena.nl •*

OÙ DANSER ?

La ville compte des boîtes pour tous les goûts et tous les âges, mais toutes sont assez marquées dans le style et la personnalité de leur clientèle. Les vendredi et samedi soir, les jeunes se rassemblent autour de Leidseplein et de Rembrandtplein, où se trouve la plus grande concentration de bars, restos et boîtes. Vu que ces endroits drainent tous les jeunes de banlieue et les grappes de touristes qui n'ont pas le courage d'aller chercher plus loin, ça donne un melting-pot animé, certes, mais pas vraiment palpitant.

Dans le centre (plan détachable)

♫ ***Discotheek Dolly*** *(plan centre détachable C4,* ***260****) : Handboogstraat 11. Tlj 23h-4h (5h ven-sam). Entrée payante (5 € selon soir).* **Dansen Bij Jansen,** la boîte estudiantine de la ville, fidèle au poste depuis des lustres, a laissé place à une discothèque plus dans l'air du temps, pour les 20-30 ans. Pour vous rattraper, tout à côté, allez faire un tour au ***Bloemenbar,*** *Handboogstraat 15. • bloemenbar.nl •* Café des fleurs, café à fleurs de nuit.

Au sud des grands canaux, autour de Leidseplein et de Rembrandtplein

♫ ***Odeon*** *(plan centre détachable C4,* ***261****) : Singel 460. • odeonamsterdam.nl • Bar et club ouv jeu-sam, à partir de 17h pour le bar et de 23h pour le club. Entrée : 11-17 €.* Adresse design et conceptuelle, installée dans un bâtiment XVIIe s. Soirées à thème avec DJ aux platines. La déco est franchement splendide, mêlant mobilier design, plafonds à caissons, moulures, murs de brique, éclairages contemporains et espaces modulables. On y trouve aussi un resto (ouvert tous les soirs), une brasserie (ouverte midi et soir), et même une salle de concerts. Ne pas manquer de prendre un verre à l'adorable petit bar, doté d'un sublime plafond peint.

♫ ***Escape*** *(plan centre détachable D4,* ***262****) : Rembrandtplein 11. • escape.nl • Tlj de 23h30 jusqu'à l'aube. Entrée : 10-17 €.* Grande « boîte » pouvant contenir jusqu'à 2 000 personnes. Les meilleurs DJs du monde viennent animer ces soirées où ne circule pas que de la bière... Le jeudi est plus calme et ouvert à un public étudiant.

♫ ***Melkweg*** *(plan général détachable B5,* ***252****) : Lijnbaansgracht 234a.* Voir plus haut « Où écouter de la musique ? ».

♫ ***Nachttheater Sugar Factory*** *(plan général détachable B5,* ***263****) : Lijnbaansgracht 238. • sugarfactory.nl • Mer-dim 21h-4h (5h ven-sam).* Les *early nights* (21h-23h) sont plutôt tournées vers les performances, la poésie, les happenings. À partir de 23h, l'endroit se transforme en night-club avec DJ. Mercredi généralement dédié au rock et à la pop, jeudi à la house et à la techno, et dimanche au jazz et à la soul. Vendredi et samedi, ça varie. La fréquentation est éclectique, plutôt jeune (25-30 ans), et l'endroit, constitué d'une seule salle très haute de plafond, est à taille vraiment humaine, avec écran pour les projections vidéo et une petite scène pour les *early nights.*

Dans l'est et les nouveaux quartiers du port

♫ ***Hotel Arena*** *(plan général détachable F5-6,* ***86****) : 's Gravesandestraat 51.* Voir avant « Où écouter de la musique ? ».

♫ ***Panama*** *(plan Oostelijk Havengebied, B1-2,* ***265****) : Oostelijke Handelskade 4. • panama.nl • Jeu-dim ; ouverture variant selon programmation.* Installé dans une belle bâtisse, une ancienne centrale électrique, ce night-club très *trendy* (c'est un peu le quartier qui veut ça !) accueille d'excellents DJs, venant de tous les horizons. Fait aussi resto, cher et branchouille (ouvert toute la journée, de midi jusqu'à tard).

LES COFFEE-SHOPS

Commençons par un peu de sémantique. Un *coffee-shop,* étymologiquement, c'est une sorte de café cosy où l'on vient se relaxer, boire un verre et éventuellement manger un petit plat. À Amsterdam, la plupart des *coffee-shops* proposent à la vente plusieurs sortes de ***cannabis*** et d'herbes venues de tous les horizons. Entrer dans un *coffee-shop* où l'on vend de telles substances n'implique pas qu'on vienne expressément en acheter, on peut parfaitement se contenter d'y prendre un verre... sans alcool le plus souvent, question de licence !
Les *coffee-shops* font partie du décor, au même titre que les « cafés bruns ». Les Pays-Bas considèrent depuis toujours que quelques lieux de vente connus et ayant pignon sur rue offrent plus de sécurité que 100 vendeurs à la sauvette. À juste titre. Pourtant, à Amsterdam, la réglementation a failli évoluer dans le sens d'une restriction aux seuls usagers locaux, qui fut au cœur du combat des dernières législatives (voir intro générale). Les travaillistes entrés dans la coalition ont permis de laisser la situation en l'état, chaque ville étant libre de juger par elle-même de la pertinence ou non de fermer les portes des *coffee-shops* aux non-résidents.
Il faut dire que l'enjeu économique est de taille : plus de 80 % des consommateurs sont en réalité belges ou français. Mais ce tourisme cannabique n'est pas sans poser problème. À ce propos, rappelons que, malgré ce que pensent nombre de visiteurs, fumer de l'herbe dans la rue ou dans les lieux publics est illégal, même à Amsterdam ! C'était d'ailleurs la raison d'être des *coffee-shops.* Pour en savoir plus et éviter les ennuis, relisez très attentivement notre chapitre *Drogues et stupéfiants* dans la partie « Pays-Bas utile » de ce guide.
À signaler enfin que l'interdiction de fumer dans les cafés et restaurants, instaurée en 2008, s'applique également aux *coffee-shops.* On peut donc y fumer de l'herbe mais pas de tabac !
Autre particularité hollandaise, l'existence de boutiques appelées *smart shops,* diffusant tous les accessoires nécessaires à la consommation des drogues douces, voire plus dures, ainsi que diverses vitamines, minéraux, excitants sexuels, etc. On y trouve aussi quelques redoutables cactus psychotropes et des barquettes de champignons hallucinogènes au frigo. Ceux-ci, jusqu'alors tout à fait légaux aux Pays-Bas, contrairement au haschisch et à l'herbe, risquent prochainement d'être également interdits, ce qui ne veut pas dire que la vente ne sera pas encore tolérée. Le débat est en cours. Compliqué, certes ! Retenir surtout que ces produits, aussi illégaux de par nos contrées que le hasch, ont un potentiel réellement dangereux, notamment quand ils sont consommés par des personnes présentant des troubles psychiatriques ou s'ils sont combinés à l'alcool.
Site bien à jour à consulter : ● *vanupied.com/amsterdam-coffee-shop.htm* ●
Attention, l'interdiction d'installer des *coffee-shops* à moins de 150 m des écoles devrait entraîner fin 2014 la fermeture d'un certain nombre d'entre eux.

Dans le centre
(plan détachable)

🍷 **De Dampkring** *(plan centre détachable C4,* ***270****) : Handboogstraat 29. Tlj 10h-1h. Interdit aux moins de 21 ans.* Le *coffee-shop* jeune et bon enfant, rendu célèbre par une scène du film *Ocean Twelve,* qui passe d'ailleurs en boucle sur l'écran télé. Décoration délirante. Volutes psychédéliques et multicolores. Au fond de la salle, bel assortiment de plantes séchées dans des petits tiroirs, mais assez cher (une conséquence de la célébrité ?).

🍷 **Kadinsky** *(plan centre détachable C4,* ***272****) : Rosmarijnsteeg 9. Tlj 10h-1h.* D'aspect particulièrement banal, *Kadinsky* reste une adresse populaire et tranquille. Jeux de société, lecture des journaux, un peu de fumette, le tout très bon enfant.

🍷 **Rusland** *(plan centre détachable D4,* ***273****) : Ruslandstraat 16. Tlj 10h-minuit (1h ven-sam). Coffee-shop* de poche, intime, égayé de jolis « monuments russes » éclairés de guirlandes, pour une clientèle de quartier conviviale. Fut l'un des premiers dans le genre. Propose également une large sélection de thés.

🍷 **Bluebird** *(plan centre détachable D4, **274**) : Sint Antoniesbreestraat 71. Tlj 9h30-1h.* Au 1er étage, coin sympa et 2 petites pièces, climatisées et aérées. Peintures animalières et psychédéliques, bonne musique, coin-salon très cool.

Dans le Jordaan et le nord des grands canaux

🍷 **Dampkring** *(plan général détachable C1, **280**) : Haarlemmerstraat 44. ☎ 320-54-27. Tlj 10h-1h (2h w-e).* Ce « new » *Dampkring*-là n'a plus grand-chose à voir avec son grand frère de la Handboogstraat. Tout aussi *fashion*, il est aussi plus classe, plus design... Ça sent le chic, mais pas le shit ! Les herbes sont en vitrine avec toutes sortes d'explications techniques (cultures, effets, saveurs, odeurs...). Si ça continue, ils finiront par donner des cours de dégustation ! Belle lumière, bonne musique, jus de fruits frais et bio... Qui a dit que les *coffee-shops*, c'était glauque ?

🍷 **Siberië** *(plan général détachable C2, **275**) : Brouwersgracht 11. Tlj 11h-23h (minuit w-e).* Un *coffee-shop* tout simple dans une salle tout en longueur avec ses joueurs d'échecs, un flipper et des murs offerts aux jeunes artistes pour y exposer leurs œuvres. Animation musicale assurée par un DJ le week-end. La même maison gère 2 autres adresses du quartier : **De Supermarkt** *(hors plan général détachable par A2 ; Frederik Hendrikstraat 69 ; face au resto* Yam Yam*)* et **De Republiek** *(plan général détachable A1 ; Tweede Nassaustraat 1a).*

🍷 **Paradox** *(plan général détachable B3, **276**) : Eerste Bloemdwarstraat 2 (proche de Bloemgracht). ☎ 623-56-39. Tlj 10h-20h.* Le lieu est grand comme un mouchoir de poche, mais propice aux rencontres et conversations. Produits bio, jus de fruits et de carotte, sandwichs, gâteaux, etc. Clientèle de quartier.

🍷 **Grey Area** *(plan centre détachable C3, **277**) : Oude Leliestraat 2. Tlj sf lun 12h-20h.* Minuscule *coffee-shop* aux murs bariolés d'autocollants colorés. Sympa, bonne musique.

Dans le sud des grands canaux, autour de Leidseplein et de Rembrandtplein

🍷 **Stix** *(plan général détachable D5, **279**) : Utrechtsestraat 21. Tlj 11h-minuit.* Rendez-vous d'habitués, dont nombre de Hollandais, ce qui est plutôt bon signe. On s'assied sur des bancs en bois. Sans souci, propre. Produits dits de qualité.

ACHATS

Chaque quartier d'Amsterdam dégage une atmosphère particulière et accueille différents types de boutiques. Dans le centre, les deux rues piétonnes très commerçantes Kalverstraat *(plan général détachable C3-4)*, reliant le Dam et Munt-plein, et Nieuwendijk *(plans détachables général et centre C-D2-3)*, qui prolonge Kalverstraat au nord, du Dam jusqu'à la gare, abritent toutes les grandes enseignes européennes de prêt-à-porter et les boutiques touristiques. Les adeptes des grands magasins, tels *Le Printemps* ou *Les Galeries Lafayette*, trouveront leur équivalent néerlandais sur le Dam, avec le **Bijenkorf** *(plan centre détachable, C3, **157**)*. Pour les budgets largement plus étoffés, rendez-vous autour du Vondelpark, dans le quartier des musées, où la Pieter Cornelisz Hoofstraat *(plan Vondelpark, C-D2)* rassemble une kyrielle de boutiques de luxe.
Les jolies boutiques originales, ethniques, design, se cachent au détour des petites rues du Jordaan et dans le nord des grands canaux, ainsi que dans les

9 Straatjes (les neuf rues comprises entre le Prinsengracht et le Herengracht, la Raadhuisstraat et Leidsegracht ; *plan général détachable B3-4*).
Au nord du Jordaan, la Haarlemmedijk et, dans son prolongement, la Haarlemmerstraat *(plan général détachable B-C1)* se distinguent de plus en plus par leurs petites boutiques très tendance, qui ont placé ce quartier parmi les préférés des magazines de mode et des gays, et leurs épiceries fines.
Enfin, pour les amateurs d'antiquités, tout se passe autour du Spiegelgracht et de Nieuwe Spiegelstraat (le sud des grands canaux, autour de Leidseplein et Rembrandtplein ; *plan général détachable B-C5*). Le quartier possède un caractère un peu londonien, empreint de sérénité et de charme.
Bonne nouvelle pour les accros au shopping, Amsterdam a élargi les horaires d'ouverture des boutiques. Désormais, tout le centre-ville reste ouvert le dimanche (ne vous levez pas trop tôt quand même, avant 11 heures, la ville est morte) !

Bons produits

Genever Stokerij Oud Amsterdam *(plan général détachable D2,* ***400****) :* *Nieuwendijk 75. ☎ 624-45-81. Tlj 10h (12h dim)-18h.* Boutique spécialisée dans les spiritueux, notamment le genièvre, cela va sans dire. Possède également une impressionnante collection de mignonnettes. Au plafond, plus de 15 000 spécimens différents. Mais ceux-là ne sont pas à vendre. La boutique figure dans le *Livre des records*.

De Kaaskamer van Amsterdam *(plan général détachable B4,* ***409****) :* *Runstraat 7. ☎ 623-34-83. Lun 12h-18h ; mar-ven 9h-18h ; sam 9h-17h ; dim 12h-17h. CB refusées.* Un fromager adepte de la *slow food,* qui va chercher ses produits (au lait cru) directement chez le producteur. Laissez-vous guider, goûtez et vous verrez que les fromages hollandais peuvent être bien plus savoureux et subtils que toutes les pâtes fades qu'on nous inflige en priorité. Propose également une belle sélection de produits italiens, français... ainsi que des saucissons et des olives.

Caulis *(plan général détachable C1,* ***421****) :* *Haarlemmerstraat 115. ☎ 412-00-27. • caulis.com • Tlj sf dim 12h-19h (9h-18h sam).* Cette jolie épicerie fine, qui fait le bonheur des gourmands du quartier, propose un choix certes restreint mais excellent (et suffisant) de fromages fermiers hollandais au lait cru. De quoi convaincre et convertir les plus chauvins !

Frank's Smoke House *(plan général détachable G4,* ***419****) :* *Wittenburgergracht 303. ☎ 670-07-74. • smokehouse.nl • Lun 9h-16h ; mar-ven 9h-18h ; sam 9h-17h. CB refusées.* Face à l'arsenal et donc légèrement excentrée, voici la meilleure fumaison d'Amsterdam... Prix un peu plus élevés qu'ailleurs, mais qualité inégalable. Saumon, maquereau, anguille, hareng, mais aussi saucisse, *pastrami,* jambon... tout y passe, et il est bien rare que le fumoir fasse relâche ! 2 petites tables pour grignoter sur place.

Papabubble *(plan général détachable B1,* ***410****) :* *Haarlemmerdijk 70. ☎ 626-26-62. Tlj sf dim 10h (11h lun)-18h.* Petite boutique de bonbons « artistiques ». En descendant les quelques marches qui séparent le laboratoire du comptoir, les curieux pourront assister à la confection de ces petites boules de sucre toutes colorées et aux saveurs marquées.

Puccini *(plan centre détachable D4,* ***403****) :* *Staalstraat 17. ☎ 626-54-74. Lun 12h-18h ; mar-sam 9h-18h ; dim 12h-18h.* Que les amateurs de chocolat évitent cette adresse, ils risquent d'y laisser tous leurs euros ! Tout est fait maison, et on peut voir l'atelier à l'arrière. La présentation exquise vous met déjà l'eau à la bouche : chocolat noir en vrac, pépites, noix, barrettes, orangettes. Parfums classiques, saveurs fruitées (prune, pomme, framboise, abricot) et alcoolisées (calvados, amaretto, cognac). Mais aussi des goûts inédits : thé, sésame, gingembre, miel, thym, anis... Irrésistible ! Une autre boutique délicieuse, d'un design épuré, tenue par la fille de la maison et lovée dans les murs de la vieille église, à l'entrée d'un quartier Rouge décidément en pleine mutation *(plan centre détachable D3,* ***407****)* : *Oudekerksplein 17a. Tlj 10h-18h. ☎ 622-29-02.*

Herboristerie Jacob Hooy *(plan*

centre détachable D3, ***404****) : Kloveniersburgwal 12. Dans le quartier Rouge. Lun 13h-18h ; mar-ven 10h-18h ; sam 10h-17h.* Fondée en 1743, et toujours fidèle au poste, cette étonnante boutique stocke des centaines d'herbes médicinales et culinaires. Le charme d'un voyage dans le temps.

Hartogs Volkoren Bakkerij *(plan général détachable F6,* ***418****) : Ruyschstraat 56. ☎ 665-12-95. Lun-ven 7h-18h ; sam 6h30-16h30.* Assez excentrée, cette boulangerie est pourtant considérée par beaucoup comme une des meilleures de la ville... Il suffit de voir la foule qui s'y presse le week-end, certains n'hésitant pas à venir de loin. Comme le choix est grand et le pain bien bon, ne vous étonnez pas de le retrouver dans de nombreux salons de thé et endroits à la mode.

Brocante, design et déco

Den Haan & Wagenmakers Bv *(plan centre détachable C3,* ***420****) : Nieuwezijds Voorgburgwal 97-99. ☎ 620-25-25. • dutchquilts.com • Mar-sam 10h-17h.* Une merveille de boutique. Des indiennes (chintz) aux couleurs chatoyantes, imprimées à l'ancienne, par la dernière manufacture hollandaise. On y trouve du tissu au mètre ou des coupons de toutes tailles, car le but avoué est de vendre tout le matériel nécessaire au célébrissime patchwork... mais rien ne vous empêche de transformer ces beaux motifs fleuris en veste tendance ou en nappe majestueuse... Le choix des décors et des couleurs semble infini. Beaucoup de rééditions de modèles créés au XVIIIe s, mais aussi des motifs d'inspirations graphiques, japonaises, etc.

Droog Design *(plan centre détachable D4,* ***402****) : Staalstraat 7b. ☎ 523-50-59. • droog.com • Mar-sam 11h-18h ; dim 12h-17h.* Boutique et galerie présentant les créations d'un collectif de designers néerlandais. Meubles et accessoires originaux, pleins d'humour pour certains, à base de beaux matériaux, mais qui restent fonctionnels (un fauteuil est là pour s'asseoir et pas seulement pour décorer !). Les prix sont, certes, élevés, mais nombre de petits articles (verres, tasses...) restent tout à fait abordables.

Kitsch Kitchen *(plan général détachable B3,* ***417****) : Rozengracht 8-12. • kitschkitchen.nl • Tlj 10h-18h (12h-17h dim).* Toiles cirées, Vierge pailletée en pendentif, sacs flashy... le tout en plastique, avec des couleurs psychédéliques : rien de banal ou de déjà vu.

The Frozen Fountain *(plan général détachable B4,* ***411****) : Prinsengracht 645. ☎ 622-93-75. • frozenfountain.nl • Tlj 10h (13h lun)-18h (17h dim).* Large échantillon d'objets de design contemporain pour la maison. Du porte-journaux à la vaisselle en passant par l'éclairage, c'est beau, pas toujours abordable mais beau !

Antiekcentrum *(plan général détachable A4,* ***422****) : Elandsgracht 109. • looier.nl • À l'angle de Lijnbaansgracht. Tlj sf mar 11h-18h (11h-17h sam-dim).* En tout, 84 stands de brocanteurs regroupés dans cet espace de 1 750 m². On y trouve de tout, à tous les prix. Certains de nos lecteurs y ont fait de précieuses trouvailles, vous y dénicherez peut-être votre trésor.

Luxe, fringues et fripe

Hemp Hoodlamb *(plan général détachable D2,* ***423****) : Nieuwendijk 13. • hoodlamb.com •* C'est bien connu, le chanvre donne une fibre assez proche du lin et certains se battent pour sa réintroduction et sa culture. Chaud et naturel, le chanvre a ses adeptes. Dans cette boutique, vous trouverez de quoi vous chanvrer des pieds à la tête ! Mode sportive et plutôt *streatwear...* assez chère !

Hester van Eeghen *(plan général détachable B3,* ***412****) : Hartenstraat 37. • hestervaneeghen.com • Tlj sf dim 11h (13h lun)-18h.* 2 boutiques pour les filles, l'une consacrée aux sacs (c'est là qu'on vous accueille) et l'autre (dans la même rue, au nº 1, mais pas toujours ouverte) aux chaussures, lesquelles sont assez délirantes. Les prix sont très élevés – et pour cause : la façon est italienne – mais les modèles sont vraiment uniques.

– Pour la fripe et les fringues vintage, rendez-vous Sint Antoniesbreestraat *(plan centre détachable D3-4),* Haarlemmerstraat *(plan général détachable B-C1)* et dans tout le quartier du Jordaan.

Insolites et curiosités amstellodamoises

La plus petite boutique d'Amsterdam : *située au nº 19 de Gravenstraat, au pied de l'église Nieuwe Kerk (derrière la place du Dam).* Ce minuscule local, consacré à l'artisanat et aux vêtements, ne mesure pas 2 m, ni en longueur ni en profondeur.

Amsterdam Tulip Museum *(plan général détachable B2,* ***320****) : Prinsengracht 116. ☎ 421-00-95. • amsterdamtulipmuseum.com • Tlj 10h-18h (un peu plus tard en été).* Au rez-de-chaussée du musée (voir plus loin), une jolie boutique où l'on vous conseille avec passion et enthousiasme sur le choix des bulbes (comment et quand les faire pousser, etc.), quelques objets de déco et de jardinage. Si vous avez l'*I Amsterdam Card,* poussez donc la porte du musée, l'entrée sera gratuite !

Vlieger *(plan centre détachable D4,* ***408****) : Amstel 34. ☎ 623-58-34. • vliegerpapier.nl • Lun 12h-18h ; mar-ven 9h-18h ; sam 11h-17h30.* Cette incroyable boutique entièrement vouée au papier n'est autre que la plus grande et la plus vieille papeterie d'Europe. Une mine de trésors !

Rood *(plan centre détachable D3,* ***416****) : Warmoesstraat 137a. • roodismooi.nl • Tlj sf mer ; lun-ven 12h-18h, sam 11h-19h, dim 12h-17h. Rood* signifie rouge et vous vous en rendrez vite compte. Ici, tout est rouge : vêtements, vaisselle, bibelots, gadgets... Bref, une adresse très *girly* pour celles qui voient la vie en rouge !

Brillenwinkel et Brilmuseum *(magasin et musée des Lunettes ; plan général détachable B3,* ***304****) : Gasthuismolensteeg 7. ☎ 421-24-14. • brilmuseumamsterdam.nl • Mer-ven 11h30-17h30 ; sam 12h-17h.* Lunetterie tenue par la même famille depuis plusieurs générations : au rez-de-chaussée, on peut acheter d'anciennes montures de tout style, à l'état neuf. Certaines remontent à 1839. Également de belles pièces des années 1950, introuvables ailleurs. Aux étages, un petit musée payant (lire plus loin la rubrique « À voir. À faire. Balade le long des grands canaux »).

De Witte Tandenwinkel *(magasin pour les dents blanches, en v.f. ; plan général détachable B4,* ***409****) : Runstraat 5. Lun 13h-18h ; mar-ven 10h-18h ; sam 10h-17h.* On passerait devant sans la voir ! Et pourtant cette minuscule boutique, tout à fait sérieuse puisqu'il s'agit d'une boutique de parapharmacie, est assez unique en son genre, même si c'est anecdotique : elle ne vend... que des brosses à dents ! Vous êtes d'humeur panthère ? rétro ? enfantine ? Vous trouverez ici votre bonheur.

Marañon *(plan centre détachable C4,* ***413****) : Singel 488-490. ☎ 622-59-38. • maranon.com • Près du marché aux fleurs. Lun-ven 11h-17h30 ; w-e 10h (10h30 dim)-17h30.* Ce magasin n'a rien de hollandais, mais il vaut la peine d'être signalé pour les amateurs du farniente. En effet, on y trouve un large choix de hamacs venus d'Amérique du Sud. Couleurs magnifiques, tissages artisanaux, tailles et qualités diverses. Il y en a même pour bébés ! Plus cher que là-bas, mais ça reste très honnête.

Cigares et autres menus plaisirs

P.J.C. Hajenius *(plan centre détachable C4,* ***401****) : Rokin 92-96. ☎ 623-74-94. • hajenius.com • Lun 12h-18h ; mar-sam 9h30-18h ; dim 12h-17h.* Cette prestigieuse et splendide boutique Art déco a fait du cigare sa spécialité depuis 1815. On y trouve les meilleurs « crus » et les meilleures marques du monde... Beaucoup de cubains, bien sûr, mais aussi des cigares « maison » avec du tabac de Sumatra (dont les Hollandais sont traditionnellement très friands). Les cigares sont présentés sur des écrins, dans des vitrines... On y trouve également des cigarillos et du tabac pour la pipe. Les prix n'ont rien d'affolant, au contraire.

Sex and rock & roll

Condomerie *(plan centre détachable D3,* ***406****) : Warmoesstraat 141. ☎ 627-41-74. • condomerie.com •*

Dans le quartier Rouge. Tlj 11h (13h dim)-18h. Le royaume du préservatif. Il y en a pour tous les goûts et toutes les fantaisies. Mais derrière la vitrine rigolote et colorée, on propose surtout une centaine de marques sérieuses, et l'on prodigue des conseils personnalisés. Le patron, très sympa, finance aussi des programmes de recherche scientifique sur le sujet. Vente par correspondance.

Concerto *(plan général détachable D5,* ***414****) : Utrechtsestraat 54. ☎ 626-65-77. Tlj sf dim 10h-18h (21h jeu).* Grande boutique de musique rassemblant une vaste sélection de rock, pop, dance, world, jazz et classique, dont pas mal de CD d'occasion. Également des films musicaux et un rayon de collectors vinyles, du genre premier pressage de Hendrix...

À VOIR. À FAIRE

– Rappelons qu'il est possible d'acheter les billets d'entrée des grands musées sur Internet (sage précaution en été) ou dans les offices de tourisme *(VVV)*, ce qui peut faire gagner vraiment du temps en période d'affluence.
– Les prix et les horaires des musées sont susceptibles de changer très vite. Mieux vaut vérifier hors saison sur le site si vous avez un doute. Et surtout ne pas arriver à une heure limite (même si la plupart des musées ferment assez tôt en règle générale).
– Ne pas oublier que l'*I Amsterdam City card* peut diminuer sensiblement le budget « À voir » des cultureux (voir plus haut la rubrique « Infos touristiques » dans la partie « Adresses et infos utiles »), et qu'il existe également plusieurs autres forfaits permettant de réduire significativement le coût des visites. Pour cela, se reporter à la rubrique « Budget » dans « Pays-Bas utile ».
– Le petit dépliant bimestriel *Exhibitions Amsterdam* donne le programme des expos temporaires. • *akka.nl/agenda* •
– Pour toute info sur les musées d'Amsterdam, consulter l'utile site • *amsterdammuseums.nl* •

AMSTERDAM GRATUIT

Les musées à Amsterdam sont (très) chers, mais la découverte des canaux à pied ne vous coûtera rien (si ce n'est quelques efforts physiques !). Il en va de même pour les visites du Begijnhof (le Béguinage), des galeries de la garde civique et de l'art contemporain, du Vondelpark et de l'Europe unie de la Roemer Visscherstraat, des jardins du Rijksmuseum, de la Zuiderkerk, du NAP au Stadhuis (le Niveau normal d'Amsterdam), des marchés, de la découverte des nouveaux quartiers de l'Oostelijk Havengebied et de leur architecture contemporaine, des docks du Nord (même le ferry est gratuit), de Cultuurpark Westergasfabriek et de Strandwest... Sans parler du quartier Rouge, évidemment, car c'est une forme de culture après tout. Bon d'accord on plaisante. Vous avez déjà de quoi vous occuper un moment avec tout ça, non ?

Concerts gratuits

Aux Pays-Bas, la musique n'est pas affaire d'élite. Concerts et spectacles musicaux gratuits ont lieu régulièrement aux quatre coins de la ville.
– Concert gratuit (30 mn) une fois par mois le mardi midi dans la ***Boekmanzaal,*** une salle du Muziektheater *(plan général détachable D-E4)*. • *hetmuziektheater.nl* • Au programme : musique de chambre interprétée par l'orchestre philharmonique néerlandais, le chœur de l'Opéra ou l'orchestre de ballet, rien que ça !
– Le ***Concertgebouw*** *(plan Vondelpark, C-D2-3)* organise des concerts gratuits presque tous les mercredis midi. • *concertgebouw.nl* • Arrivez tôt, vous ne serez pas tout seul !

– Le ***Muziekgebouw aan 't IJ*** *(plan général détachable E-F2)* programme lui aussi des concerts gratuits, le mardi midi (également dans le bâtiment NRC au Rokin, le dimanche).
– Des groupes de jazz ou de formation classique se réunissent parfois sur Leidseplein ou au Vondelpark (voir surtout le programme des festivités en été).

De la gare au quartier des musées, les balades, les lieux sympathiques et les édifices remarquables à ne pas manquer

Balade dans le centre historique *(plan général détachable C-D2-3-4 et plan centre détachable C-D3-4)*

Bien sûr, à Amsterdam, on peut se contenter de suivre les canaux au petit bonheur la chance, de saluer les chats derrière les vitrines (ou de regarder d'autres félines en petite tenue), de voir les lumières de la nuit colorer des intérieurs qui n'ont rien à cacher aux regards des curieux. Les mille façades étonnantes, les charmants petits ponts incurvés au-dessus des péniches et les bancs de canards exercent immédiatement leur magie. Mais voici pour commencer une suggestion de balade dans le centre historique d'Amsterdam. Cette boucle qui démarre de la gare centrale permet de voir l'essentiel des curiosités monumentales ainsi que les façades les plus marquantes. Comptez 2 à 3h de marche, selon votre rythme. Y ajouter le temps passé dans les musées. Si vous vous y lancez à bicyclette, il faudra la laisser à l'entrée du Musée historique, puis au Béguinage, et rattraper ensuite notre itinéraire.

Centraal Station *(gare ferroviaire centrale ; plan général détachable D2)* **:** pour la plupart des visiteurs, c'est ici que commence la découverte d'Amsterdam. D'abord, vous vous étonnerez que ce monstre de pierre édifié à la fin du XIXe s repose sur des pieds d'argile, ou plutôt de bois : 9 000 pilotis (8 657 exactement !) enfoncés sur trois îlots artificiels. Incroyable ! Comme pour le Rijksmuseum (c'est le même architecte), il s'agit d'un style néo-Renaissance monumental, mais où le souci du détail reste très présent : travail des tours latérales, bas-reliefs des fenêtres...
Toujours en travaux, la gare devrait présenter, dès 2017, un nouveau visage côté IJ Meer, avec une esplanade réservée aux piétons et aux vélos qui permettra une déambulation de jour comme de nuit en direction de l'est et du nouveau quartier qui s'est élevé à l'emplacement des anciens docks.
Depuis l'embarcadère derrière la gare, des bacs relient la ville et la partie nord de la ville (que le métro permettra d'atteindre dès 2017 normalement) en traversant l'IJ, ancienne crique du Zuiderzee. Traversée gratuite, qui dure 5 mn, avec un départ toutes les 15 mn entre 6h30 et 21h et toutes les heures entre 21h et minuit.

The Sex Museum *(plan général détachable D2,* ***300****)* **:** *Damrak 18. ☎ 622-83-76. • sexmuseumamsterdam.nl • Tlj 9h30-23h30. Entrée : 4 €. Non compris dans l'I Amsterdam City card. Âge min : 16 ans.* L'art et l'érotisme ont toujours vogué de concert ; il ne fallait pas venir dans le port d'Amsterdam pour le savoir, mais l'association des deux se devait d'avoir pignon sur rue dans cette ville ! Alors, selon votre degré d'expérience personnelle ou selon votre ignorance (et votre soif de connaissance), vous ricanerez ou vous écarquillerez les mirettes. D'un film muet des années 1920 à la reconstitution du quartier Rouge de l'après-guerre, c'est une page d'histoire que vous tournerez. Ne vous attendez pas à une muséographie originale, le musée du sexe a près de 30 ans, et dans ce domaine les signes de fatigue sont difficiles à masquer !

UN LIEU PRÉDESTINÉ ?

Par un hasard incroyable, lors de travaux, on trouva dans les fondations du musée deux objets érotiques inédits : le fragment d'un carreau de porcelaine de Delft représentant un homme jouant aux cartes et pourvu d'une érection, et un petit Hermès en bronze doté d'un membre énorme. Il s'avéra par la suite que cette figurine avait été rapportée par un marchand hollandais suite à un séjour en Méditerranée. Peut-être un signe précurseur de l'engouement qu'allait connaître le musée du Sexe ?

Beurs van Berlage *(Bourse du commerce de Berlage ; plan centre détachable D3)* **:** *Beursplein 1.* • *beursvanberlage.nl* • Achevée en 1903, c'est l'œuvre majeure de Hendrik Petrus Berlage, l'un des plus célèbres architectes hollandais du début du XXe s. Il dessina également les plans d'Amsterdam sud et du *Gemeentemuseum* de La Haye. Son style fonctionnel inspiré de la Renaissance italienne influença largement l'école d'Amsterdam. C'est l'un des plus étonnants édifices urbains qu'on ait jamais vus ! Faites-en le tour : selon l'angle, on croit voir tantôt une église avec sa tour carrée florentine, tantôt une usine avec sa grande cheminée, ou encore un château monumental en brique rouge !

Les activités boursières ont déménagé en banlieue en 1987. Le bâtiment héberge différentes activités culturelles. Malheureusement, seul le hall principal se visite. Il accueille régulièrement des expositions temporaires payantes et parfois très chères. Et vous pouvez toujours jeter un œil à la belle mosaïque *Jugendstil* qui orne les murs de la brasserie située au rez-de-chaussée.

Le Dam *(plan centre détachable C3)* **:** la place principale d'Amsterdam et la plus connue des Pays-Bas. Y trônent le Palais royal et la Nieuwe Kerk (la Nouvelle Église). À la fin du XIIIe s, les premiers habitants, des pêcheurs, s'installèrent ici et élevèrent une digue (le mot Dam signifie barrage) sur la rivière Amstel, d'où le nom d'Amsterdam. C'est donc le véritable cœur historique de la cité.

La blanche et vilaine colonne sur l'esplanade a été dressée en hommage aux victimes civiles de 1940-1945.

Longue artère descendant de la gare, le ***Damrak*** (*rak* signifie au sens strict « section droite d'une voie d'eau navigable » comme quoi vaut mieux abréger parfois !) borde le flanc est de la place. Au-delà, il devient le ***Rokin*** (*rokin* – rak-in – signifie « port intérieur » en simplifiant). Cette terminologie rappelle qu'autrefois le port venait jusqu'ici et que les activités commerciales débutèrent à cet endroit. L'ensemble est toujours en voie de réhabilitation (et en travaux à cause du futur métro), la municipalité ayant en effet pour projet de dérouler un grand tapis rouge (the *« red carpet »*) entre la gare et le centre-ville, ce qui devrait redonner un certain panache à un quartier que l'on ne fait que traverser à l'heure actuelle.

De Nieuwe Kerk *(Nouvelle Église ; plan centre détachable C3)* **:** *Dam 34. ☎ 638-69-09 ou 626-81-68.* • *nieuwekerk.nl* • *Tlj 10h-17h (22h jeu) ; parfois fermé quand il n'y a pas d'expos. Entrée : 15 € ; gratuit avec l'*I Amsterdam City card*, mais supplément payant de 3,50 € pour certaines expos. En été, concerts d'orgue les dim 20h (payant) et jeu 12h30 (gratuit sur présentation du billet d'entrée du musée).* Dédiée à la Vierge Marie et à sainte Catherine, elle fut construite au début du XVe s dans le style gothique flamboyant. Plusieurs fois retouchée (notamment au XVIIe s par l'architecte Jacob Van Campen), devenue protestante, elle ne fut jamais terminée. C'est pourtant ici que sont intronisés les souverains (le dernier en 2013). Curieusement, l'église a perdu toutes fonctions religieuses, faute de pratiquants, s'il faut en croire les mauvaises langues (les non-croyants seraient devenus majoritaires dans le pays !).

À l'intérieur, belle voûte en bois, élégante et légère. Mais ce qui frappe surtout, c'est cette impressionnante chaire en acajou, sculptée au XVIIe s, dont la fixation de la partie supérieure reste un mystère. Remarquez comme les angelots prennent un plaisir certain à glisser le long de la corde qui longe l'escalier de la chaire, ainsi que les personnages qui se penchent au niveau de la balustrade de l'abat-voix. On pourra encore voir le buffet d'orgue, orné de panneaux peints, ainsi que la grille en cuivre doré qui ferme le chœur.
Ayant perdu toute fonction cultuelle, l'église ne dégage plus beaucoup de charme, et on s'y promène comme dans un musée. D'ailleurs, les autorités religieuses louent la salle pour des expos (souvent de grande qualité), des conférences, des cocktails...
Dans le bas-côté droit, ***café*** avec terrasse donnant sur la place.

Koninklijk Paleis *(Palais royal ; plan centre détachable C3)* **:** *Dam 1. • koninklijkhuis.nl • (pour connaître l'agenda royal). • paleisamsterdam.nl • Tlj 12h30-17h, sf les jours où le palais est utilisé pour les réceptions officielles. Entrée : 10 € ; gratuit jusqu'à 18 ans.* Jacob Van Campen construisit cet ancien hôtel de ville pendant l'âge d'or d'Amsterdam, au XVIIe s. Ce lourd édifice, empesé d'un morne classicisme, est bâti sur plus de 13 657 pilotis, 5 000 de plus que la gare ! Suite à un incendie au début du XIXe s, Louis Bonaparte le transforma en palais royal. Jetez un œil au passage. Sur le fronton, une frise évoque l'importance de l'eau dans le développement de la ville. Au sommet, une femme tient les palmes de la victoire, à l'époque de la guerre contre l'Espagne. Les grilles du rez-de-chaussée furent placées pour prévenir les émeutes. À l'arrière, bel atlante en bronze encadré de quatre vertus. Dans les années 1930, l'édifice fut racheté par l'État et devint résidence royale. Cela dit, la reine n'y séjournait presque jamais, et son fils, une fois les cérémonies d'investiture passées, ne donne pas l'impression de vouloir y retourner souvent. On ne peut pas leur en vouloir. Brrrr...

COMMENT UN ROI IMPOSÉ S'EST FAIT AIMER

Louis Bonaparte fut intronisé d'autorité par son frère alors que la Hollande n'avait connu que la République. Face à l'opposition envers un souverain étranger, Louis chercha à gagner l'affection de ses sujets. Dès le début, il les rassura et jura de veiller à leurs intérêts. Louis suivit des cours pour maîtriser le néerlandais et vint en aide à ceux qui souffraient après les inondations. En refusant à son frère la conscription dans la Grande Armée, il s'attira la sympathie de la population.

Madame Tussaud Scenarama *(plan centre détachable C3,* ***301****)* **:** *Dam 20. ☎ 522-10-10. • madametussauds.nl • Tlj 10h-17h30 (20h30 en été). Entrée : 18-22 € (13-20 € en ligne) selon horaires et flexibilité du billet ; petite réduc enfants et ticket familial ; réduc de 25 % avec l'*I Amsterdam City card *; billet jumelé avec le donjon à 31 € !* En plus des habituels mannequins de cire représentant des célébrités, plusieurs attractions en phase avec l'actualité cinématographique, musicale, littéraire. Franchement, ce serait sympathique à un prix plus raisonnable, mais là, c'est l'arnaque.

Magna Plaza *(plan centre détachable C3)* **:** *derrière le Palais royal.* L'ancienne poste centrale est aujourd'hui un grand centre commercial un peu hors du temps. Beau bâtiment construit au XIXe s, dans le style de la Renaissance hollandaise, reconnaissable par son exubérance et son souci du détail. C'est une réalisation d'un architecte catholique, détail important puisqu'on commença seulement à redonner du travail aux catholiques à cette époque. Résultat, sur cet édifice, le bâtisseur n'a pu s'empêcher de dessiner des tourelles ajourées, de travailler les détails, tout comme il le faisait pour les églises.

– Au sous-sol, une initiative originale qui peut faire sourire puisqu'un petit malin a eu l'idée de présenter là ***tous les tableaux de Rembrandt (325 !)... en reproduction.*** Reproductions de qualité, pour célébrer une recherche originale en soi, certaines œuvres appartenant à des particuliers n'étant pas visibles autrement. Une initiative qui surprend, charme, dérange, horripile même certains. Si le succès n'est pas au rendez-vous, l'équipe cherchera d'autres lieux d'exposition. *• rembrandtallhispaintings.com • Tlj 10h-19h (12h-19h le dim). Entrée : 6,50 € ; réduc.*

Spuistraat courait autrefois le long du canal. Au n° 210, jeter un œil à la *Bungehuis,* dans le style Art déco. Au n° 230, deux vieilles maisons du début du XVIIe s. Au n° 253, il y a deux anciens entrepôts qu'on remarque grâce à leurs volets de bois et à leurs fenêtres en arcade. Au n° 274, une curieuse maison Art nouveau avec fronton en bois au dernier étage et petits encorbellements.

Emprunter ensuite à gauche la ***Rosmarijnsteeg*** (« ruelle du Romarin »). Au n° 6, la vieille librairie *De Friedesche Molen* propose d'intéressants vieux livres en français. C'est également une rue de numismates. Arrivée sur le gros boulevard ***Nieuwezijds Voorburgwal.*** Sous les arbres, à ce niveau-là de la rue, marché aux timbres et à la monnaie les mercredi et samedi de 9h à 16h. À l'angle de ces deux rues, une petite maison penche étrangement. Ce n'est pas la seule de la ville. Cette inclinaison empêchait les objets de heurter la façade lorsque des charges étaient hissées depuis l'extérieur au moyen du palan. Noter aussi « l'espion », un petit miroir qui permet de surveiller de l'intérieur ce qui se passe dans la rue sans être vu. Cela permet également de savoir qui est à la porte et de la commander électriquement sans avoir à descendre pour ouvrir.

Traversée du Nieuwezijds Voorburgwal pour poursuivre dans la ruelle ***Sint Luciensteeg*** (« Saint-Lucien »). La référence aux saints catholiques montre que nous sommes dans la partie ancienne de la ville, à l'époque où les catholiques n'étaient pas encore montrés du doigt. Au début de la rue, sur la droite, incrustées dans un grand mur appartenant au Musée historique, remarquer une série d'armoiries de maisons anciennes, véritable carte d'identité des habitants du quartier, autrefois, qu'il faut apprendre parfois à décoder. Sur l'une des plaques, on voit un forgeron, sur une autre un orfèvre.

En prenant immédiatement à droite, on pénètre dans l'une des ***cours du musée d'Amsterdam,*** ancien orphelinat du XVIe s qui fonctionna jusqu'en 1960. Dans la cour de gauche, noter les casiers des orphelins.

Le *Museum Cafe Mokum,* la cafétéria du musée, occupe l'ancien réfectoire de l'orphelinat. À l'intérieur, déco insolite, inspirée des collections du musée.

Amsterdam Museum *(musée d'Amsterdam ; plan centre détachable C4) : 2 accès possibles ; Kalverstraat 92, et Sint Luciënsteeg 27. ☎ 523-18-22. • ahm.nl • Tlj 10h-17h. Fermé 1er janv, 30 avr et 25 déc. Entrée : 11 € ; réduc ; gratuit avec l'I Amsterdam City card. Audioguide : 4 € (mais pas indispensable, le livret donné à l'entrée suffit).*

Le musée a fait peau neuve, revoyant toute sa présentation, toute sa muséographie, afin de rendre le passé plus accessible à tous. Un voyage dans le temps assez ludique, surtout avec l'audioguide.

Installé depuis 1975 dans un bel ensemble de constructions en brique d'un ancien orphelinat, cet intéressant musée retrace, vous l'aviez compris, l'évolution de la ville depuis sa création jusqu'au début du XXe s : d'innombrables plans, cartes animées et vues cavalières permettent de suivre l'évolution géographique et démographique de la ville, période par période. C'est là que l'on se rend compte à quel point le jeu des creusements et des comblements de canaux est complexe et fascinant. La moitié des salles est consacrée aux XVIIe et XVIIIe s, pendant lesquels la ville connut un développement étonnant.

Arrêtez-vous devant la fascinante vue d'Amsterdam depuis le port datant de 1538. D'une grande minutie dans les détails, elle donne une idée du futur plan de la ville,

quand le Jordaan n'était encore que campagne et où le Dam servait de quai de déchargement et de marché... Ne pas manquer non plus *La Leçon d'anatomie du docteur Joan Deijman,* de Rembrandt... la leçon du jour, c'était la trépanation. Une autre leçon d'anatomie où l'on remarque avec quelle habileté la main du professeur cache l'objet de l'étude...
À chacun de trouver en fait ses repères pour ce voyage dans le temps qui demande un peu d'attention. Musée ludique certes, historique surtout. Après la vision de *La ville sur pilotis (1000-1500),* on passe à *La révolte contre le roi et l'église (1500-1600)* ; le commerce prime qu'on se le dise ! Y compris sur les opinions religieuses... Et, pour mieux commercer, l'on « invente » le concept de tolérance religieuse. En 1600-1700, Amsterdam devient *Le centre du monde* : art, médecine, commerce, philosophie, pas un domaine où la ville n'excelle. Elle attire tous les talents. *Liberté, Égalité, Fraternité (1795-1815)* et « Guillotine » pourrait-on rajouter ! Les clés de la ville sont remises à l'Empereur et le nouveau roi de Hollande est français. Le pays perd son indépendance mais devient une démocratie. *Vers une ville moderne (1870-1940)* : Amsterdam fait sa Révolution industrielle et connaît une expansion sans précédent. *La Seconde Guerre mondiale (1940-1945)* : l'Occupation, les rafles et Anne Frank. Et, enfin, depuis 1945, Amsterdam *Capitale de la Liberté* : mariage des homosexuels, drogue, tolérance, 178 nationalités recensées, montée des extrémismes... Les dernières salles, consacrées à l'histoire moderne et contemporaine, permettent d'aborder les nouveaux enjeux économiques, sociaux et urbanistiques...
– Dans la cour du rez-de-chaussée, jetez un œil, si vous le pouvez, à l'intéressante *salle des Régents* (ouverte seulement à l'occasion d'expos temporaires), où les administrateurs de l'hospice se réunissaient. Au plafond, leurs armoiries, sur les murs, des portraits de groupes lors des conseils ainsi qu'une toile de Jacob Backer les illustrant. Intéressantes pièces de mobilier et, parmi des tableaux du XVIIe s, la *Défaite de la flotte espagnole,* de 1631.
– En passant sous les arcades, sortez de la cour du musée par le nº 92 de la Kalverstraat. Jetez alors un œil au fronton de l'orphelinat. Sur une plaque, sous des orphelins en uniforme, une supplique dit à peu près ceci : « Ne passez pas ici sans donner un petit quelque chose. »
– ***La galerie des gardes civiques :*** *entrer à l'intérieur de l'ancien orphelinat, sur la gauche. Ouv tte la journée ; fermé la nuit. Accès libre.*
Même si vous ne visitez pas l'Amsterdam Museum, jetez un œil à ce passage, c'est gratuit. La rue-galerie relie la cour des garçons à celle des filles. Cette rue couverte, dont les murs sont parés de toiles et d'œuvres contemporaines, répond à l'idée d'amener l'art dans la rue, et les citoyens au musée. C'est réussi, même si la confrontation des époques a de quoi surprendre.

CROIX DE BOIS, CROIX DE FER, SI JE MENS, JE VAIS EN ENFER !

Au-dessus du fronton de l'ancien orphelinat devenu musée d'Amsterdam, on est intrigué par trois croix de Saint-André superposées et surmontées de la couronne impériale. C'était, dit-on, l'avertissement d'un triple danger : l'Eau, le Feu et la Peste. La reine, trouvant ces définitions trop négatives, transforma ce trio de catastrophes en Espoir, Foi et Endurance. Une trilogie réconfortante puisque ce sont les armes de la ville que vous contemplez !

Het Begijnhof *(Béguinage ; plan centre détachable C4)* **:** *2 entrées ; par la pl. Spuicentrum, côté nord (repérer la maison en brique entre 2 maisons blanches) ; une autre entrée côté est par la rue Gedempte Begijnensloot, sur la gauche en descendant. • begijnhofamsterdam.nl • Tlj 9h-17h. Gratuit. Juil-août, ts les mar (horaires à l'entrée de Spuistraat), déjeuner-concert gratuit (musique classique).*
ATTENTION, silence ! Les groupes de visiteurs bruyants finiront-ils par faire interdire l'accès du Béguinage en dehors des visites guidées ? Ce serait dommage

pour tous ceux qui sont émerveillés par la découverte de ce lieu hors du temps. Soyez donc respectueux de la tranquillité des lieux.
Une chapelle en brique au milieu d'une grande pelouse, entourée d'une quarantaine de maisons faisant écran à l'agitation du dehors... c'est la parenthèse enchantée que prodigue le plus ancien des béguinages d'Amsterdam. L'effet de surprise est garanti en entrant par la porte de Spui, surmontée de sainte Ursule, la patronne d'Amsterdam.
Au XVe s, le béguinage est presque entièrement détruit par deux grands incendies, à l'exception du n° 34, à l'étage légèrement avancé, l'une des deux seules maisons en bois à subsister dans la ville. Les demeures entourant aujourd'hui le n° 34 attestent de la richesse architecturale des XVIe et XVIIe s. Certains détails des façades reflètent la vocation du lieu : au n° 11, une pierre d'identification représente l'évêque Willeboort, évangélisateur de la Hollande ; au n° 19, un petit bas-relief de la Sainte Famille quittant l'Égypte. Au n° 29 se cache... la célèbre ***église cachée.*** Ce tour de passe-passe est une conséquence de l'Altération de 1578. Celle-ci entraîne la confiscation de la chapelle du béguinage, à l'instar de tous les autres lieux de culte catholiques, et oblige les béguines à pratiquer leur religion dans la plus grande discrétion. Elles ont alors l'idée de réunir deux maisons pour assister aux offices, toutes ensemble et dans les règles de la liturgie catholique. Quand l'endroit est consacré, en 1678, elles sont 150 ! Poussez donc la porte, vous serez étonné. À gauche, remarquez le trompe-l'œil qui donne une illusion de profondeur. Notez encore les autres représentations du miracle d'Amsterdam, une abracadabrante histoire d'hostie volante ! Les vitraux n'ont été ajoutés qu'au XIXe s pour célébrer le retour à la liberté religieuse.

UNE VIE DE BÉGUINE

Fondé au XIVe s, ce hâvre de paix hébergea pendant des siècles une communauté de béguines, dont la dernière représentante s'est éteinte en 1971. Ces dames, catholiques ferventes, célibataires ou veuves, vivaient dans la prière et prodiguaient leur aide aux déshérités et aux malades. Elles n'appartenaient à aucun ordre religieux et pouvaient rompre librement leurs vœux de chasteté et d'obéissance. Autre différence avec les religieuses, elles ne faisaient pas vœu de pauvreté.

***Le Spui** (plan centre détachable C4)* **:** cette placette (prononcez : « speuille », textuellement « vidange des canaux ») fut le lieu de rendez-vous de la jeunesse progressiste et le centre névralgique du mouvement provo en 1967. On y trouve la statue d'un Gavroche local, *Het Lieverdje,* figure du non-conformisme et d'une certaine désobéissance sociale. Le vendredi, le Spui est occupé par un marché aux livres. En face du Béguinage, la vaste bâtisse en brique, très sobre et presque austère, de *Maagdenhuis* est une ancienne « maison de vierges » du XVIIIe s, entendez par là un orphelinat de jeunes filles. À l'époque, le système social de la ville est déjà particulièrement développé. Aujourd'hui, cette demeure appartient à l'université d'Amsterdam.

Suivons le Spui vers le centre-ville. On croise l'une des artères les plus riches de la ville et l'une des plus commerçantes des Pays-Bas : ***Kalverstraat,*** la « rue des Veaux ». Il suffit de lever la tête pour en apercevoir un, au sommet de la maison qui fait l'angle avec le Spui.

On traverse le ***Rokin,*** large artère où passait autrefois l'Amstel. Nous entrons là dans ce qui était la vieille ville, dont il ne reste aucune trace sur le plan architectural. Sur le pont du Rokin, la *statue équestre de Wilhelmine* (voir rubrique « Personnages » dans « Hommes, culture, environnement »).

Nous continuons notre périple par ***Langebrugsteeg*** et ses nombreuses boutiques de petits objets de toutes sortes. Cette ruelle se prolonge par ***Grimburgwal.***

À l'angle avec Oudezijds Voorburgwal, la *maison des Trois Canaux* est nommée ainsi parce qu'elle est la seule de la ville à être bordée sur trois côtés par des canaux. Petits volets carrés très élégants. Façade avec pignon à redents du XVIIe s, absolument superbe. On passe devant l'*université d'Amsterdam,* puis on prend à droite le passage au n° 229 de Oudezijds Achterburgwal. Sous les arcades, les bouquinistes rappellent la forte présence d'étudiants dans le secteur.

Allard Pierson Museum *(musée Allard-Pierson ; plan centre détachable C4)* **:** *Oude Turfmarkt 127. ☎ 525-25-56. • allardpiersonmuseum.nl • Ⓣ Muntplein (n°s 4, 9, 16, 24). Tlj sf lun 10h (13h w-e)-17h. Entrée : 10 € ; réduc ; gratuit avec l'I Amsterdam City card.* Dans un immeuble néoclassique, le Musée archéologique de l'université illustre de manière très didactique les aspects de la vie quotidienne avec ses collections relatives à l'Antiquité : le rez-de-chaussée est consacré à la Mésopotamie, à l'Égypte ancienne, à l'Asie Mineure et à l'Iran. Rites funéraires sous les pharaons, bijoux parthes, bronzes du Luristan et vaisselle de la dynastie sassanide. L'étage est dévolu au monde gréco-romain, à la civilisation étrusque et à l'art des Cyclades. Ce musée bien fait se visite à petites foulées, en moins d'une heure.

Muntplein *(plan centre détachable C4)* **:** sur cette place se dresse la tour de la Monnaie *(Munttoren),* élevée vers 1490. Elle assurait la défense d'une porte de l'enceinte médiévale. Suite à un incendie, sa partie supérieure fut refaite dans un joli style baroque au début du XVIIe s. Après l'invasion de l'armée française, sous Louis XIV, en 1672, cette tour abrita la Monnaie. Aujourd'hui, elle donne l'heure sans se faire prier ni payer et héberge au rez-de-chaussée un magasin de faïence de Delft.

– À partir de Muntplein, le long du Singel, on trouve le célèbre ***marché aux fleurs*** (voir, plus loin, « Les marchés ») devant lequel se retrouvent tous les matins les touristes de passage, bullant devant les bulbes, ou achetant des petites cannettes d'où s'élèveront des tulipes multicolores, avec un peu de chance... Le traverser pour passer le pont et découvrir une vraie merveille, perdue au milieu d'une rue commerçante : l'incroyable *cinéma Tuschinski.*

Le cinéma Tuschinski *(plan centre détachable C4,* **7***)* **:** *Reguliersbreestraat 26. ☎ 428-10-60. • tuschinski.nl •* Un des plus beaux cinémas d'Europe. Peu importe le film, l'étonnant décor Art déco de 1921 vaut le déplacement à lui seul. Restauré, ce palais perpétue l'esprit des *Roaring Twenties,* l'esprit des vraies stars. C'est à Aram Tuschinski, comme son nom l'indique, qu'on doit cet ancien théâtre construit pour divertir les riches marchands de l'époque : la superbe coupole du lobby, les panneaux de bois en marqueterie, l'escalier, les éclairages subtils, les vitraux... et les profonds fauteuils des salons, tout est resté dans son jus. Le merveilleux tapis du hall, abîmé par 70 ans de mégots écrasés par les visiteurs, a été entièrement retissé à la main, d'après les cartons d'origine. Le *Tuschinski* ? Un grand délire architectural, à voir toutes affaires cessantes.

En revenant sur Muntplein et en empruntant Nieuwe Doelenstraat, on aboutit sur ***Kloveniersburgwal.*** Au fronton du passage, une femme avec une corne d'abondance représente la ville d'Amsterdam qui soutient les vieillards nécessiteux. Inutile de préciser que le lieu était autrefois un hospice. On voit de l'autre côté du canal, au n° 95, la *Nispenhuis,* bâtisse du XVIIe s de style classique, ancêtre du Rijksmuseum. Au loin pointe la tour de la *Zuiderkerk* (église du Sud), qui fut la première église protestante construite à Amsterdam après l'Altération. Remontons le Kloveniersburgwal sur la gauche pour emprunter, de nouveau à gauche, la petite *Rusland.* Au n° 23, une façade classique du XVIIIe s avec ses pignons à redents. Au n° 16, un minuscule *coffee-shop,* le *Rusland* (voir la rubrique « Les *coffee-shops* » plus haut), qui fut l'un des premiers du genre.

Prendre, à droite, la ***Oudezijds Achterburgwal,*** puis à droite la ruelle ***Spinhuissteeg.*** Immédiatement sur la gauche, un fronton rappelle ici le travail des

À VOIR. À FAIRE

femmes prisonnières, que l'on faisait filer, d'où le nom de la rue. On reprend ensuite Kloveniersburgwal avant de traverser le pont qui mène dans Nieuwe Hoogstraat.

Zuiderkerk *(église du Sud ; plan centre détachable D4)* **:** *Zuiderkerkhof 72. ☎ 552-79-87. • zuiderkerk.amsterdam.nl • Centre d'information : tlj sf dim 9h-17h (12h-16h sam) ; entrée libre. Accès à la tour : avr-sept, lun-ven 13h-15h30 ; tour guidé ttes les 30 mn ; prix : 7,50 € ; non compris dans l'*I Amsterdam City card.
Ancienne église construite en style Renaissance pour le culte protestant au début du XVIIe s, son clocher fut une source d'inspiration pour la *Westerkerk.* L'édifice abrite à présent les services d'urbanisme de la Ville. Y entrer (gratuit) pour l'architecture intérieure et les pierres tombales encastrées dans le sol. Jeter aussi un coup d'œil sur les panneaux décrivant le développement urbanistique d'Amsterdam. On constate que la démocratie n'est pas dans ce pays un concept abstrait, puisque tous les projets à venir sont soumis dans leurs moindres détails à l'examen des citoyens. Belle leçon de transparence ! Brochures multilingues décrivant plusieurs circuits de découvertes architecturales.

Nieuwmarkt *(Nouveau Marché ; plan centre détachable D3)* **et le Waag** *(poids public)* **:** vaste place où, tous les matins, se tient un marché. L'étonnant ici, c'est évidemment cette grosse structure carrée, flanquée de tours massives. Il s'agit de la porte Saint-Antoine, insérée dans l'enceinte du XVe s et qui servait de bascule publique. C'est la seule porte témoignant de l'origine médiévale de la cité. En premier lieu entourée d'eau, elle se trouva sans objet après que le canal fut asséché pour construire la place, au début du XVIIe s. La porte Saint-Antoine fut alors transformée en bascule publique, la *Waaghuis.* Les tours servaient pour leur part de sièges aux corporations (médecins, peintres, maçons...). *La Leçon d'anatomie du docteur Tulp,* qui assit la célébrité de Rembrandt à 26 ans, fut peinte dans la salle des médecins de cette tour. Aujourd'hui exposée au Mauritshuis de La Haye, ne pas la confondre avec *La Leçon d'anatomie du docteur Deijman,* visible au musée d'Amsterdam.
Le *Waag* a été transformé en un superbe café-restaurant, sobre et médiéval, avec une agréable terrasse.

Balade dans le quartier Rouge
(Red Light District ; plan centre détachable D3)

À 50 m de la gare, en face et légèrement sur la gauche, s'étend un quartier coloré dont les axes principaux sont *Warmoesstraat, Oudezijds Voorburgwal* et *Oudezijds Achterburgwal,* et toutes les petites rues perpendiculaires, bien plus hard. Le long des canaux, dans les étroites ruelles, les « dames déshabillées en vitrine » ont donné à ce quartier une renommée mondiale. Comme vous l'avez deviné, ledit quartier est nommé « quartier Rouge » car chaque vitrine est éclairée par un néon rouge. C'est pourquoi vous ne verrez jamais d'ampoules rouges chez les Néerlandais, comme dans beaucoup d'autres pays d'ailleurs !
Aux Pays-Bas, pas d'hypocrisie ni de faux-semblants. On appelle un chat un chat (même au féminin !). Toutes les prestations tarifées sont alignées sur un barème uniformisé. Plutôt que d'interdire, on tolère, on encadre... et on taxe. Car ces dames déclarent leurs revenus et paient leurs impôts comme tout le monde.
Une visite à Amsterdam ne serait pas complète sans un petit tour dans le quartier Rouge. Tous les tour-opérateurs l'ont inscrit à leur programme. Le soir, et même en journée, des milliers de touristes en goguette y déambulent. On y croise aussi bien des délégations japonaises en voyage d'affaires (très concentrées) que des cars de jeunes ados boutonneux (très bruyants), et même des familles avec marmots. Mais attention ! Il est malvenu de prendre les créatures plantureuses en photo pour son calendrier personnel. De jour comme de nuit, les dames attendent le client au

chaud dans leur vitrine-chambre à coucher, souvent décorée de manière puérile. Ici, un ours en peluche sur le couvre-lit en velours rose ; là, un poster d'une star de cinéma. Dans un coin, un lavabo, pour que monsieur fasse un brin de toilette avant et que madame se remaquille après. Un rideau agrémente la vitrine. Lorsqu'il est tiré, c'est occupé ! Dans une atmosphère plutôt bon enfant, les dames s'affichent sans ambiguïté comme pourvoyeuses de services rétribués et ne rechignent pas trop à être l'objet de centaines de regards concupiscents.

N'ayez plus peur de décrire les lieux à votre famille au retour, en craignant que ce soit mal interprété, puisque qu'un « Museum of prostitution » installé dans un ancien appartement vous permet de découvrir, pour 10 €, les « Red lights secrets ».

Certains aimeraient bien voir le quartier Rouge remplacé par une zone dédiée au shopping de luxe et à la culture, ou du moins à la contre-culture (espaces de création, restos vintage, etc.). On n'en est pas encore là, mais l'arrivée de nouveaux bars, de boutiques tendance, autour de la Oude Kerk, en est le signe annonciateur. Certes, nombre de propriétaires de vitrines ont baissé pavillon sous le coup d'une double pression à la fois légale – une nouvelle loi impose de justifier la provenance de l'argent sous peine de le voir confisqué – et immobilière – le rachat par la ville de certains des immeubles concernés.

La municipalité essaie d'éradiquer les dérives mafieuses et tente de vider les vitrines d'une population en provenance des réseaux d'Europe de l'Est (difficile de prendre ces dames pour des personnes venant du Sud). Quant à la politique de liberté sexuelle et de la libre utilisation de son corps qui faisait la fierté des prostituées hollandaises, elle ne disparaît pas pour autant. Amsterdam essaie simplement de redorer son image en installant plus de transparence. C'est donc un mal pour un bien, mais le quartier Rouge devrait rester en place tout en limitant son activité à quelques ruelles autour de la Oude Kerk. La pression touristique est trop forte... En attendant, beaucoup de ces vitrines sont à vendre ou à louer, et certaines, libérées, ont déjà trouvé de nouveaux locataires : de jeunes artistes qui y exposent leurs œuvres !

Souvent, qui dit sexe tarifé dit aussi drogue. Qu'on se le dise, si malgré le nettoyage effectué il reste encore des dealers isolés, ici et là, il suffit de les ignorer. Ceux qui ne se sentent pas trop à l'aise éviteront les ruelles et resteront sur les grands axes. Cela dit, le quartier est certainement le coin le plus fliqué d'Amsterdam.

Oude Kerk *(Vieille Église ; plan centre détachable D3)* ***:*** *Oudekerksplein 23. ☎ 625-82-84. • oudekerk.nl • Tlj 11h (13h dim)-17h. Entrée : 7,50 € ; réduc ; gratuit moins de 13 ans et avec l'*I Amsterdam City card, *sf en cas d'expo spéciale. Guide en français disponible à l'accueil (gratuit).* Dans les ruelles adjacentes, des dizaines de dames en vitrine attendent paisiblement leurs chalands et clients, formant une surprenante couronne colorée (un peu unicolore le soir, d'ailleurs !) autour de la plus vieille église d'Amsterdam (1366-1566). C'est plus facile à comprendre quand on sait que cette église, dédiée à saint Nicolas, était un endroit vénéré par les marins. D'ailleurs, pendant longtemps, ceux-ci se servaient de sa tour octogonale comme d'une balise pour rentrer au port. Bel intérieur vaste et dépouillé. Quelques souvenirs évoquent le passé maritime de la ville, notamment les tombeaux de certains amiraux hollandais. On peut monter au sommet du clocher (pour la vue) entre avril et septembre (payant : 7,50 € ; la visite est guidée et dure 1h). Le carillon manqua de s'effondrer dans les années 1950. Aujourd'hui, il est tellement bien restauré qu'il rythme la vie d'Amsterdam toutes les demi-heures, voire tous les quarts d'heure, même la nuit !

Wallenwinkel *(plan centre détachable D3,* ***316****)* ***:*** *Enge Kerksteeg 3, (Oude Kerk). ☎ 420-73-28. • dewallenwinkel.nl • Mer et ven 18h-20h, sam 12h-19h.* Le petit et assez coquet QG du *PIC* (Centre d'information sur la prostitution), dirigé par une ancienne prostituée, Mariska Majoor, fait aussi boutique : bouquins sur le sujet, souvenirs, préservatifs de confiance bien sûr... Tous les samedis à 17h, ou tous les jours sur demande à partir de six personnes, on peut aussi participer à une balade découverte du quartier (15 € par personne), de ses activités, de ses dessous... en profitant de conseils éclairés.

Belle *(plan centre détachable D3, **317**) : angle sud de Oudekerksplein.* En hommage à celles qui font le plus vieux métier du monde, *Belle*, statue d'une femme se détachant du cadre d'une fenêtre, a été érigée à l'initiative du *PIC*.

CADEAU ROYAL POUR LE QUARTIER ROUGE !

À la sortie de la Oude Kerk, les touristes photographient les pavés plutôt que l'église. Dans le sol est scellé un buste de femme avec une main posée sur le sein. Cette œuvre d'art aurait été installée de nuit, en catimini. Lorsque la municipalité a voulu la faire enlever, les gens du quartier ont manifesté pour la garder. Depuis, un cadenas empêche qu'on la vole. D'autant plus qu'une rumeur attribue ce cadeau à une artiste royale à présent retraitée et au nom cher à tous les Hollandais (suivez notre regard) !

On's Lieve Heer op Solder *(musée « Le Bon Dieu au grenier » ; plan général détachable D3) : Oudezijds Voorburgwal 40. ☎ 624-66-04. • opsolder.nl • Ⓣ Dam (nos 4, 9, 16, 24). Lun-sam 10h-17h ; dim et j. fériés 13h-17h. Fermé 1er janv et 30 avr. Entrée : 8 € ; réduc ; gratuit avec l'I Amsterdam City card. Brochure en français.* Visite insolite et passionnante suivant un parcours clair et fléché. À l'instar de l'église voisine *(Oude Kerk)*, on pourrait aussi appeler cette maison « la Vertu cernée par le Vice ». C'est du moins ce que nous avons ressenti après la visite de cet endroit étonnant, situé en plein quartier Rouge. Il s'agit en fait d'une grande maison du Siècle d'or, au bord d'un très vieux canal, dont le grenier, au lieu de malles empoussiérées, abrite une église clandestine parfaitement conservée depuis le XVIIe s. Tout y est : l'autel, les rangées de chaises, les tableaux et les objets du culte, l'orgue et les balustrades en bois. Incroyable ! D'habitude, les églises clandestines se cachent dans les caves, mais comme celles d'Amsterdam sont facilement inondables, les catholiques préféraient prier et célébrer la messe au grenier tant que leur religion restait officiellement interdite. De grands marchands proposèrent des cachettes dans leurs maisons. Comme Jan Hartman, propriétaire de cette belle demeure bourgeoise, dont il fit transformer les combles en lieu de culte secret en 1661. L'entrée des fidèles était indépendante. Seule maison-église que l'on puisse encore admirer dans son état d'origine, elle a été transformée en musée en 1888.

Hash Marihuana Museum *(musée du Haschisch et de la Marijuana ; plan centre détachable D3) : Oudezijds Achterburgwal 148. ☎ 624-89-26. • hashmuseum.com • Tlj 10h-23h. Entrée : 9 € ; assez cher pour ce qu'on voit ; non compris dans l'I Amsterdam City card (évidemment !).* Contigu à la boutique de graines *Sensi Seeds Bank*, ce musée joliment rénové, d'un genre certes particulier, décline en une salle toute l'histoire du cannabis, ses aspects, son rôle, etc. Livres et documentations, histoire de sa culture et de ses multiples utilisations (cordages, calfatage, etc.), récit de la campagne américaine de diabolisation du cannabis, plutôt motivée par des arguments commerciaux (laisser le champ libre au coton) que par le souci pour la santé d'éventuels consommateurs. Narghilés et pipes, tout est là pour informer. La boutique, pour sa part, propose tout l'équipement pour le jardinage, ainsi que 22 sortes de graines (exportation interdite, on vous le rappelle).

Museum of Prostitution *(plan centre détachable D3, **302**) : Oudezijds Achterburgwal 60H. • redlightsecrets.com • Tlj 12h-minuit. Entrée : 7,50 €.* Un nouveau musée consacré au plus vieux métier du monde. Ne cherchez pas le numéro de téléphone, et ne faites pas comme ceux qui passent et repassent en riant et en n'osant pas entrer. Faut dire que les groupes d'hommes sortant quelques mètres plus loin n'ont pas la tête d'habitués des musées. Voilà en tous cas un lieu visible de loin avec son enseigne provocatrice *(Red Ligth Secrets)* qui s'inscrit dans la droite ligne du Project 1012 visant à assainir le quartier. On n'en est pas encore à un vaste musée vivant à ciel ouvert, certaines choses se découvrent en poussant les tentures. Petit livret en anglais pour vous accompagner dans la découverte de cet ancien appartement où l'on se déshabillait auparavant avant d'entrer. Histoire et petites histoires, secrets et confidences...

Balade le long des grands canaux
(plan général détachable B-C3-4)

Ah, les canaux d'Amsterdam ! Vous êtes venu pour ça. Pour admirer l'image de votre couple qui se reflète au-dessus du pont au printemps ; pour vous balader sur les pavés luisants, le long des canaux plombés par une pluie d'automne fine et pénétrante ; pour déguster l'été une bière à une terrasse ensoleillée, en riant des bateaux-mouches locaux dont les haut-parleurs évoquent 400 ans d'histoire; enfin, pour envier ceux qui vivent sur les péniches du Herengracht.

Un peu d'histoire

La ceinture de canaux qui entoure le centre-ville a été édifiée en deux temps. Au XVe s, le canal het Singel est creusé pour l'intégrer à la ceinture de défense de la ville, dont il reste aujourd'hui quelques vestiges telles les tours fortifiées de ***Muntplein*** *(Munttoren)* et de ***Nieuwmarkt*** (le *Waag*). Les trois autres canaux, *Herengracht, Keizersgracht* et *Prinsengracht,* sont construits au début du Siècle d'or, vers 1560, afin d'ajouter une ceinture résidentielle (le *Grachtengordel*) à la ville. Les travaux s'étendent sur plus de 100 ans. Contrairement à Haussmann, qui ne connaissait que la ligne droite, les architectes déploient les quatre canaux en demi-lune autour du centre historique. Harmonie et simplicité : le tracé suivant la course du soleil, chaque maison reçoit son rayon de lumière à un moment donné de la journée. Utile dans un milieu aussi humide ! Des milliers d'arbres, surtout des ormes, sont plantés. Les canaux reçoivent le nom des puissances politiques de l'époque. Ceux du ***Herengracht*** (canal des Seigneurs) et du ***Keizersgracht*** (canal de l'Empereur) sont bordés d'hôtels particuliers de toute beauté, tandis que les quais du ***Prinsengracht*** (canal du Prince) sont longés d'entrepôts. Cette ceinture de canaux a été classée au Patrimoine mondial de l'humanité par l'Unesco.
Les édifices les plus anciens datent du XVIIe s. Ils composent avec ceux des XVIIIe et XIXe s une douce harmonie que le XXe s chercha bien souvent à rompre. Dans ces belles et hautes demeures des bourgeois du XVIIe s (banquiers, avocats, médecins, armateurs), ce qui frappe d'abord, c'est la diversité de leurs architectures : brique ou pierre, petits carreaux ou baies vitrées, baroque, Renaissance, néoclassique ou Art nouveau.

Architecture, façades à pignon

Avec ses 7 000 maisons classées Monuments historiques, Amsterdam possède un patrimoine architectural exceptionnel. La plupart ont été édifiées, aux XVIIe et XVIIIe s, par les architectes Jacob Van Campen, Hendrick de Keyser et les frères Vingboons, dont on retrouve les noms sur certaines façades.
L'imposition fiscale au prorata de la surface occupée au sol explique le caractère élancé de ces demeures. Quant à leur petit air penché vers l'avant, elles ne le doivent pas toujours à leur grand âge.
Le pignon (*the gable,* dans la langue universelle) est la partie haute. Il peut être à corniche simple ou triangulaire, avec ou sans ornements. Remarquez cette poutre à palan en saillie, perpendiculaire à la façade et munie d'un crochet. Elle servait, et sert toujours, à hisser les meubles par l'extérieur, un exercice que les escaliers trop

raides et trop étroits ne permettent pas. Bien qu'ils soient tous un peu différents, la forme des pignons dépend principalement de leur période de construction :
– Le pignon en pointe : en vogue jusqu'au milieu du XVIe s, on ne le voit quasiment plus puisqu'il habillait les maisons en bois et qu'il n'en reste que deux, dont une au Béguinage.
– Le pignon à redents : utilisé du début et jusqu'au milieu du XVIIe s. C'est un pignon en pointe dont les pentes sont comme des marches d'escalier.
– Le pignon en forme de cou *(halsgevel)* : on le vit surtout dans la seconde moitié du XVIIe s. Il se caractérise par une courbe élégante allant vers l'intérieur, en se rétrécissant et s'élargissant à nouveau vers le haut. Le sommet est souvent frappé d'un masque ou rehaussé d'une sculpture. On trouve des dizaines de variantes de ce pignon, où volutes, guirlandes et accolades viennent personnaliser l'ensemble.
– Le pignon en cloche *(klokgevel)* : on le trouve jusqu'à la fin du XVIIIe s. C'est le pignon à cou, mais dont la partie supérieure rappelle la forme d'une cloche.
– Bien des variantes existent encore, et les frontons cumulent souvent plusieurs styles. Les grosses demeures bourgeoises du XIXe s possèdent souvent des pignons plats à corniche, décorés de colonnes, de boules et de sculptures.

TOMBERA, TOMBERA PAS ?

Il y a plusieurs explications au fait que les maisons piquent légèrement du pignon. Certes, certaines se sont inclinées vers le canal pour épargner les façades quand les marchandises étaient hissées au grenier grâce à la poulie. D'autres, penchant dans toutes les directions imaginables, ont tout simplement les pilotis des fondations qui fatiguent...

Tous à vélo (ou même à pied, bien sûr) pour partir à la découverte des canaux !

N'essayez pas de suivre la numérotation des maisons, pour vous repérer le long des canaux, nous avons choisi d'aller dans un sens puis dans l'autre pour le canal voisin, ce qui est bien plus pratique. Vous allez vite comprendre ! À suivre avec le *plan général détachable B-C3-4.*

🏵🏵 ***Singel :*** il a été creusé au milieu du XVe s entre l'ancien bras de mer (l'IJ) et le *Binnen Amstel.* Ce canal constitua la défense occidentale de la ville jusqu'en 1585. Il fut aménagé au XVIe s pour accueillir les installations du florissant commerce maritime : quais, entrepôts, boutiques... Les riches marchands installèrent leur demeure le long du canal. Le prix du terrain allait grimper rapidement. On construisit des maisons de plus en plus étroites, pour finalement s'étendre au-delà du canal. Vous noterez d'ailleurs que celles situées à l'extérieur du Singel sont en général plus larges et plus récentes que leurs collègues d'en face. À la fin du XIXe s, les rares entrepôts ayant survécu au déclin de la marine marchande furent habilement transformés en logements. Ce sont donc quatre siècles d'architecture qui vont défiler devant vous.
Tout d'abord, au n° 7, voici la maison possédant la façade la plus étroite de la ville, à peine 2 m. Pas vraiment jolie, mais les amateurs de records seront ravis. En face, au n° 56, une demeure du XVIIe s, à corniche très travaillée. Même chose au n° 58. Quant aux n°s 62 et 64, elles offrent un exemple typique de pignons à redents. Aux n°s 66 et 68, des demeures jumelles, à corniches décorées, du XVIIIe s.
Plus loin, au n° 76, une large bâtisse de la fin du XIXe s, à la haute mansarde. Le n° 45 propose une maison d'angle à corniche sculptée, du XVIIIe s. Au n° 83, un cygne sur le côté, du nom du propriétaire, *Zwaan,* et une façade ornée de paniers de fleurs et de fruits en stuc. En face, aux n°s 140-142, vécut le capitaine Frans Banning Cocq (personnage principal de *La Ronde de nuit* de Rembrandt). À l'époque, le tableau s'appelait d'ailleurs *La Compagnie de Frans Banning*

Cocq. Observer le positionnement des briques vers l'extérieur, censé donner de l'ampleur à la construction, l'alternance de pierre ainsi que les masques au fronton et obélisques au niveau de la corniche, selon un style curieusement appelé « Renaissance hollandaise ».
Au niveau de Oude Leliestraat, une statue de *Multatuli,* célèbre écrivain hollandais du XIXe s, pourfendeur de la politique coloniale des Pays-Bas dans son fameux roman *Max Havelaar.* C'est aujourd'hui le nom d'une gamme de produits du commerce équitable. Plus loin, le no 295 abritait la maison close la plus chic de la ville, le *Yab Yum,* avant qu'elle ne soit fermée par les autorités (pour devenir un musée... de la Poste!). De l'autre côté, au no 326, façade du XVIIe s, avec d'un côté Neptune, dieu de la Mer, et de l'autre Mercure, dieu du Commerce et des Voleurs (à ne jamais confondre...). Habile façon de souligner qu'Amsterdam doit tout à la mer. Plus loin, aux nos 377 et 379, des petites maisons jumelles, avec pignons en demi-lune et volutes rococo.

De Poezenboot *(péniche aux Chats ; plan général détachable C2,* ***303****) : Singel 38g. • poezenboot.nl • Tlj sf mer et dim 13h-15h.* Amis des bêtes et inconditionnels de tous les gros minets, ne ratez pas ce rendez-vous ! Cette péniche abrite un maximum de 40 chats, tous adoptables, recueillis, soignés et chouchoutés par des bénévoles. Quelques « niches » à vendre assez folklo ! Ce refuge a plus de 45 ans d'existence. Faites-vous confirmer sa localisation, parce que les places sont chères le long des principaux canaux du centre et la péniche est parfois obligée de déménager.

Herengracht : le canal des Seigneurs, aujourd'hui siège des banques, des grosses sociétés et des consulats, offre son lot de belles façades. Les demeures comptaient parfois 30 ou 40 pièces. On suit son cours en remontant cette fois-ci vers le port depuis le pont de Vijzelstraat. Au no 476, l'un des plus étonnants hôtels particuliers du canal, doté d'une riche façade à pilastres et demi-pilastres corinthiens. Au no 493, une maison de style Renaissance, du milieu du XVIIIe s. Le no 475 appartenait à un riche marchand. Très intéressante demeure du XVIIe s, remaniée plus tard. Corniche et fronton décoré, ainsi qu'un double escalier. La fenêtre centrale est encadrée de cariatides. L'hôtel particulier du no 412 est couvert de stucs datant du XVIIe s. Au no 388, demeure à pignon avec pilastres et guirlandes. À côté, au no 386, style néoclassique. Enfin, l'ensemble de maisons des nos 369 à 361 présente une gamme intéressante de pignons en vogue aux XVIIe et XVIIIe s. Pour qui adore les boutons (pas les boutons de porte !), une boutique originale, au 389 : *De Knopenwinkel.* Tous les boutons possibles et imaginables !

Willet Holthuysen Museum *(musée Willet-Holthuysen ; plan centre détachable D5,* ***306****) : Herengracht 605. ☎ 523-18-22. • willetholthuysen.nl • En sem 10h-17h ; w-e et j. fériés 11h-17h. Entrée : 8 € ; réduc ; gratuit avec l'*I Amsterdam City card. *Petite brochure en français.* Maison patricienne du XVIIIe s où les derniers occupants ont accumulé meubles, peintures et collections de verres, éventails, estampes et dessins, ainsi que céramiques, horloges, porcelaines et argenterie. Le tout a été légué à la Ville, qui en a fait un musée en 1889. Rien n'a changé depuis ! Pompeux, à l'image des grands portraits de famille, et pas très excitant, malgré la jolie rotonde qui donne sur un mignon jardin à la française.

Tassenmuseum Hendrikje *(musée du Sac ; plan centre détachable D5) : Herengracht 573. ☎ 524-64-52. • tassenmuseum.nl • Ⓣ Rembrandtplein (nos 4 ou 9). Tlj 10h-17h. Fermé 1er janv, 30 avr et 25 déc. Entrée : 9,50 € ; réduc ; gratuit avec l'*I Amsterdam City card. Joliment exposée dans une belle demeure du XVIIe s, cette singulière collection retrace l'histoire du sac à main de la fin du Moyen Âge à nos jours. De la poche portée sous les vêtements au réticule du XIXe s, des sacs de mariage en émail et porcelaine aux modèles de grands couturiers contemporains, les quelque 3 000 objets présentés surprennent par la variété des formes, des ornementations et des matériaux employés. Légendes intéressantes en anglais.

Het Grachtenhuis *(la maison des Canaux ; plan général détachable B4)* **:** *Herengracht 386. • hetgrachtenhuis.com • Tlj sf lun 10h-17h. Entrée : 12 € ; réduc en cas de résa en ligne ; gratuit avec l'*I Amsterdam City card. *Audioguide en français.* Aménagé dans une demeure typique de cet élégant canal des Seigneurs, ce musée entièrement consacré aux canaux est une bonne introduction à la visite de la ville, car il permet de mieux comprendre ce qui fait la particularité, l'identité d'Amsterdam. On y découvre la vie mondaine au bord des canaux : façade austère, intérieur luxueux, jardin caché ; tout un art de vivre ! Évidemment, les dernières techniques en matière de scénographie et de multimédia s'attachent à mettre en scène l'histoire, l'urbanisme, l'économie de cette « *grachtengordel* » (ceinture de canaux) qui a célébré ses 400 ans en 2013.

Bijbels Museum *(musée de la Bible ; plan général détachable B4)* **:** *Herengracht 366 et 368. ☎ 624-24-36. • bijbelsmuseum.nl • Tlj 10h (11h dim et j. fériés)-17h. Entrée : 8 € ; réduc ; gratuit avec l'*I Amsterdam City card. Installé en bord du canal dans une double maison de 1662, ce musée illustre l'histoire de la Bible et de sa diffusion. Malgré une reconstitution datant du XIXe s du tabernacle et de son contenu, dont l'arche d'alliance que l'on croyait pourtant perdue depuis Indiana Jones, les beaux plafonds peints signés Jacob de Wit, que l'on peut détailler par miroirs interposés, constituent le clou de la visite.

Nationaal Brilmuseum *(musée des Lunettes ; plan général détachable B3,* ***304****)* **:** *Gasthuismolensteeg 7. ☎ 421-24-14. • brilmuseumamsterdam.nl • Mer-sam 12h-17h30 (17h sam). Entrée : 5 € ; non compris dans l'*I Amsterdam City card. Dans une belle maison flamande de 1620, un parcours insolite parmi la collection unique de monocles et lunettes patiemment réunis par quatre générations de lunetiers, allant des binocles de spectacle du XVIIe s aux lunettes psychédéliques de stars des années 1970. L'arrière-petite-fille du fondateur de la lunetterie a repris la boutique : au rez-de-chaussée, on peut acheter d'anciennes montures de tous styles, qui n'ont jamais servi (pour certaines on peut comprendre pourquoi !).

Keizersgracht : la balade le long du canal de l'Empereur, en référence au germanique Maximilien Ier, distille elle aussi de remarquables architectures. Commençons notre descente vers le sud depuis Leliegracht, un petit canal qui démarre à la limite du Jordaan, d'où son nom fleuri (canal du Lys). Il avait deux fonctions essentielles, comme tous les canaux transversaux du secteur : la navigation bien sûr, mais aussi le renouvellement de l'eau stagnante du Grachtengordel à partir de la rivière périphérique de l'Amstel. Au n° 123, voici l'incroyable demeure réalisée par l'architecte Keyser au début du XVIIIe s, dans un style Renaissance hollandaise. On l'appelle la « maison des Têtes », car les fenêtres du 1er niveau sont encadrées de bustes romains. Au sommet de la façade, accolades décoratives, obélisques, boules de coin et niches aveugles. Plus loin, aux n°s 221-223 se dresse une maison typique du XVIIIe s, avec sa corniche à balustrade. Au n° 324, une demeure néoclassique de la même époque. Passons au n° 384, où le frontispice du portail cite une maxime du poète Vondel qui dit à peu près ceci : « Le monde est un théâtre, chacun y joue son rôle » ; le lieu fut autrefois... un théâtre, bravo !

Magere Brug *(pont Maigre ; plan général détachable D-E5)* **:** *situé sur l'Amstel, au sud de Waterlooplein, sur Kerkstraat (entre Keizersgracht et Prinsengracht).* Voici l'un des survivants des centaines de ponts de bois à bascule qui enjambaient les canaux à la fin du XVIIIe s. Long de 80 m, ce double pont-levis est encore levé plusieurs fois par jour, manuellement, pour laisser passer les péniches. L'origine de son nom est double : *Magere,* patronyme de son architecte, signifie aussi « maigre » ou « mince », tout comme cette élégante construction ; d'autant qu'à l'origine, deux personnes s'y croisaient avec peine. Le Magere Brug, avec sa multitude de loupiotes allumées le soir, c'est aussi la vue la plus photographiée d'Amsterdam. Non loin, à l'angle du *Nieuwe Herengracht,* l'autre pont à bascule est en réalité une copie bien plus récente de son vieux frère.

Van Loon Museum (musée Van Loon ; plan général détachable C5, **307**) : *Keizersgracht 672. ☎ 624-52-55. • museumvanloon.nl • Tlj sf mar 11h-17h. Entrée : 8 € (10 € en cas d'expo) ; réduc ; gratuit avec l'*I Amsterdam City card *(2 € en cas d'expo). Brochure détaillée en français (payante).* Vaste demeure de pierre d'allure austère, réalisée en 1672 par Dortsman, l'un des architectes les plus réputés de son temps. La maison subit une importante rénovation à la fin du XVIIIe s. La famille Van Loon, et particulièrement Willem, fut à l'origine de la Compagnie des Indes orientales. On visite huit pièces de la maison : galerie de portraits, chambres et salons, à réserver pour un jour de pluie... Et en cas d'éclaircie, vous pourrez toujours faire un tour dans le petit parc.

Huis Marseille – Museum for Photography (plan général détachable B4, **308**) : *Keizersgracht 401. ☎ 531-89-89. • huismarseille.nl • Tlj sf lun 11h-18h. Entrée : 8 € ; gratuit avec l'*I Amsterdam City card. Expos de photographie contemporaine de qualité, changeant tous les 3 mois, dans les six salles d'une très belle demeure construite par un marchand de Marseille au XVIIe s, d'où son nom et la représentation du célèbre port méditerranéen sur la façade. Au sous-sol, n'hésitez pas à suivre le couloir jusqu'au bout : il mène à un jardinet avec, de l'autre côté, un étonnant petit pavillon-galerie.

Prinsengracht : le canal du Prince tire son nom du prince d'Orange, héros de la révolte contre les Espagnols au XVIe s. Moins riche en façades ouvragées que ses confrères du *grachtengordel,* le Prinsengracht n'en est pas moins charmant et différent. Il est bordé de péniches habitées, sortes de maisons flottantes, symboles d'un mode de vie original. Aux beaux jours, les occupants prennent le café au soleil sur leur terrasse. Certains cultivent des bouts de jardin tirés au cordeau. Étonnant. Commençons la remontée vers le port au niveau du canal transversal Bloemgracht *(plan général détachable A-B2-3).* Au no 263, la maison d'Anne Frank. Du no 217 au no 211, une série de cinq entrepôts du XVIIe s, aux lourds volets de bois, rappelant l'importance des activités commerciales de l'époque. Au no 189, style français, pour un ensemble de bâtisses du XIXe s. Au no 181, c'est la Suisse et ses chalets que rappelle l'avancée de bois d'un édifice Art nouveau.

Amsterdam Tulip Museum (plan général détachable B2, **320**) : *Prinsengracht 116. ☎ 421-00-95. • amsterdamtulipmuseum.com • Tlj 10h-18h (un peu plus tard en été). Entrée : 6 €, réduc ; gratuit avec l'*I Amsterdam City card. Ce sympathique petit « musée » relate la grande aventure de la tulipe en Hollande. Une histoire mouvementée et palpitante. À voir si, et seulement si, vous avez l'*I Amsterdam City card.* Tout à côté, en complément, ***Amsterdam Cheese Museum,*** musée du fromage hollandais. *Ouv lun-dim 9h-20h.* Là, vous aurez fait la totale. Mais bon, on ne vous oblige pas !

Anne Frank Huis (maison d'Anne Frank ; plan général détachable B3) : *Prinsengracht 267. ☎ 556-71-00. • annefrank.nl • Ⓣ Westermarkt (nos 13 ou 17 depuis la gare centrale). Accès possible par le Canal Bus (voir plus haut la rubrique « Transports »). De mi-mars à mi-sept, tlj 9h-21h (22h sam, w-e de Pâques et tlj en juil-août) ; de mi-sept à mi-mars, tlj 9h-19h (21h sam) ; ferme plus tôt certains j. fériés et complètement le jour du Grand Pardon (Yom Kippour). Entrée : 9 € ; réduc. ATTENTION : ni gratuité ni réduc avec l'*I Amsterdam City card. *Demander à la caisse un livret de visite en français ou télécharger les commentaires sur leur site en français. Venir tôt le mat ou en fin de journée, pour éviter la foule. Très grosse affluence entre 11h et 17h. Mieux vaut acheter un billet coupe-file sur Internet (9,50 €). Très peu de monde devant l'entrée des résas.*
Il y a en fait deux maisons : l'une en façade, la boutique d'épices du père d'Anne, et l'autre à l'arrière. C'est dans celle-ci que se réfugia la famille Frank. Le père, Otto, l'aménagea en mai 1940, après l'invasion de l'armée nazie. De juillet 1942 au 4 août 1944, huit personnes (la famille Frank et leurs employés, également juifs) vécurent cloîtrées dans cet espace restreint, dont l'accès était dissimulé derrière une bibliothèque.

La petite Anne vient d'avoir 13 ans quand on lui offre un cahier, dont elle fera son *Journal*. Avec sa vision d'adolescente particulièrement mûre et sa grande sensibilité, elle écrit au jour le jour les menus détails de sa vie et de celle de sa famille. Une dénonciation met fin à cette vie cachée. Le 4 août 1944, les Allemands font une descente et se dirigent sans hésiter vers la bibliothèque qui dissimule l'accès à la cachette. Le journal d'Anne tombe par terre, abandonné, alors que toute la famille est arrêtée, puis déportée à Auschwitz. Anne et sa sœur Margot sont envoyées à Bergen-Belsen, où elles meurent du typhus en mars 1945. Otto, libéré par les troupes soviétiques, sera le seul survivant de cette tragédie. Il revient à Amsterdam et décide de publier (en partie) le journal qu'une de ses employées lui a remis, sous le titre qu'Anne avait choisi, *La Maison de derrière*. Traduit dans plus de 50 langues, ce récit est devenu par sa simplicité et sa force évocatrice le symbole de l'innocence assassinée. Les revenus de ses ventes sont reversés à la Fondation Anne-Frank, qui continue de lutter contre le racisme.

Après avoir échappé à la destruction, la maison réhabilitée de la famille Frank a été ouverte au public en 1960.

Une brève introduction pour présenter Anne par le biais de photos et de citations, et on découvre la salle des maquettes, qu'Otto Frank avait fait réaliser en 1961, la seule façon pour les visiteurs de se faire une idée de l'aménagement de la cachette (les espaces sont aujourd'hui vides de tout mobilier). La pièce sombre et sobrement décorée qui servait autrefois de « garage » à Otto Frank, permet de projeter simultanément des films et documents d'archives sur le nazisme. Une voix off rappelle le contexte historique de la guerre et décrit les différentes parties de l'annexe, reconstituées telles qu'Anne les connut. Des bornes interactives permettent d'écouter les commentaires dans différentes langues, dont le français. La « salle du Journal », met en valeur le manuscrit original ainsi que la version réécrite par Anne elle-même en 1944. Un temps fort, complété par des documents personnels, des photos des habitants de l'annexe.

LA RENAISSANCE D'UN ARBRE MYTHIQUE

Évoqué par Anne Frank dans son journal, le marronnier, rongé par un champignon, avait échappé à l'arrachage grâce à une véritable mobilisation internationale. Le symbole avait son importance : c'était la seule chose du dehors que la petite fille pouvait apercevoir. Renversé par le vent, il fut débité en morceaux mais eut pas mal de rejetons : 300 plants ont pris racine dans le monde entier.

On revit intensément ces années de guerre où le port de l'étoile jaune était obligatoire pour les juifs, et on imagine les huit personnes réfugiées dans l'annexe, les fenêtres tendues de toiles noires, pour que les avions-alliés ne puissent pas s'orienter. Vidéo (en anglais), avec comme bande-son la voix d'Anne lisant des extraits de son journal. On ressent son envie de sortir, rire et jouer dehors.

En continuant, on arrive à la fameuse bibliothèque servant de passage secret menant à la maison cachée.

– ***Annexe :*** dans la première chambre, celle d'Edith, Otto et Margot Frank, des objets personnels, une carte illustrant la progression des Alliés depuis le débarquement de Normandie et la marque au mur servant à mesurer la taille des enfants parlent d'eux-mêmes. La pièce est nue, dépouillée. Dans la chambre d'Anne, la décoration est telle qu'elle était à l'époque avec, sur les murs, les photos de ses idoles découpées dans des magazines. On traverse ensuite la salle de bains, la cuisine et la pièce commune, pour arriver à la chambre de Peter. Dans chaque pièce, des extraits affichés de son journal ressuscitent des moments de la vie quotidienne.

– ***Partie expositions :*** on quitte l'annexe par une passerelle pour arriver dans un bâtiment consacré aux témoignages sur la déportation des juifs pendant la guerre.

L'original du journal d'Anne Frank est exposé dans une pièce blanche, aseptisée, à côté des différentes éditions étrangères. Des films et pièces de théâtre tirés de son journal sont également projetés sur des écrans.

Westerkerk *(église de l'Ouest ; plan général détachable B3)* **:** *Prinsengracht 279 ; à l'angle de la pl. Westermarkt. • westerkerk.nl • Avr-oct, lun-sam 11h-15h. Visite de la tour avr-oct, 10h-18h (20h parfois), ttes les 30 mn, ticket 7,50 €.* Encore un magnifique témoignage du Siècle d'or. Rembrandt y est enterré le 8 octobre 1669. Mais, ironie de l'histoire, on n'a jamais retrouvé son tombeau. Construite entre 1620 et 1638 dans le style Renaissance hollandaise, la Westerkerk est considérée comme le chef-d'œuvre de son architecte, Hendrick de Keyser. Signe particulier : sa tour-clocher, la plus élevée de la ville (85 m), est surmontée de la couronne impériale que la Ville fut autorisée à arborer par Maximilien d'Autriche. Pourquoi ? Pour remercier Amsterdam de l'appui qu'elle fournit aux princes autrichiens et bourguignons. Concert de carillons tous les mardis entre 12h et 13h *(infos au ☎ 624-77-66 ; tlj début août).* Anne Frank parle de ce carillon réconfortant dans son célèbre *Journal*.

– En sortant de l'église, jetez un coup d'œil sur les belles demeures environnantes. Place Westermarkt, Descartes a résidé au n° 6, en 1634, lors de son séjour en Hollande.

Au bord du canal, devant le parvis de l'église, les trois triangles de granit rose de l'*Homomonument* symbolisent l'oppression, le présent et la renaissance, et commémorent le souvenir des persécutions que subirent les homosexuels de la part des nazis.

Houseboat Museum *(plan général détachable B4,* ***309****)* **:** *Prinsengracht, n° 296k, Johnny Jordaan Plein (à l'embouchure d'Elandsstraat). ☎ 427-07-50. • houseboatmuseum.nl • Mars-oct, mar-dim 11h-17h ; nov-déc et janv-fév, ven-dim 11h-17h. Entrée : 3,75 € ; réduc pour les enfants de moins de 1,52 m (vous comprendrez en visitant le bateau) ; gratuit avec l'*I Amsterdam City card. *Petit feuillet explicatif en français.*

Cette péniche amarrée en permanence représente l'occasion de découvrir le cadre de vie des 30 000 personnes habitant les 2 500 bateaux-logements d'Amsterdam. En visitant ce musée, on trouve réponse à un tas de petites questions à propos de ce mode de vie que l'on suppose à priori exigu, humide ou sombre. Au contraire : cela peut s'avérer cosy, lumineux et diablement original, avec des agréments insoupçonnés. La péniche *Hendrika Maria* en tout cas est vraiment minouche avec ses lits en alcôve et sa salle de jeux pour enfants. Et dire que six personnes y logeaient auparavant ! Accueil très sympa et visite didactique, même si le tarif paraît un peu cher pour 15 m².

– Et puisque vous êtes là, regardez donc autour de vous. Peut-être remarquerez-vous sur les péniches avoisinantes de curieuses nageoires de bois qui flanquent les côtés du bateau. Kesako ? Des stabilisateurs, remplaçant les quilles rendues inutilisables par le manque de fond des canaux.

Balade dans le quartier du Jordaan
(plan général détachable A-B2-3)

Curieuse histoire que celle de ce quartier aménagé au tout début du XVIIe s sur un ancien polder. Il s'agissait alors de loger ici le petit peuple des ouvriers et artisans. Leurs minuscules maisons un peu insalubres vont former une sorte de ghetto pour pauvres, une banlieue avant l'heure, à une époque où le reste d'Amsterdam s'enrichit. Fin XVIIe s, les huguenots réfugiés viennent s'y installer, fuyant les persécutions qui ont lieu en France à la révocation de l'édit de Nantes. On pense que le nom de « *Jordaan* » remonte à cette époque.

À VOIR. À FAIRE

Il viendrait de la déformation du français « jardin », d'autant que les rues et canaux alentours portent des noms de fleurs.
Le quartier continue par la suite à cultiver son identité « parallèle » au reste de la ville. Marginal, sorte de ville dans la ville, d'esprit indépendantiste, il connaît même des émeutes sérieuses en 1934. Aujourd'hui, le Jordaan reste et s'aime différent. Ses habitants se sont souvent élevés avec succès contre des projets de restructuration qui ne tenaient pas compte de leur opinion. Étudiants, artistes et journalistes ont été les premiers à s'enticher de cette enclave émaillée de petits cafés, commerces et marchés, d'atmosphère douce et sereine, avant que les suiveurs, professions libérales et autres bobos, ne les rejoignent. Malgré les coups de boutoir modernistes, illustrés par quelques ensembles qui abîment le quartier, et en dépit de l'embourgeoisement, le tissu social du Jordaan tient encore bon. Ce quartier, c'est avant tout une ambiance, une sensation tout en finesse, tout le contraire d'un choc. Autant s'y balader le nez en l'air, sans itinéraire préconçu. À moins que vous n'ayez envie de faire la balade en compagnie de quelqu'un connaissant le quartier comme sa poche, qui vous en montrera les coins secrets, les boutiques les plus originales, les pierres de façade les plus insolites (voir « Amsterdam autrement », dans la partie « Infos pratiques »).
Du sud au nord, voici quelques points de repère que vous croiserez ou longerez lors de votre errance.

🏛 ***Au sud de Rozengracht :*** l'ancien canal des Roses est à présent bitumé. Il scinde le Jordaan en deux : le nord, intact et tranquille, et le sud, qui a perdu un peu de son authenticité à force de reboucher ses canaux ! Très passante, l'avenue incite au lèche-vitrines : boutiques de vêtements, *Partyhouse* pour les fêtes, *Hutspot* et bien sûr la boutique de verroterie *Coppenhagen Kralen,* au n° 54. L'assortiment étonnant de perles, de boutons et de billes de verre y contentera les stylistes les plus imaginatifs ! Et *Kitsch Kitchen* (voir la rubrique « Achats »), pour les femmes désirant voir la vie en rose.

🏛🏛 ***Bloemgracht** (canal des Fleurs) **:*** à voir particulièrement pour ses belles demeures dans lesquelles habitaient de riches artisans. Façades ouvragées et coquettes. Les trois étonnants entrepôts des n°s 87 à 91, aux fenêtres façon vitraux et volets de bois, ont été exceptionnellement bien rénovés.

🏛🏛 ***Egelantiersgracht** (canal des Églantiers) **:*** plein de douceur et de charme, ce canal est bordé d'un lot de belles maisons. Noter cette série à l'identique entre le n° 201 et le n° 215, dotée de pignons rectangulaires à blasons. Complètement de l'autre côté, au n° 12, le minuscule « café brun » *'t Smalle,* où Peter Hoppe installa ses alambics à la fin du XVIIIe s pour distiller son genièvre.
– ***Tweede Egelantiers Dwarsstraat :*** la rue commerçante du quartier court du canal des Églantiers vers le nord. Boutiques aux devantures étonnantes, friperies, objets d'occasion.
– ***Eerste Egelantiers Dwarsstraat :*** à droite du n° 3, un passage donne dans une courette intérieure qui se prolonge par deux autres. Vous n'êtes pas dans un minibéguinage, même si la ressemblance est frappante, car on y trouve beaucoup de vieilles dames. L'ensemble a été fondé par un riche drapier d'Amsterdam. Ici logeaient les veuves de réputation irréprochable (non mais !).
On ressort par l'*Egelantiersstraat.* Dans cette rue, au n° 52, la plaque au mur, une main avec une plume, indique le métier de l'occupant.

🏛 ***Karthuizersstraat :*** *petite rue située entre Westerstraat et Lindengracht.* Du n° 11 au n° 19, cinq frontons identiques, portant le nom des quatre saisons, ainsi que la date de construction. Du n° 61 au n° 191, un étonnant ensemble architectural, tout en brique, datant du Siècle d'or : les Karthuizerhofje. Un ancien hospice (un des plus grands d'Amsterdam) datant de 1650. Aux fenêtres du 1er étage, des séchoirs à linge en bois compris dans le logement. L'architecte devait être italien ! On peut accéder à la cour centrale, pavée de briques, d'une étonnante tranquillité.

Noordermarkt : *marché bio sam 9h-16h, juste devant l'église.* Très populaire : céréales, fromages, légumes, fleurs et tous les produits dérivés. Bio et beau à la fois, on regarde, on grignote, on achète, on boit un verre en terrasse. Un vrai bonheur. Également un marché aux puces. À ne pas louper si vous flânez dans le Jordaan ce jour-là. Le lundi matin, de 9h à 13h, le marché aux textiles s'étend dans le prolongement du Noordermarkt. Penser aussi à la tarte aux pommes couverte de crème fouettée du *Café Winkel* (voir « Où boire un verre ? »). Sur Lindengracht, autre marché plus classique, le samedi.

Noorderkerk : *Noordermarkt 44. ☎ 620-44-15. • noorderkerkconcerten.nl •* Édifice lourd et sans finesse, ce temple a été construit pour les protestants au XVIIe s. Seules les fenêtres de façade possèdent un brin d'élégance. Concerts de musique classique tous les samedis après-midi.

Pianola Museum *(musée du Piano mécanique ; plan général détachable B2,* ***311****) : Westerstraat 106. ☎ 627-96-24. • pianola.nl • Visite individuelle slt dim 14h-17h, après le concert des enfants. Entrée : 5 € ; non compris dans l'*I Amsterdam City card. *Programme régulier de concerts sf juil-août.* Petit musée assez fascinant. *Pianola* est le nom hollandais du piano mécanique ou bastringue, très à la mode dans la première moitié du XXe s. On peut en voir une quinzaine, restaurés et en état de marche. Le musée possède presque 20 000 partitions constituées de rouleaux de carton perforé, certaines réalisées à partir de compositions de Debussy, Gershwin, Art Tatum ou Fats Waller.

À VOIR. À FAIRE

Moooi *(plan général détachable B2,* ***305****) : Westerstraat 187. • amsterdamnow.com • Mar-sam 10h-18h.* Plus qu'un show-room, un lieu assez magique pour tous les amateurs de design. *Mooi* ça veut dire beau en néerlandais et avec un « o » en plus, c'est encore plus beau, forcément. Une boutique de design qui donne le nouveau ton du quartier mais aussi de toute une ville qui voit désormais la vie autrement.

Brouwersgracht : c'est le canal des Brasseurs, charmant... et charmant encore. Pourtant, au XVIIe s, il rassemblait les industries les plus polluantes de la ville : poudre, salpêtre, oléagineux, ainsi que les plus grandes brasseries d'Amsterdam. Aux nos 7 et 9, deux entrepôts avec leurs beaux volets en bois.
Parallèlement au Brouwersgracht, plus au nord, la *Haarlemmerstraat,* une des rues emblématiques de l'Amsterdam actuel, avec des boutiques tendance, insolites. Mais là, on a déjà quitté le Jordaan.
Pour la suite de votre programme, revenez en flânant à travers *De Negen Straatjes* (les « *neuf ruelles* »), ou laissez-vous porter au fil de l'eau jusqu'à Leidseplein, porte d'entrée de deux quartiers très agréables, selon l'heure : le Vondelpark d'un côté, à faire de jour, le sud des grands canaux de l'autre, à découvrir le soir, entre Leidseplein, Rembrandplein et Frederiksplein (voir « Où dormir ? » et « Où manger ? »).

Leidseplein, le Vondelpark, le quartier des musées
(plan général détachable A-B5-6 et plan Vondelpark)

Stadsschouwburg *(théâtre municipal ; plan général détachable B5) : Leidseplein.* Édifié une première fois au milieu du XVIIe s, ce théâtre brûla un siècle plus tard à cause des candélabres qu'on avait allumés en surnombre lors d'une représentation. Allumer le feu, en ce temps-là, n'était pas une formule pour rocker vieillissant... On en bâtit un deuxième qui brûla également (eh bien, bravo !), puis un troisième à la fin du XIXe s dans un style néo-Renaissance baroquisant. Intérieur superbe. Les soirs de première, Leidseplein bourdonne intensément. Pour les gourmands, bons déjeuner et petit déjeuner dans le restaurant *Stanislavski.*

American Hotel *(plan général détachable B5,* ***236****) : Leidseplein.* Bâti en 1897 dans un inimitable style Art nouveau, avec sa triomphante tour ronde-carrée qui ne manque pas d'humour et ses pignons en pointe ornés de carreaux de faïence. Il faut pénétrer dans ce vaste resto-café (voir plus haut « Où boire un verre ? ») hanté par les écrivains, journalistes, riches touristes qui y résident, et les touristes fauchés qui se fendent d'un café pour jeter un œil sur cette vénérable institution. Ne pas manquer les fresques murales qui illustrent des pièces de Shakespeare et les lustres de chez Tiffany.

Le Vondelpark *(plan général détachable A6 et plan Vondelpark)* **:** superbe parc de 48 ha, planté de beaux arbres, semé de pelouses d'un vert anglais, de lacs parsemés d'îlots, et de petits endroits secrets. Le Vondelpark est un super lieu de balade et d'agrément, l'endroit rêvé pour faire un tour avant (ou après) la visite des grands musées. Il est également parfait pour le jogging, une promenade à rollers ou... une petite sieste. Certains soirs d'été, on peut assister à des concerts gratuits ou à des pièces de théâtre « expérimental ». Et quand arrivent les gelées, cela devient évidemment le rendez-vous des patineurs ! Les férus d'ornithologie seront ravis et étonnés de voir autant d'oiseaux en liberté... De curieux oiseaux en vérité puisque les cigognes majestueuses côtoient les piverts farceurs et les perroquets vert anis... et ce même au cœur de l'hiver !

AMSTERDAM TROPICAL

Il n'est pas rare autour du Vondelpark d'être réveillé par le piaillement intempestif de bandes de volatiles ressemblant furieusement à des petits perroquets. Ce sont en réalité des perruches à collier qui se sont bien acclimatées en se réchauffant l'hiver sur les transformateurs électriques, au point de se reproduire sans difficulté.

À l'est du parc, dans la Roemer Visscherstraat, du n° 20 au n° 30a, un architecte inspiré a construit à la fin du XIXe s sept maisons différentes, illustrant la diversité de l'architecture européenne. L'endroit est connu sous le nom d'***Europe unie.*** Ainsi, vous pourrez traverser sept pays d'Europe en un clin d'œil : l'Allemagne, la France, l'Espagne, l'Italie, la Russie, les Pays-Bas et l'Angleterre !

Hollandsche Manege *(Manège hollandais ; plan général détachable A5 et plan Vondelpark, C2) : Vondelstraat 140. ☎ 618-09-42. • dehollandschemanege.nl • Tlj 10h-17h. Entrée : 8 € ; réduc notamment avec l'*I Amsterdam City card*).* C'est à quelques centaines de mètres seulement du parc que l'*École d'équitation royale* a ouvert ses portes en 1882. L'architecte, qui réalisa aussi le Concertgebouw, s'est inspiré de l'École d'équitation espagnole de Vienne. L'intérieur a peu changé depuis le XIXe s. Pour accéder au manège, passez sous le porche. C'est la grande porte au fond. Soyez discret : pas de bruit, pour ne pas déranger les reprises. C'est l'un des rares manèges urbains d'Europe, l'un des plus beaux surtout. La visite comprend (en plus du visionnage d'une vidéo et de la visite des écuries) une consommation au superbe café qui surplombe la piste où évoluent les chevaux.

Rijksmuseum *(Musée national ; plan général détachable B6 et plan Vondelpark, D2)* **:** *Jan Luykenstraat 1 (aile Philips). ☎ 674-70-47. • rijksmuseum.nl • Ⓣ Hobbemastraat (nos 2 ou 5 depuis la gare centrale), Museumplein (n° 16 du Dam), ou Stadhouderskade (n° 24). L'accès par les canaux est plus pittoresque, avec le Museumboot et le Canal Bus (voir la rubrique « Transports »).*
*Tlj 9h-17h ; clôture des caisses 30 mn avt la fermeture. Entrée : 15 € (!) ; gratuit moins de 18 ans. Réduc de 2,50 € avec l'*I Amsterdam City card*. Achat des billets en ligne souhaitable pour qui veut éviter de faire la queue. Les textes explicatifs (très bien faits) ne sont traduits qu'en anglais. Audioguide (5 €), catalogue ou petit livre* Les Merveilles du Rijksmuseum *en français. Prendre le plan à l'entrée.*
Ce vaste bâtiment de 1885 dessiné par Cuypers, l'architecte de la gare centrale, abrite l'un des plus beaux musées d'Europe, équivalent du Louvre, en plus petit. Il doit sa renommée aux grands noms de la peinture hollandaise du Siècle d'or

(le XVIIe s), dont Rembrandt, Vermeer et Frans Hals (voir la rubrique « Peinture hollandaise » du chapitre « Hommes, culture, environnement »).
Il fut un temps où on vous aurait décrit salle par salle les merveilles des musées. Mais, à l'heure des audioguides et d'Internet, on se contentera de vous donner ici un avant-goût du plaisir qui vous attend.
Grandes toiles, grands espaces... Dix ans après, quoi de neuf ? 80 salles vous promènent sur 800 ans de l'histoire des Pays-Bas, explorant son art à travers quelque 8 000 œuvres.
Le cabinet espagnol *Cruz y Ortiz Arquitectos* a réussi l'exploit de transformer un bâtiment du XIXe s en un musée lumineux et spacieux doté d'une nouvelle entrée imposante et accueillante, d'infrastructures adaptées à notre époque, de salles intelligemment restaurées et d'un nouveau pavillon asiatique. Quant au mobilier des salles, au gris souris qui donne à l'ensemble une douceur inattendue, c'est à l'équipe du designer parisien Jean-Michel Wilmotte qu'on le doit.

Nouvelle présentation, nouvelle vie

Un accrochage complètement renouvelé permet de suivre un enchaînement chronologique allant du Moyen Âge à nos jours. La seule œuvre ayant retrouvé son emplacement d'origine, c'est bien sûr la célèbre *La Ronde de nuit* de Rembrandt (voir plus loin).
Les quatre étages du nouveau bâtiment vous racontent ainsi, mieux que de grands discours, l'univers hollandais, mêlant tableaux, estampes, dessins, photographies, en replaçant dans leur contexte bijoux, costumes, faïences de Delft (superbes pyramides porte-tulipes), porcelaine, argenterie, maisons de poupées et meubles d'époque.
Plus de 30 salles sont consacrées au Siècle d'or (le XVIIe s), avec, au cœur de ce dispositif tout à la gloire de la première puissance commerciale mondiale d'alors, une majestueuse galerie d'honneur avec les tableaux célèbres de Frans Hals, Jan Steen, Johannes Vermeer et Rembrandt van Rijn.
Au cours de ce Siècle d'or, on assiste à l'émergence politique, commerciale et culturelle des Pays-Bas. Un nouveau réalisme voit le jour. On peint la réalité d'un monde et d'une société qui, sous la poussée du calvinisme, pour la première fois, se laïcise. La peinture reflète ce mouvement de fond. On peut alors parler de « peinture civile ». On découvre la nature et les paysages, on choisit de peindre les gens tels qu'ils sont.
Originaire de Haarlem, ***Frans Hals*** s'est rendu célèbre par ses portraits naturalistes comme son *Joyeux Buveur* dont les yeux trahissent le degré d'ivresse ; remarquez également le regard espiègle du couple.
Difficile de ne pas s'attarder dans la galerie principale devant les chefs-d'œuvre de ***Vermeer*** : *La Laitière, La Ruelle, Femme lisant une lettre* et *La Lettre d'amour.* Notez leur petite taille. Chez Vermeer, ce qui frappe, c'est l'art de magnifier les scènes les plus banales grâce à une composition de génie, un sens des couleurs extraordinaire et une obsession rare du détail. Observez l'ombre des clous dans le mur de *La Laitière.* Ou encore cette vibration de la lumière qui irradie littéralement du tableau et donne l'illusion que le lait s'écoule du pichet alors que tout semble immobile et le temps arrêté. Il s'en dégage une impression de quiétude et de sérénité, de troublante intimité. Malgré le choc, n'oubliez pas de jeter un œil aux toiles de ***Gérard Dou*** ou de ***Peter de Hooch.***
Parmi les tableaux signés ***Rembrandt,*** pas mal d'œuvres de jeunesse. Un petit autoportrait à 22 ans, où il s'essaie aux techniques du clair-obscur ; une *Sainte-Anne* à la vieillesse empreinte de sérénité ; un aristocratique portrait de *Jan Six* ; ou encore la superbe *Fiancée juive.* Par-ci, par-là, des toiles de Van Ruysdael, de Nicolas Maes ou de Van Goyen montrent à quel point les élèves font honneur au maître.

Entrez dans la ronde...

La Ronde de nuit *(Nachtwacht)* fut réalisée à l'angle de Kloveniersburgwal et de Nieuwe Doelen (là où se tient aujourd'hui l'hôtel *Doelen*). Elle est la seule œuvre du musée à avoir retrouvé sa place. Difficile de la manquer. Voici le plus célèbre des tableaux de Rembrandt, le plus admiré et aussi le plus grand par la taille. Son vrai nom est *La Compagnie du capitaine Frans Banning Cocq et du lieutenant Willem Van Ruytenburch*. L'artiste a peint ni plus ni moins une garde civique, chargée à l'époque de surveiller Amsterdam la nuit. Pas très original comme sujet. À l'époque de Rembrandt, ce genre de commande officielle était courante. Ce qui est remarquable dans ce tableau, c'est d'abord le mouvement du groupe et des personnages quand les autres portraits de groupe semblent souvent si figés. Ici, certains visages se retrouvent même « masqués », sous le feu de l'action... (les concernés n'ont pas dû être très heureux du résultat !). Personne (sauf un !) ne regarde en direction du peintre. On est affairé. En photo, on appellerait ça un instantané. Puis il y a la vigueur du clair-obscur, le jeu de l'ombre et de la lumière. Après Rembrandt, le monde semble vivre sous la loi des néons criards, et les autres peintures de la même époque paraissent ternes. Détail troublant : observez cette petite fille lumineuse et énigmatique sur la gauche du capitaine Cocq. Qui est-elle ? Que fait-elle là ? Comme souvent dans l'œuvre de Rembrandt, elle ressemble étrangement à Saskia, la femme du peintre. On pense que c'est la mascotte de la milice. Elle porte un poulet à sa ceinture. Or, les pattes d'un poulet figurent dans le blason des arquebusiers... et le capitaine s'appelle comment ?... On pourrait vous en parler toute la nuit sans tourner en rond...

LA RONDE AU MICROSCOPE

Il y avait à l'origine 32 personnages, 16 figurants et 16 « notables » identifiés formellement, car ils avaient payé pour figurer sur la toile. Aujourd'hui, vous pouvez compter, ils ne sont plus que 29 ! En effet, pour pouvoir être accroché entre deux portes de la mairie, le tableau a été découpé au XVIIIe s. On ne dit pas si les trois qui ont été évincés ont été remboursés !

Les nouveautés du Rijksmuseum

Plus d'une centaine de nouvelles acquisitions sont présentées ici, dont *De Vierkante Man* (*L'Homme carré*, 1951), de Karel Appel, l'un des fondateurs du mouvement CoBrA, un fauteuil blanc créé par le designer et architecte néerlandais Gerrit Rietveld (1923) et la légendaire robe « Mondrian » (1965-1966) créée par Yves Saint Laurent et inspirée des œuvres de l'artiste néerlandais.

À découvrir en parcourant, à votre rythme, les salles spacieuses et aux plafonds hauts à la déco nettement néogothique, datant de la fin du XIXe s, le cabinet d'architecture sévillan ayant tenu à recréer l'agencement fluide conçu à l'origine par Pierre Cuypers. Ils ont remis à l'honneur, ici et là, les murs et plafonds d'époque, richement décorés, et ajouté une nouvelle structure, très différente : le pavillon asiatique. Nombreuses parois inclinées, perspectives inhabituelles pour présenter la riche collection d'art asiatique du musée : 365 objets, chiffre symbolique, allant de l'an 2000 av. J.-C. à l'an 2000 ap. J.-C.

Pourtant, c'est au sous-sol que nous avons envie de vous inciter à prolonger la visite, pour apprécier, loin de la foule, les collections d'arts décoratifs et d'histoire de l'art présentées de façon si originale, si ludique, si intelligente qu'on y passerait des heures, si la fatigue ne se faisait sentir. L'argenterie catholique et protestante ne fait qu'une, dans sa vitrine, une maquette de navire attire l'œil, et c'est la vie au quotidien que l'on

ROYAL AFFRONT

« Je ne mettrai jamais les pieds dans ce couvent », avait lancé en 1885 le roi Guillaume III pour justifier son refus catégorique d'inaugurer le nouveau musée. Farouche protestant, il avait très mal vu les nombreuses références catholiques de la décoration de style gothique, signées de l'architecte Pierre Cuypers, émule de Viollet-le-Duc.

découvre, les armes sont impressionnantes, comme flottant dans l'air par la grâce d'un trucage. De la salle de musique sortent des sons de clavecin tandis qu'on peut revivre l'émotion des premiers pas du cinéma à travers une lanterne magique.
Visions insolites : la piste cyclable qui traverse le musée de part en part et l'hologramme d'un sapin géant visibles depuis la salle d'accueil sous la haute verrière.
Un pavillon entouré d'eau, et un jardin historique de plus de 14 000 m², pour terminer la visite. Un véritable musée en plein air, présentant différents styles de jardin, sur fond de statues restaurées et de vestiges d'anciens bâtiments. Des expositions internationales de sculptures y seront organisées chaque été.
|●| Inutile de préciser que la restauration sur place n'a pas été oubliée. Si ce qui vous est proposé ne vous convient pas, il vous suffira de faire quelques pas au dehors pour retrouver nos adresses gourmandes dans les environs (voir « Où manger dans le quartier des musées ? »).

Van Gogh Museum *(musée Van Gogh ; plan général détachable A-B6 et plan Vondelpark, D2) : Paulus Potterstraat 7. ☎ 570-52-00. • vangoghmuseum.nl • Ⓣ Van Baerlestraat (nos 2 ou 5 depuis la gare centrale), Museumplein (nos 16 ou 24 depuis la gare centrale et le Dam). Tlj 9h-18h (22h ven) ; sf 2 sept-26 déc 9h-17h. les caisses ferment 30 mn avt. Entrée : 15 € ; gratuit moins de 17 ans et avec l'I Amsterdam City card ; supplément pour les expos temporaires. Audioguide en français 5 €. Résa en ligne fortement conseillée.*

L'HOMME À L'OREILLE COUPÉE

Le 23 décembre 1888, lors d'une violente dispute, Vincent Van Gogh menaça son ami Gauguin avec un rasoir. Gauguin s'enfuit. Durant la nuit, Van Gogh, pris de folie furieuse, se trancha la partie inférieure de l'oreille gauche. L'épisode est connu ; ce qui l'est moins, c'est qu'il enveloppa alors le lambeau sanguinolent dans du papier journal pour aller le porter en cadeau à sa maîtresse Rachel, une prostituée. Une théorie récente prétend que ce serait Gauguin qui lui aurait tranché l'oreille d'un coup de sabre.

Quelques remarques importantes avant d'entamer la visite
– S'il s'agit bien de la plus grande collection du monde, on préfère vous signaler que **les pièces sont exposées par roulement et que l'on ne voit qu'une cinquantaine d'œuvres majeures à la fois.** Le fonds provient essentiellement de la collection personnelle de Théo (le frère de Vincent) et de ses descendants. Ceux-ci ont en effet choisi de confier, de façon permanente, l'ensemble des œuvres à la Fondation Van-Gogh et au musée. Depuis, la collection n'a cessé de s'enrichir. Plus de 200 tableaux et 500 dessins sont rassemblés ici, soit près d'un quart de la production totale de Van Gogh. Ajoutez à cela plusieurs centaines de dessins et esquisses du peintre, ainsi que des œuvres d'artistes contemporains qui influencèrent Vincent ou furent influencés par lui, comme Gauguin, Toulouse-Lautrec, Monet, Rodin, Pissarro, Signac, pour ne citer que les plus connus.
Les archives (non accessibles au public, sauf pendant les expositions temporaires d'été) rassemblent près de 700 lettres manuscrites, notamment la correspondance qu'il entretint avec son frère.
– Construit en 1973 par le grand architecte hollandais Gerrit Rietveld afin d'accueillir les œuvres du maître, c'est un musée d'exception, quand on a l'occasion de le visiter dans de bonnes conditions. Il voit défiler plus d'un million de visiteurs par an.
– Il accueille également des expositions temporaires et propose de temps à autre des spectacles (concerts classiques, ballets, etc.). Sa fermeture, durant plusieurs mois, a permis de réaménager l'entrée et de donner une nouvelle ampleur à ce quartier des musées qui vient tout juste d'achever sa mutation, après des années de grands travaux.

– Enfin, pour en savoir un peu plus sur le Hollandais à l'oreille coupée, reportez-vous plus haut à la rubrique « Peinture hollandaise » dans le chapitre « Hommes, culture, environnement ».

La visite à Van Gogh

À faire de préférence hors saison ou alors le matin, dès l'ouverture (surtout en été), pour éviter la cohue devant les toiles, ou encore en nocturne, le vendredi jusqu'à 22h. Bonus les soirs d'ouverture, le musée propose expos, dégustations et... animation DJ.

La grande qualité de ce musée, outre de présenter des toiles d'importance majeure, est de couvrir de manière chronologique toutes les périodes de production de l'artiste, de ses débuts aux Pays-Bas jusqu'à Auvers-sur-Oise où il termina ses jours, un certain été 1890. D'autres salles sont consacrées à l'enfance et à la personnalité de Van Gogh, ou aux amis du peintre. Et puisque les œuvres sont exposées par roulement, on va se contenter modestement de vous donner les grandes lignes de la visite.

Tout au long de ce fabuleux voyage dans le monde intérieur (lisez les lettres !) et extérieur du peintre, on retrouve explications brillantes et mise en perspective avec les pays traversés, les thématiques retenues, les maîtres qui, tout au long de sa vie, auront influencé Van Gogh. Parmi les plus célèbres, les plus évidents, citons Millet, Daubigny, Delacroix, Courbet, Corot, etc. L'influence de l'école de La Haye, puis de Barbizon est évidente, même si l'on sent dès ses débuts une volonté de rompre avec l'académisme.

– ***Les débuts en Hollande (1883-1885) :*** installé dans le Brabant chez ses parents, Van Gogh s'intéresse aux paysages, à la vie paysanne et peint des toiles sombres, graves, qui reflètent les dures conditions d'existence des gens de la terre, comme le célèbre *Mangeurs de pommes de terre,* ainsi que le *Cimetière de paysans.* Il réalisa à cette époque de nombreux dessins et aquarelles.

– ***Période de Paris (1886-1887) :*** après un court séjour à Anvers où il s'était inscrit à l'Académie, il rejoint son frère à Paris. Il découvre la couleur et réalise plusieurs autoportraits, dont le fameux *Autoportrait au chapeau de paille,* la *Femme assise au café du Tambourin,* ainsi que *La Nature morte aux citrons,* qui constituent des œuvres marquantes de cette période. Il est frappant de voir comment Van Gogh a intégré et adopté le pointillisme et le japonisme.

– ***Période d'Arles (février 1888-mai 1889) :*** Van Gogh quitte Paris, dont l'agitation ne lui convient pas, pour Arles. Installation à « la maison jaune ». Il cherche un coin au calme, pour peindre en toute sérénité. Il découvre la nature provençale et veut fonder une communauté d'artistes avec ses amis. Gauguin le rejoint. Dispute. Van Gogh se retrouve avec un bout d'oreille en moins. De cette période, on peut admirer plusieurs tableaux de vergers et de jardins en fleurs : *Les Tournesols, La Maison de Vincent à Arles, Le Semeur, La Moisson,* et toute une série de pommiers et de poiriers en fleur d'une rare délicatesse... Un tout petit tableau discret soulève une grande émotion : *Branche d'amandier dans un verre.*

VINCENT ET LE JAPON

Quelques toiles de l'artiste sont d'inspiration franchement japonaise : toute sa vie, Van Gogh fut fasciné par le Japon. Cette obsession fut la raison majeure de son installation en France. En effet, ses finances ne lui permettaient pas de rejoindre l'Orient. Il partit donc en Provence, persuadé que les paysages et les couleurs y étaient les mêmes qu'au pays du Soleil-Levant !

– ***Période de Saint-Rémy (1889) :*** il se fait interner à l'hospice de Saint-Rémy, suite à des crises importantes de démence, que l'on sait aujourd'hui être dues à une forme d'épilepsie. L'environnement lui plaît. Il peint la série des *Iris, Champ de blé à la fin du jour,* et décline toute une variation autour des œuvres de ses grands maîtres, qu'il réinterprète et se réapproprie comme *La Résurrection de Lazare,* d'après Rembrandt, ainsi qu'une série de quatre étonnantes toiles sur les travaux des champs d'après Millet et une *Pietà*, d'après Delacroix. Quelques tableaux témoignent encore une fois de l'influence japonaise.

– ***Période d'Auvers-sur-Oise (mai-juillet 1890) :*** retour vers le nord où le docteur Gachet s'occupe de lui. De cette courte période, la plus prolixe néanmoins et sans doute la plus géniale, peu de toiles paradoxalement. Il faut dire que les plus belles toiles sont à Orsay ! On pourra tout de même admirer un ensemble de quatre tableaux champêtres d'une force saisissante, dont *Champ sous un ciel d'orage* et *Champ de blé aux corbeaux.*

– Le musée présente aussi, bien sûr, nombre de gravures, affiches, dessins et peintures d'artistes contemporains de Van Gogh (Pissarro, Vuillard, Manet, Doré, Lautrec, Denis, Signac, Bernard, Gauguin, etc.). À commencer par des gravures et des dessins provenant de la collection personnelle du peintre. Quand elles ne sont pas de sortie, on peut aussi y admirer toute une série de toiles de Monet, peintes en Hollande, à l'occasion d'un séjour en 1874. La confrontation des deux peintres est saisissante.

– De juin à octobre, on y expose par roulement les lettres manuscrites de Van Gogh, trop fragiles et sensibles à la lumière pour faire partie des collections permanentes. Le reste de l'année, présentation de courants artistiques du XXe s. Espace informatique avec écrans pour découvrir le CD-Rom sur l'artiste.

UN VAN GOGH MÉCONNU

On le croyait dingue, fauché et sans culture. Il n'en était rien. Rendue publique en 2009, l'étude de sa correspondance révèle qu'il lisait quantité de livres en néerlandais, en anglais, en français et en allemand, et ses lettres sont d'une grande qualité littéraire. Le peintre n'était pas non plus totalement pauvre, son frère l'aidant à joindre les deux bouts. Ceci dit, il ne vendit qu'une seule œuvre de son vivant, en 1888 : La Vigne rouge. *Il faut aller à Moscou pour la voir.*

Stedelijk Museum *(musée d'Art moderne ; plan Vondelpark, C-D2)* **:** *Museumplein 10. ☎ 573-29-11. • stedelijk.nl • Tlj sf lun 10h-18h (22h jeu). Entrée : 15 € ; gratuit moins de 8 ans et avec l'*I Amsterdam City card. *Pour certaines grandes expos, l'entrée passe à 17,50 €. Prendre l'audioguide pour ne pas perdre pied.*

Le *Stedelijk Museum Amsterdam* possède une des collections les plus importantes d'art moderne et de design du monde, dans laquelle figurent des grands noms comme ***Matisse, Mondrian, Picasso, Malevitch, De Kooning, Rietveld*** et ***Sottsass.*** Après 8 ans de travaux, sa réouverture en 2012 a créé l'évènement : c'est peu dire que ce bâtiment rénové et agrandi, assorti d'un centre d'information et d'une boutique, ne passe pas inaperçu.

Avec son look de gigantesque « baignoire » en acrylique, l'extension à l'apparence futuriste domine le paysage du quartier des musées : un volume clos qui offre de nombreuses possibilités pour des expositions, relié à la « salle d'honneur » de l'ancienne construction. On y trouve également l'auditorium et la salle de cinéma.

Le sous-sol de la nouvelle construction offre une nouvelle salle, grande et haute, ainsi que quelques pièces plus intimes et un espace d'éducation. À l'étage supérieur, un restaurant avec terrasse donne sur le *Museumplein.* Ces annexes sont ouvertes également à ceux qui ne visitent pas le musée.

Un musée dans le bain de l'époque

Le bâtiment historique construit par l'architecte A.W. Weissman datait de 1895. De style néo-Renaissance, tout en brique rouge, lové entre le musée Van Gogh et la salle légendaire du *Concertgebouw,* il semble avoir lui-même du mal à garder son sérieux, vu de la place, devant l'extension énorme (10 000 m² !) conçue par Mels Crouwel. Un architecte jouissant d'une renommée internationale pour avoir su adapter aux Pays-Bas plusieurs bâtiments historiques à de nouvelles fonctions publiques et culturelles.

Malgré les apparences tout est recherche d'harmonie : la disposition est symétrique, avec une cage d'escalier centrale, les salles sont monumentales et leur traitement d'un blanc immaculé en accentue encore la luminosité que donnent déjà ouvertures et baies vitrées.
La combinaison des constructions anciennes et nouvelles a été soigneusement composée. Une fois à l'intérieur, le visiteur oublie le contraste qui l'avait surpris au dehors, car les deux univers sont bien liés visuellement par cette atmosphère sereine dégagée par les salles d'exposition, la couleur des murs et les sols non interrompus en parquet de chêne clair accentuant la sensation de bien-être.

Des collections qui déménagent
D'entrée, c'est l'éblouissement : Cézanne et *La Montagne Sainte-Victoire,* Monet et la *Maison à travers les roses,* James Ensor et le *Carnaval en Flandre,* Marc Chagall et *L'autoportrait aux 7 doigts,* Braque, son broc et ses trois bouteilles... Les salles se succèdent, chacun va à son rythme, s'isolant des groupes constitués.
Les collections présentent les grands noms de la peinture en privilégiant toutefois un choix limité très appréciable pour la clarté du propos. La période choisie nous fait rentrer de plain-pied dans l'art contemporain en en explicitant les fondements et premiers essais, de l'expressionisme et de l'abstraction avant la Seconde guerre mondiale au mouvement CoBrA (*Co*penhague, *Br*uxelles, *A*msterdam) des années 1948 à 1951.
Dans la plupart des salles, un objet ou une sculpture moderne occupe le centre de la pièce et sur les murs une toile principale grand format est accompagnée de quelques œuvres de dimensions moindres. Ainsi pour Mondrian, Malevitch, Picasso entre autres. La lecture est facile et pédagogique, expliquant bien cette période où l'on quitte la représentation du réel pour la représentation de l'essence des choses et de l'être. C'est une décomposition et une recomposition de l'homme, du paysage, préfigurant dans la touche de peinture, ces pixels auxquels nous ont habitués la photographie et le numérique.
Hormis toutes ces œuvres picturales magistrales, le musée présente des objets de notre quotidien aussi revus dans leur conception par des formes et des matériaux nouveaux. Minimalisme hollandais, la première collection permanente à être présentée, depuis 1897, dans une perspective sociale ! Les produits issus du design industriel vont ravir les amoureux du genre.
C'est le réel mobilier, culinaire voire sanitaire, qui est transformé cette fois en une écriture artistique, jouant sur les volumes comme une calligraphie étrange qui aurait pris du corps. Ou c'est même le décor de la ville, le modelage de la rue par ses matériaux qui devient sculpture comme ces immenses IPN métalliques repeints qui ouvrent une des premières salles en rappelant – pourquoi pas – les traitements de volumes d'un Paolo Uccello de la Renaissance. Renaissance : c'est exactement le terme qui convient à cette métamorphose du Stedelijk Museum.

LE COBRA À TROIS TÊTES

C'est à Paris, en 1948, que naquit ce mouvement artistique et littéraire, à l'initiative du Danois Asger Jorn, des Belges Dotremont et Alechinsky et des Néerlandais Appel, Corneille et Constant. CoBrA, est l'acronyme de Copenhague, Bruxelles et Amsterdam. En rupture avec l'académisme et même avec le surréalisme, les CoBrA revendiquaient le retour à la spontanéité créatrice et à une liberté totale d'expression plus impulsive. Il en ressort des œuvres violemment colorées, au graphisme tumultueux, s'apparentant parfois à des dessins d'enfant, ou à l'art primitif. Le groupe fut dissout en 1951, mais chacun continua à peindre dans le même sens.

House of Bols *(distillerie Bols ; plan général détachable A6 et plan Vondelpark D2,* ***318****)* ***:*** *Paulus Potterstraat 14. ☎ 570-85-75. • houseofbols.com • Ⓣ n°s 2, 3, 5 ou 12. En face du musée Van Gogh. Tlj sf mar 12h-18h30 (22h ven, 20h sam).*

*Entrée : 14,50 € ; 9,40 € avec l'*I Amsterdam City card. *Réduc de 10 % pour un achat en ligne. Interdit aux moins de 18 ans.* La distillerie *Bols* n'est rien de moins que la plus vieille distillerie au monde, présente à Amsterdam depuis 1575. La maison est également célèbre pour son genièvre et vous propose, à travers une muséographie moderne et ludique, de revivre l'épopée de cet alcool emblématique de la Hollande. Une dégustation est évidemment comprise dans le prix (vu le tarif d'entrée, il s'agit d'une véritable dégustation). Un ordinateur vous concoctera même un cocktail sur mesure, cocktail qu'un barman se fera un plaisir de vous offrir. À la boutique, vous pourrez aussi acheter une bouteille de genièvre à votre nom. Un coup de marketing efficace et intelligent ! Les amateurs y trouveront leur compte. Évidemment, mieux vaut maîtriser l'anglais...

Le célèbre bâtiment du ***Concertgebouw*** *(plan Vondelpark, C-D2-3)* a fêté ses 125 ans en 2013, en multipliant les concerts en direct et sur grand écran. Plus de 700 000 visiteurs chaque année pour une des salles de concert classique les plus célèbres dans le monde ● *concertgebouw.nl* ● Arrivez tôt si vous voulez profiter des visites ou des concerts à prix doux (voir plus haut « Où écouter de la musique ? ») !

À VOIR. À FAIRE

Amsterdam, toujours un peu plus loin

Pour les trekkers urbains, d'autres balades, d'autres lieux et édifices remarquables à ne pas manquer, au sud et à l'est du centre ancien.

Balade au sud de la ville ancienne, dans le quartier De Pijp (plan général détachable CD 5-6)

L'Amsterdam nouveau ne pousse pas seulement sur l'eau, comme on pourrait le croire en voyant les anciens docks transformés à vitesse grand V (voir plus loin), mais aussi en dehors du centre ancien que vous avez découvert, lové entre sa ceinture de canaux protectrice. Voilà le quartier *hype* où les trentenaires (et plus si affinités) se retrouvent la nuit et même le jour, autour du marché multiculturel le plus emblématique de la ville : le ***marché Albert Cuyp,*** qui s'étire en semaine sur 2 km le long de l'Albertcuypstraat et dans les rues voisines. Ⓣ *Albert Cuypstraat (n° 16 ou 24 depuis la gare centrale, tlj 9h-17h sf dim).*

Le quartier De Pijp et le marché Albert Cuyp *(hors plan général détachable par C6)* : un quartier pour trekkeurs urbains qui se passionneront pour la visite du plus grand marché des Pays-Bas, et des petites rues étroites autour de l'*Albert Cuyp,* où de hautes maisons tout aussi étroites se serrent les unes contre les autres. Plus de 144 nationalités vivent actuellement dans ce quartier en vogue, qui a retrouvé un air plus vif depuis le départ d'une brasserie qui exhalait de fortes odeurs de malt et d'une fabrique de bougies qui dégageait une puanteur de graisse, selon la direction du vent. Si le quartier continue de vivre la nuit, il a fortement changé depuis l'époque où les cabarets, les boîtes et les prostituées en faisaient un quartier chaud en toute saison.

Heineken Experience *(plan général détachable C6,* ***312****) : Stadhouderskade 78. ☎ 523-96-66.* ● *heinekenexperience.nl* ● Ⓣ *Ferdinand Bolstraat (n° 16 ou 24 depuis la gare centrale). Tlj 11h-19h (vente des tickets terminée à 17h30, et même avt s'il y a trop de monde). Entrée : 16 € (15 € « on line ») ; 12 € avec l'*I Amsterdam City card. *Heineken,* « la bière qui fait aimer la bière », travaille surtout à nous faire aimer Heineken. Aussi, l'ancienne brasserie du XIXe s, qui ne brasse plus rien, s'est-elle transformée en méga-attraction dédiée à la gloire de la marque. On visite en se mettant à la place d'une bouteille, en allant d'un énorme réservoir à un autre. Passage en revue de l'histoire de la famille Heineken, installée dans le houblon depuis 1864. Quelques bières gratuites sont comprises dans le prix d'entrée.

Balade dans l'ancien quartier juif
(Jodenbuurt ; plan général détachable E4)

Les origines de la communauté juive d'Amsterdam remontent au début du XVIIe s. Vers 1600, des juifs séfarades, chassés d'Espagne (1492) et du Portugal (1531) par l'Inquisition, vinrent trouver refuge dans ce havre de paix et de liberté qu'était la capitale hollandaise au Siècle d'or. Vers 1635, d'autres juifs, ashkénazes originaires d'Europe centrale et orientale, s'exilèrent à leur tour dans ce quartier « neuf ».
Le Jodenbuurt fut habité à 95 % par des juifs, mais des membres de minorités religieuses, luthériens, baptistes et catholiques, chassés de leurs églises par le protestantisme triomphant, y trouvèrent également refuge. Par ailleurs, non-juif, mais non-conformiste dans l'âme, Rembrandt y vécut pendant plus de 20 ans, dans sa maison-atelier de la Jodenbreestraat. De nombreux juifs du quartier devinrent ses amis, et certains posèrent pour ses dessins et ses peintures d'inspiration biblique. Pendant près de 350 ans, aucune persécution ne menaça l'existence de cette communauté bien intégrée, considérée comme l'une des plus florissantes d'Europe. L'holocauste perpétré par les nazis mit un terme tragique à cet équilibre. Sous l'Occupation, entre 1940 et 1945, près de 80 % des juifs d'Amsterdam (120 000 personnes) furent arrêtés, puis déportés et tués dans les camps de la mort (Auschwitz, Sobibor). Après la guerre, ce vieux quartier n'était plus qu'une zone peuplée de fantômes : maisons délaissées, synagogues vides. « J'habite sur les lieux d'un des plus grands crimes de l'histoire », dit un personnage de Camus dans *La Chute*.
Aujourd'hui, les méfaits du modernisme (tunnel routier, métro, immeubles en béton) ont défiguré ce qui restait du Jodenbuurt, à l'exception de quelques témoins merveilleux. C'est ce que l'on peut découvrir à pied, en comptant une bonne matinée ou un peu plus si l'on inclut la visite de la taillerie de diamants *Gassan*. Un tuyau : accéder au Jodenbuurt par le *Canal Bus* (arrêt Stadhuis ; voir plus haut la rubrique « Transports. En bateau »).

Stadhuis *(hôtel de ville ; plan centre détachable D4)* **:** grand immeuble moderne et fonctionnel inauguré en 1986.
Dans le passage couvert qui sépare l'hôtel de ville de celui-ci, on peut voir le ***Niveau normal d'Amsterdam*** *(NAP)*. Cet étalon en cuivre correspond au niveau des canaux de la ville. Il est devenu la référence de mesure d'altitude dans la plupart des pays européens. À côté, trois colonnes de verre jaillissent du sol. Leur niveau d'eau correspond à la hauteur de la mer à Vlissingen et Ijmuiden, et aux grandes inondations de la Zélande en 1953. Ça fait froid dans le dos. Mon Dieu, pourvu que les digues tiennent le coup !

Muziektheater *(opéra ; plan général détachable D-E4)* **:** *sur le Waterlooplein.* ☎ *625-54-55.* • *hetmuziektheater.nl* • Une allure de frère cadet de l'Opéra Bastille, en moins prétentieux. Il héberge désormais la Compagnie de l'opéra néerlandais et la troupe du Ballet national.

– ***Jodenbreestraat*** *(plan général détachable D-E4)* **:** la « rue Large des Juifs » était autrefois l'artère commerçante et animée du quartier juif d'Amsterdam. Hormis la maison de Rembrandt (au n° 4), rien n'arrête le regard dans cette rue défigurée par des immeubles sinistres.

Rembrandthuis *(maison de Rembrandt ; plan centre détachable D4)* **:** *Jodenbreestraat 4-6.* ☎ *520-04-00.* • *rembrandthuis.nl* • *De la gare centrale,* Ⓜ *Waterlooplein ;* Ⓣ *Waterlooplein (nos 9 ou 14 du Dam) ; ou par le Museumboot. Tlj 10h-17h. Fermé 1er janv. Entrée : 12,50 € ; 3 € pour les 6-17 ans ; supplément lors des expos temporaires ; réduc ; gratuit avec l'*I Amsterdam City card. *Tickets en vente sur Internet. Audioguide gratuit et en français (mais le commentaire, assez* *succinct, fait courir le risque de ne pas regarder les tableaux et les gravures, accrochés mais non décrits).*

Seulement 6 peintures mais 250 eaux-fortes de Rembrandt (sur les 290 qu'il a exécutées) sont exposées par roulement dans ce musée. C'est d'ailleurs presque exclusivement avec ses eaux-fortes d'une remarquable finesse de trait, ainsi que par ses gravures, toutes d'inspiration biblique, que Rembrandt intéressa les collectionneurs au XIXe s. Sa peinture ne fut appréciée que plus tard. La demeure n'est pas sa maison natale (il est né à Leiden), mais c'est celle où il a vécu et travaillé pendant plus de 20 ans (de 1639 à 1660). Ce fut la période la plus faste de son existence.

UN PINGRE ROUÉ

L'avarice de Rembrandt était légendaire : tantôt il mettait ses gravures en vente publique et allait lui-même surenchérir, tantôt il chargeait son fils d'aller les vendre, en disant aux acheteurs qu'il les lui avait dérobées. Encouragé par ses succès, il imagina un jour une ruse encore plus tordue : il disparut, et répandit le bruit de sa mort. Son atelier et ses œuvres, mis en vente, rapportèrent une somme fabuleuse, et le mort reparut au milieu des acheteurs ébahis.

En 1639, grâce à l'argent qu'il gagne avec *La Ronde de nuit* et aux commandes qui affluent, l'artiste achète cette belle maison bourgeoise de la Breestraat en plein quartier juif, ce qui ne se faisait pas en son temps. Il la paie 13 000 florins, une somme considérable pour l'époque. Ses voisins sont ses amis : le savant Menasseh Ben Israël, rabbin d'Amsterdam, Éphraïm Bueno, un médecin juif portugais, et Jan Lutma, un riche joaillier. Des commerçants aisés du quartier lui achètent des portraits. Les rues autour de chez lui l'inspirent et lui évoquent la Bible.

C'est dans cette maison que Titus, son fils, est né (1641) et que Saskia, sa femme, est morte en 1642. En 1656, l'artiste est en faillite, ses nombreux biens sont vendus, ainsi que sa maison.

Il quitte le quartier juif en 1660 et s'installe dans le Jordaan (quartier pauvre à l'époque). L'inventaire réalisé à l'occasion de la vente de ses biens lors de la faillite de 1656 a permis de reconstituer la collection d'objets précieux et insolites, ainsi que les antiquités qui meublaient son intérieur : les armes anciennes sont celles que l'on voit dans *La Ronde de nuit,* les coquillages, les animaux naturalisés, les verres de Venise et les instruments de musique du *Kunstcaemer* constituent un ensemble hétéroclite à la manière des cabinets de curiosités de l'époque.

Rénovée, la maison a été réaménagée dans un décor du XVIIe s et se visite selon la distribution logique des pièces d'origine : au sous-sol, la cuisine, la pièce la plus confortable de la maison, où dormait aussi la cuisinière ; au rez-de-chaussée, l'entrée au sol pavé de carreaux noir et blanc, et des chaises en cuir ; l'antichambre *(Sijdelcaemer),* hall de vente et de réception de Rembrandt, tapissée à l'époque de ses toiles à vendre et où il recevait ses commanditaires (le lit était destiné à accueillir un hôte occasionnel) ; en face de l'escalier, une petite pièce servant de bureau privé à Rembrandt et contenant une presse à bois pour y imprimer les eaux-fortes ; le salon *(sael),* doté d'un majestueux manteau de cheminée supporté par des cariatides et d'un lit encastré (à cette époque, il n'était pas rare de vivre et de dormir dans la même pièce).

À l'étage, l'atelier *(Schildercaemer)* réservé au travail du maître et de ses nombreux élèves. C'est là qu'il a peint ses toiles les plus belles, notamment *La Ronde de nuit,* exposée au Rijksmuseum. Face à l'atelier, la *Kunstcaemer,* le cabinet reflet de la curiosité, de l'érudition et du standing du maître, est remplie d'un incroyable bric-à-brac d'objets qui lui servaient de modèles et d'inspiration. Sous les combles, où officiaient les élèves de Rembrandt, sont exposées de remarquables eaux-fortes : paysages, portraits et de superbes scènes bibliques marquées par de violents contrastes de lumière. Encore et toujours le clair-obscur, l'ombre et la lumière, obsession de Rembrandt.

Signalons également la présence de plusieurs autoportraits de Rembrandt, notamment celui qui le représente à 28 ans, et qui fut pas mal « retravaillé » par ses élèves.

Une restauration après expertise l'a dépouillé d'un bonnet, de longs cheveux et d'une moustache qui avaient été ajoutés.
L'aile contemporaine accueille des expos temporaires, le plus souvent fabuleuses.

UN DIAMANT POUR NE PAS TENTER LE DIABLE !

L'incube, cette incarnation satanique qui couchait avec les femmes endormies, était la terreur du Moyen Âge. Le diamant, symbole de fidélité, protégeait l'épouse de ces assauts répugnants. Voilà pourquoi, même si on en a oublié la signification, on offre toujours un diamant à sa fiancée.

La taillerie de diamants Gassan Diamonds *(plan général détachable E4) : Nieuwe Uilenburgerstraat 173-175. ☎ 622-53-33. • gassandiamonds.com • Tlj 9h-17h. Fermé 1er janv et 25 déc. Entrée gratuite. Visite guidée slt. Guides francophones (selon disponibilité) ; parfois un peu d'attente. Peu d'intérêt le w-e (jours de repos des ouvriers).*
La taillerie est installée dans un immense bâtiment en brique de 1879. L'arrière donne sur un canal. Les bateaux-mouches, qui proposent la visite de ce diamantaire dans leur programme, accostent là directement. Beaucoup de groupes de touristes y viennent en été. Un conseil : arriver dès l'ouverture, avant l'invasion des cars.
Visite instructive, même si le but principal est de vous présenter la marchandise. Beaucoup de juifs d'Amsterdam étaient diamantaires et fournissaient des emplois aux ouvriers du quartier. Samuel Gassan a perpétué cette activité en la modernisant. On visite l'atelier de taille de diamants : le sciage (une journée pour scier un diam d'un carat !), l'arrondissage, puis le polissage sont les trois étapes du travail. Les cailloux sont achetés sur les marchés internationaux de Tel-Aviv, Anvers ou New York. Ils proviennent essentiellement des mines d'Afrique du Sud, d'Australie ou du Canada. Entre la pierre brute et le brillant, le diamant perd environ 50 % de son volume. Une fois travaillé, le nombre de ses facettes peut varier de 25 à 57. Imaginez le boulot sur un diamant pas plus gros qu'une tête d'épingle ! Après cela, on vous montre et on vous explique les critères pour distinguer les diamants les uns des autres : le poids, la couleur, la clarté et la coupe (les quatre C : *carat, colour, clarity and cut*). On peut y acheter un diamant à prix d'usine, certifié par *Gassan.* Ils peuvent même le faire monter dans l'heure.

Mozes en Aaronkerk *(église Moïse-et-Aaron ; plan général détachable E4) : elle donne sur Waterlooplein d'un côté et sur la Jodenbreestraat de l'autre. Pas de visite.* Construite dans un style néobaroque en 1841, sur l'emplacement d'une première église du XVIIe s qui servit de refuge aux catholiques clandestins, chassés de leurs églises par les protestants. Aujourd'hui désaffectée, comme beaucoup d'églises d'Amsterdam. Remarquer les deux sculptures de Moïse et d'Aaron sur la façade arrière et, au-dessus, la grande statue de Melchisédech, roi de Jérusalem.

Portugees Synagoge *(synagogue portugaise ; plan général détachable E4) : Mr Visserplein 3. ☎ 624-53-51. • esnoga.com • Avr-oct, tlj sf sam 10h-16h ; nov-mars, dim-jeu 10h-16h, ven 10h-14h. Fermé j. fériés et pdt la fête de Yom Kippour. Billet jumelé avec le Musée historique juif : 12 € ; gratuit avec l'I Amsterdam City card.*
Première synagogue d'Amsterdam, c'est aussi l'une des plus grandes du monde ! Construite en 1675, elle est le produit d'une épopée historique tumultueuse. En 1492, sous le joug de l'Inquisition, les juifs quittent l'Espagne pour le Portugal. Manque de chance, on les y oblige à se convertir. Cent ans plus tard, certains de leurs descendants, souhaitant renouer avec la tradition hébraïque, s'établissent dans la cité d'Amsterdam, réputée pour sa tolérance. Comme la Hollande est en guerre contre l'Espagne, les juifs préfèrent dire qu'ils sont portugais ! Vous avez suivi ? C'est ainsi qu'est née la communauté portugaise israélite d'Amsterdam, qui a compté jusqu'à 4 300 personnes avant l'Holocauste.

L'architecte, Elias Brouwman, s'est inspiré du plan du temple de Salomon à Jérusalem. Cet énorme cube en brique a miraculeusement été épargné par la guerre et par les nazis. Rien n'a changé à l'intérieur depuis sa fondation : noter le *hechal* (niche de la Torah) monumental. On y admire aussi un exemplaire de l'*Histoire sainte* de Menasseh Ben Israël, illustrée par Rembrandt, qui était son ami. Autre détail insolite : la synagogue n'a toujours pas l'électricité. En hiver, elle est donc entièrement éclairée à la chandelle ! Au pied de la synagogue, plusieurs petits bâtiments dans le style du pays. L'un d'eux renferme la bibliothèque *Etz Chaim,* connue dans le monde entier.

– ***Jonas Daniel Meijerplein :*** c'est la place qui sépare la synagogue portugaise du Musée historique juif. Au milieu, sous les arbres, se dresse une statue en bronze, le *Dokwerker* (le Docker). Elle rappelle que les dockers du port d'Amsterdam furent les premiers à répondre à l'appel à la grève générale en signe de protestation à la première rafle organisée par les nazis. Le 22 février 1941, les Allemands rassemblèrent les juifs sur cette place, pour les arrêter et les déporter. La grève des dockers entraîna un mouvement de solidarité de la population d'Amsterdam. Mais elle fut matée par la répression.

*** Joods Historisch Museum*** *(Musée historique juif ; plan général détachable E4)* **:** *Jonas Daniel Meijerplein 2-4 ; entrée par la Nieuwe Amstelstraat 1. ☎ 531-03-10. • jhm.nl • Ⓜ Waterlooplein. Ⓣ Waterlooplein (n° 9 de la gare centrale, ou n° 14 du Dam). Tlj 11h-17h. Fermé le jour du Yom Kippour et pour le Nouvel an juif (en sept). Entrée : 12 € ; réduc ; gratuit moins de 13 ans et avec l'I Amsterdam City card. Audioguide gratuit en français. Billet jumelé avec la synagogue.*

Peu de villes au monde peuvent se vanter de posséder un si beau musée consacré à l'histoire et à la culture juives. Il est installé dans quatre anciennes synagogues juxtaposées. Elles ont servi au culte jusqu'en 1943, et ont été vendues en 1955 à la ville d'Amsterdam. L'entrée du musée se situe entre la Nouvelle Synagogue (1752) à gauche et la Grande Synagogue à droite, la plus ancienne des quatre (1670). Ces deux synagogues de façade en cachent deux autres, plus petites, construites en 1686 et en 1700 pour recevoir plus de fidèles. L'ensemble est assez impressionnant et témoigne bien de l'importance de la communauté juive d'Amsterdam aux XVIIe et XVIIIe s.

Dans la première salle, l'identité juive, la religion, le sionisme et Israël, la persécution et la survie sont les grands thèmes abordés. Le musée ne s'appesantit pas sur l'Holocauste, peut-être parce que le summum de l'horreur est indicible, et l'évocation de la Shoah s'arrête à la déportation des juifs. En revanche, il traite en profondeur de la difficulté à reconstruire une communauté juive après la guerre. Des 140 000 juifs vivant aux Pays-Bas avant la guerre, il n'en restait plus que 30 000 en 1945, la plupart dépossédés de leurs biens, ayant perdu toute leur famille, osant à peine affirmer leur identité juive par crainte d'être de nouvelles victimes de l'antisémitisme. Les autres salles présentent les personnalités juives importantes (Spinoza, par exemple) ainsi que les objets du culte et de la tradition juive.

– *La médiathèque : au sous-sol. Lun-ven 13h-17h.* Livres, photos, vidéos, documents.

LA VIE DES JUIFS AU SIÈCLE D'OR

Les juifs habitaient au sud-est de la ville et travaillaient dans ce quartier, distinct mais pas fermé comme un ghetto. Même s'ils n'avaient pas la qualité de citoyens et n'étaient pas admis dans les guildes (corporations), ils pouvaient pratiquer librement leur religion à condition de rester discrets ! Beaucoup de juifs trouvèrent donc du travail dans le textile (industrie du coton), ainsi que dans la taille et le commerce des diamants, tout simplement parce que ces activités n'étaient pas organisées en guilde et les matières premières faciles à déménager.

|●| *La caféteria « casher » et la librairie : mêmes horaires que le musée (accès libre).* Spécialités juives comme les galettes au gingembre et à l'orgeat, les quenelles de poisson, les tartes au fromage. Et sinon, liste des restos véritablement casher d'Amsterdam disponible à l'accueil (aucun dans les environs immédiats malheureusement).

Hermitage Amsterdam *(plan général détachable E5) : Amstel 51. ☎ 530-74-88. • hermitage.nl • Ⓣ Waterlooplein (n°s 9 et 14). Tlj 10h-17h (20h mer). Fermé 25 déc, 1er janv et 30 avr. Entrée : 15 € ; gratuit moins de 16 ans et avec l'I Amsterdam City card ; supplément demandé pour certaines expos. Audioguide : 3 €.*
Cet ancien hospice accueille désormais l'antenne du célèbre musée de l'Hermitage de Saint-Pétersbourg. Ce lieu multifonction s'est vite imposé à Amsterdam comme un incontournable de la vie culturelle : concerts, lectures, conférences, centre d'étude, restaurant et, évidemment, lieu d'exposition. À raison de deux par an, ces expos temporaires, vouées à l'art, à l'histoire et à l'archéologie, permettent d'accueillir une partie du fonds considérable qui dort pour l'instant dans les réserves de la cité de Pierre le Grand. Consultez le site pour connaître à l'avance le programme des expos.
Quelques salles permanentes relatent l'histoire du bâtiment et de l'Hermitage. Ne pas manquer les belles cuisines datant de 1725.

Balade dans le quartier du Plantage et vers l'Oosterpark (plan général détachable F-G4-5-6)

Hortus Botanicus *(jardin botanique ; plan général détachable E-F4) : Plantage Middenlaan 2. ☎ 625-90-21. • hortus-botanicus.nl • Ⓣ Visserplein (n°s 9 ou 14 du Dam). Tlj 10h-17h. Fermé 1er janv et 25 déc. Entrée : 8,50 € ; réduc ; gratuit avec l'I Amsterdam City card. Visite guidée dim à 14h (1 € en sus).* Datant de 1638, c'est l'un des plus vieux jardins botaniques du monde. Sur une toute petite surface (à peine 1,2 ha), il rassemble des plantes de tous les pays et de tous les climats. On compte pas moins de 50 arbres anciens ou remarquables dans les jardins et près de 4 000 végétaux dans les serres. On peut par exemple voir un agave qui date du XIXe s ou le célèbre *Victoria regia,* nénuphar vivant en Amérique du Sud et dont le diamètre peut atteindre 2 m en été. Incroyable serre aux palmiers.
|●| Agréable cafétéria aménagée dans l'ancienne orangerie et belle terrasse pour prendre un verre, où grignoter sur le pouce. Venir un jour de soleil si possible !

Tropenmuseum *(musée des Tropiques ; plan général détachable G5) : Linnaeusstraat 2. ☎ 568-82-15. • tropenmuseum.nl • Ⓣ Alexanderplein (n°s 9 ou 14 du Dam, ou n° 10 de Leidseplein). Tlj (sf lun hors vac scol) 10h-17h. Fermé 1er janv, 30 avr, 5 mai et 25 déc. Entrée : 12,50 € ; réduc ; gratuit avec l'I Amsterdam City card. Audioguide (3 €) en français.*
Très bien conçu, installé dans le grand bâtiment de l'ex-Institut colonial néerlandais (1926), c'est un de nos musées préférés à Amsterdam, d'autant qu'il est exempt de ce colonialisme nostalgique souvent présent dans les musées de ce genre... Aujourd'hui, outre des collections remarquables, il s'ouvre aux questions de recherche et d'ethnologie, aux problèmes de développement du tiers monde, et notamment dans les pays de l'ancien empire colonial néerlandais (Indonésie surtout). Le commentaire n° 200 de l'audioguide exprime parfaitement l'ambivalence de ce genre de musée et les précautions prises dans la présentation de tous ces objets pour le moins hétéroclites.
Dans le magnifique hall, les galeries sur plusieurs étages sont consacrées à l'Indonésie (1er étage) puis à l'Afrique et à l'Amérique latine (2e étage). Présentation originale et colorée, régulièrement modifiée. Chaque objet est expliqué et replacé

dans un contexte, voire un environnement reconstitué. Dommage qu'on ait parfois un peu de mal à savoir par quel bout prendre l'expo ! L'audioguide, bien fait, ne présente pas toutes les pièces ou les scènes, mais s'attache à certaines d'entre elles et permet d'animer les collections. Le rez-de-chaussée accueille des expos temporaires, un espace consacré à l'éveil culturel et sensoriel des plus petits, et un « musée animé » pour les 6-13 ans où l'on peut par exemple s'habiller en Chinois et s'initier à la cuisine asiatique.

Après la visite, on peut déguster de délicieuses spécialités des quatre coins du monde sur la terrasse du restaurant ***Ekeko,*** au rez-de-chaussée du musée.
Très belle boutique d'artisanat du monde à la sortie.

Artis Royal Zoo *(jardin zoologique Artis ; plan général détachable F-G4) : Plantage Kerklaan 40. ☎ 0900-278-47-96. • artis.nl • Ⓣ Plantage Kerklaan (n°s 9 ou 14 du Dam), Alexanderplein (n° 10 de Leidseplein). Tlj 9h-17h (18h avr-oct). Entrée : 19,95 € ; réduc ; gratuit avec l'*I Amsterdam City card. Conçu au XIXe s, idéal pour une balade familiale mais pas vraiment original ; et hors de prix surtout ! Le parc abrite aussi un planétarium, ainsi qu'un aquarium, une jungle, une savane et une serre aux papillons de 1 000 m². Un nouveau musée toujours en construction, le *Groote Museum,* présentera les collections de l'ancien musée de Géologie.

Verzetsmuseum *(musée de la Résistance ; plan général détachable F4) : Plantage Kerklaan 61a. ☎ 620-25-35. • verzetsmuseum.org • Ⓣ Plantage Kerklaan (n°s 9 ou 14 du Dam). Mar-ven 10h-17h ; sam-lun et j. fériés 11h-17h. Entrée : 8 € ; réduc ; gratuit avec l'*I Amsterdam Card. Ce musée dévoile tous les aspects de la vie quotidienne des Hollandais pendant la Seconde Guerre mondiale, et les tentatives de résistance face à l'envahisseur, dont une très intéressante documentation sur la grève générale de 1941 (protestation contre le sort réservé aux juifs). Photos, tracts, ustensiles du quotidien, montages sonores sont présentés clairement et avec réalisme. Un audioguide interactif (en français !) donne vie à tous ces documents et rend la visite particulièrement attrayante. Un très bon complément au musée Anne-Frank. Une section séparée relate les souffrances de l'Indonésie à la même époque, alors colonie hollandaise sous le joug des Japonais. Expositions temporaires d'artistes.

Balade dans l'Entrepotdok et les anciens docks de l'est *(plan général détachable F-G4)*

À deux pas du zoo, une sympathique balade à faire dans l'ancien port d'Amsterdam, autour de ***l'Entrepotdok.*** Bel ensemble de 84 ***entrepôts*** en brique, tous accolés en bordure d'un paisible bassin. Construits par la Compagnie néerlandaise des Indes orientales, à l'époque où Amsterdam était le premier centre commercial et financier d'Europe (et du monde), ils portent chacun un nom de ville hollandaise, belge ou luxembourgeoise, de Bergen-op-Zoom à Zutphen. Réhabilités, ils abritent aujourd'hui des logements sociaux assez haut de gamme, des appartements et des bureaux. Lorsque l'on vient à pied, l'entrée principale se situe sur Kadijksplein, à côté du pittoresque pont à bascule qui enjambe le Schippersgracht. Elle est marquée par un grand porche néoclassique en pierre que l'on ne peut pas rater. Il faut faire un petit effort d'imagination pour se figurer l'ambiance qui régnait ici autrefois, quand toutes les épices de la terre débarquaient sur les quais. Depuis le petit pont à bascule, jolie vue sur le chantier naval, les entrepôts et, au loin, un moulin on ne peut plus typique...

Werfmuseum 't Kromhout *(chantier naval et musée 't Kromhout ; plan général détachable G4) : Hoogte Kadijk 147. ☎ 625-03-02. • kromhoutmuseum.nl • S'il n'y a personne au rdc, monter dans les bureaux au 1er étage. Mar 10h-15h. Entrée : 5 € ; non compris dans l'*I Amsterdam City card.

À VOIR. À FAIRE

Tout à fait à l'est du port, *Hoogte Kadijk* est une ancienne digue parallèle à l'Entrepotdok. *'T Kromhout* est l'un des derniers chantiers de construction traditionnelle encore en activité à Amsterdam. Il en existait 30 au XVIIe s, mais celui-ci fut l'un des rares à bien négocier le virage de la révolution industrielle. À la fin du XIXe s, on y fabriquait les chaudières et les machines à vapeur les plus modernes du port, comme le légendaire *Kromhout 12CV* (retenez bien ce nom !), qui donna un essor prodigieux à la navigation fluviale motorisée.
Pas touristique pour un sou, ce musée (qui a fêté ses 40 ans en 2014) occupe une modeste partie de ce chantier spécialisé dans la restauration des navires anciens. Il présente une collection de moteurs de navires, quelques vitrines, des pompes et des maquettes de *steamers,* disséminées dans les ateliers en fonction de l'espace laissé vacant par l'activité du chantier ! En revanche, ce qui est passionnant, c'est de visiter les commandes en cours avec quelqu'un du chantier. Adressez-vous à l'accueil ou à l'administration. On vous accompagnera parmi les goélettes en cale, les péniches ventrues ou les yolettes effilées. Attention : il n'y a pas toujours de grosses commandes.

Het Scheepvaart Museum *(Musée maritime ; plan général détachable F3) : Kattenburgerplein 1. ☎ 523-22-22. • hetscheepvaartmuseum.nl • Tlj 10h-17h. Entrée : 15 € ; gratuit avec l'*I Amsterdam City card. Évidemment, le sublime bâtiment est toujours là, fièrement dressé sur le port. Sa rénovation est une totale réussite, de la cour couverte à la cafétéria design. Pour la scénographie du musée, c'est tout le contraire. En misant tout sur la 3D, le virtuel et la vidéo, le musée a perdu son contenu, son âme, voire sa raison d'être. Et certains de regretter la profusion des anciennes collections. Dans les vitrines, aujourd'hui, quelques figures de proue, quelques instruments de navigation, quelques maquettes, quelques globes rares... Pour le reste, des animations vidéos destinées à rendre le sujet plus accessible à tous. Une volonté que l'on retrouve dans nombre de musées aujourd'hui, qui peut plaire ou déplaire. Bien sûr, les pièces exposées sont de toute beauté, bien sûr, on accède toujours au *VOC-schip Amsterdam* (la reconstitution d'un navire marchand datant du XVIIIe s), bien sûr le site est magnifique mais le prix d'entrée est absolument prohibitif (d'où l'intérêt d'avoir l'*I Amsterdam City card*).

Science Center Nemo *(plan général détachable F3) : Oosterdok 2. ☎ 531-32-33. • e-nemo.nl • De la gare, accès par une passerelle pour piétons. Mar-dim (et lun pdt vac scol) 10h-17h. Accès au toit (parfois libre et gratuit) sous certaines conditions. Entrée : 15 € ; gratuit avec l'*I Amsterdam City card. *Explications en néerlandais et en anglais.* Le musée national de la Science et de la Technologie se dresse fièrement au milieu des flots comme la proue d'un paquebot ou d'un supertanker échoué au milieu du port ! Bref, une architecture qui ne laisse pas indifférent, signée Renzo Piano, le créateur du Centre Pompidou à Paris. À l'intérieur, les phénomènes physiques les plus variés sont présentés sous une forme ludique et interactive, avec des démonstrations pédagogiques parfois spectaculaires. Télécommunications, univers virtuels et psychiques, transformation de l'énergie, instruments high-tech. Entre autres aventures, le visiteur peut tour à tour devenir chirurgien pour effectuer une délicate intervention sur un genou (artificiel !), diriger la mise en scène d'une pièce de théâtre, se découvrir avec une paire d'années de plus dans la section « ADN » et surfer sur Internet, bien sûr. Voici un musée versé tout entier dans le XXIe s.
L'été venu, profiter de la « plage urbaine » avec vue, aménagée sur le toit (plats et boissons).

L'Oba – Openbare Bibliotheek Amsterdam *(bibliothèque centrale ; plan général détachable E2) : Oosterdokskade 143. ☎ 523-09-00. • oba.nl • Tlj 10h-22h.* Le port d'Amsterdam est en totale mutation. Pour le meilleur et pour le pire ! Le meilleur avec cette magnifique bibliothèque panoramique qui fait, à juste titre, la fierté de la ville. Sur 10 niveaux (dont 7 ouverts au public), desservis par un escalator, l'*Oba,* comme on dit ici, est un immense espace blanc, propice au calme, à la lecture. Les nouveaux médias ne sont pas oubliés puisqu'on peut y passer sa journée à visionner des films, à écouter de la musique...

Le restaurant *La Place* (voir « Où manger ? Dans le centre. Bon marché ») a ouvert ici une annexe avec terrasse et vue panoramique sur la ville. Les étudiants n'ont pas tardé à s'approprier les lieux et on les comprend. Des expos y sont aussi organisées de temps à autre.

– ***Les quais :*** tout autour de l'*Oba* se met en place une grande promenade aérée qui permet déjà d'aller à pied de la gare centrale aux anciens docks de l'est, mais avant d'y arriver, profitez des ascenseurs installés dans les hôtels voisins pour aller boire un verre en terrasse et voir d'en haut l'Amsterdam nouveau qui est arrivé. Les salles de concerts du *Muziekgebouw aan't IJ,* élégant bloc de verre qui s'avance prudemment vers l'eau, et le *Bimhuis,* la petite boîte noire qui le jouxte se trouvent Piet Heinkade 1 et 3. Quelques encablures plus loin, le pont *Jan Schaefferbrug,* surnommé le « Lézard » pour sa structure de tubes d'acier obliques longue de 200 m, rejoint les Java Eiland et KNSM Eiland.

L'Oostelijk Havengebied *(les anciens docks de l'est)* **:** *à l'est de la gare centrale.* Ⓣ *Rietlandpark (nos 26 (de la gare) ou 10 (de Leidseplein et Oosterpark) ; bus no 48 (départ de la gare et de Leidseplein).* En matière d'architecture contemporaine, Amsterdam défriche avec réussite de nouveaux horizons. L'Oostelijk Havengebied, une zone de docks longtemps en friche, est devenue un des premiers terrains d'expérience des architectes rêvant d'un nouvel Amsterdam. Une zone qui englobe les presqu'îles de Java, KNSM et Bornéo. Des noms qui font rêver...
Après consultation de la population au sujet de l'élargissement des possibilités d'hébergement de la ville, les presqu'îles de ***Java, KNSM, Borneo*** et ***Sporenburg*** ont été confiées à l'imagination d'une armada d'architectes, placés devant le défi d'y construire un total de 8 000 logements. Résultat : un univers qui aurait probablement inspiré Jacques Tati, et, surtout, la concrétisation d'un pragmatisme hollandais tourné vers la modernité. Façades de pierre brute ou travaillée, alternance des teintes pâles du béton, intrusion de touches de couleurs vives, combinaisons originales de matériaux, de structures et de formes contribuent à la réhabilitation réussie des anciennes constructions portuaires.
Cette « renaissance » a immédiatement attiré une population jeune, *trendy,* et, à sa suite, des hôtels, restos, boutiques de design et de déco à la pointe de la création contemporaine. Voilà ce qui peut justifier une excursion dans ce quartier étonnant, même si ce n'est ni le plus convivial ni le plus vivant de la ville.
– Sur Sporenburg, face à Java Eiland, aller jeter un coup d'œil au ***Lloyd Hotel & Culturele Ambassade*** *(plan Oostelijk Havengebied, B2,* ***322****),* une vaste construction aussi particulière vue de l'extérieur que de l'intérieur. Construite en 1921 pour accueillir des migrants en partance pour l'Amérique, l'imposante bâtisse a été transformée en l'un des hôtels les plus originaux de la ville : sur cinq niveaux, une centaine de chambres couvrant toutes les catégories allant de une à cinq étoiles, sans distinction d'étage. Une originalité qui se paie cher, trop cher... On s'arrêtera plus facilement au café-restaurant (voir aussi « Où boire un verre ? » plus haut), à la bibliothèque d'art, ou l'on viendra assister à une expo ou à un concert. Dans la cage d'escalier, des panneaux relatent l'histoire mouvementée du *Lloyd,* qui fut transformé en prison pour jeunes délinquants de 1965 à 1989, puis en squat d'artistes avant de redevenir un hôtel en 2004.
– KNSM Eiland compte quelques magasins qui sortent de l'ordinaire. Le ***Kunstuitleen SBK Amsterdam*** *(KNSM-laan 307-309 ; en sem 9h-17h, w-e 11h-17h),* par exemple, loue des œuvres d'art à la semaine ou au mois. ***Pol's Potten*** *(KNSM-laan 39)* présente beaucoup de petits et grands objets insolites pour la décoration intérieure et extérieure. ***Keet in Huis*** *(KNSM-laan 297)* est une boutique pour enfants n'ayant pas peur d'appeler maman « bobo ». ***De Ode*** *(Levantkade),* étrange boutique funéraire, présente cercueils et autres urnes d'une manière très originale, bien loin de notre dramatisation habituelle de la mort. Vous en découvrirez bien d'autres.

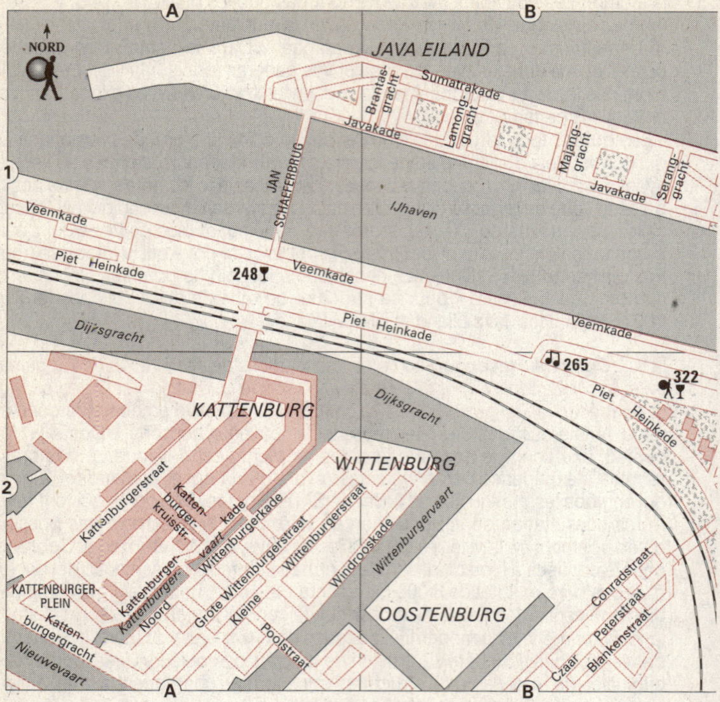

Où boire un verre ?	**322** Lloyd Hotel & Culturele Ambassade
244 Kanis & Meiland Café	
248 De Zwijger	

– Reliant Sporenburg et Borneo Eiland, les deux étonnants ponts rouges dessinés par Adriaan Geuze se retrouvent sur toutes les photos du quartier.
– Sachez que l'écologie a été intégrée dès le début des aménagements. Les poubelles qui s'alignent, attendant chacune un type de déchet particulier, ressemblent beaucoup à leurs cousines hexagonales. À un détail près cependant... leur contenu est immédiatement récupéré en sous-sol par un tapis roulant et envoyé au recyclage ! Poubelle la vie, en version originale, si l'on peut dire.

Autour du Westerpark, à l'ouest

Ce district, centré autour du parc du même nom, n'est qu'à 15 mn à l'ouest de la gare centrale. À vélo ou à pied, suivre Haarlemmerstraat puis Haarlemmerdijk, les deux rues les plus tendances du moment, selon leurs familiers. En tram ou en bus, voir les indications données pour chaque lieu.

Cultuurpark Westergasfabriek *(plan Grande Couronne)* **:** *Haarlemmerweg 8-10.* • *westergasfabriek.nl* • Ⓣ *Van L. Stirumstraat (nº 10 de Leidseplein).* Fidèle

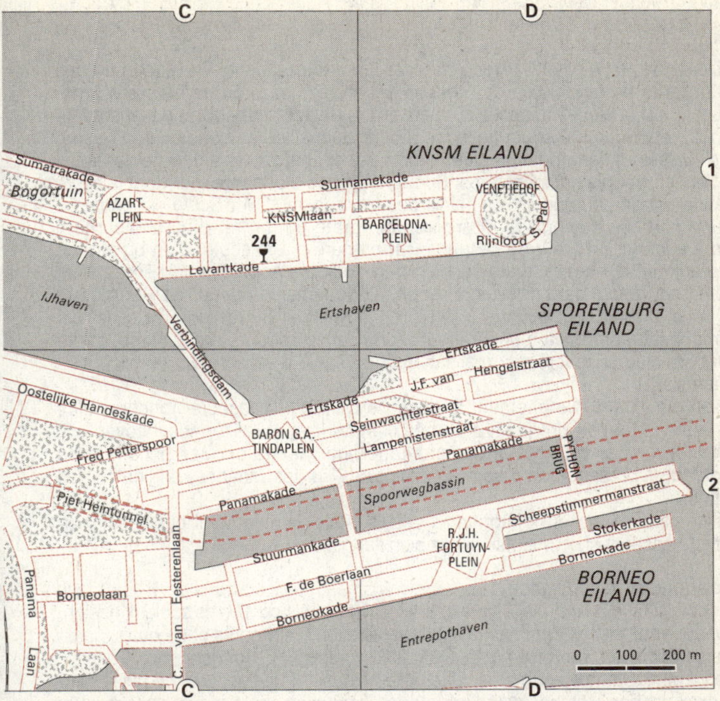

AMSTERDAM – Oostelijk Havengebied

♫ **Où danser ?**	**À voir**
265 Panama	**322** Lloyd Hotel & Culturele Ambassade

au concept de la *Kultur Fabrik,* cette ancienne usine à gaz a été reconvertie en lieu culturel. Ses longs bâtiments en brique rouge accueillent designers, galeries d'art et bars. Le spectaculaire gazomètre propose des spectacles de temps à autre ; on ne peut rêver plus belle salle ! Un parc contemporain complète l'ensemble. Les Amstellodamois y prennent leurs quartiers d'été, quand les terrasses envahissent les bords du canal.
Pour les fans de jazz, une belle adresse : ***North Sea Jazz Club,*** *Pazzanistraat 1,* et pour changer un peu de cuisine, ***Raïnaïraï,*** un restaurant nomadique, *Polonceau-kade 40.* Mais il y a beaucoup d'autres bars, de restaurants, de lieux de vie, dans ce quartier qui bouge !

Het Schip Museum *(Amsterdam School arts and architecture ; plan Grande Couronne)* **:** *Spaarndammerplantsoen 140 (Zaanstraat). ☎ 418-28-85. • hetschip.nl • De la gare centrale, bus nº 22 (jusqu'au terminus). Ⓣ Van L. Stirumstraat (nº 10 de Leidseplein). Demander la direction de la Westergasfabriek (tte proche) ; devant celle-ci, prendre à droite le chemin qui traverse le parc, passer sous la voie de* *chemin de fer, à la sortie prendre à gauche. Tlj sf lun 11h-17h. Entrée : 7,50 € ; réduc ; gratuit avec l'*I Amsterdam City card. *Visite guidée (comprise dans le prix) en anglais et en néerlandais ttes les heures.*

Réalisé entre 1917 et 1921, *Het Schip* est l'œuvre de Michel De Klerk, l'un des plus brillants protagonistes du mouvement architectural dit de l'école d'Amsterdam. C'est la pièce maîtresse d'un ensemble de trois immeubles de logements sociaux, répondant au souci politique d'offrir de meilleures conditions d'habitat à une classe ouvrière toujours plus nombreuse et jusqu'alors entassée dans des quartiers surpeuplés et insalubres. Surmonté d'une étonnante tour dont la seule vocation est de couronner ce « palais des travailleurs », *Het Schip* est construit sur une parcelle triangulaire et arbore une forme de navire, d'où son surnom *schip.* Le jardin, au cœur de l'espace, est entouré d'une école, d'un bureau de poste aujourd'hui fermé, mais dont on peut toujours apprécier l'aménagement entièrement pensé par l'architecte, et de 102 logements ouvriers. Deux d'entre eux, sous la tour, sont ouverts à la visite : le premier, au rez-de-chaussée, est une reconstitution fidèle d'un intérieur d'origine ; le second, au 1er étage, abrite un petit musée consacré aux réalisations de l'école d'Amsterdam (explications en français).

L'ensemble illustre parfaitement le désir de De Klerk d'associer fonctionnalité et esthétique tout en privilégiant les beaux matériaux et les formes innovantes : façades arrondies ou ondulantes, montage original des briques dans le sens vertical, omniprésence de discrètes sculptures sur les façades, originalité des fenêtres.

La visite guidée relevant d'étonnants détails (et ils ne manquent pas !), est vraiment intéressante si on maîtrise assez bien l'anglais.

Strandwest *(plan Grande Couronne) : Tasmanstraat, au nord de Westerpark, sur la rive gauche de l'IJ. De la gare centrale, bus nº 48.* Logements sociaux design, paquebot transformé pour l'habitation, réhabilitation d'entrepôts et de quais, cafés et restos originaux (voir plus haut « Où boire un verre ? »)... tout comme l'Oostelijk Havengebied, Strandwest bouge. Une belle pelouse et de l'espace, ce qui le rend bien relax par beau temps, quand les familles viennent y pique-niquer ou faire jouer le toutou, tandis que les étudiants paressent dans un jardin.

Au nord, sur la rive droite de l'IJ

The Eye – Filmmuseum *(plan général détachable E1) : IJ Promenade1, sur la rive droite, bien sûr. Emprunter le bac vers Buikslotermeerweg derrière la gare centrale, env ttes les 6-10 mn, durée de traversée env 5 mn. ☎ 589-14-00. • eye film.nl • Tlj 10h-22h (23h ven-sam). CB obligatoire au restaurant-bar.*

Inauguré par la reine Béatrix en 2012, il est devenu très rapidement le point de rencontre des cinéphiles et des fous de culture. Difficile de passer inaperçu, il se trouve juste en face de la gare centrale, de l'autre côté du canal de la mer du Nord. Certains verront dans ce bâtiment moderne et élancé la forme d'un œil mi-clos ou d'une élégante cocote en papier (pliée par les deux architectes autrichiens Roman Delugan et Elke Delugan-Meissl).

Le musée doit son nom à un jeu de mot avec le vocable anglais « œil » mais aussi avec le surnom du canal de la mer du Nord « l'IJ » (que l'on prononce en néerlandais justement « eye » !).

Construit sur 348 pieux d'un diamètre de 50-60 cm et sur une profondeur de 22-24 m, le nouveau musée du Cinéma offre ses lignes futuristes à la vue de tous et garde les trésors de la cinémathèque pour ses aficionados. N'y allez pas dans l'espoir de découvrir un musée au sens strict, ici, c'est sur l'écran que tout se passe, en dehors de l'expo interactive du moment. Belle programmation pour les jours gris. Seul espace culturel public ouvert après 17h, il est devenu un lieu où l'on vient à la fois regarder un film, acheter un souvenir, manger plus ou moins

bien, pour un rendez-vous ou tout simplement rêver en regardant les bateaux. Si l'on associe rarement le cinéma avec les Pays-Bas, on oublie que le plat pays a su donner du relief au documentaire grâce à Joris Ivens, ou Johan Van der Keuken et qu'il a su exporter ses talents avec, dans la fiction le sulfureux réalisateur Paul Verhoeven (« Basic Instinct » c'est lui !) ou encore l'énigmatique Rutdger Hauer qui a joué dans de nombreux films d'action.
Le musée propose quatre expositions originales par an : 60 % de films internationaux et 40 % de films néerlandophones.
Sur la terrasse, en été ou derrière l'immense baie vitrée, vous adorerez prendre l'apéro *(borrel)* ou tout simplement déguster un plat sur la terrasse, en été, ou derrière l'immense baie vitrée, dans le café-resto. Si vous avez encore soif de cinéma, vous pourrez descendre dans le sous-sol où trois espaces vous proposent de regarder des films dans des minicabines, revoir des extraits célèbres grâce à un système interactif ou tout simplement copier – pour la route ! – des films sur votre téléphone dans un étrange grille-pain téléchargeur...
🍷 Pour boire un verre ou espérer dîner dans le restaurant, il faut attendre jusqu'à ce qu'on vous désigne une table, et, attention, comme dans tous les lieux ouverts par ici, on ne peut payer en espèces. Belle vue sur l'IJ.
– À côté de ***The Eye,*** le quartier est en pleine mutation : l'***Adam*** (Amsterdam dance and music) a commencé à prendre possession de l'ancien centre de technologie de Shell (Overhoeks) et vous pourrez bientôt profiter d'un restaurant panoramique tournant, avec discothèque au dernier étage *(Heaven)* et club assez chaud dans les sous-sols : *Hell,* l'Enfer forcément, un lieu qui restera ouvert 24h/24. Vous pouvez sinon boire un verre au **Tolhuistuin,** *Tolhuisweg 5, Stadsdeel North.* Immense terrasse avec des coussins pour prendre un verre et le soleil, méridiennes et coques de bateaux reconverties en canapés, et très bonne ambiance le soir, avec concerts et festivals de toutes sortes. Petite sandwicherie surinamienne sur la même terrasse que le bar.

NDSM *(plan Grande Couronne)* **:** *rive droite de l'IJ, en face de Strandwest. À vélo et en bac, vous n'êtes qu'à quelques enjambées de la gare centrale. Ligne NDSM-Werfveer (relie NDSM à la gare ferroviaire) : lun-ven 7h-minuit et w-e 9h-minuit env ; 2-4 bacs/h. Ligne Houthavenveer (relie NDSM à Tasmanstraat-Strandwest) : lun-ven 7h-19h env ; 2 bacs/h.*
Au départ d'apparence plus froide et fonctionnelle que ses consœurs de l'Oostelijk Havengebied, cette vaste zone réservée naguère aux chantiers est devenue une des destinations phares des Amstellodamois en phase avec les mutations de leur époque, depuis que le siège de MTV s'y est installé et que les bars, les restos s'y sont implantés, dans des lieux souvent insolites : l'ancienne cantine des ouvriers, ancien container, etc. (voir « Où manger ? » et « Où boire un verre ? »). Il y a même un hôtel original qui a été aménagé dans une ancienne grue, avec trois suites de luxe accessibles par ascenseur privé. On y trouve aussi un sous-marin russe bien rouillé, un bateau de la flotte de Greenpeace et un hôtel sur un bateau... Une vision étonnante, au milieu d'un terrain où des créateurs de tous horizons ont trouvé refuge, en espérant que les petits malins qui ont eu la bonne idée d'acheter par ici (quand tout cela ne valait rien !) ne finiront pas par les déloger pour créer des lofts de luxe dans les anciens chantiers.
Tous les bâtiments de l'ancien chantier sont désormais classés et font partie du patrimoine industriel néerlandais. Des festivals de musique se déroulent sur les quais aux beaux jours, des ateliers d'artistes sont installés dans des anciens hangars (sur la droite en débarquant), et une résidence étudiante formée de containers empilés joue sur la cohabitation des couleurs, déjà !
Presque tous les premiers week-ends du mois, grand marché aux puces à ne pas manquer. *Entrée : 4,50 € ; enfant jusqu'à 11 ans : 2 €.*
C'est aussi l'occasion de naviguer en bac sur l'IJ depuis la gare, puis à destination de Strandwest, par exemple, en empruntant de nouveau le bac direction Tasmanstraat et en enfourchant sa petite reine, comme un vrai Amstellodamois.

À l'est

La plage de Blijburg *(plan Grande Couronne) : à 6 km env au sud-est de la gare centrale. • blijburg.nl • Pour y aller, prendre le tram n° 26, ou le bus 66, jusqu'à son terminus, puis marcher un peu en direction des drapeaux de plage. À bicyclette, prévoir 50 mn, mais franchissement de 2 grands ponts, exposés au vent (dur parfois !).* Certes, ce n'est pas Bali ou Miami, mais il y aura du sable, de l'eau théoriquement praticable, ainsi que des animations balnéaires et festives (concerts, etc.). Autant de raisons pour justifier l'excursion par un jour ensoleillé. Penser au pique-nique, au hula-hoop et autre bon vieux *jokari.*

Au sud

CoBrA, Museum voor Moderne Kunst *(plan Grande Couronne) : Sandbergplein 1-3,* **Amstelveen** *(banlieue sud d'Amsterdam). ☎ 547-50-50. • cobra-museum.nl • Ⓜ Amstelveen Centrum (n° 51). En voiture, en bordure de l'A 9. Ⓣ Amstelveen Binnenhof (n° 5 depuis la gare centrale). Tlj sf lun 11h-17h. Fermé 1er janv, 30 avr et 25 déc. Entrée : 9,50 € ; réduc ; gratuit avec l'*I Amsterdam City card, *mais avec supplément pour certaines expos.*
CoBrA est la contraction de **Co**penhague, **Br**uxelles et **A**msterdam. Sous cette appellation reptilienne imaginée par l'écrivain Christian Dotremont s'est constitué, en 1948, en réaction contre le réalisme socialiste, un éphémère mouvement artistique, essentiellement pictural, rassemblant des artistes originaires du Danemark, des Pays-Bas et de Belgique. Ses figures de proue se nomment Asger Jorn, Corneille, Constant, Karel Appel, Pierre Alechinsky, Pol Bury, Heerup et Bille. Fusionnant les courants expressionniste, surréaliste et abstrait, leur œuvre passe par un travail sur l'association de la matière et de la couleur. Le trait commun est de s'inspirer largement des bestiaires primitifs ou mythiques de l'art populaire nordique. La couleur est utilisée de manière tonique et incisive, et fait une part belle à la littérature parfois intégrée à l'œuvre peinte, comme chez Corneille. En 1951, CoBrA se dissout et certains de ses protagonistes se retrouvent dans l'Internationale situationniste.
L'expo permanente présente les compositions des Hollandais du mouvement ainsi que les arts abstraits et semi-abstraits (*Vrij Beelden* et *Creatie*) aux Pays-Bas. Par ailleurs, le musée organise régulièrement des expos intéressantes sur les développements récents de l'art contemporain. On oubliait : bel agencement architectural lumineux et cafétéria agréable.

Molen van Sloten *(moulin de Sloten ; plan Grande Couronne) : Akersluis 10. ☎ 669-04-12. • molenvansloten.nl • En voiture, prendre l'autoroute A 4 en direction de La Haye (Den Haag), puis la sortie* **Sloten** *et suivre les indications. En tram, n° 2 depuis la gare centrale jusqu'au terminus, puis 10 mn à pied (suivre les panneaux indiquant un moulin). En bus, nos 145 ou 192 de Leidseplein (mais attention, vous changez de zone). Tlj 10h-17h (dernière visite). Entrée : 8 € ; gratuit avec l'*I Amsterdam City card. Magnifique moulin à vent datant de 1847, récemment reconstruit. Plaquette en français et présentation audiovisuelle avec des personnages issus des tableaux du fils de Rembrandt, lui-même meunier. Une maquette donne une bonne idée du paysage du XIXe s, où les moulins se disputaient la place. Visite également de la fromagerie, avec une explication de la fabrication à l'ancienne. Dégustation sur demande. À voir aussi, le village de Sloten lui-même, et son plus petit commissariat de police des Pays-Bas, entièrement servi par une équipe de policiers nains.

Flora Holland *(hors plan Grande Couronne) : à* **Aalsmeer.** *☎ (29) 739-70-00. • floraholland.com • À 25 km env du centre d'Amsterdam, au-delà de Schiphol Airport. Bus n° 172 depuis la gare (plusieurs arrêts en ville) ; compter 55 mn de trajet.*

Ouv tte l'année, lun-ven 7h-11h. Entrée : 6 €. La bourse au cadran d'Aalsmeer est le plus grand marché aux fleurs au monde (Flora Holland possède cinq autres centres de vente, tous en Hollande). Impressionnant ! Chaque matin dès 4h, des millions de fleurs en provenance du monde entier arrivent fraîchement coupées, par avion, pour être vendues aux enchères, avant de repartir, en avion, dans le monde entier (bonjour le bilan carbone !). Le moment le plus intense et le plus intéressant se situe autour de 7h-8h ; il faut dire qu'à 11h, tout est fini (voire avant le jeudi, jour où les arrivages sont plus limités). Mais les lève-tôt seront récompensés car, surplombant le marché, une passerelle a été aménagée pour le visiteur, d'où l'on peut voir cette fourmilière grouillante s'activer frénétiquement. Orchestrées tel un ballet multicolore, les fleurs vont et viennent en chariot de l'entrepôt frigorifique à l'inspection, du cadran à l'expédition... Quelques chiffres donnent l'ampleur de cette démesure : 4 500 employés, 48 millions de fleurs et de plantes par jour, 12 milliards par an ! Le parcours est balisé et vous trouverez toutes sortes d'explications sur place mais on vous conseille de demander à l'entrée la plaquette promotionnelle (en français).

Les parcs

Vondelpark *(plan Vondelpark)* **:** voir plus haut « Leidseplein, le Vondelpark, le quartier des musées ».

Cultuurpark Westergasfabriek *(plan Grande Couronne)* **:** *à l'ouest de la gare centrale.* Voir plus haut « Amsterdam toujours un peu plus loin ».

Sarphatipark *(plan des transports en commun)* **:** *au sud du centre-ville.* Petit et sympathique. Marché typique tous les matins sauf le dimanche : harengs, brochettes chinoises, plats indonésiens. C'est le marché Albert Cuyp qui pointe son nez !

Beatrixpark : *encore plus au sud. Situé dans le secteur du palais des congrès.* On préfère le Vondelpark.

– **Les jardins d'Amsterdam :** *chaque année, le 3e w-e de juin, une vingtaine de jardins privés du centre d'Amsterdam sont ouv à la visite, 10h-17h. Le pass coûte 15 €. Pour plus d'infos : ☎ 320-36-60. • amsterdamsegrachtentuin.nl •*

Les marchés

Le marché Albert Cuyp *(plan Grande Couronne)* **:** *le long d'Albert Cuypstraat (quartier De Pijp), une rue perpendiculaire à Ferdinand Bolstraatt, à équidistance entre la brasserie Heineken et le Sarphatipark. Ⓣ Stadhouderskade (n° 4) ou Albert Cuypstraat (nos 16 ou 24). Lun-sam 9h-18h.* Le plus grand marché du pays, sympathique, animé, bien achalandé et approvisioné. On y trouve de tout, du fantastique, du frelaté ou du futile : fringues, frous-frous, fruits, fleurs, légumes (zut, ça ne commence pas par un « f » !), poisson (encore raté !), épices et produits exotiques (on est vraiment mauvais !). Plutôt pas cher.

Le marché aux puces de Waterlooplein *(plan centre détachable D4)* **:** *Waterlooplein. Ⓣ Waterlooplein (nos 9 ou 14). Lun-sam 9h-17h (sam étant le meilleur jour).* Ce n'est pas, à notre avis, le plus pittoresque de la ville, contrairement à ce que l'on dit souvent. Beaucoup trop d'objets récents et sans grand intérêt. Bien, en revanche, pour acheter quelques fringues d'occasion. On peut même y trouver de vieux disques de jazz. Autrefois, cette grande place était occupée par de nombreux marchands juifs. Le philosophe Spinoza est né au n° 41.

Le marché aux timbres *(Postzegelmarkt ; plan général détachable C3-4)* **:** *Nieuwezijds Voorburgwal ; en face du Telegraaf et du n° 280. Ⓣ Paleisstraat ou Spui (nos 1, 2 ou 5). Mer et sam 10h-16h.*

Le marché aux fleurs (Bloemenmarkt ; plan centre détachable C4) **:** *situé au bout du Singel, près de Muntplein.* Ⓣ *Koningsplein (nos 1, 2 ou 5): Tlj 9h (11h dim)-17h30.* Ce marché très touristique, installé en bordure du canal, propose des fleurs par milliers, mais aussi des bulbes, des arbustes, des plantes... Le soir, les barges sont tout illuminées.

Le marché des arts (Kunstmarkt ; plan centre détachable D5) **:** *Thorbeckeplein ; juste en dessous de Rembrandtplein.* Ⓣ *Rembrandtplein (nos 4 ou 9). De mi-mars à fin nov, dim 9h-17h.* On ne sait jamais, au milieu des croûtes, peut-être un Vermeer ou un Van Gogh s'est-il glissé ? On peut toujours rêver.

Kunstmarkt Spui (plan général détachable C4) **:** *Spui. Mars-déc slt. Dim 9h-17h.* Autre marché d'art à ciel ouvert.

Le marché des antiquités (plan centre détachable D3) **:** *Nieuwmarkt.* Ⓜ *Nieuwmarkt. Mai-oct, dim 9h-17h.* Plutôt un marché de la brocante. Patience, il y a quelques beaux livres et des objets intéressants noyés dans ce gigantesque bric-à-brac.

Les marchés bio (Boerenmarkt) **:** *sur Nieuwmarkt (plan centre détachable D3), sam 9h-17h ; sur Noordermarkt (plan général détachable B2), sam 9h-16h ; et sur Haarlemmerplein (hors plan général détachable par B1), à l'extrémité ouest d'Haarlemmerdijk, mer 9h-16h.* Ce dernier est modeste, mais on y trouve d'excellentes anguilles fumées sur place et de délicieux *Hartog* (miches de pain campagnard). On craque quand même pour le marché du Jordaan.

Le marché aux puces de Noordermarkt (plan général détachable B2) **:** *lun 9h-14h.* Mais les fans préfèrent aujourd'hui le ***marché aux puces NDSM*** (plan Grande Couronne) : *1er dim du mois.*

Dappermarkt (plan Grande Couronne) **:** *Dapperplein. Entre le Tropenmuseum et l'AJ Stayokay Zeeburg. Lun-sam 9h-17h.* C'est le symbole d'une intégration en route, dans ce quartier en réhabilitation. Coloré, on y trouve absolument de tout, dont des produits et des restos exotiques. Élu meilleur marché de la ville en 2007.

Bouquinistes : *sur la pl. du Spui (plan centre détachable C4). Ven 9h-14h.* Grand marché de livres d'occasion. Également parfois le dimanche, aux beaux jours, autour de la place du Dam (voir le programme distribué par les offices de tourisme).

QUITTER AMSTERDAM

EN TRAIN

Centraal Station CS (gare ferroviaire centrale ; plan général détachable D2) **:** *Stationsplein.* ☎ *0900-92-96.* • *hispeed.nl* • *ns.nl* • Pour tous les services de la gare (consigne, change), lire plus haut la rubrique « Adresses et infos utiles. Arrivée en train ».

➢ **Pour Rotterdam :** env 5 trains/h directs. Durée : 1h.

➢ **Pour Bruxelles :** 1 train/h (moins la nuit) ; 8-9 TGV *Thalys*/j. (il s'agit en fait du même TGV que pour Paris). Durée : 2h.

➢ **Pour Paris-Nord :** 8-9 TGV *Thalys*/j. Durée : 3h17.

EN BUS

Eurolines : *arrivées et départs à* ***Amstel Station*** *(plan Grande Couronne), Julianaplein 5. Résas :* ☎ *560-87-88.* • *eurolines.nl* • Ⓜ *Amstelstation. Lun-sam 9h-20h (17h sam) ; dim 10h-16h. Une autre boutique dans le centre : Rokin 10 (plan centre détachable C3).* Plusieurs liaisons quotidiennes Amsterdam-Paris (8h), mais aussi avec Bruxelles, Genève...

EN AVION

Aéroport de Schiphol (plan Grande Couronne) **:** *Evert v/d Beekstraat 202.*

☎ 0900-01-41 (depuis les Pays-Bas slt) ou 794-08-00 (depuis l'étranger). • schiphol.nl • À 18 km au sud-ouest du centre d'Amsterdam. Le train est le moyen le plus rapide et le moins cher pour s'y rendre. Liaisons 24h/24 : 5h-1h, trains ttes les 15 mn ; 1h-5h, 1 train/h. Durée du trajet : 20 mn. Compter 4 € l'aller simple.

EN VOITURE

Vers le sud et la France, deux options :

➢ A 4-E 19, direction Rotterdam et La Haye (Den Haag). L'autoroute longe alors l'aéroport de Schiphol. Prendre le contournement est de Rotterdam, direction Dordrecht et Breda, puis, après la frontière belge, Anvers (Antwerpen) et l'A 14-E 17, Gand (Gent), Courtrai (Kortrijk) et Lille (Rijssel).

➢ A 2 vers Utrecht, puis Breda et son contournement est, ensuite Anvers. Variante de l'itinéraire précédent après Anvers : Bruxelles par la E 19, ring ouest de Bruxelles, puis Mons et Valenciennes. Petit avantage sur l'itinéraire via Lille : on ne commence à payer le péage des autoroutes françaises qu'entre Valenciennes et Cambrai.

LES ENVIRONS D'AMSTERDAM

AU NORD ET À L'OUEST D'AMSTERDAM

À une poignée de kilomètres de la capitale se présente une magnifique campagne où la vie s'écoule paisiblement entre villages et champs de fleurs. Beaucoup d'excursions sont réalisables en une journée. Tous les sites sont accessibles en train ou en bus. Pour les courageux, le vélo reste le mode de découverte privilégié de ce plat pays, d'autant qu'on pourra le mettre dans le train si nécessaire.

– ***Conseil :*** avant de quitter Amsterdam, munissez-vous de l'indispensable plan des transports *Around Amsterdam : visitor's guide by public transport,* distribué par l'office de tourisme *VVV.* Vous y trouverez, mis à jour, l'ensemble des liaisons (bus, train, bateau, etc.) pour rejoindre les villes et sites touristiques développés dans les pages suivantes.

Excursions en car

Les excursions organisées peuvent être pratiques si vous manquez de temps.

■ ***Tours & Tickets :*** *Damrak 34, à* ***Amsterdam.*** ☎ *(020) 420-40-00.* • *tours-tickets.com/fr* • Organise des excursions d'une demi-journée à *Zaanse Schans* et dans les villages de pêcheurs de *Volendam* et *Marken* ; à *Delft* et *La Haye* ; ou encore à *Alkmaar* (marché aux fromages). Au printemps, départ quotidien pour la région des tulipes, vers *Keukenhof,* entre Haarlem et Leiden ; compter à partir de 45 € pour la journée complète.

LES VILLAGES DE L'IJSSELMEER (LAC IJSSEL)

Cette région, souvent appelée à juste raison *Waterland,* se trouve juste au nord d'Amsterdam, au bord de ce qui fut le Zuiderzee. Elle compte quelques étonnants villages. Si proches d'une capitale européenne, et déjà si dépaysants. Si les anciens y revêtent parfois habits à l'ancienne et sabots comme d'autres mettent un costume-cravate, ça n'a rien de folklorique, ni de politique. Bien sûr, certains villages auparavant consacrés à la pêche et aux activités portuaires se sont aujourd'hui tournés vers le tourisme, mais avaient-ils le choix ?

Autrefois véritable mer intérieure, le Zuiderzee débordait d'activité. Quand on en endigua définitivement l'accès au large en 1932, la mer se fit lac,

LES ENVIRONS D'AMSTERDAM

sous le nom d'IJssel. Une partie des marécages fut asséchée pour créer ces polders sillonnés par de petits canaux. Là, seuls les moulins découpent désormais l'horizon, tels des phares devenus inutiles sur une mer dont les plus belles vagues seraient les douces ondulations des fleurs du printemps caressées par le vent. Enfin seuls... à vrai dire, il y aura bientôt plus d'éoliennes que de moulins à vent par ici. À chaque époque ses symboles...

À partir d'Amsterdam, si l'on visite les cinq villages, le circuit en boucle couvre environ 60 km.

Comment y aller d'Amsterdam ?

➢ ***En bus :*** ils sont nombreux au départ de la gare routière située à côté de la gare ferroviaire centrale. Sachez aussi que la compagnie *Arriva* ☎ *0900-202-20-22* ● *arriva.nl* ● propose un avantageux *Waterland Ticket* *(10 €/j. par pers)* pour faire le tour des villages.
➢ ***En bateau :*** la compagnie *Marken Express* *(☎ 0299-36-33-31 ; ● marken-express.nl ●)* assure les liaisons entre Marken et Volendam. De mi-mars à fin oct, traversées 11h-18h, ttes les 30-45 mn (durée : 30 mn). Tarif : 7,50 € A/R ; réduc. Possibilité d'embarquer son vélo.
➢ ***En voiture :*** le mieux est de prendre le Zeeburgertunnel puis de longer l'IJsselmeer. Prévoir un budget parking assez conséquent (6-7 € à chaque fois, car on majore en fonction du nombre de passagers, incroyable mais vrai : pensez à faire descendre les chiens et la famille avant d'entrer dans Marken, notamment !), à l'exception de Durgerdam et de Volendam, qui disposent de parkings gratuits.
➢ ***À vélo :*** super grâce au formidable réseau de pistes cyclables. Faire étape pour la nuit, à Edam par exemple, permet de prendre tout son temps.

Où dormir dans la région ?

La campagne du Waterland est une étape idéale pour les amoureux de la nature, les cyclotouristes et les routards motorisés qui n'ont pas trouvé de place dans les hôtels d'Amsterdam. Liste des *B & B* disponible dans les différents offices de tourisme.

Campings

⛺ ***Camping Uitdam :*** *Zeedijk 2, à* ***Uitdam.*** *☎ 403-14-33. ● campinguitdam.nl ● À 3 km au sud de Marken. Ouv mars-oct. Compter 25 € pour 2 avec tente et voiture ; bungalows (4 pers) 73,50-79 € avec ou sans douche.* Le rendez-vous des yachts et des amateurs de voile du lac IJssel. Le port de plaisance est impressionnant ! Des 2 terrains pour les tentes, celui du sud *(Boulevard Zuid)* est le plus grand, le plus calme et le plus abrité du vent. Douches chaudes payantes. Les bungalows disposent d'un coin salon-cuisine, de 2 chambres, avec un w-c et un lavabo (douche dans les plus chers). Resto et supermarché, machines à laver, tennis, location de vélos, et baignade dans le lac pour les courageux.
– Voir aussi ***Camping Strandbad Edam*** à Edam.

DURGERDAM *(ind. tél. : 020)*

✪ À seulement 7 km au nord-est d'Amsterdam, le petit village de Durgerdam garantit un dépaysement immédiat. Son photogénique cordon de maisons s'étire sur le côté de la route pavée, en haut d'une digue derrière laquelle sont rangés les bateaux. Les petites routes du coin sont si étroites que des refuges de croisement sont aménagés, et si proches des canaux qu'on pense qu'elles vont y sombrer. Ce qui n'empêche pas qu'on y connait parfois des embouteillages étonnants, quand personne ne veut ni reculer ni avancer ! Tout ça sur un fond vert harmonieusement saupoudré de fermes, cottages, moutons, moulins ou éoliennes. Aussi beau sous les bleus que les gris du ciel, qui se perd à l'horizon dans les flots du lac IJssel... Pas grand-chose à y faire si ce n'est flâner, prendre des photos, boire un verre, voire y dormir avant de continuer la balade.

Comment y aller d'Amsterdam ?

➢ À ***vélo :*** 7 km de piste plaisante et rapide. Marken n'est qu'à 13 km par une superbe piste cyclable sur digue, et Monnickendam, guère plus loin.

➢ **En voiture :** par le Zeeburgertunnel. Après 4 km sur l'autoroute A 10 depuis Amsterdam, prendre la sortie S 115 et suivre les panneaux. Parking gratuit au bout du village.

➢ **En bus :** depuis la gare centrale, prendre un des très nombreux bus passant par Buikslotermeerplein, y changer pour le n° 30. Compter 20 mn de trajet.

Où dormir ? Où manger ? Où boire un verre ?

De Oude Taveerne : *Durgerdammerdijk 73. ☎ 490-42-59. • deoudetaveerne.nl • Résa conseillée. Doubles 110-140 €. Repas env 15 € à midi et 33 € le soir.* Face au lac, une petite pension-resto-bar typique aux chambres confortables (salle de bains, TV, minibar...) réparties à l'étage ou dans la nouvelle annexe sur l'arrière. Très propre, mais déco un peu tristounette. Salle de resto kitsch et cosy, décorée d'objets maritimes et terriens. On y dévore de bons sandwichs, des soupes, et des plats de viande de la région où de poisson du lac. Aux beaux jours, ponton-terrasse sur le lac, où le service n'est pas assuré.

MONNICKENDAM *(ind. tél. : 0299)*

À 15 km au nord d'Amsterdam. Comme Marken, ce charmant village fut fondé au XIIIe s par des moines frisons. Ils édifièrent ici une digue, d'où le nom de *Monnickendam*, « la digue des moines ». Un de nos villages préférés, vivant, authentique et pittoresque, parfumé par les effluves des quelques fumeries de harengs encore en activité.

Comment y aller d'Amsterdam ?

➢ **En bus :** de la gare centrale, nos 111, 114 ou 115. Retour de nuit possible avec le bus n° 210, voire le n° 217. En été, départ ttes les 20 mn. Liaisons possibles pour les villages environnants.

Adresses et info utiles

■ **Distributeur d'argent :** *Gooische Kaai, face au Waag, de l'autre côté du vieux pont.*

■ **Location de vélos :** *chez* ***Ber Koning Fietssport,*** *Noordeinde 12. ☎ 65-12-67. • berkoning.nl • À côté du musée et de sa tour. Mar-sam 9h-18h (16h sam et 20h en été). Tarif : env 9 €/j.*

– **Marché :** *le sam mat sur Noordeinde.* Tout petit. Produits paysans de la région : fromages, volailles, noix, raisins secs...

Où dormir ? Où manger ? Où boire un verre ?

Posthoorn Suitehotel : *Noordeinde 43. ☎ 65-45-98. • posthoorn.eu • Doubles 149-280 € selon confort et saison, petit déj compris. Promos sur le site. Menus 55-60 € ; carte à partir de 35 €.* Aussi inattendu que splendide, cet hôtel de charme est aménagé avec un goût exquis dans plusieurs vieilles maisons du village. Juste 5 chambres très confortables et douillettes, toutes différemment décorées sur une note contemporaine, sobre, classe et digne des magazines de déco. Côté fourneaux, le poisson est à l'honneur, mitonné avec soin et créativité. Belle salle de resto et mignonne terrasse.

Coffee & Cacao : *Zuideinde 3. ☎ 65-43-43. Tourner le dos au*

AU NORD ET À L'OUEST D'AMSTERDAM

Waag et traverser le pont ; c'est à 30 m sur la gauche. Tlj sf lun 11h-17h. Plats 5-13 €. On aime beaucoup ce gentil resto au cadre élégant et raffiné, avec ses tables en bois et son joli lustre. À la carte, de délicieux sandwichs, toasts garnis, soupes, salades, et une bien fameuse fondue au chocolat. Idéal aussi pour une pause café-thé-chocolat dans l'après-midi. Très bon rapport qualité-prix-accueil. Notre adresse préférée.

Cafe de Zwaan : *Middendam 10. ☎ 651-661. Face au Waag. Ouv tlj. Plats 4-16 €.* C'est le bistrot du village, avec ses billards, sa déco originale (vieilles photos, instruments de musique, objets maritimes) et ses habitués scotchés au comptoir. Au menu : *broodjes* et assiettes garnies. Cuisine familiale simple, bonne et à prix juste. Bien aussi pour boire un verre dans l'ambiance locale.

De Waegh : *Middendam 5-7. ☎ 65-12-41. Juste devant le vieux pont. Tlj sf mar 11h30-21h30. Plats 12-24 €.* Cet ancien poids public a vraiment de l'allure avec sa véranda soutenue par d'antiques colonnes, ses baies vitrées et son cadre rustique remis au goût du jour. À midi, voici des salades, sandwichs, soupes, crêpes et assiettes froides (poissons fumés...). Le soir, cuisine plus élaborée et plus chère aussi, mélangeant traditions hollandaises, européennes et exotiques.

À voir

Promenade dans le village : démarrer depuis la tour du ***Speeltoren,*** facile à repérer. Le clocher de cet ancien hôtel de ville abrite un incroyable carillon. Au rez-de-chaussée, le petit ***musée de Speeltoren*** : *☎ 65-22-03. • despeeltoren.nl • Avr-oct, tlj sf lun 11h-17h ; plus w-e slt le reste de l'année. Entrée : 4,50 €.* Presque en face, dans Noordeinde, au n° 4, voir l'actuel ***hôtel de ville*** *(Stadhuis),* avec son fronton décoré et ses rampes en forme de serpents. Au n° 27, une jolie boutique, pleine de trésors domestiques et nostalgiques. Sur Kerkstraat, la rue opposée, quelques autres façades intéressantes à découvrir.

L'église Saint-Nicolas *(Grote Kerk) :* *depuis le Speeltoren, s'engager sur Kerkstraat. Ouv tlj l'été.* On remarquera la grille du chœur en bois sculpté et les voûtes splendides. Sur le flanc gauche de l'église, à l'extérieur, trois maisons sont accolées. Celles de droite et de gauche penchent dangereusement.

Depuis l'ancien **Waag** (le poids public) aux pignons sculptés (voir plus haut *De Waegh* dans « Où dormir ? Où manger ? Où boire un verre ? »), suivre Havenstraat, jusqu'à l'ancien quartier des ***fumeries de poisson.*** Maquereaux, anguilles et harengs s'y achetaient le matin. Ils ne sont malheureusement plus guère nombreux à perpétuer la tradition. Petite marina, bateaux et péniches à quai.

MARKEN (ind. tél. : 0299)

À 17 km au nord d'Amsterdam. Un village qui semble vivre hors du temps malgré le tourisme (et avec lui aussi, évidemment !). Au XIIIe s, alors que les flots de la mer du Nord créaient une mer intérieure, Marken devenait une île. Depuis plusieurs décennies, le village est à nouveau rattaché à la terre par une route surélevée, mais les habitants, façonnés par une histoire unique, restent différents, car ils l'ont toujours été.

Les moines frisons sont les premiers à s'installer ici. Ils élèvent des tertres pour poser fermes et maisons. Puis ils s'en vont, abandonnant l'île aux inondations. Marken devient alors port de pêche, jusqu'à ce que la fermeture progressive du Zuiderzee, au début du XXe s, mette fin à cette activité.

De cette histoire gorgée d'eau découle l'architecture même de l'île. Sous les maisons hautes et étroites, dotées d'un carré de jardin où le linge sèche, les pilotis d'autrefois ont été comblés pour créer une pièce de plus au rez-de-chaussée.

D'autres habitations trônent encore sur les buttes originelles (entrée du village), tandis que les dernières venues se moquent des eaux, posées au sol et confiantes dans la digue. Tout est paisible, avec un petit côté village de poupée : les moutons bêlent, les poussins pépient et les chats ronronnent au soleil. Quelques vieux habitants, chaussés de sabots, portent encore le costume traditionnel.
La visite se fait à pied, uniquement. Et c'est un vrai plaisir. À ne pas rater, à proximité du parking, juste après le pont sur la gauche, la boutique-atelier du savetier *(Klompenfabrick)* : les sabots y sont certainement parmi les moins chers qu'on puisse trouver dans la région.

Comment y aller d'Amsterdam ?

➢ ***À vélo :*** quitte à se répéter, ça vaut le coup. Combinable avec le bateau, histoire de ne pas devoir rebrousser chemin par la piste de la digue.
➢ ***En bus :*** de la gare centrale, bus n° 111, 5h30-0h20 (1h w-e) ; 30 mn de trajet. On peut aussi transiter par les lignes de bus desservant Monnickendam.
➢ ***En voiture :*** à l'entrée de Marken, un vaste parking payant (5 à 6 € selon le nombre de personnes) accueille les voitures. Depuis Amsterdam, suivre le bord de mer, c'est plus joli.
➢ ***En bateau :*** traversées Volendam-Marken assurées par la compagnie *Marken Express (☎ 36-33-31 ; • marken-express.nl •)*. De mi-mars à fin oct, liaisons 11h-18h, ttes les 30-45 mn (durée : 30 mn). Tarif : env 10 € l'A/R ; réduc. Possibilité (payante) d'embarquer son vélo.

Adresses utiles

ℹ ***Office de tourisme** (VVV) : sur le port. ☎ 60-11-21. Avr-sept, tlj 10h-18h.* Tout sur Marken et le Waterland.
■ ***Distributeur d'argent :** à l'extrémité nord du village (Trefpunt), après l'église et le musée, au bout de la rue Kerkbuurt.*

Où dormir ? Où manger ? Où boire un verre ?

🏠 |●| 🍷 ***Hof van Marken :** Buurt II 15. ☎ 60-13-00. • hofvanmarken.nl • Hôtel ouv tte l'année. Resto : hors saison, dîner mer-dim, déj w-e slt ; en saison, ouv mer-dim, midi et soir. Doubles 72-125 € selon taille et vue ; petit déj 12,50 €. Menus 37,50-52,50 €. Plats 15-23 €. Loc de vélos.* Installé dans cette élégante maison de brique de 1905, c'est l'unique hôtel du village. Juste 7 jolies petites chambres bien douillettes (dont une suite avec baignoire et 2 combinables en une familiale). Belle déco moderne simple (lambris aux murs blancs ou noirs), mâtinée de quelques meubles anciens. Nos préférées : la n° 7 avec sa vue sur le port et les toits, et la n° 5 ouverte sur la campagne par-dessus les toits. Alchimie subtile entre les clients de passage et les villageois, la grande salle du rez-de-chaussée reste un lieu de rendez-vous (club de billard, fêtes occasionnelles). Côté fourneaux, belle carte de saison selon les produits frais du marché, où le poisson tient une place de choix. Une adresse de charme à prix juste, doublée d'un vrai coup de cœur.
|●| 🍷 ***De Visscher :** Havenbuurt 22. ☎ 60-13-04. Sur le port. Tlj 9h-21h. Plats 5-17 €.* Cuisine simple, bonne et pas chère, essentiellement réalisée avec des produits de la mer travaillés avec soin. Également des *broodjes*, soupes, salades, pancakes, etc., servis dans une grande salle claire en bois, donnant à la fois sur la mer et le jardin. L'été, terrasse face à la mer.
– Également plusieurs ***cafés-restos*** sur le port, tous d'aspect similaire, servant notamment pancakes et *broodjes*. Enfin, même si l'ambiance y est sympa, évitez les kiosques à poisson et frites, de qualité trop incertaine.

À voir. À faire

Marken, c'est une ambiance particulière, empreinte d'une certaine magie. On distingue deux quartiers : le ***Havenbuurt,*** autour du port, où les ruelles de brique et les canaux minuscules dessinent un gentil labyrinthe ; et le ***Kerkbuurt,*** centré sur l'église, aux rues un peu plus larges et sans canaux.

De Hervormde Kerk *(église réformée)* **:** *avr-oct, lun-sam 10h-17h.* Suspendus à sa voûte, plusieurs petits bateaux de pêche. La mer n'est jamais loin à Marken.

Marker Museum : *Kerkbuurt 44-47. ☎ 60-19-04. • markermuseum.nl • À deux pas de l'église. D'avr à début nov, lun-sam 10h-17h (11h-16h oct), dim 12h-16h. Entrée : 2,50 € ; réduc.* Aménagé dans plusieurs maisons anciennes, dites *smokhuis,* car la fumée du foyer central s'échappait par un simple trou dans la toiture. Plein de vieux objets pour reconstituer l'habitat d'antan.

VOLENDAM *(ind. tél. : 0299)*

À 21 km au nord d'Amsterdam. Si Volendam vivait autrefois de la pêche à l'anguille, aujourd'hui, c'est le touriste que l'on appâte ; un peu trop d'ailleurs, au regard des innombrables restos, bars et boutiques de souvenirs qui s'égrènent dans la rue principale, le long du rivage. Une ambiance insupportable en été, mais qui redevient vivable en demi-saison pour goûter au charme du village.

Comment y aller d'Amsterdam ?

➢ ***En bus :*** de la gare centrale, bus n°s 110, 112, 116 ou 118. Ceux-ci desservent, pour certains (n°s 110 et 118), Edam et Monnickendam. Départ ttes les 15-30 mn. Retour de nuit possible avec le bus n° 210.

➢ ***En voiture :*** autant passer par Monnickendam en suivant les petites routes des digues (joli parcours, mais rester attentif). Parking jusqu'à maintenant gratuit, en face de l'office de tourisme.

➢ ***En bateau :*** traversées Volendam-Marken assurées par la compagnie *Marken Express ☎ 36-33-31 ; • marken-express.nl •.* De mi-mars à fin oct, liaisons 11h-18h, ttes les 30-45 mn (durée : 30 mn). Tarif : env 10 € l'A/R ; réduc. Possibilité d'embarquer son vélo.

Adresse et info utiles

Office de tourisme *(VVV)* **:** *Zeestraat 37. ☎ 36-37-47. • vvv-volendam.nl • Près d'un rond-point à l'entrée du village (300 m de la mer). Avr-oct, tlj 10h-17h (16h dim) ; nov-mars, tlj sf mar 11h-16h (15h dim).* Plan gratuit du village, liste des *B & B,* infos sur le Waterland, liste des loueurs de vélos, et une brochure payante en anglais pour réaliser soi-même une promenade artistique *(Historic art puzzle)* à la découverte des lieux qui ont inspiré les grands peintres hollandais. Sur place, petit musée consacré à la vie d'autrefois dans les villages de l'IJsselmeer.

– ***Marché :*** *sam 12h-17h sur Conijnstraat.*

Où dormir ? Où manger ? Où boire un verre ?

Hotel Van den Hogen : *Haven 106. ☎ 36-37-75. • hogen.nl • Sur le port. Double 82 €, petit déj compris. Menus-carte 30-35 € ; plats 14-25 €.* Voici 5 petites chambres au confort simple (salle de bains, meubles Ikea), fonctionnelles et bien propres. Vue sur l'IJsselmeer pour la plupart. Au rez-de-chaussée, resto-bar concoctant une très honnête cuisine familiale, avec du poisson en vedette. Service attentionné en costume traditionnel. Une bonne adresse.

Hotel Spaander : *Haven 15-19. ☎ 36-35-95. • hotelspaander.nl • Doubles 100-205 € selon confort et saison ; petit déj env 15 €. Promos sur Internet. Menus à partir de 30 € ; plats 8-12 €.* Dressé face à la Zuiderzee, l'hôtel accueillait à l'origine les peintres de passage, tel Paul Signac. Datant de 1881, le « café » rustique rappelle d'ailleurs cette époque, avec ses superbes murs couverts de toiles ayant permis à d'anciens hôtes de payer gîte et couvert. Idéal pour une pause soupe ou sandwich. Également une belle grande salle de resto stylée, où sont servis des plats plus élaborés et plus chers aussi. Côté dodo, les chambres sont spacieuses, confortables, et certaines dotées d'un balcon avec vue sur le lac. Déco classique plutôt surannée.

Paviljoen Smit-Bokkum : *Slobbeland 19. ☎ 36-33-73. À l'extrémité ouest de Zuideinde, sur la nouvelle marina (Marinahaven). Tlj sf lun 10h-23h30 (0h30 sam-dim) ; cuisine ouv jusqu'à 21h. Plats 4-27 €.* On est sous le charme de ce resto installé dans une longue bâtisse noire, coiffée de la cheminée caractéristique des fumeries d'anguilles (en activité depuis 1856). Assiettes de poissons fumés ou succulents *broodjes* garnis des mêmes finesses : hareng, maquereau, saumon, et anguille maison, bien sûr ! Et puis des recettes originales et pleines de gentilles saveurs, mais plus chères. Salle rustique, ou terrasse au bord de l'eau, idéale aussi pour boire un verre.

Eetcafe 't Havengat : *Haven 64. ☎ 36-34-76. Tlj 10h-1h (2h w-e).* Grande maison de bois verte avec des baies vitrées ouvertes sur le port. Long bar central animé de serveuses blondes comme les blés, coin capitonné et murs tapissés de photos de rock stars et de jolies filles. Une adresse bondée le week-end, et plébiscitée autant par les jeunes gens du cru que par les touristes.

À voir. À faire

Se balader sur le **port** tout en humant les odeurs d'anguille fumée. Observer le va-et-vient des bateaux, en prendre un pour aller à Marken (voir plus haut)...

EDAM *(ind. tél. : 0299)*

À 23 km au nord d'Amsterdam. Voici notre village préféré ! S'il n'y a plus de port depuis l'assèchement partiel du Zuiderzee, tous les ingrédients qui font le charme des autres bourgades de la mer intérieure sont bien là : ruelles pavées, ponts à bascule, antiques maisons, canaux paisibles bordés d'arbres, tour-carillon... De plus, Edam a su intégrer le tourisme sans pour autant perdre son âme. Ici se dégage assurément une indicible impression de bien-être.
Outre le fromage, qui n'est d'ailleurs plus fabriqué ici, Edam comptait une trentaine de chantiers navals au XVIe s. Ses marins partaient au loin pêcher la baleine... Restent de pittoresques canaux qui soulignent de séduisants tableaux composés de vieilles demeures bourgeoises avec de paisibles jardins à l'arrière, et qui font la joie des patineurs en hiver !

Comment y aller d'Amsterdam ?

➢ ***En bus :*** de la gare centrale, bus nos 110, 114, 117 ou 118, 6h (8h dim)-minuit, ttes les 30 mn env. Compter 40 mn de trajet. Liaisons avec les autres villages de l'IJsselmeer.

AU NORD ET À L'OUEST D'AMSTERDAM

Adresses et info utiles

Office de tourisme (VVV ; plan B2) : *Damplein 1. ☎ 31-51-25. • vvv-edam.nl • Nov-mars, lun-sam 10h-15h ; avr-oct, lun-sam 10h-17h (plus dim 11h-16h juil-août).* Situé dans l'ancien hôtel de ville, bel édifice du XVIIIe s. Brochure sur la ville avec son plan, liste des *B & B,* autre brochure payante en français pour réaliser par soi-même la visite du village, à pied ou à vélo. Si vous êtes en voiture, pensez à demander un disque, il est ici obligatoire.

Distributeur d'argent (plan B2, **1**) : *chez* **ING Bank,** *Hoogstraat 8.*

Location de vélos :

– **Ronald Schot** (plan A1, **2**) : *Grote Kerkstraat 7-9. ☎ 37-21-55. • ronaldschot.nl • Mar-sam 8h30-18h (16h sam) ; dim-lun sur résa. ½ journée, journée (jusqu'à 17h30) et 24h pour respectivement 8, 10 et 15 €.* Loue aussi des vélos enfants, tandems et vélos électriques, et tous les accessoires.

– **Ton Twee Wielers** (plan A2, **3**) : *Schepenmakersdijk 6. ☎ 37-19-22. • tontweewielers.nl • Tlj sf dim. À partir de 8,75 €/j.* Loue aussi des vélos enfants, tandems, électriques et patinettes, sans oublier les accessoires. Collection de vieilles mobylettes dans la vitrine.

– **Marché :** *mer mat dans le centre.*

Où dormir ? Où manger ? Où boire un verre ?

Camping

Camping Strandbad Edam (hors plan par B1, **13**) : *Zeevangszeedijk 7a. ☎ 37-19-94. • campingstrandbad.nl • Ouv avr-sept. Env 18 € pour 2 avec tente et voiture. Cabane (4 pers) env 44 €, draps et vaisselle non compris. (payant). Chiens exclus.* Au bord du lac et à proximité du port de plaisance. Peu d'emplacements pour les tentes et peu d'ombre. Également des cabanes toute simples avec 2 lits superposés, table et chaises, frigo, chauffage et sanitaires communs. Sur place : resto, épicerie, laverie, jeux enfants, location de vélos, catamarans et planches à voile ; baignade pour les audacieux.

De bon marché à prix moyens

Beurs (plan A2, **14**) : *Keizersgracht 6. ☎ 31-64-71. Mer-dim 11h-21h. Plats 10-18 € ; menu du soir env 28 €.* Dans cette ravissante maison d'angle en brique, les vitrines et la salle à manger exposent un bric-à-brac d'antiquités : figurines naïves, jouets, pots de collection, coquillages... Tout est à vendre, et on en oublierait presque la cuisine, simple, bonne et aux portions généreuses : soupes, sandwichs, salades, crêpes et tartes. Le soir, plats plus consistants, du genre porc sauce roquefort, *spare ribs...* Idéal aussi pour un café-tarte aux pommes entre deux balades. Accueil en français.

Boulangerie Gorter (plan B1, **15**) : *Achterhaven 101. ☎ 37-17-67. Tlj sf dim 7h-18h (16h sam). Moins de 5 €.* On y vend du bon pain, mais aussi des pâtisseries et une foule de gâteaux secs. Bien pour caler un petit creux.

La Galera (plan A2, **16**) : *Gevangenpoortsteeg 1. ☎ 37-19-71. Tlj 17h-21h. Pizza env 10 €.* À deux pas du centre, une salle lumineuse avec des tables en bois carrées. Dans l'assiette, de belles pizzas bien garnies, que les gens du cru viennent dévorer en famille dans une ambiance chaleureuse. Également de bonnes salades, pâtes, soupes, *antipasti,* et puis des viandes et poissons bien ficelés. Venir tôt, car souvent bondé. Ici, on n'amuse pas la galerie.

De chic à plus chic

L'Auberge Damhotel Edam (plan A2, **11**) : *Keizersgracht 1. ☎ 37-17-66. • damhotel.nl • Doubles 125-175 €, petit déj compris. Menus 34-44 € ; plats 8-27 €.* La stricte façade Empire de cette auberge

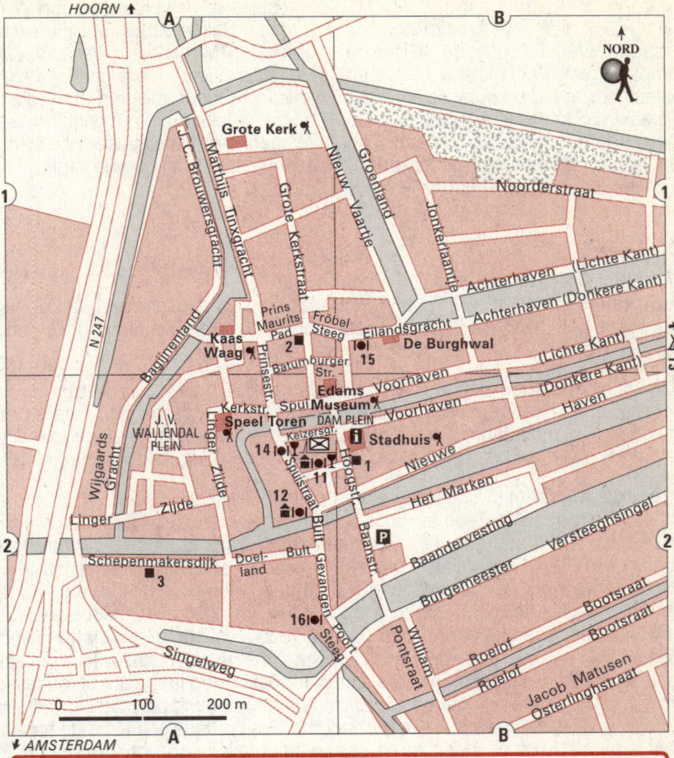

EDAM

■ **Adresses utiles**	**Où dormir ? Où manger ? Où boire un verre ?**
Office de tourisme (VVV)	**11** L'Auberge Damhotel Edam
1 Distributeur d'argent	**12** Hotel De Fortuna
2 Ronald Schot (location de vélos)	**13** Camping Strandbad Edam
3 Ton Twee Wielers (location de vélos)	**14** Beurs
	15 Boulangerie Gorter
	16 La Galera

contraste largement avec les charmants intérieurs tapageusement baroques : dorures, stucs, lustres à pampilles et tentures chamarrées. Arrangées dans le même style et sans faute de goût, avec de beaux matériaux et des meubles anciens, une dizaine de ravissantes chambres, plus ou moins grandes, confortables et vraiment agréables. Au rez-de-chaussée, un coin brasserie avec de grandes tablées et une élégante salle de resto intime et romantique. La carte lunch joue la légèreté... Le soir, en revanche, c'est l'enchantement, la profusion, avec leurs savoureux menus dégustation, mitonnés avec les produits frais de saison. Bien aussi pour boire un verre.

Hotel De Fortuna *(plan A2,* ***12****)* **:** *Spuistraat 3. ☎ 37-16-71. • fortuna-edam.nl • Resto ouv slt le soir, dès 18h. Doubles 102,50-157,50 € selon* *confort, petit déj compris. Menus 33,50-45 €.* Planté au carrefour de 2 canaux, près d'un pont qui se lève de temps en temps pour laisser passer un bateau, il s'agit d'un hôtel éclaté dans 5 maisons du XVIIe s, réparties dans un mignon jardin cerné par les eaux. Au choix : une trentaine de chambres donnant sur les canaux, le jardin (les plus agréables et... les plus chères) et la rue. Propres, claires et bien équipées (salle de bains, TV, minibar...) dans l'ensemble. Délicieuse cuisine gastronomique artisanale, qui sublime à merveille les bons produits du cru. À déguster dans l'élégante et chaleureuse salle à manger ou en terrasse dans le jardin.

À voir

Stadhuis *(hôtel de ville ; plan B2)* **:** *Damplein 1.* C'est l'ancien hôtel de ville, datant de 1737. Derrière la belle façade Louis XIV, on trouve aujourd'hui l'office de tourisme.

Le pont de brique (plan A-B2) **:** *donnant sur la pl. Damplein, il enjambe le canal Keizersgracht.* Une des curiosités du village pour sa cambrure inhabituelle qui le transforme en redoutable dos d'âne (prudence par temps de gel ou de crachin !), sa grande largeur et les bancs de bois et fer forgé qui flanquent ses extrémités.

Edams Museum *(Musée municipal ; plan A-B2)* **:** *Damplein 8. ☎ 37-26-44. • edamsmuseum.nl • Face au pont de brique. Avr-oct, tlj sf lun 10h (13h dim et j. fériés)-16h30. Entrée : 3 € ; réduc.* Aménagé dans la plus vieille maison en brique de la ville (1550), de style gothique très pittoresque. Plancher en pente aux étages. En dehors du mobilier XVIIe s, dont une astucieuse chambrette aux lits encastrés et chauffés par le conduit de cheminée, on y découvre, depuis la cuisine en contrebas, une étonnante cave-caisson recouverte de carreaux de faïence. Flottant sur l'eau présente sous la maison, ce système ingénieux évite la poussée ascensionnelle des eaux montantes sur les fondations de la maison et, accessoirement, procure une déroutante impression de roulis quand on y descend. Autres curiosités locales dignes du *Livre des records* : les portraits en pied d'un habitant dont la barbe faisait plus de 2,50 m, celui d'un obèse de près de 250 kg et d'une forte fille d'environ 2,60 m !

Speel Toren (plan A2) **:** *du Spui, prendre la Kleine Kerkstraat ; c'est au bout.* Tour-carillon ayant appartenu à une église aujourd'hui détruite. Au XVIe s, la tour fut coiffée d'un campanile octogonal très élégant, avec cloches et marteaux apparents.

Grote Kerk *(Grande église ; plan A1)* **:** *au bout de Grote Kerkstraat. Avr-oct, tlj 14h-16h30. Entrée libre.* Bel édifice de style gothique flamboyant. En arrivant de Grote Kerkstraat, on découvre l'élégante façade en brique, enrichie de niches aveugles dont l'une abrite un amusant joueur de luth, et surmontée d'une surprenante coupole de style orthodoxe. L'intérieur vaut le coup d'œil pour la voûte en bois en berceau et les grandes orgues.

Le marché aux fromages : *van Nieuwenhuizen Plein. • edammerkaasmarkt.nl • Juil-août, mer 10h30-12h30 (une nocturne début août).* Un événement folklorique saisonnier haut en couleur. Charles Quint autorisa la ville à tenir son premier marché aux fromages en 1520. Au XVIIe s, on acheminait par le port plus de 500 000 fromages vers les pays étrangers. Les usines et la grande distribution ont pris le relais de la petite ville, entraînant la disparition du marché en 1922. Pour le grand plaisir des visiteurs, Edam a relancé cette activité folklorique. Sur la petite place historique, le poids public *(Kaas Waag)* de 1778, témoin des grandes heures de la cité, porte sur sa façade des fresques de faïence dont l'une illustre la pesée des fromages.

ZAANSE SCHANS

À 12 km au nord d'Amsterdam. *Zaanse Schans* signifie « Redoute Zaanoise », car c'est à l'emplacement d'un retranchement du XVIe s, destiné à contrecarrer l'avancée de l'armée espagnole, qu'a été aménagé ce que l'on peut appeler un écomusée. À partir de 1950, des moulins, des maisons et des bâtiments utilitaires régionaux, datant des XVIIe et XVIIIe s, ont été déplacés et regroupés ici, pour former un village au bord de la rivière Zaan. Ce but louable de sauvegarde du patrimoine a malheureusement engendré un des lieux les plus touristiques de Hollande. Malgré tout, il se dégage de l'ensemble un certain charme. Et même si le parking est cher, l'entrée du site est gratuite. Rien ne vous empêche donc de venir y faire un petit tour.

Comment y aller d'Amsterdam ?

➢ ***En voiture :*** prendre le Ring (A 10), puis l'autoroute A 8 vers le nord. Sortir à Zaanstad et suivre les panneaux jusqu'au parking. Depuis les villages de la Zuiderzee, prendre la N 244, puis l'autoroute A 7, via Purmerend.

➢ ***En train :*** depuis la gare centrale, prendre l'omnibus en direction d'Alkmaar. Descendre à Koog-Zaandijk (trajet : env 20 mn) et marcher env 15 mn en suivant les panneaux.

➢ ***En bus :*** de la gare centrale, prendre le bus n° 91. Ttes les 15-30 mn, 5h30-13h30. Trajet : env 1h.

Infos pratiques

– Ouv tte l'année : de mi-mars à fin oct, ts les moulins fonctionnent 9h30-16h30 ou 10h-17h ; le reste de l'année (nov-fév), il y en a au moins un qui tourne. Voir les horaires détaillés sur Internet.

– Entrée gratuite dans le village. Petit droit d'entrée individuel sur certains sites (1-9 € à chaque fois). Il existe la Zaanse Schans Card, donnant la gratuité pour les principaux sites payants et des réducs sur les autres (tarifs : en sem env 10 € ; réduc enfants). Parking payant : 30 mn : 1 € ; journée 7,50 €.

■ ***Bureau d'informations :*** *au Zaans Museum, Schansend 7. ☎ (075) 681-00-00. • zaanseschans.nl • Tlj 9h-17h.*

À voir. À faire

De loin, le site est vraiment ravissant. Une vraie carte postale : spectaculaire enfilade de moulins plantés dans un méandre de la rivière, joliesse des petites maisons en bois peintes en vert, ponts et canaux. Les enfants sont ravis ! De près, le village est rythmé par une vie touristique intense et organisée, avec restos, boutiques, balades en bateau l'été, et visite payante de maisons thématiques à la qualité inégale. Ainsi trouve-t-on un savetier, un fondeur d'étain, un fromager, un horloger, un boulanger, qui revendiquent souvent le titre de « musée » ; entendez plutôt : expo-vente !

Zaans Museum : *Verkade Pavilijoen. ☎ (075) 681-00-00. • zaansmuseum.nl • Tlj 10h-17h. Entrée : 9 € ; réduc ; gratuit avec l'I Amsterdam City card.* La muséographie ludique et contemporaine, traduite en anglais et adaptée aux enfants, est articulée autour de quatre thèmes : la vie, le travail, l'eau et le vent. Elle enrichit la découverte des arts, des traditions populaires et de l'histoire du Zaanstad (pays du Zaan), une entité administrative récente au caractère pourtant bien affirmé depuis le

Moyen Âge. Intéressante exposition de mobilier peint, vaisselle, costumes, coiffes, luges et traîneaux témoignant des hivers rigoureux de naguère, jouets, bondieuseries et peintures naïves (voir l'histoire du taureau cruel...). On comprend également l'importance passée des moulins, utilisés pour la transformation des céréales, l'industrie du bois et celle du papier (traditionnellement à base de chiffon). Également une section consacrée à une gloire nationale, la marque *Verkade,* fabricant de chocolat et de biscuits depuis le début du XXe s (machines, affiches publicitaires...).

HAARLEM

155 000 hab. IND. TÉL. : 023

Haarlem ? Voyons, ce nom... Eh bien oui, amis globe-trotters, ce n'est pas une coïncidence, mais bien le patronyme que donnèrent des pionniers hollandais à leur village du nord-est de l'île de Manhattan, à New York. À 20 km à l'ouest d'Amsterdam, notre Haarlem d'origine est une gentille ville de province. De charmants quartiers, ceinturés par une rivière et des canaux, y entourent la vaste place centrale où trône une grande église. C'est aussi la ville natale du peintre Frans Hals, auquel un splendide musée est dédié. Pour finir, on est ici dans la région des tulipes. Au printemps, des centaines de champs de fleurs de toutes les couleurs jouent avec la lumière et le vent, dégageant une poésie incroyable. Le paradis des photographes !

UN PEU D'HISTOIRE

Dès le Xe s, bien avant Amsterdam, un village de pêcheurs s'installe ici, sur une dune. Trois siècles plus tard, des fortifications sont élevées, et Haarlem obtient les droits de cité. Elle s'agrandit alors, et une église est édifiée. Au XVIe s, en pleine guerre d'indépendance contre les Espagnols, Haarlem soutient un siège de 7 mois. Pendant cet épisode héroïque et tragique, la ville est ravitaillée par des « gueux » venus en patins à glace, mais doit finalement se rendre. Tous les habitants, ou presque, sont massacrés. Comme à Amsterdam, le XVIIIe s sera celui de la prospérité. L'industrie drapière se développe grâce à l'arrivée massive de Flamands exilés après la prise d'Anvers par les Espagnols en 1585. La toile de Hollande est bientôt connue dans toute l'Europe. Des canaux sont creusés pour plaire aux bourgeois. Au XIXe s, le grand lac est asséché et transformé en champs de tulipes et de jacinthes, là où s'étend actuellement l'aéroport de Schiphol. Aujourd'hui, Haarlem est une grande et belle ville, indépendante et fière, qui ne souffre même pas de la proximité immédiate de la capitale des Pays-Bas. On prend vraiment plaisir à circuler dans ses rues commerçantes bordées de boutiques attrayantes.

Comment y aller d'Amsterdam ?

➢ ***En train :*** de la gare centrale, 6h-1h env ; ttes les 10-15 mn. Économique (env 7 € l'A/R) et rapide (15 mn de trajet), c'est la meilleure option.

➢ ***En bus :*** moins pratique que le train. Le bus n° 80 part de Marnixstraat (centre d'Amsterdam), 5h30-minuit ; ttes les 15 mn. Sinon, le bus n° 300 est idéal pour venir directement de l'aéroport de Schiphol.

➢ ***À vélo :*** env 1h15.

Adresses et info utiles

ℹ ***Office de tourisme*** *(VVV ; plan B2) :* *Grote Markt 2.* ☎ *571-22-62.* • *haarlem.nl* • *Sur le côté ouest de la place du Marché, sous le beffroi.*

AU NORD ET À L'OUEST D'AMSTERDAM

Avr-sept : lun-ven 9h30-18h ; sam 9h30-17h ; dim 12h-16h. Oct-mars : lun 13h-17h30 ; mar-ven 9h30-17h30 ; sam 10h-17h. Brochure générale en anglais, plan en français, dépliants en anglais pour réaliser par soi-même d'intéressantes promenades thématiques (cours et jardins secrets, monuments...) à pied ou à vélo, liste et réservation (commission modique) des chambres chez l'habitant, calendrier des événements marquants. Accueil charmant.

✉ ***Poste centrale*** *(Postkantoor ; plan A3) : Grote Houtstraat 185.*

@ **Internet gratuit :** *à la* **bibliothèque centrale** *(centrale Bibliotheek ; plan B2), Gasthuisstraat 32. ☎ 511-53-00. Tlj à partir de 10h (13h lun, 11h sam et 12h dim), jusqu'à 18h (20h lun et jeu, 17h sam, 16h dim).*

■ ***Rent a Bike*** *(plan C1,* ***1****) : Lange Herenstraat 36. ☎ 500-50-06. • rentabikehaarlem.nl • Tlj 9h30-17h30 (fermé dim-lun en hiver). Loc 7-30 €/j. selon type de vélo : classique, VTT, enfant, tandem ou cargo.*

– ***Marchés :*** *sam 9h-17h sur Grote Markt (plan B-C2), marché alimentaire et aux fleurs ; ven 9h-16h sur Botermarkt (plan B2-3), marché paysan.*

Où dormir ?

En dehors du plaisir de passer la nuit à Haarlem, ces adresses peuvent être utiles quand tout est complet à Amsterdam.

Camping

⛺ ***Camping de Liede*** *(hors plan par D3,* ***13****) : Lieoever 68. ☎ 535-86-66. • campingdeliede.nl • À 3 km à l'est de la ville. De la gare, bus n° 2, puis 15 mn à pied. En voiture depuis l'autoroute A 200, sortie « Waarderpolder ». Ouv tte l'année. Compter 16 € pour 2 avec tente et voiture. Bungalow (2 pers) 70 € la nuit.* Petit camping champêtre situé près d'un plan d'eau. Douches et w-c propres. Également des bungalows en bois avec lits superposés, table et chaises, canapé, coin-cuisine, et sanitaires communs. Sur place : épicerie, resto, lave-linge, jeux enfants. Location de bateaux et de kayaks. Bien pour dépanner.

Bon marché

🏠 ***Stayokay Haarlem*** *(hors plan par B1,* ***10****) : Jan Gijzenpad 3. ☎ 537-37-93. • stayokay.com/haarlem • À 3 km du centre, en direction d'Alkmaar. De la gare, prendre le bus n° 2. Selon saison, nuitée en dortoir (4-8 lits) env 27-35 €/pers, doubles env 39-75,50 € ; petit déj et draps compris. Parking gratuit. Loc de vélos.* Wi-fi Passablement excentrée et proche d'une route à 4 voies bruyante, cette AJ profite en revanche d'une ambiance chaleureuse et de bons aménagements. Chambres basiques mais nickel, toutes avec lits superposés et salle de bains. Sur place : resto, pub avec terrasse sur le canal, barbecues, *beach-cruises*, laverie... Pour la plage, compter 20 mn à vélo.

De prix moyens à chic

🏠 ***Hotel Amadeus*** *(plan B2,* ***11****) : Grote Markt 10. ☎ 532-45-30. • amadeus-hotel.com • Réception au 1er étage. Doubles 65-85 € selon saison, petit déj compris. Promos sur Internet.* Wi-fi En plein centre, dans une vieille demeure de la place du Marché, voici de petites chambres simples et proprettes, toutes avec salle de bains, TV et téléphone. Au rez-de-chaussée, bar chaleureux. Certainement la meilleure option à ce prix-là en ville.

🏠 🍴 ***Hotel Stempels*** *(plan C2,* ***12****) : Klokhuisplein 9. ☎ 512-39-10. • stempelsinhaarlem.nl • Doubles 112,50-220 € selon confort ; petit déj 12,50 €.* Wi-fi Construit en 1703 pour abriter une énorme imprimerie, ce bâtiment pittoresque a été reconverti en hôtel de charme. Une quinzaine de belles chambres confortables, lumineuses, et décorées avec goût et design. Sobriété des formes et des couleurs (noir, gris et blanc) de rigueur. Excellent rapport qualité-prix pour les moins chères. Également un très bon resto

Adresses utiles

- Office de tourisme (VVV)
- @ Bibliothèque centrale
- 1 Rent a Bike

Où dormir ?

- 10 Stayokay Haarlem
- 11 Hotel Amadeus
- 12 Hotel Stempels
- 13 Camping de Liede
- 14 Ambassador et Joops Hotel

Où manger ?

- 20 De Haerlemsche Vlaamse
- 21 Hofje Zonder Zorgen
- 22 Jopenkerk
- 23 De Ark
- 24 Aangenaam
- 25 La Place

Où boire un verre ? Où sortir ?

- 21 Hofje Zonder Zorgen
- 22 Jopenkerk
- 23 De Ark
- 30 Proeflokaal in den Uiver
- 31 Café Studio et Dodici
- 33 Proeflokaal De Blauwe Druif
- 34 Grand Café Brinkmann

À voir

- 40 Het Dolhuys

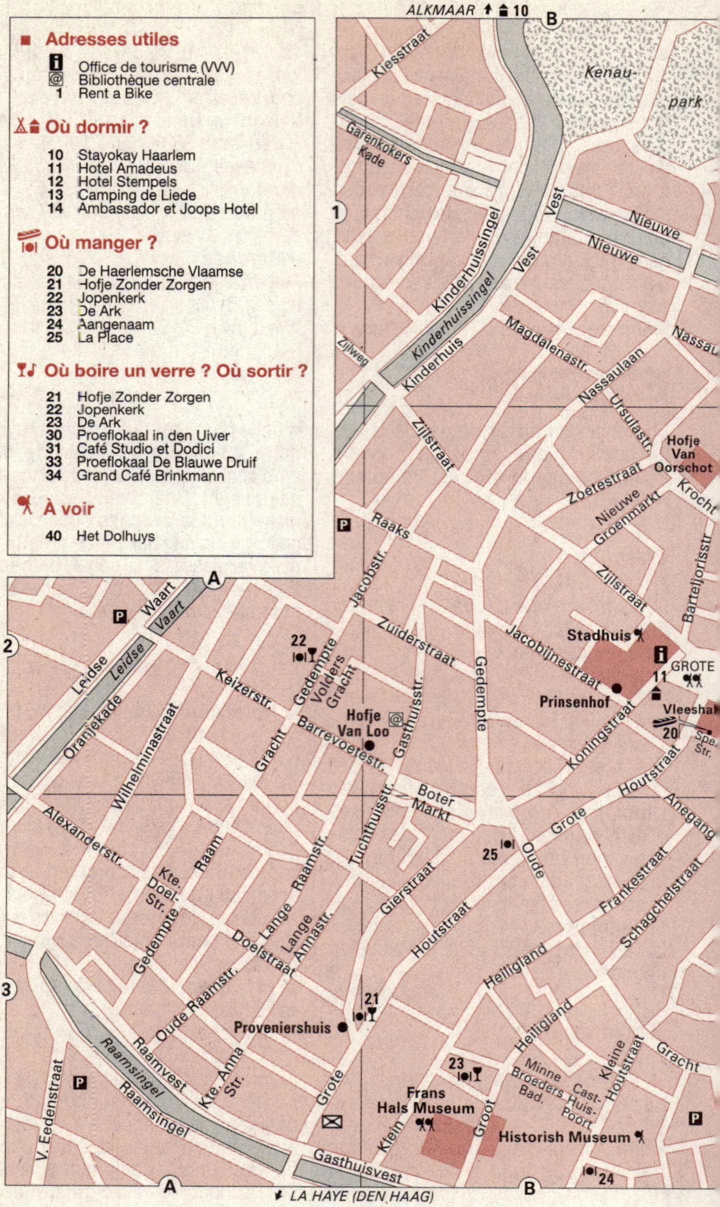

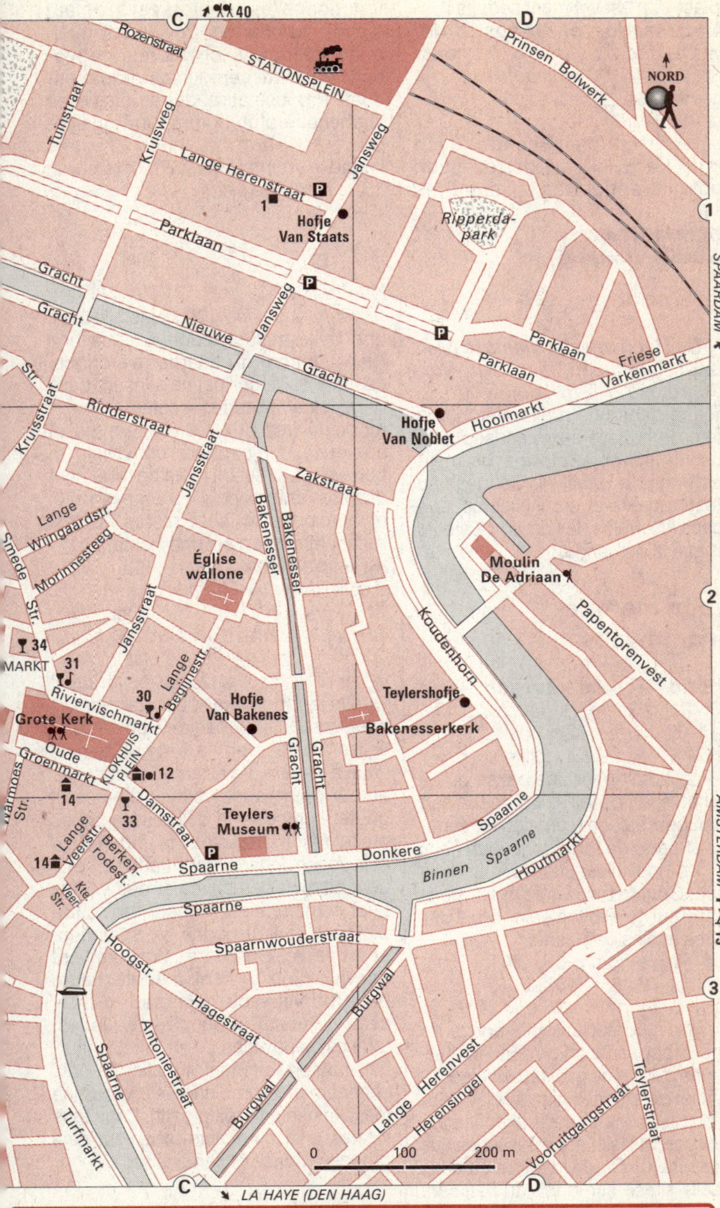

HAARLEM

AU NORD ET À L'OUEST D'AMSTERDAM

sur place. On est vraiment séduits !

Ambassador et Joops Hotel *(plan C2-3,* ***14****) : Oude Groenmarkt 22.* ☎ *512-53-00.* • *haarlem.com* • *Selon saison, doubles 94-139 € ; petit déj non compris : 14,50 €/pers.* En plein centre, face à *Grote Kerk,* joli hall de réception meublé d'antiquités. Chambres fonctionnelles et propres à défaut d'avoir du charme. Également quelques délirantes chambres « égyptiennes », vraiment kitsch et inattendues. Propose aussi des studios avec kitchenette d'un bon rapport qualité-prix *(2-4 pers ; 110-150 €)* dans l'annexe *Joops Hotel (Lange Verstraat 36, à 100 m de l'Ambassador).*

Où manger ?

Sur le pouce

De Haerlemsche Vlaamse *(plan B2,* ***20****) : Spekstraat 3. Lun-sam 11h-18h30 ; dim 12h-21h. Moins de 5 €.* Planquée dans une ruelle piétonne à l'arrière de la halle aux viandes, cette minuscule échoppe cuisine les meilleures frites de Haarlem. Coupées au couteau, dorées et croustillantes, cuites dans les règles de l'art en plusieurs bains et à la demande.

De bon marché à prix moyens

Hofje Zonder Zorgen *(plan A-B3,* ***21****) : Grote Houtstraat 142a.* ☎ *531-06-07. Lun-sam 10h-18h ; dim 12h-17h. Plats 5-8 € ; « full tea » autour de 20 €.* Parfait pour une pause ou un déjeuner léger, ce joli salon de thé sert des soupes, salades, omelettes, sandwichs et parts de tarte dont vous nous direz des nouvelles. Jus de fruits frais maison. Grande baie vitrée avec vue et terrasse sur le *Proveniershof,* un des célèbres enclos de Haarlem.

La Place *(plan B3,* ***25****) : Grote Houtstraat 70.* ☎ *0900-235-83-63. Au 6e étage du magasin V & D. Tlj 12h-17h. Plats 5-10 €.* C'est un self-service de chaîne proposant, comme à Amsterdam, une cuisine de qualité, saine et bio. Joli buffet de crudités, sandwichs, soupes, pizzas, plats chauds avec viande ou poisson, délicieuses pâtisseries, jus de fruits frais... On dévore tout ça dans une salle située sur le toit du bâtiment avec, à travers les baies vitrées, une vue imprenable sur la ville et son église massive. Agréable terrasse aux beaux jours.

De Ark *(plan B3,* ***23****) : Nieuw Heiligland 3.* ☎ *531-10-78. Tlj 17h-minuit. Carte 20-31 €.* Installé dans une belle maison cachée dans une ruelle sombre du quartier historique, ce resto au décor patiné s'inscrit dans la pure tradition des « cafés bruns » : modicité des prix, cuisine simple et copieuse, atmosphère conviviale et bon enfant. C'est un point de ralliement des étudiants depuis les années 1970, et beaucoup lui sont restés fidèles. Autant dire que c'est une institution !

Jopenkerk *(plan A2,* ***22****) : Gedempte Voldersgracht 2.* ☎ *533-41-14. Tlj 12h-15h, 17h30-22h. Le midi, snacks et plats 6-8,50 € ; le soir, compter plutôt 18-25 € le plat, 31-45 € le repas complet.* Quelle belle idée ! Quelle bonne nouvelle... La célèbre brasserie locale *Jopen* a récupéré cette église Art déco et y a érigé un temple voué à la bière. Venez donc communier autour des grandes tables d'hôtes et goûter l'une des 11 délicieuses bières maison (nos préférées : la *Jopen Koyt* et la *Jopen Johannieter,* titrant à 9° !). La cohabitation des cuves et des vitraux peut sembler insolite mais, indiscutablement, le lieu gagne en splendeur et en sacré. On adore ! Éminemment convivial, on y vient à toute heure boire un verre ou grignoter un morceau à l'heure du lunch (croquettes, tartines, sandwichs...), en lisant le journal, confortablement installé. Le soir, changement d'ambiance et de cuisine (dans le genre terroir créatif). Dans tous les cas, un accord mets-bière vous sera proposé. Concerts certains soirs.

Chic

Aangenaam *(plan B3,* ***24****) : Kleine Houtstraat 105.* ☎ *531-74-03. Tlj sf lun*

16h-22h, à partir de midi les ven-sam. Plats 16-24 € ; repas 26-40 €. Menus en anglais. Un gentil resto bio doté d'une jolie déco colorée, agrémentée d'objets d'artisanat discrets du monde entier. Dans l'assiette, voici de bons petits plats mitonnés avec soin et quelques pointes d'exotisme. Nos papilles sont sous le charme ! Le resto reverse 5 % de ses bénéfices à des œuvres caritatives ou autre association pour le développement durable de l'agriculture bio. À vous de choisir au moment de payer l'addition !

Où boire un verre ? Où sortir ?

Important : l'animation nocturne et les bars se concentrent essentiellement autour de la place de l'église Grote Kerk.

Pour boire un verre, reportez-vous aussi aux adresses ***Jopenkerk,*** une église reconvertie en pub *(plan A2, **22**)*, ***Hofje Zonder Zorgen*** *(plan A-B3, **21**)* et ***De Ark*** *(plan B3, **23**)* de la rubrique « Où manger ? ».

Proeflokaal in den Uiver *(plan C2, **30**)* **:** *Riviervischmarkt 13. ☎ 532-53-99. • proeflokaal.com • Lun-mer 16h-1h ; jeu 16h-2h ; ven-sam 14h-4h ; dim 14h-21h.* Un bistrot qui a trouvé refuge dans une ancienne poissonnerie à la déco originale : faïences évoquant la mer, scènes de pêche, parquet brut, grosses tables et luminaires en becs de gaz, tout respire le large ! On se croirait dans un vieux bar à matelots, si le patron n'avait pas rassemblé là une jolie collection de maquettes d'avions et d'objets divers (cartes, affiches, hélices) évoquant la *KLM,* compagnie aérienne néerlandaise. Résultat, on est transportés. Et on n'est pas les seuls, puisque le *Proeflokaal in den Uiver* a déjà été élu parmi les meilleurs bars de Hollande et a même remporté le 1er prix pour la convivialité. C'est tout dire ! Large choix de boissons, genièvres, et une délicieuse bière artisanale du coin, la *Jopen.* Concerts de jazz fréquents le week-end, entre 17h et 21h.

Café Studio *(plan C2, **31**)* **:** *Grote Markt 25. ☎ 531-00-33. • cafestudio.nl • Lun-jeu 14h-2h ; ven 14h-3h ; sam 12h-4h ; dim 12h-2h.* Ici, c'est un ancien cinéma qu'on a transformé en café. Contrairement à la façade quelconque, l'intérieur est assez réussi. Beau parquet, éclairage discret et photos de stars des années 1940. Pas mal d'animation le soir. Le week-end, concerts de musique rock, pop, disco, etc., ou soirée DJ.

Dodici *(plan C2, **31**)* **:** *Smedestraat 47. ☎ 532-86-86. Tlj 8h (10h dim)-minuit (1h ven-sam).* Un bar-*lounge* au design bien affûté, où s'entasse la jeunesse branchée de Haarlem. Bonne humeur, discussions animées et regards qui allument. À l'abordage !

Proeflokaal De Blauwe Druif *(plan C2-3, **33**)* **:** *Lange Veerstraat 7. ☎ 531-65-68. Tlj 16h-minuit (2h ven-sam ; 21h dim).* Un « café brun » typique au décor tout en bois, où l'on sirote de bons petits vins et du genièvre. Discussions animées pour une bonne soirée.

Grand Café Brinkmann *(plan C2, **34**)* **:** *Brinkmannpassage 41. ☎ 532-31-11. Tlj 8h-minuit.* La salle de ce bistrot ouvert à la fin du XIXe s affiche, bien que relookée, une agréable déco d'antan. Mais on le recommande surtout pour sa terrasse sur la place, vraiment sympa en été.

À voir

Balade dans le vieux Haarlem

Notre promenade débute sur Grote Markt, la grande place du Marché, où trônent l'église, l'hôtel de ville et la halle aux viandes. C'est ici, en cet ancien lieu de tournoi au XIIIe s, et autrefois proche de l'estuaire de la rivière qui passe derrière, que Haarlem trouve ses origines.

Stadhuis *(hôtel de ville ; plan B2)* **:** cette ancienne résidence de chasse des comtes de Hollande, bâtie au XIVe s, plusieurs fois incendiée puis reconstruite, affiche aujourd'hui fièrement son architecture composite : grand beffroi du XVe s, façade arborant encore quelques éléments gothiques dans sa partie gauche, mais pour le reste style Renaissance hollandaise (balcon central et aile droite) mâtiné de Tudor par les hautes cheminées (leur fameux architecte, Lieven de Key, vécut plusieurs années à Londres). Au-dessus de la façade, les armoiries de la ville, composées d'une croix, d'une épée et d'étoiles sur fond rouge. L'échafaud se dressait autrefois sur la place.
Complètement sur la gauche, un portique mène à la petite cour (ouverte aux heures de bureau) d'un ancien *monastère* du XVIe s. Il a échappé à la destruction parce qu'il était rattaché à l'hôtel de ville. Les arcades autour ont été transformées en bureaux.

Vleeshal *(halle aux viandes ; plan B-C2)* **:** *sur la place, entre l'hôtel de ville et l'église.* Édifiée au début du XVIIe s, dans le style Renaissance flamande, par Lieven de Key, cette halle fut commandée par la corporation des marchands de viande. Noter la richesse décorative de la façade, appuyée par le souci du détail. Masques de bœuf et cornes de bélier rappellent la vocation du lieu. Aujourd'hui, l'édifice dépend du musée Frans Hals (voir plus loin « Les musées »). Il héberge, dans la cave, le ***Musée archéologique de la ville*** *(mer-dim 13h-17h ; entrée gratuite)* et, au rez-de-chaussée ainsi que dans le *Verwey Hall* adjacent, *De Hallen,* où sont présentées des expos temporaires d'art contemporain.

La statue de Laurens Jansz Coster **:** *au centre de la place.* Selon les Néerlandais, ce n'est pas Gutenberg qui inventa l'imprimerie, mais ce fameux Coster, en 1423, 17 ans avant l'Allemand. Cependant, aucun document n'étaie cette thèse, et certains pensent même que le personnage serait inventé...

– Toujours sur la place, au-dessus du centre commercial *Brinkmann,* belle façade à pignon à cou.

Grote Kerk *(église Saint-Bavon ; plan C2)* **:** *sur la place centrale Grote Markt. ☎ 553-20-40. ● bavo.nl ● Entrée côté nord. Lun-sam 10h-17h (16h nov-avr) ; dim 10h-19h en été slt. Entrée : 2,50 € ; réduc. Visite guidée sam à 14h15 : 4 €.*
L'église en bois du village originel a été reconstruite et considérablement agrandie dans le style gothique, entre les XIVe et XVIe s. Depuis l'extérieur, observer la fine tour-lanterne en bois, qui s'élève à 78 m.
Malgré son apparente sobriété, ce vaste édifice mérite une visite pour certaines de ses caractéristiques. Dans la nef de droite, au mur, un ancien plan de la ville représente les fortifications d'autrefois, entourant encore des pâtures. Jeter un œil à la nef en chêne. Le sol de l'église est pavé de grosses pierres noires, dont plus de 1 100 couvrent des tombes ! La plupart des noms des riches marchands, drapiers et brasseurs qui étaient inhumés ici sont à présent effacés par le temps. Toujours dans la nef de droite, trois maquettes de bateaux suspendues rappellent la participation de Haarlem à la cinquième croisade. À voir encore, le chœur, fermé par un ensemble de grilles en laiton du début du XVIe s. Une lanterne sur les dalles indique l'emplacement du modeste tombeau de Frans Hals. Détailler également les stalles, pour les amusants personnages sculptés.
Enfin, *last but not least,* les orgues. Construites au début du XVIIIe s, elles comptent parmi les cinq plus grandes du pays et sont admirables de qualité sonore. Mozart et Haendel y jouèrent de leurs 68 registres... Leur buffet de style baroque est de toute beauté. Un festival international d'orgue a lieu tous les 2 ans (années paires), au mois de juillet. Il comporte un concours d'improvisation et une série de récitals. Par ailleurs, de nombreux concerts prestigieux sont régulièrement organisés *(mai-oct, mar à 20h15 et jeu à 16h).*

Le beffroi de l'église abrite une cloche de 5 t... qui sonne gravement les heures. Concert de carillons le lundi à 14h30 et le vendredi à 12h45.

➢ En sortant de l'église, emprunter ***Damstraat,*** qui file vers la rivière Spaarne, pour découvrir quelques-unes des jolies maisons de la ville. Au n° 21, à l'angle, se dresse la *maison de Teylers,* marchand et fabricant d'étoffes qui fit fortune et décida d'en dépenser une partie pour créer un musée. Au n° 29, la bâtisse tout en pierre de l'ancien poids public, qu'on doit aussi à Lieven de Key qui la dessina dans le style Renaissance au début du XVIIe s, est aujourd'hui transformée en resto.

➢ Le ***Spaarne,*** canalisé, a toutefois conservé son tracé en zigzag. Sur ces berges, d'autres belles façades. En prenant sur la gauche : le *Teylers Museum* (voir plus loin « Les musées ») au n° 16, un pont à bascule en acier au n° 4 et, de l'autre côté, deux anciennes brasseries, reconnaissables à leurs pignons à redents. Deux maisons modernes à leur gauche s'inspirent de l'architecture traditionnelle.

Moulin De Adriaan *(plan D2)* **:** *Papentorenvest 1a. ☎ 545-02-59. • molenadriaan.nl • Mars-oct, tlj sf mar 13h-16h (sam-dim 10h-17h) ; nov-févr, ven-lun 13h-16h30 (sam-dim 10h30-16h30). Entrée : 3,50 € ; réduc.* Bâti en 1778 sur les fondations d'une ancienne tour de défense plantée au bord du Spaarne, il a brûlé en 1932 et été reconstruit à l'identique. Du haut de ses 12 m, vue magnifique sur Haarlem.

➢ Suivre ensuite, côté nord, l'agréable canal ***Bakenessergracht.*** Au n° 72, s'engager à gauche dans la ruelle Nauwe Appelaarsteeg, puis dans la première à droite, Wijde Appelaarsteeg. Au n° 11, le ***Hofje Van Bakenes*** *(tlj sf dim 10h-17h)* est un ancien hospice pour dames âgées, avec son petit jardin et ses maisons au calme, à deux pas du centre. Reprendre à droite en sortant, puis de nouveau à droite dans *Lange Begijne Straat.* Au bout, la plus vieille église de Haarlem, protestante et wallonne, tout en brique, où l'on célèbre un office en français (deux dimanches par mois à 10h30). Tout autour de l'église s'étendait un vaste béguinage, formé d'édifices qui furent détruits au fil des siècles. Aujourd'hui, ce quartier verse encore dans le social puisque, tout autour de l'église, des vitrines aux lumières rouges accueillent les messieurs esseulés... Les dames sont bien au chaud au milieu de petits patios cosy. Le *Routard* ne reculant devant aucun sacrifice pour vous fournir tous les détails, on vous signale qu'il y a même une espèce d'enclos barré par un portillon métallique. Pour quelques euros, vous accéderez à l'antichambre de la félicité tarifée. Mais ne prenez pas ce commentaire pour une propagande pour la prostitution ; il s'agit juste d'une curiosité.

➢ En empruntant Begijnesteeg à gauche de l'église, on récupère la grande ***Jansstraat.*** Aux n°s 61 et 63, façades à pignons à redents. Ici vécurent les peintres Hendrick Goltzius et Pieter Saenredam, deux contemporains de Frans Hals. Ça ne vous dit rien ? À nous non plus... bien qu'en cherchant un peu, on découvre que le premier fut un disciple de Rubens et l'autre le spécialiste des intérieurs d'églises. Au n° 54, remarquer la petite porte par laquelle on accédait à l'hôpital Sainte-Barbe, qui n'existe plus. Un bas-relief coloré et réaliste en évoque l'intérieur. Voir ces lits en alcôve qui accueillaient quatre malades à la fois, ce qui était fréquent à l'époque. Bonjour les contagions ! Au n° 64, une ancienne auberge, comme en témoigne à nouveau le bas-relief. Beau pignon à cloche. On longe Jansstraat jusqu'à l'église Saint-Bavon (Grote Kerk).

➢ Prendre à droite Smedesstraat, jusqu'à ***Barteljorisstraat*** *(plan B-C2).* À l'angle, une maison à l'étrange façade, mélange de pignons à redents et à cloche. Sur la droite, on trouve la *Kruisstraat.* Juste une mini-incursion dans cette rue pour voir, au n° 44, cette maison de retraite du milieu du XVIIIe s *(ouv 10h-17h).* Il ne s'agissait pas d'un béguinage, mais d'un vrai lieu d'habitation pour personnes âgées. Aujourd'hui, la politique sociale de la ville est d'y faire cohabiter jeunes et vieux. En face, au n° 45, la façade rococo de l'ancienne demeure du bourgmestre.

Empruntons maintenant Barteljorisstraat. Au n° 12, beau pignon à cloche. Au n° 15, remarquez ce magasin dont la façade supérieure a été complètement remaniée dans le style Renaissance hollandais. Au n° 19, dans la ***Corrie Ten Boomhuis*** *(mar-sam : avr-oct 10h-15h30, nov-mars 11h-14h30),* résidait une famille protestante qui cacha des juifs lors de la Seconde Guerre mondiale, avant qu'ils ne soient malheureusement arrêtés. La boutique d'horlogerie-joaillerie de la famille Ten Boom fait toujours l'angle. On regagne ensuite le Grote Markt.

Autres cours et enclos

Haarlem compte une bonne vingtaine de cours ; c'est une des plus grosses concentrations de Hollande. Les fans de béguinage et de petits enclos seront donc comblés. Tous n'ont pas le même charme ni le même intérêt, mais pourquoi ne pas pousser les portes et voir par vous-même ? Pour vous faciliter la tâche, nous les avons pointés sur le plan de la ville (identifié par un ●).

Au n° 7 de la Barrevoetestraat, le ***Hofje Van Loo*** *(plan B2),* un bel enclos du XVᵉ s. Les maisons en façade ont été détruites lors de l'agrandissement de la rue. La grille qui les remplace détruit la véritable intimité du lieu mais découvre de merveilleuses maisons de poupées.

Au milieu de la Jacobijnestraat, sur la droite, le ***Prinsenhof*** *(plan B2).* Dans ce carré de verdure, la municipalité cultivait autrefois les plantes médicinales.

Proveniershuis *(plan A3) : Grote Houtstraat 142-144.* Ancien cloître construit en 1591, il fut rénové et fit fonction d'auberge à partir de 1682. Au XIXᵉ s, il devint un « home » pour vieux messieurs. De nos jours, les femmes y sont également admises.

Hofje Van Bakenes *(plan C2) :* un de nos préférés... C'est aussi le plus vieux : il date de 1395 (voir plus haut).

Les musées

ATTENTION : TOUS les musées de Haarlem sont fermés le lundi, ainsi que le 1ᵉʳ janvier, le 27 avril et le 25 décembre.

Frans Hals Museum *(plan B3) : Groot Heiligland 62. ☎ 511-57-75. ● franshalsmuseum.nl ● Tlj sf lun 10h (12h sam-dim et j. fériés)-17h. Entrée : 12,50 € ; réduc ; gratuit moins de 18 ans et lors du* « museum week-end », *début avr).*
Si les origines de Frans Hals demeurent un mystère (voir le texte concernant ce peintre dans la rubrique « Peinture hollandaise » du chapitre « Hommes, culture, environnement » en début de guide), celles de son musée ne sont guère plus claires. En effet, nul ne peut affirmer avec certitude qui, de Lieven de Key ou de Peter Van Campen, les deux grands architectes de Haarlem, a construit cet hospice de vieillards à l'aube du XVIIᵉ s. Le bâtiment, avec ses vastes pièces autour d'une cour, ses maisons basses à pignons à redents et ses carrelages blancs et noirs, est typique de ce genre d'institution. L'ensemble fut restauré soigneusement et transformé en musée en 1913. Au centre, mignon jardin à la française.
Une salle introductive présente l'histoire de la peinture en Hollande et d'Haarlem à l'âge d'or. Ce musée présente une importante collection de toiles religieuses, bourgeoises et paysannes des XVIᵉ et XVIIᵉ s. Salle 4, noter ce moine lubrique tripotant les seins d'une nonne, ainsi que salle 11, l'étonnant triptyque du *Massacre des Innocents,* aux bébés difformes, de Cornelisz Van Haarlem. Dans les autres salles, dont certaines sont magnifiques (panneaux de cuir dorés, plafond à médaillon), on peut voir de merveilleuses maisons de poupées du XVIIIᵉ s, du mobilier et de l'argenterie. Dans les salles 14 et 21 sont exposées les plus célèbres

toiles de corps de garde peintes par Frans Hals. Cinq des six œuvres qu'il réalisa sur ce thème se trouvent ici. Ces portraits de groupe, étonnants de spontanéité, marquaient la fin des trois années de service militaire qu'effectuaient les officiers. On peut voir, disséminées dans différentes salles, six autres peintures de Hals.
Un bien joli musée, plein de charme, doucement éclairé par la lumière filtrée des vitraux, égayé par le tintement du carillon qui marque les heures, et parfumé au printemps par les splendides compositions florales qui décorent les salles. L'accrochage est parfois bousculé à l'occasion d'expo temporaires.

Historisch Museum (plan B3) : *Groot Heiligland 47. ☎ 542-24-27. • historischmuseumhaarlem.nl • Tlj sf lun 11h (12h dim)-17h. Entrée : 5 € ; réduc ; gratuit moins de 18 ans. Explications en anglais.* Dans un ancien hospice, petit musée municipal présentant l'histoire de Haarlem depuis le Moyen Âge. Belle épée de Justice, et maquette de la ville au XIXe s. Deux expos par an, toujours sur l'histoire de la ville. À faire d'un pas alerte après la visite du Frans Hals Museum.

Teylers Museum (plan C3) : *Spaarne 16. ☎ 516-09-60. • teylersmuseum.eu • Tlj sf lun 10h (12h dim et j. fériés)-17h. Entrée : 11 € ; réduc. Audioguide en français.* Cet étonnant musée des Sciences, des Techniques et des Arts fut fondé en 1778 ; ce qui en fait le plus vieux musée des Pays-Bas. Le riche marchand d'étoffes Teylers en fut l'instigateur. Le musée semble être resté en l'état depuis l'origine, tellement son aménagement intérieur est vieillot. C'est d'ailleurs en partie ce qui fait son charme. On passe avec étonnement devant ces dizaines de vitrines de fossiles de toutes tailles, de crânes et de mâchoires d'animaux préhistoriques, avant d'atteindre une section relative à l'électricité, à la communication et autres instruments d'optique. Tout un tas d'ustensiles, dont l'usage nous a échappé, mais qui valent souvent par leur simple beauté plastique. En vedette, au centre, un impressionnant générateur électrique (300 000 volts !) datant de 1784, qui avait fasciné Napoléon lors de sa visite en Hollande. Au fond, la *salle Ovale*, tout en bois, absolument superbe, dans laquelle on trouve une importante section minéralogique et des vitrines d'instruments de mesure. Le musée a fait une demande de classement de cette salle auprès de l'Unesco. Les salles suivantes exposent des peintures, des médailles, etc., ou accueillent des expos temporaires. C'est dans l'une d'elles qu'est exposé par roulement le véritable trésor du musée, à savoir plusieurs centaines de dessins du XVIe au XIXe s, provenant des écoles hollandaise, française et italienne. On y trouve même quelques œuvres de Raphaël, de Rembrandt et de Michel-Ange. Des fac-similés permettent de les admirer entre deux expositions.

Het Dolhuys (hors plan par C1, **40**) : *Schotersingel 2. ☎ 541-06-70. • hetdolhuys.nl • Traverser le pont derrière la gare, puis obliquer à gauche après la pièce d'eau. Tlj sf lun 10h (12h w-e et j. fériés)-17h. Entrée : 8,50 € ; réduc. Livret en français pour la visite.*
Ce singulier musée psychiatrique restera-t-il un intrus dans cette liste, tout comme les malades mentaux le sont trop souvent dans nos vies ? Ce serait injuste et dommage, ne serait-ce que parce que sa muséographie a recueilli de nombreux suffrages. Cette ancienne léproserie du XIVe s a commencé à accueillir des malades mentaux au XVIe s. Elle resta l'institution psychiatrique de la ville jusqu'à sa transformation en musée en 2005.
Dans la première section, des malades se racontent, s'exposent par l'entremise d'un placard rempli de leurs objets, ou au travers d'étranges sculptures fantasmatiques. Plus loin, l'évolution à travers les âges de la perception de la folie (déséquilibre physique, possession, maladie du cerveau, de l'âme), le mode d'organisation du confinement des malades (isolation, institution fraternelle...), puis la critique du système menant à l'idéal d'intégration. Viennent les instruments cliniques, dont les étranges bottes du docteur Junot, destinées à décompresser le cerveau, et, évidemment, les trop célèbres camisoles de force.

Manifestations

– ***Corso fleuri :*** *fin avr.* ● *bloemencorso.info* ● Un cortège de chars bigarrés quitte Noordwijk et rejoint Haarlem en traversant la région des fleurs à bulbes. Le samedi soir et le dimanche, les chars sont exposés dans le centre.
– ***Festival de Pop :*** *le 5 mai, le jour de la Libération.*
– ***Festival culinaire*** *(Haarlem Culinair)* ***:*** *début août.* Grande balade gastronomique dans le centre, autour de Grote Markt.
– ***Festival de Jazz :*** *mi-août.*

DANS LES ENVIRONS DE HAARLEM

Zandvoort : *à 11 km de Haarlem.* Une des stations balnéaires les plus fréquentées du pays, vu qu'elle est à moins de 40 km de la capitale. Sa plage, qui n'en finit pas, et ses kiosques à poisson font de l'endroit un charmant lieu de balade dès qu'on veut échapper à la ville. En été, atmosphère très populaire. Zandvoort abrite également un circuit automobile réputé. Nombreuses possibilités d'hébergement en hôtels, chambres d'hôtes et camping.
Office de tourisme (VVV) : *Bakkerstraat 2/b, à Zandvoort.* ☎ *(023) 571-79-47.* ● *vvvzandvoort.nl* ● *Lun-sam 9h (10h sam)-17h ; dim 11h-16h.*

LA RÉGION DES TULIPES

Elle s'étend le long de la côte entre Haarlem et Leiden, la plus forte concentration de plantations de bulbes se situant derrière les belles plages de ***Noordwijk aan Zee.*** Au printemps, sept millions de tulipes, jacinthes et narcisses s'y épanouissent et transforment ces mornes plaines en tapis multicolores qui ondulent au gré du vent. Le spectacle est sublime. Attention, les dernières fleurs fanent dès la mi-mai.
– Périodes à retenir pour la floraison des bulbes : fin mars, crocus ; début avril, narcisses et tulipes précoces ; mi-avril, narcisses et jacinthes ; de mi-avril à mi-mai, tulipes.
– Les passionnés consulteront la rubrique « Fleurs » dans le chapitre « Hommes, culture, environnement » en début de guide.
– L'idéal est de découvrir cette région à vélo, que l'on peut louer directement sur place, à proximité de Keukenhof, chez ***Rent a Bike Van Dam*** *06-12-08-98-58 ;* ● *rent-a-bikevandam.nl* ● *; résa vivement conseillée ; loc 10 €/j., avec service de livraison).* Les moins courageux opteront pour l'excursion en car d'une demi-journée ou d'une journée complète au départ d'Amsterdam avec ***Tours & Tickets*** (voir au début du chapitre « Les environs d'Amsterdam » la rubrique « Excursions en car »).

On vous conseille particulièrement :

Keukenhof : *Stationsweg 166a, à* ***Lisse.*** ☎ *(0252) 46-55-55.* ● *keukenhof.nl* ● *Depuis la gare centrale d'Amsterdam, prendre le train jusqu'à Leiden (Leyde), puis le bus n° 54 jusqu'à Keukenhof. Autre option : prendre le train jusqu'à Schiphol, puis le bus n° 58 jusqu'à Keukenhof. Également des bus directs avec la compagnie privée Connexxion (☎ 0900-266-63-99 ;* ● *connexxion.nl* ● *; compter 23 € pour le pass, trajet depuis l'aéroport et entrée du parc ; 28 € depuis Amsterdam, départ Leidseplein). Ouv 24 mars-20 mai env (se renseigner, les tulipes peuvent avoir disparu dès fin avr), tlj 8h-19h30 (fermeture des caisses 18h). Entrée : 15 € ; réduc. Parking : 6 €.*
Près de 7 millions de bulbes, dont 4,5 millions de tulipes de 100 variétés différentes, et 2 500 arbres de 87 espèces, le tout planté sur 32 ha de superficie ; voici

tout simplement l'un des plus grands jardins du monde, et certainement le plus grand parc à bulbes de la planète ! Absolument splendide. Les espèces changent selon la saison : jacinthes, orchidées, narcisses, roses... Parade fleurie mi-avril. Restos et terrasses pour prendre un verre. Vélos à louer à l'entrée, des itinéraires sont suggérés autour du parc, mais pas à l'intérieur. On repart avec des couleurs plein les yeux !

Où dormir dans la région ?

Stayokay Heemskerk : *Tolweg 9, à* ***Heemskerk.*** *☎ (0251) 23-22-88. • stayokay.com/heemskerk • À env 12 km au nord de Haarlem. Depuis la gare de Beverwijk, bus nº 74, arrêt Jan van Kuikweg. Ouv avr-oct ; le reste de l'année, ouv w-e slt. Selon saison, nuitée en dortoir (3-8 lits) 32-36 €/pers, doubles 69-82 € ; petit déj et draps compris. Parking gratuit. Loc de vélos.* Installée dans un charmant château en brique du XIIIe s entouré d'un parc, cette AJ propose des chambres sommaires mais impeccablement tenues ; toutes avec lits superposés et salle de bains. Sur place : resto-bar avec jolie terrasse dans le patio central, lave-linge, et la mer n'est qu'à 6 km. Clientèle assez familiale. Une adresse aussi tranquille.

AU SUD-OUEST D'AMSTERDAM

GOUDA

71 200 hab. IND. TÉL. : 0182

Située à 80 km au sud d'Amsterdam et à 25 km au nord-est de Rotterdam, cette ville de caractère est surtout connue pour le fromage auquel elle a donné son nom : le gouda. S'il est le plus célèbre et le plus consommé des fromages hollandais, il est aussi l'un des derniers du pays à être produit artisanalement avec du lait cru. Les amateurs de saveurs ne s'y trompent pas : rien à voir avec les pâtes jaunes pasteurisées vendues dans les supermarchés ! Pour une vraie rencontre gastronomique, on conseille d'aller visiter une ferme de production dans les environs. Et si vous êtes dans le secteur un jeudi matin en juillet-août, faites donc un tour au marché régional du fromage qui se tient sur le Markt (la place du marché), devant le *Waag* (le poids public)... Pour l'animation, évitez les dimanche et lundi, Gouda se repose.
En plus de ces plaisirs fromagers inattendus, Gouda mérite sans hésiter une paire d'heures de visite, ne serait-ce que pour les magnifiques vitraux de l'église Saint-Jean, et pour l'hôtel de ville pittoresque planté en plein milieu du Markt. Ces monuments rappellent que Gouda fut la cinquième plus grande ville du comté de Hollande au XIVe s. Elle avait alors la même taille qu'Amsterdam et devait sa prospérité non seulement à la générosité des vaches laitières, mais encore aux bougies, aux pipes et aux *stroopwafel,* ces gaufrettes fourrées au sirop de mélasse. Eh oui, c'est pour ces petites gaufres, fabriquées pour la première fois ici au début du XIXe s, que certains font le déplacement. Faites des provisions pour la rue, elles tiennent moins de place qu'une des meules dorées sur lesquelles vous allez flasher.

Comment y aller d'Amsterdam ?

➢ ***En train :*** la ***gare ferroviaire*** *(plan A1)* se trouve au nord immédiat du centre historique de Gouda, à 10 mn à pied du Markt. Départ d'Amsterdam

ttes les 10-30 mn pour env 1h de trajet. L'idéal, bien sûr.
➢ ***En voiture :*** prendre l'autoroute A 10 en direction d'Utrecht, puis l'A 2 vers Rotterdam, et enfin l'A 12. Prévoir 1h de route. En arrivant, garer sa voiture dans l'un des parkings à deux pas du centre-ville (env 1,50 €/h avec max 9 €/j.).

Adresses et info utiles

Office de tourisme *(VVV ; plan B1-2)* ***:*** *musée du Fromage et des Artisans (De Waag), Markt 35. ☎ 58-91-10. ● bienvenueagouda.com ● Avr-oct, tlj 10h-17h (21h jeu) ; nov-mars, jeu-dim 13h-17h.* Petite brochure gratuite en français. Plan de la ville et une foule d'infos pour l'explorer. Liste des *B & B* avec résa possible sur place moyennant commission.

@ ***Internet gratuit :*** *à la* ***bibliothèque centrale*** *(Centrale Bibliotheek ; plan B2), Spieringstraat 1. ☎ 59-01-01. Lun-ven 13h-17h (20h mar et jeu) ; sam 10h-13h.*

■ ***Location de vélos :*** *chez* ***Fietspoint Gouda*** *(plan A1,* ***1****), Burgemeester Jamesplein. ☎ 51-61-11. Juste en sortant derrière la gare. Tlj 6h (7h sam, 9h dim et j. fériés)-0h15. À partir de 7,50 €/j. Dépôt de garantie de 50 € et pièce d'identité. Carte des pistes de la région à l'office de tourisme.*

– ***Marchés*** *(plan B2)* ***:*** *sur le Markt. Jeu mat jusqu'à 13h et sam jusqu'à 17h.* On y trouve de bons fromages, bien sûr, et toutes sortes d'aliments, des fleurs, des vêtements... *Également un marché aux antiquités ts les mer 5 mai-8 sept.*

– ***Gaufres au sirop Van Fliet Siroopwafels*** *(plan A-B2,* ***2****)* ***:*** *Lange Groenendaal 32. Tlj 8h30-17h env (plus tard le dim).*

Où dormir ?

Hotel De Utrechtsche Dom *(plan B2,* ***10****)* ***:*** *Geuzenstraat 6. ☎ 52-88-33. ● hotelgouda.nl ● Doubles 65-125 € selon confort, petit déj compris.* Aménagé dans une vieille maison du centre historique qui fut une hostellerie pendant près de 300 ans, cet hôtel propose une quinzaine de chambres plus ou moins grandes, très propres et au mobilier tout simple. Douche et w-c à partager pour les moins chères, qui ne disposent que d'un lavabo. Charmant patio à l'arrière, parfait pour le petit déj. Repas sur commande. Incontestablement l'hôtel le plus accueillant de la ville.

Où manger ? Où boire un verre ?

Sur le pouce

Zeevishandel Kees Vrolijk *(plan B2,* ***20****)* ***:*** *Lange Tiendeweg 61. ☎ 51-23-63. Dans la rue à l'angle nord-est de l'église. Lun 12h-18h ; mar-sam 8h-18h (17h sam). Env 5-7 €.* Un magasin attractif proposant poissons (anguille fumée, hareng...) et fruits de mer crus, frits, arrangés en barquettes, salades, croquettes, *broodjes,* etc., à engloutir debout sur place ou à emporter. Fraîcheur garantie. On en raffole !

Pâtisserie Herfst *(plan B2,* ***21****)* ***:*** *Lange Tiendeweg 41-43. ☎ 51-25-93. Dans la rue à l'angle nord-est de l'église. Lun-ven 8h30-17h30 (12h lun) ; sam 10h30-17h. Moins de 5 €.* La meilleure pâtisserie de la ville réalise de magnifiques gâteaux à dévorer en explorant les ruelles du vieux centre, ou assis à l'intérieur, car elle fait aussi salon de thé.

Bram Ladage *(plan B2,* ***22****)* ***:*** *Wijdstraat 24. ☎ 52-31-98. À l'extrémité sud du Markt, face à l'entrée du Stadhuis. Tlj 12h-19h. Moins de 3 €.* Une de ces petites friteries dont les Hollandais ont le secret. Propre et pro. Attentive à l'air du temps, elle fait sa pub avec une huile permettant un score de 216 calories aux 100 g ; une perf qu'on pourra allègrement ruiner en

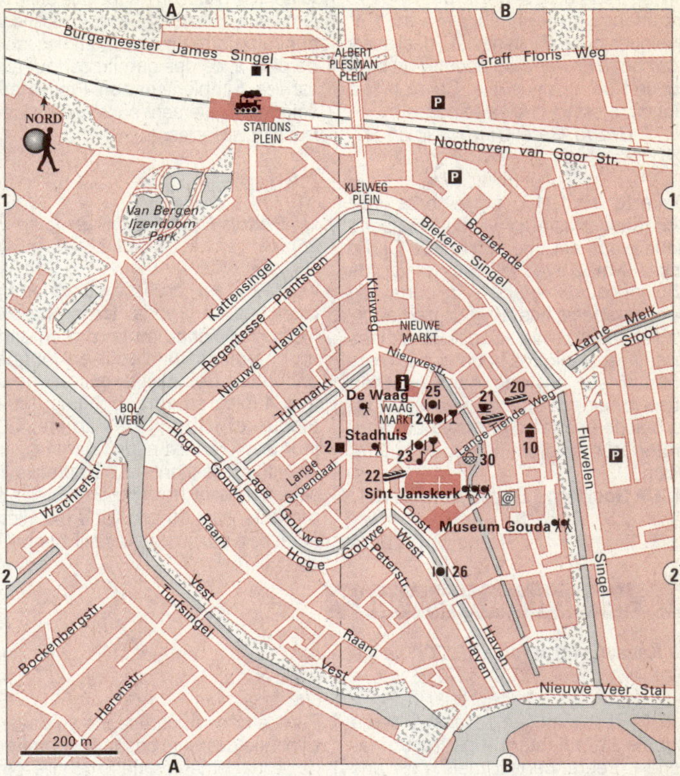

GOUDA

■ Adresses utiles

- **i** Office de tourisme (VVV)
- **@** Bibliothèque centrale
- **1** Fietspoint Gouda (location de vélos)
- **2** Gaufres au sirop Van Fliet Siroopwafels

Où dormir ?

- **10** Hotel De Utrechtsche Dom

Où manger ? Où boire un verre ?

- **20** Zeevishandel Kees Vrolijk
- **21** Pâtisserie Herfst
- **22** Bram Ladage
- **23** Eetcafé Vidocq
- **24** Grand Café Central
- **25** De Goudsche Bagel
- **26** Buiten Eten & Drinken

Où acheter du bon fromage ?

- **30** Kaaswinkeltje

optant pour un supplément de sauce « pinda » à la cacahuète, et toc !

Prix moyens

Eetcafé Vidocq *(plan B2,* ***23****) : Koster Gisjzensteeg 8. ☎ 52-28-19. Dans une ruelle coudée rejoignant l'église Saint-Jean depuis la rue Korte Tiendeweg. Tlj 17h-1h ; cuisine jusqu'à 23h. Plats 13-23 € ; réduc de 25 % avt 19h sf boissons.* Un agréable bar aux boiseries patinées et aux murs recouverts d'affiches, plaques émaillées...

On se régale des bons petits plats traditionnels mitonnés avec soin et quelques brins d'inventivité. Idéal aussi pour boire un verre ou écouter un petit concert de musique live. Car la nuit à Gouda, c'est ici que ça se passe !

Grand Café Central (plan B2, **24**) : *Markt 22-23. ☎ 51-25-76. Tlj 9h30-21h (minuit le w-e). Plats 7-17 €.* Ouverte en 1916, cette brasserie occupant plusieurs vieilles maisons de la place est une institution. Cadre assez sympa avec tableaux et photos anciennes aux murs. À la carte, de bonnes spécialités du jour très abordables, d'énormes salades et tartines gratinées, quelques sandwichs, œufs au plat sur assiette garnie... Bien aussi pour prendre un verre, ou un café accompagné d'une part de tarte, en terrasse si le temps est de la fête. Miam !

De Goudsche Bagel (plan B2, **25**) : *Markt 26. ☎ 68-88-48. Tlj 8h-18h. Repas env 15 €.* Dans un cadre lambrissé de salon de thé chaleureux et lumineux, « *Au Bon Bagel* » décline ses anneaux joufflus aux multiples goûts de pâte avec des garnitures tout aussi variées. Simplement bon. Présentation soignée. Également d'excellents jus de fruits frais. Terrasse.

Chic

Buiten Eten & Drinken (plan B2, **26**) : *Oosthaven 23a. ☎ 52-48-84. Tlj sf lun, dès 17h. Menu env 28 € ; plat env 18,50 €.* C'est l'adresse gastronomique branchée de Gouda. Dans une belle maison ancienne au bord d'un canal, un charmant resto tout en longueur décoré de fresques exotico-champêtres, tables en zinc, bougies, bibliothèque et joli patio à l'arrière. Côté fourneaux, on est séduit par la cuisine inventive, alléchante et savoureuse, qui sélectionne et travaille à merveille les produits frais du cru. Une excellente adresse à prix juste. Accueil sympa.

Où acheter du fromage ?

Kaaswinkeltje (plan B2, **30**) : *Lange Tiendeweg 30. ☎ 51-42-69. Rue à l'angle nord-est de l'église. Tlj sf dim 8h30-18h (17h sam).* Kaaswinkeltje signifie littéralement « petite fromagerie ». Petite, certes, mais c'est une mine d'or pour débusquer le must de la production fermière artisanale locale. Le patron passionné se fera une joie de vous faire goûter les subtilités de ses meules dorées. Frais, crémeux, tendre, vieux, extra vieux, nature, au cumin, au basilic, aux clous de girofle, aux orties, le choix est vaste ! Emballage sous vide possible, idéal pour le transport et la conservation. Prix raisonnables.

Kaasboerderij Jongenhoeve : *Benedenberg 90, à* ***Bergambacht****. ☎ 35-12-29. • jongenhoeve.nl • À env 10 km au sud de Gouda par la route N 207, puis tourner à droite au rond-point à l'entrée de Bergambacht ; c'est quelques km plus loin sur la gauche de la route. Visite lun-sam 10h-17h.* Perdue dans la campagne verdoyante sillonnée de petits canaux et parsemée de belles demeures, cette gentille ferme familiale produit un fameux gouda artisanal au lait cru. Petit film en français (15 mn) sur l'activité de l'exploitation qui compte près de 260 vaches et qui transforme chaque jour 7 000 l de lait en 700 kg de délicieux gouda. Possibilité de visite de la laiterie : cuve de fermentation, pressage dans les moules, égouttage, séchage, étiquetage, plastification et affinage ; tout est fait à la main selon des gestes ancestraux maintes fois répétés. Enfin, passage obligé par la boutique pour dégustation et achat si le goût vous en dit : nature, aux herbes, poivre, cumin, paprika...

À voir. À faire

Stadhuis (hôtel de ville ; plan B2) : *mar-dim (voir horaires à l'office de tourisme). Entrée : 2,50 €.* Il date de 1450 et dresse fièrement sa silhouette gothique au milieu du Markt. Lors de la visite guidée, vous pourrez admirer le cabinet du bourgmestre, la salle des mariages avec des tapisseries des Gobelins et la salle du conseil (sauf s'il y a un mariage ou un conseil ce jour-là, bien sûr). Au 2e étage, petite expo sur l'histoire de Gouda.

De Waag *(poids public ; plan B2)* : *sur le Markt. Avr-oct, mar-dim 13h-17h. Pesée des fromages : juil-août, jeu mat. Entrée : 3,50 €, visite guidée en anglais comprise.* Le visiteur y apprend tout ce qu'il faut savoir sur la fabrication du gouda. C'est devant le poids public que se déroule la très populaire pesée des fromages du jeudi matin en été. Le reste de la semaine, on y pèse les touristes... qui repartent ravis avec leur certificat !

Sint Janskerk (église Saint-Jean ; plan B2) : *Achter de Kerk 16. ☎ 51-26-84. • sintjan.com • Accès par la ruelle au sud de l'église. Tlj sf dim et certains j. fériés : mars-oct 9h-17h, nov-fév 10h-16h. Entrée : 4,50 € ; réduc. Dépliant gratuit en français, succinct mais utile. Brochure en français (5 €) ou audioguide en anglais (2,50 €).* Longue de 123 m, c'est la plus grande église des Pays-Bas, malgré l'impression trompeuse résultant de son encerclement par la ruelle Achter de Kerk ! On vient la voir essentiellement pour la splendeur de ses vitraux, dont les plus anciens datent du XVIe s, avant la Réforme. Ce sont de riches donateurs catholiques fidèles à la Couronne espagnole qui commanditèrent les vitraux aux frères Crabeth. Leur magnificence impressionna tellement les iconoclastes que ceux-ci ne purent se résoudre à les détruire. À travers des scènes historico-bibliques, ils évoquent les guerres des Provinces-Unies pour se libérer du joug espagnol après 1572. Les plus remarquables montrent, entre autres, Judith et Holopherne, la levée du siège de Leyde par Guillaume le Taciturne, Jésus chassant les marchands du Temple, ou encore le baptême du Christ. Le sol de la nef est dallé de pierres tombales très anciennes... Le dimanche, on y célèbre le culte protestant. Le carillonneur donne des concerts le jeudi à 11h30 et le samedi à 12h30.

Museum Gouda *(Musée municipal ; plan B2)* : *Achter de Kerk 14. ☎ 33-10-00. • museumgouda.nl • Accès par la ruelle au sud de l'église. Tlj sf lun 11h (12h le w-e)-17h. Entrée : 7 € ; réduc ; gratuit moins de 18 ans.* Ce joli portail donnant sur un jardin intérieur appartient à une ancienne léproserie qui fut convertie en hospice, avant d'abriter le riche musée de la ville. Au 1er étage, ne pas rater les peintures des écoles de Barbizon (Daubigny, Redon...) et de La Haye côtoyant quelques superbes toiles du Siècle d'or (Jan Steen...). Également de magnifiques paysages et un lot de portraits de gardes civiques dans la pure tradition de la peinture hollandaise. Et puis de l'argenterie, des meubles de style, des faïences de Gouda, et des œuvres d'art religieux (*Annonciation* de Peter Pourbus) dans l'ancienne chapelle. N'oublions pas le coin pharmacie avec ses pots, ses tiroirs, ses mortiers et... son crocodile naturalisé ; une cuisine et un cellier ; et au sous-sol, l'inévitable cave aux instruments de torture. À voir encore au 2e étage, une étonnante collection de pipes en argile... Rappelons que la fabrication de pipes fut la deuxième spécialité de la ville après les meules de fromage. Souvent des expos temporaires sur place sur des thèmes très variés...

Promenade le long des canaux : depuis Wijdstraat (rue qui prolonge le Markt vers le sud), suivre le canal par la berge ***Lage Gouwe,*** le traverser et rebrousser chemin par ***Hoge Gouwe.*** Poursuivre le long de ***Westhaven*** avant de revenir par ***Oosthaven,***

TOLÉRANCE HOLLANDAISE

Au Moyen Âge, traquées par l'Inquisition, les présumées sorcières finissaient souvent sur le bûcher. Mais à Oudewater, entre Utrecht et Gouda, dès la fin du XVe s, les femmes suspectes pouvaient se faire peser, auprès de magistrats incorruptibles, sur une balance spéciale. Si leur poids était conforme aux normes habituelles, on leur remettait un certificat (très convoité) d'innocence au motif, généralement admis, que seul un poids léger permettait aux sorcières de s'envoler sur un balai ! Authentique !

la rive opposée, en direction de l'église et du Markt. Au menu : architecture typique, musées et boutiques, atmosphère calme d'un grand passé bourgeois.

Fête et manifestation

– ***Marché aux fromages :*** *avr-août, le jeu 10h-12h30, sur le Markt.*
– ***Gouda bij Kaarslicht :*** *mi-déc.* Illumination du Markt et de l'hôtel de ville aux chandelles. Féerique !

DELFT

97 000 hab. IND. TÉL. : 015

Le nom de cette ville de charme sonne comme une légende par la grâce du peintre Vermeer né ici en 1632, ou encore par l'évocation du bleu-blanc de la fameuse « faïence de Delft ». Vénérable cité, Delft distille une indicible sensation d'intemporalité. Est-ce parce que chaque promenade le long des quais ombragés de tilleuls fait naître une curieuse impression de déjà-vu... les fameux paysages de Vermeer ? Ou bien qu'au détour d'un pont en dos d'âne on s'attend à voir surgir le fantôme de Guillaume d'Orange, acteur principal de la rébellion contre l'Espagne, assassiné dans le Prinsenhof ? La ville frémit de ces références inconscientes que la fréquentation assidue des galeries de peinture suscite immanquablement. Cité-musée bien vivante, elle imprègne progressivement le visiteur, par petites touches, de la palette de ses vibrations subtiles et intimes.
Pour l'anecdote, inutile de chercher la célèbre maison jaune de la *Vue de Delft.* Destructions, libertés prises par l'artiste ? Qui sait ? Le site n'a jamais été identifié.

UN PEU D'HISTOIRE

Delft est au Moyen Âge une cité de drapiers et de brasseurs. En 1536, 2 300 maisons en bois partent en fumée quand un incendie ravage la ville. Une cinquantaine d'années plus tard, alors que se trouve à Delft le bastion de la lutte contre la monarchie espagnole, le moine Balthazar Gerards, commandité par Philippe II, abat Guillaume d'Orange dans le Prinsenhof. En 1654, boum badaboum ! L'explosion de la poudrière de la ville détruit à nouveau tout le centre de la cité et cause la mort de 100 personnes.
Au XVIIe s, les faïenciers, s'inspirant des techniques et motifs d'Extrême-Orient, viennent opportunément prendre le relais des brasseries en plein déclin. Cent ans plus tard, la ville en est le centre de production le plus important d'Europe. L'industrie de la faïence commence à décliner au XIXe s, quand la production industrielle anglaise concurrence durement l'artisanat. Les fabriques d'aujourd'hui, tout en respectant les critères de productivité moderne, parviennent à sortir de leurs ateliers une qualité de faïence assez proche du « vieux Delft ». Ce qui n'empêche pas les boutiques de la Grand Place de vendre aux touristes les pires horreurs « façon Delft » mais *made in China.*

Comment y aller d'Amsterdam ?

➢ ***En train :*** *la gare ferroviaire (plan A3) se trouve à 15 mn à pied au sud du Markt.* Delft est située sur la ligne Amsterdam-Rotterdam ; 6h-1h, 3-5 trains/h pour respectivement 50 mn et 10 mn de trajet.

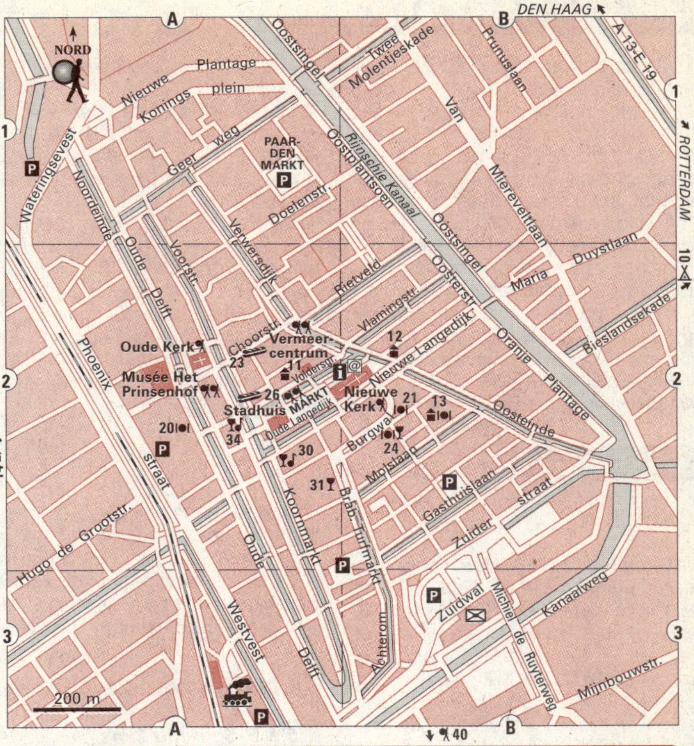

DELFT

Adresse utile	**23** Boulangerie De Diamanten Ring
Office de tourisme	**24** Kobus Kuch
Où dormir ?	**26** Poissonnerie De Visbanken
10 Camping Delftse Hout	**Où boire un verre ? Où sortir ?**
11 Jorplace City Delft Hostel	**24** Kobus Kuch
12 Hotel de Emauspoort	**30** Eet & Proeflokaal de Kurk
13 Hotel De Koophandel	**31** Locus Publicus
14 B & B Soul Inn	**34** De Wijnhaven
Où manger ?	**Où voir et acheter de belles faïences de Delft ?**
13 Spijshuis de Dis	**40** Royal Delft – Koninklijke Porceleyne Fles
20 Stads Koffyhuis	
21 Vlaanderen	

➢ ***En tram :*** depuis La Haye, ligne n° 1 ; 6h-minuit, ttes les 15 mn env. Prévoir 25 mn de trajet.

➢ ***En voiture :*** depuis Amsterdam, 60 km via l'A 10, l'A 4 puis l'A 13 en direction de La Haye (Den Haag). Prévoir 1h de route. Se garer dans un des parkings est fortement conseillé, chers en centre-ville (2,20 €/h), mais plus abordables et couverts en périphérie (*plan B3 et A2* ; 1,90 €/h et 11 € pour 24h).

Adresses et info utiles

Office de tourisme *(TIP ; plan A-B-2)* **:** *Kerkstraat 3. ☎ 215-40-51. • delft.nl • Avr-sept, sam et lun 10h-17h, dim 10h-16h ; mar-ven 9h-18h ; oct-mars, tlj 10h (11h lun)-16h (15h dim).* Plusieurs brochures payantes en français proposant, entre autres, des promenades thématiques à mener soi-même : sur les pas de Vermeer (notre préférée), découverte des façades, exploration des environs à vélo... Organise aussi des visites guidées (1h30) en anglais *(avr-oct, mar à 14h ; résa nécessaire ; env 4 €/pers).* Calendrier des événements marquants, liste des ateliers de faïence...

@ **Internet gratuit :** *à l'office de tourisme. Et dans la plupart des cafés de la ville.*

Location de vélos (plan A3) **:** ***à la gare ferroviaire.*** *☎ 214-30-33. Tlj 6h15 (7h30 sam, 8h dim et j. fériés)-23h30. Également* **Halfords,** *Wijhaven 17. ☎ 213-85-58.*

– **Marchés :** *victuailles et vêtements du Markt (plan A2) le jeu ; et sur Branbantse Turftmarkt et Burgwal (plan B2) le sam. Également un marché aux fleurs sur Branbantse Turftmarkt le jeu ; et un marché aux antiquités le long des canaux Hippolyusbuurt, Voldersgracht et Wijnhaven (plan A2) le sam 18 avr-26 sept.*

Où dormir ?

DELFT

Camping

Camping Delftse Hout *(hors plan par B2,* **10***)* **:** *Korftlaan 5. ☎ 213-00-40. • delftsehout.eu • À l'est de la ville. Bus n° 60 depuis la gare. Ouv tte l'année. Emplacements 2 pers avec tente et voiture 24-30 € selon saison ; cottage (4 pers) 350-710 € selon saison. Nombreux forfaits.* À la fois tout proche de la ville et situé au cœur d'une réserve naturelle, ce camping s'étend au bord d'un gentil lac. Emplacements assez ombragés et sanitaires propres. Loue aussi une foule de chalets, cottages, écobungalows au toit en herbe, gîtes, igloos en bois... Sur place : épicerie, resto, laverie, piscine, location de vélos, jeux enfants... Et puis plein de loisirs à portée de main : embarcations à pédales, planche à voile, pêche, balades à cheval, terrains de sports...

Bon marché

Jorplace City Delft Hostel *(plan A2,* **11***)* **:** *Voldersgracht 16-18. ☎ 887-50-88. Nuitée : 19-29 € selon période et taille du dortoir (petit déj et draps compris).* 100 lits répartis en dortoirs de 6 à 24 personnes. Si vous aimez votre intimité, autant vous dire que vous aurez du mal à la trouver. Pour le reste, on ne peut qu'apprécier d'être au cœur de Delft, à deux pas du Vermeer Centrum. Hall accueillant et convivial, propice aux rencontres. Consigne et cuisine à disposition. Une sympathique auberge de jeunesse !

De prix moyens à chic

B & B Soul Inn *(hors plan par A2,* **14***)* **:** *Willemstraat 55. ☎ 215-72-46. • soul-inn.nl • Doubles 55-115 € selon confort, petit déj compris. (gratuits).* Dans un quartier tranquille à 5 mn à pied du centre historique, on est sous le charme de cette douzaine de chambres d'hôtes avec ou sans salle de bains, mais toutes à la déco différente et décalée : mélange ethno-hippy avec quelques touches de design contemporain, toujours de bon goût et utilisant de beaux matériaux. Propreté sans faille. Notre préférée est la « Safraan », au rez-de-chaussée, avec sa salle de bains enrobée de galets et son minuscule jardin-terrasse privé. Également des apparts (2-4 personnes) un peu plus sobres à louer à la semaine dans le centre. Une adresse aussi exceptionnelle qu'inattendue.

Hotel de Emauspoort *(plan B2,* **12***)* **:** *Vrouwenregt 9. ☎ 219-02-19. • emauspoort.nl • Doubles 107,50-150 €, petit déj compris. Double roulotte 99,50 €*

la nuit. Garage 14 € la nuit. Sympathique petit hôtel d'une vingtaine de chambres, pas toujours très grandes mais confortables (salle de bains, TV, téléphone...), coquettes, lumineuses et bien tenues. Certaines avec mezzanine peuvent accueillir des familles. Également 2 roulottes pittoresques aménagées en chambres dans la cour de l'hôtel. Petit déj servi dans une agréable salle aux boiseries claires. Un bon rapport qualité-prix.

Plus chic

Hotel De Koophandel *(plan B2, **13**) : Beestenmarkt 30. ☎ 214-23-02. • hoteldekoophandel.nl • Double 115 €, petit déj-buffet compris. Garage 11 € au lieu de 14 € sur présentation de ce guide.* Au coin d'une jolie place animée, « l'hôtel du Commerce » est installé dans une belle maison qui vit naître en 1591 Reynier Jansz, le père de Vermeer. Une vingtaine de grandes chambres confortables et impeccablement tenues. Certaines donnent sur la place, d'autres sur la ruelle. Déco classique avec petite touche personnelle : de grandes repros des tableaux des maîtres hollandais. Accueil prévenant. Une excellente adresse à prix juste.

Où manger ?

Sur le pouce

Poissonnerie De Visbanken *(plan A2, **26**) : Cameretten 2. ☎ 212-38-31. Juste à côté de l'office de tourisme. Tlj 9h-18h. Env 6 €.* Ce long comptoir couvert revendique avec fierté 6 siècles d'activité en tant que halle aux poissons ! Difficile de faire plus frais, plus typique et meilleur, qu'il s'agisse de harengs à toutes les sauces, d'anguilles fumées, de maquereaux ou autres crevettes... À dévorer cru ou frit du bout des doigts, ou encore en salade, dans un petit pain moelleux, ou accompagné de frites. Le jeudi, on profitera plutôt du marché aux poissons !

Boulangerie De Diamanten Ring *(plan A2, **23**) : Choorstraat 9. ☎ 212-37-55. Lun-ven 8h30-18h (21h ven) ; sam 8h-17h. Autour de 5 €.* Ouverte en 1796, c'est une véritable institution populaire. D'excellents croissants, muffins, pâtisseries hollandaises en tout genre, et puis de délicieux *broodjes* variés et pas chers à engloutir assis au bord d'un canal lors d'un pique-nique improvisé.

De bon marché à prix moyens

Stads Koffyhuis *(plan A2, **20**) : Oude Delft 133. ☎ 212-46-25. Lun-ven 9h-20h (19h oct-mars) ; sam 9h-18h. Plats 5-15 €.* On se régale de petits pains garnis succulents, les mêmes qui gagnent chaque année le concours du meilleur sandwich de Hollande ! Également des soupes, salades, crêpes, tartes et, en fin de journée, des plats plus consistants : steaks, burgers... À accompagner, pourquoi pas, d'une Delfste Knollaert, bière artisanale élaborée selon une recette médiévale. Le tout servi dans une agréable salle claire avec coin lecture, ou en terrasse au bord du canal l'été. Idéal aussi au petit déj.

Kobus Kuch *(plan B2, **24**) : Beestenmarkt 1. ☎ 212-42-80. Tlj 9h30 (11h dim)-1h. Plats 4-9 €.* On a un gros faible pour ce café-resto intime et cosy à souhait, avec ses tables en marbre éclairées par des bougies, ses plaques émaillées et vieilles photos aux murs. Kobus Kuch est le nom d'un bidasse fier de servir, mis en scène dans une chanson populaire de 1939. Dans l'assiette, pas de chair à canon, mais de délicieux *broodjes*, soupes, toasts garnis, saucisses, tartes, etc., pour une dînette à prix doux. Accueil gentil. Une excellente adresse, aussi pour boire un verre.

Chic

Spijshuis de Dis *(plan B2, **13**) : Beestenmarkt 36. ☎ 213-17-82. Tlj 17h-21h30. Plats 16-24 € ; repas*

25-50 €. Menu en français. Cette taverne au décor rustique propose depuis de longues années, sans jamais faillir, une savoureuse cuisine hollandaise des plus typique. Derrière les mystérieux *Brammer, Bokkepot, Backsinth met Bocksinth* et autres se cachent divers poissons fumés ou en sauce, ainsi que des potées et viandes délicieuses et copieuses, roboratives mais sans lourdeurs excessives... Une des bonnes tables de la ville.

Vlaanderen *(plan B2,* ***21****) : Beestenmarkt 16. ☎ 213-33-11. Tlj 12h-1h (2h le w-e). Plats 5-15 € à midi, env 20 € le soir ; menus 30-39 €.* Longue salle sombre et chaleureuse du genre brasserie, qui se prolonge par un gentil jardin d'hiver. À midi, carte simple et typique : soupes délicieuses, salades fraîches et variées, sandwichs et *broodjes* chauds ou froids (essayez donc l'assortiment !). Le soir, cuisine plus élaborée – véritable fusion méditerranéo-flamande saupoudrée d'influences asiatiques – qui remporte souvent des prix de gastronomie nationaux.

Où boire un verre ? Où sortir ?

Actuellement, les noctambules plébiscitent les bars de la place Beestenmarkt *(plan B2)*.

Kobus Kuch *(plan B2,* ***24****)* : voir plus haut « Où manger ? ». En terrasse comme en salle, un lieu sympa, où l'on peut grignoter aussi à prix doux, et très correctement, à toute heure.

De Wijnhaven *(plan A2,* ***34****) : Wijnhaven 22. ☎ 214-14-60. • wijnhaven.nl • Tlj 12h-1h.* Derrière cette belle façade aux grandes fenêtres se cache un *eetcafé* accueillant et haut de plafond avec mezzanine. Atmosphère gentiment branchée, et chaque semaine, de bons petits concerts live jazz, rock et blues. Le resto est en revanche sans grand intérêt.

Locus Publicus *(plan A2,* ***31****) : Brabantse Turfmarkt 67. ☎ 213-46-32. Tlj 11h-1h (2h le w-e).* Entre pub et « café brun », le temple local de la bière, avec un choix de plus de 200 étiquettes, à accompagner si on le souhaite de quelques tranches de saucisson. Longue salle tapissée de plaques émaillées publicitaires.

Eet & Proeflokaal de Kurk *(plan A2,* ***30****) : Kromstraat 20. ☎ 214-14-74. Dans une ruelle donnant sur Kornmarkt, derrière Oude Langendijk. Tlj 16h30-1h (5h le w-e).* Un de ces lieux où Delft la sage cache son animation débridée. Double salle, long bar et jardin d'hiver où grimpe le lierre (et où l'on peut dîner). Grosse affluence composée surtout d'étudiants appréciant autant le large choix de bières que les concerts live en fin de semaine (rock, blues...).

DELFT

À voir

– **Combi malin :** le *Vermeer Combi Ticket* permet de visiter les principales attractions de la ville : Vermeer Centrum, musée Het Prinsenhof, Nieuwe Kerk et Oude Kerk. Achat au Vermeer Centrum ou à l'office de tourisme (voir en ligne) pour 16,50 €.

Markt *(place du marché ; plan A2) : pile au centre de la ville.* Vaste et noble place rectangulaire bordée par le *Stadhuis* (hôtel de ville) à l'ouest, belle réalisation de la Renaissance rappelant son homologue anversois, et à l'est, en vis-à-vis, la *Nieuwe Kerk* (Nouvelle Église). Au centre de la place, la statue d'un enfant du pays : Hugo de Groot, dit Grotius, un des pères fondateurs du droit international, qui, exilé en France, devint un protégé de Louis XIII.

Nieuwe Kerk *(Nouvelle Église ; plan A-B2) : Markt 80. ☎ 212-30-25. • nieuwekerk-delft.nl • Tlj sf dim : avr-oct, 9h-18h ; nov-janv, lun-ven 11h-16h, sam 10h-17h ; fév-mars, 10h-17h (fermeture du guichet 30 mn avt). Entrée : 3,50 € ; réduc. Ticket combiné avec Oude Kerk. Accessible aussi avec le* Vermeer Combi Ticket.

Brochure avec plan en français. Dotée d'une très esthétique flèche haute de 108 m, effilée comme un crayon et changeant trois fois de style et de couleur, cette église gothique érigée à partir de 1381 sert de panthéon à la dynastie des Orange-Nassau. Leur devise : *Je maintiendrai* (en français !). Décoration austère et même un peu triste. Guillaume le Taciturne, assassiné à quelques centaines de mètres de là, y a son spectaculaire mausolée sous un dais ouvragé. Au pied du gisant de marbre blanc, la statue de son chien, mort de chagrin après le trépas de son maître. On écrase une petite larme. Autre souverain enterré là : Guillaume Ier d'Orange, roi des Pays-Bas (et de Belgique, alors réunis). Sous une crypte, le caveau de la famille royale. Visite du clocher.

De Waag *(poids public ; plan A2)* **:** *au fond du Markt, à droite derrière le Stadhuis.* Comme nombre de ses vénérables confrères, l'ancien poids public a été reconverti en café-resto. Pas loin, à l'angle du Voldersgracht, la ***halle aux viandes*** *(Vleeshalle),* bâtiment de 1650, au fronton triangulaire flanqué de deux escaliers décorés de têtes de mouton et de bœuf. Vers le canal, sur Hippolytusbuurt, voir aussi le ***marché aux poissons,*** en place depuis 1342.

Vermeer Centrum *(plan A2)* **:** *Voldersgracht 21. ☎ 213-85-88. • vermeerdelft.nl • Tlj 10h-17h. Entrée : 8 € ; réduc. Accessible aussi avec le* Vermeer Combi Ticket. *Audioguide en français (fortement conseillé) : 3 €. Visite guidée gratuite en anglais dim à 10h30.*

Ouvert en 2007 dans l'ancien siège de la guilde de Saint-Luc, ce centre d'interprétation jouit d'une muséographie vivante et interactive. Malgré l'absence de toiles originales du maître (pour cela il faut aller au Mauritshuis de La Haye et au Rijksmuseum d'Amsterdam), on pénètre avec étonnement les coulisses du génie de Vermeer, pour remonter aux sources profondes de son inspiration, saisir ses procédés créatifs, et le contexte de chacune de ses œuvres. À ce sujet, on ne peut s'empêcher de penser à Proust qui disait « Depuis que j'ai vu au musée de La Haye la *Vue de Delft,* j'ai su que j'avais vu le plus beau tableau du monde [...] Ce sont les fragments d'un même monde, c'est toujours, quel que génie avec lequel ils soient recréés, la même table, le même tapis, la même femme, la même nouvelle et unique beauté... » Ceci dit, Vermeer était aussi le peintre préféré de... Hitler !

DÉCOUVERTE TARDIVE

C'est en visitant le musée de La Haye en 1842 que Joseph Théophile Thoré, journaliste et critique d'art, découvrit la Vue de Delft, *avec le nom de Vermeer, un peintre inconnu, figurant dans le catalogue. Plus tard, dans une collection particulière, il identifia deux autres tableaux signés du même nom et se lança dans une enquête pour trouver ses œuvres, parfois connues mais attribuées à d'autres peintres. Grâce à sa ténacité, on a pu retrouver le reste des tableaux du maître de Delft.*

– ***Au sous-sol :*** une projection audiovisuelle en anglais présente le peintre dans son époque, sa bonne ville de Delft où il est né en 1632, et pointe la genèse et autres influences de son art. Là sont reproduits grandeur nature les 37 tableaux connus du maître, replacés dans leur contexte historique du XVIIe s par des petits commentaires audio en anglais.

– ***Au 1er étage :*** l'interprétation picturale prend ici tout son sens : spécificité des pigments et vernis, canevas de ficelles qu'on pose sur le cadre afin de travailler la perspective, composition dite en « repoussoir », utilisation supposée de chambres noires, scénographie et choix des personnages, effet miroir... et, surtout, sophistication et réalisme des effets lumineux, puisque « Vermeer EST lumière » !

– ***Le 2e étage*** est dédié au thème préféré du peintre : l'Amour ! Décliné de quatre façons : l'amour romantique, l'amour « séduction », l'amour vénal et l'amour inaccessible. On vous y révèle les symboles et les détails cachés mais porteurs du message : un petit Cupidon sur un carreau de faïence, une cage ouverte, l'association d'un virginal et d'une viole de gambe (hautement érotique comme chacun sait !), des verres de vin, un jeu de miroirs...

Oude Kerk *(Vieille Église ; plan A2)* **:** *Heilige Geestkerkhof 25. ☎ 212-30-15. • oudekerk-delft.nl • Tlj sf dim : avr-oct, 9h-18h ; nov-janv, lun-ven 11h-16h, sam 10h-17h ; fév-mars, 10h-17h (fermeture du guichet 30 mn avt). Entrée : 3,50 € ; réduc ; ticket combiné avec Nieuwe Kerk. Accessible aussi avec le* Vermeer Combi Ticket. *Brochure avec plan en français.* Avec ses fondations remontant à 1200, c'est la plus ancienne église de la ville. Côté canal du Oude Delft, sa tour penche de façon flagrante : 2 m de différence au sommet par rapport à la base. On tremble pour le bourdon de 9 t qu'elle héberge ! Voûte en bois en forme de carène de bateau renversée. Il s'agissait à l'époque de ne pas trop charger des fondations laissées relativement instables. En plus d'abriter la sépulture du peintre Johannes Vermeer, c'est l'église des gloires maritimes : les amiraux Piet Hein et surtout Maarteen Tromp (vainqueur de l'anglais Robert Blake et de 32 batailles) y ont leur tombeau. Attention aux chevilles, les pierres tombales couvrant le sol sont ornées de reliefs parfois traîtres ! La chaire de vérité et le décor dépouillé ne manquent pas d'allure. Au fond, des vitraux de 1960 où l'on reconnaît Charles Quint et Philippe II ! Pas rancuniers les Hollandais.

Oude Delft est assurément le canal le plus élégant par la profusion de maisons patriciennes qui le bordent. On s'y délecte d'une lumière douce, filtrée par le feuillage des tilleuls, jouant de nuances pointillistes sur les vieilles façades et ponts en dos d'âne. On y trouve aussi les trois musées présentés ci-après, comptant parmi les plus beaux de la ville, sans oublier au n° 39 l'élégante succursale de la *Compagnie néerlandaise des Indes orientales (VOC).* Le canal **Koornmarkt** *(plan A2-3),* parallèle à un pâté de maisons à l'est de l'Oude Delft, mérite également la flânerie.

DELFT

Museum Het Prinsenhof *(plan A2)* **:** *Sint Agathaplein 1. ☎ 260-23-58. • prinsenhof-delft.nl • Tlj sf lun 11h-17h. Entrée : 8,50 € ; réduc. Accessible aussi avec le* Vermeer Combi Ticket. *Plan en anglais.* Ancien palais princier aménagé dans un couvent par Guillaume le Taciturne, le Prinsenhof est d'abord un musée historique retraçant le combat de son locataire le plus célèbre contre le pouvoir espagnol, par le biais de nombreux portraits des protagonistes de la « guerre de 80 ans », et autres gravures de propagande sanguinaires (salle 5). On remarque aussi quelques belles natures mortes dans la cuisine du couvent, un tableau qui raconte l'explosion de la poudrière en 1654. Les heures de gloire de la ville sont largement évoquées, également par des expos temporaires disséminées dans les vastes salles du palais. Mais l'endroit le plus visité est sans conteste le pied de l'escalier menant au dernier étage, où l'infâme Balthazar Gerards, assassin à la solde de la couronne d'Espagne, tira sur Guillaume d'Orange (en 1584). Les deux énormes impacts de balles, un peu élargis par les doigts des visiteurs, sont dorénavant protégés par un Plexiglas ! Le meurtrier paya son crime d'un supplice particulièrement atroce. Des extraits du film *Guillaume d'Orange* de Jan Theunissen (tourné sur place en 1934), sont projetés sur les murs. On s'y croirait ! Salle 16, pas moins de 20 portraits du même prince (idéal pour jouer au jeu des 7 erreurs !). Ne pas manquer dans la chapelle, la très belle *Lamentation,* peinte par Maerten van Heemskerck en 1566.

Où voir et acheter de belles faïences de Delft ?

Royal Delft - Koninklijke Porceleyne Fles *(hors plan par B3,* **40***)* **:** *Rotterdamseweg 196. ☎ 251-20-30. • royaldelft.com • Au sud du centre-ville. Tlj (sf dim de mi-nov à fin mars) 9h-17h. Entrée : 12 € ; réduc. Visite guidée possible en anglais (se renseigner).* Fondée en 1653, cette faïencerie est la seule à pouvoir revendiquer la qualité « Royal Delft ». Entendez qu'il s'y produit les pièces les plus prestigieuses. C'est donc la plus célèbre et la plus grande aussi. On visite les ateliers où les formes sont façonnées, puis peintes et cuites. Ensuite, un hall d'exposition exhibe les pièces les plus marquantes. Également d'autres petits ateliers de céramiques en ville, avec des productions parfois contemporaines et peut-être moins pompeuses (à gauche de Nieuwe Kerk ; liste à l'office de tourisme).

***Koos Rozenburg – Antiquiteiten** (plan A2) : Markt 2. ☎ 214-78-28. À l'angle de Voldersgracht. Tlj 10h-18h (parfois fermé le dim en hiver).* Une échoppe pittoresque spécialisée dans les carreaux de faïence de Delft. Il est étonnant de voir que l'on trouve de superbes carreaux du XVIIIe s, voire du XVIIe s, à partir de 10 € la pièce. Évidemment, certains sont estimés à plus de 500 €... On peut aussi y dénicher des objets insolites comme de vieux patins à glace en bois, plutôt rares par chez nous...

Fête

– ***Soirée aux chandelles :*** *mi-déc.* Toute la ville s'illumine : bougies, braseros... jusqu'aux bougies du grand sapin de Noël.

LA HAYE (DEN HAAG)

627 300 hab. IND. TÉL. : 070

Son nom, « Den Haag », est l'abréviation de « 's Gravenhage », qui signifie « la haie du comte ». Bon, d'accord, comme mise en bouche, ça vous laisse un peu sur votre faim. On dit aussi que ce n'est pas une ville, même avec plus de 600 000 habitants venus de tous horizons, mais qu'elle est le plus grand village d'Europe. Là, ça vous surprend un peu. L'explication est simple : depuis son origine au XIIIe s, même une fois rattachée à la maison d'Orange au XVIe s, elle n'a jamais obtenu le statut de ville et les franchises qui l'accompagnent. Sauf pour un jour unique de 1811, quand Napoléon Ier vint y passer une nuit. Il n'était pas question que l'Empereur dorme dans un village !

La Haye se donne pourtant aujourd'hui des allures de capitale. Elle abrite la résidence royale, les ministères, le Parlement, les ambassades étrangères, sans oublier quelques institutions internationales, comme la célèbre Cour pénale internationale. Un statut privilégié qui lui donne un air un peu compassé, quand on ne la connaît pas bien. On y cultive d'ailleurs un art de vivre B.C.B.G. un tantinet british, dans son centre du moins.

La Haye se flatte aussi d'être la seule cité des Pays-Bas où la plage est à moins de 15 mn en tram (20 mn en vélo) du centre-ville. On ne la voit pas forcément en arrivant, le béton est passé et a poussé par là, hélas.

Venez vivre un jour ou deux les paradoxes de cette charmante et tranquille fausse capitale où l'architecture la plus contemporaine côtoie les plus beaux exemples d'Art nouveau du pays. Une visite qui s'impose aussi pour fêter la réouverture de son formidable musée Mauritshuis renfermant quelques chefs-d'œuvre de peinture hollandaise du Siècle d'or, avec en point d'orgue *La Jeune Fille à la perle* de Vermeer, et des Rembrandt parmi les plus réputés.

Comment y aller d'Amsterdam ?

➢ ***En train :*** La Haye se trouve sur la ligne Amsterdam-Rotterdam. Liaisons plusieurs fois/h pour la gare de *Den Haag Centraal (CS ; plan D2)* et celle de *Hollands Spoor (HS ; hors plan par D3).* Le tram no 17 relie les 2 gares au centre. Encore une fois, c'est le mode de transport idéal côté hollandais.

■ **Adresse utile**

Office de tourisme (VVV)

Où dormir ?

10 Stayokay Den Haag
11 Hotel Mozaïc
12 Hotel Sebel
13 Hotel Ibis
14 Hotel Des Indes
15 Hotel Paleis
16 Parkhotel

Où manger ?

20 Le Gourmet
21 Boulangerie Hans & Frans Hessing et Dekxels
22 'T Hof Van Eten
23 Juni
24 Lodewieck
25 Garoeda et De Poentjak
26 Het Heden
27 Boterwaag
28 Rootz
29 Dudok
30 The Harbour Club
31 Bij HeM

Où boire un verre ? Où sortir ?

14 Hotel Des Indes
22 'T Gulle
27 Boterwaag
28 Rootz
29 Dudok
30 The Harbour Club
40 The Fiddler
41 Crazy Pianos
42 Music Café De Paap
43 Lola Bikes & Coffee

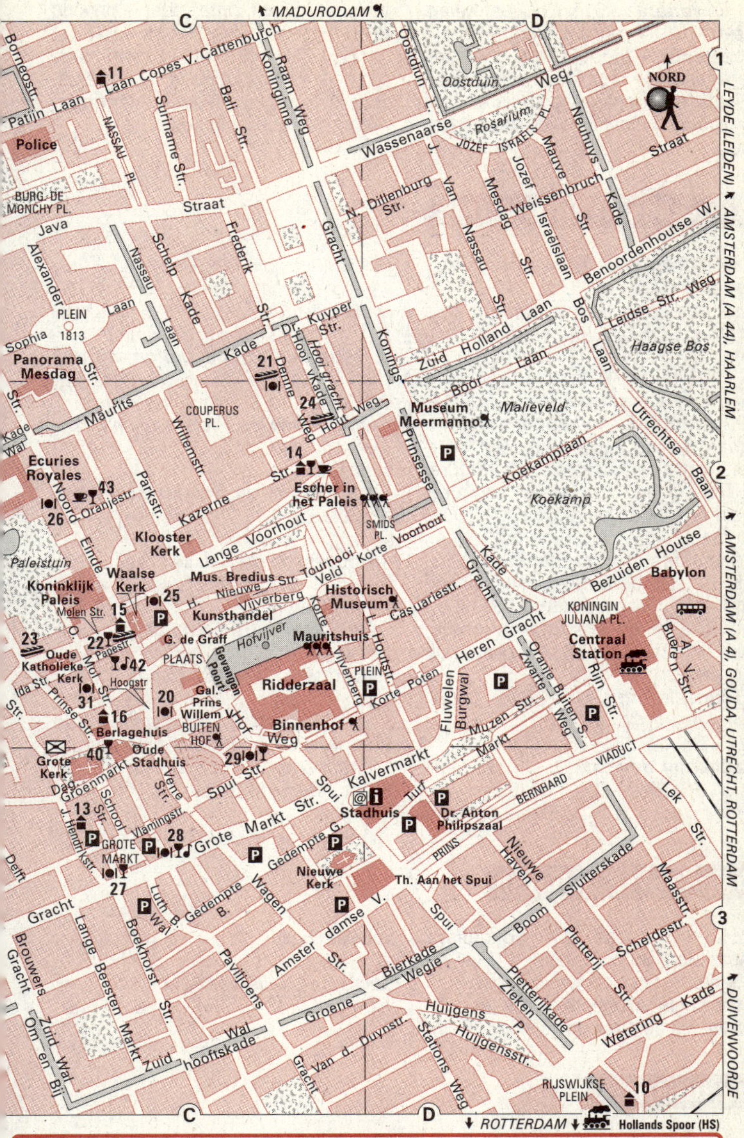
MADURODAM
NORD
LEYDE (LEIDEN) AMSTERDAM (A 44), HAARLEM
AMSTERDAM (A 4), GOUDA, UTRECHT, ROTTERDAM
DUIVENVOORDE
ROTTERDAM
Hollands Spoor (HS)
Police
BURG. DE MONCHY PL.
PLEIN 1813
Panorama Mesdag
Ecuries Royales
Paleistuin
Koninklijk Paleis
Oude Katholieke Kerk
Grote Kerk
Berlagehuis
Oude Stadhuis
GROTE MARKT
Klooster Kerk
Waalse Kerk
Mus. Bredius
Kunsthandel
G. de Graff
Gevangen Poort
Gal. Prins Willem V
BUITEN HOF
Hofvijver
Ridderzaal
Binnenhof
Mauritshuis
Historisch Museum
Escher in het Paleis
COUPERUS PL.
SMIDS PL.
Museum Meermanno
Malieveld
Koekamp
Haagse Bos
Babylon
KONINGIN JULIANA PL.
Centraal Station
Stadhuis
Dr. Anton Philipszaal
Nieuwe Kerk
Th. Aan het Spui
RIJSWIJKSE PLEIN
Rosarium
Oostduin
VIADUCT
Wassenaarse Weg
Laan Copes V. Cattenburch
Koninginne Gracht
Raam Weg
Java Straat
Zuid Holland Laan
Benoordenhoutse W.
Leidse Str. Weg
Utrechtse Baan
Koekamplaan
Lange Voorhout
Korte Voorhout
Tournooi Veld
Lange Vijverberg
Korte Vijverberg
Casuariestr.
Herengracht
Kalvermarkt
Spui
Grote Markt Str.
Gedempte Gracht
Prinsegracht
Lange Beestenmarkt
Zuid Wal
Bierkade
Stations Weg
Huijgens P.
Huijgensstr.
Sluiterskade
Weteringkade
Pletterijkade
Zieken
Boom
Lekstr.
Maasstr.
Scheldestr.
Bernhard Viaduct
Paviljoens Gracht
Amsterdamse V.
Groenmarkt
Noordeinde
Hooistr.
Papestr.
Oranjestr.
Parkstr.
Willemstr.
Kazerne Str.
Denneweg
Hooigracht
Hooi Kade
Molen Str.
Ida Str.
Vlamingstr.
Boekhorst Str.
Brouwersgracht
Delft Gracht
Om en Bij
Groene Wal
Wagen Str.
Muzen Str.
Fluwelen Burgwal
Zwarte Weg
Oranje Buiten S.
Rijn Str.
Bezuiden Houtse

LA HAYE

➢ ***En voiture :*** à 61 km d'Amsterdam, prévoir 1h (si tout va bien). Prendre l'autoroute A 10 puis lA 4, direction Den Haag. La répression étant impitoyable, on conseille de se garer dans un parking. En centre-ville, ils sont très chers : env 2,50 €/h avec max 28 € pour 24h. Sinon, optez pour le parking *P + R (Park and Ride) Hoornwijck (Laan van Hoornwijck 55),* situé en périphérie sud de la ville de La Haye. Il est gratuit, et de là, le tram n° 15 dessert le centre-ville en quelques minutes.

Adresses et info utiles

ℹ @ ***Office de tourisme*** *(VVV ; plan C-D3) : Spui 68. ☎ 340-35-05. ● denhaag.com ● À la bibliothèque centrale. Lun 12h-20h ; mar-ven 10h-20h ; sam 10h-17h ; dim 12h-17h.* 💻 📶 *(gratuits).* Plusieurs brochures payantes en anglais pour réaliser soi-même des promenades thématiques à pied ou à vélo : Art nouveau, art et antiquités, architecture, et Den Haag royale. Se procurer aussi le magazine gratuit *Welcome to The Hague,* pour connaître les événements et attractions du mois, ainsi que les bonnes adresses shopping, etc. Un lieu ouvert où l'on peut lire la presse internationale, boire un café, acheter des places de concert, etc.

ℹ ***Tourist Information Point :*** *à **Scheveningen,** sur le Pier. Avr-oct, ouv w-e et j. fériés 11h-17h et tlj en juil-août.*

■ ***Location de vélos :*** *à la **gare centrale CS** (plan D2). ☎ 385-32-35. À partir de 7,50 €/j. Dépôt de garantie de 50 € et pièce d'identité. Autre adresse à Scheveningen : **Du Nord Rijwielen,** Keizerstraat 27. ☎ 355-40-60. Tlj 10h-18h (sf dim-lun oct-mars).*

■ ***Représentations diplomatiques*** *(plan C-D2) : les grandes ambassades se concentrent autour du Het Paleis.*

– ***Ambassade de France :*** *Anna Paulownastraat 76. ☎ 312-58-00. ● amba france.nl ●*

– ***Ambassade de Belgique :*** *Alexanderveld 97. ☎ 312-34-56. ● diploma tie.be/thehaguefr/ ●*

– ***Ambassade de Suisse :*** *Lange Voorhout 42. ☎ 364-28-31. ● eda.admin. ch/denhaag ●*

– ***Ambassade du Canada :*** *Sophialaan 7. ☎ 311-16-00. ● canada.nl ●*

– ***Marché*** *(hors plan par B3) : sur Hobbemaplein. Lun, mer et ven-sam 8h-17h.* Excentré et sans vraiment de charme, il est énorme et bien fourni : nourriture des quatre coins du monde, fleurs, vêtements, puces...

LA HAYE

Transports urbains

La Haye dispose d'un excellent réseau de transports publics. Plus de 30 lignes de tram et bus (dont plusieurs bus de nuit) sillonnent la ville et desservent les communes voisines : Delft, Scheveningen... *Infos : **HTM,** guichets dans les gares Den Haag Central (CS ; plan D2) et **Hollands Spoor** (HS ; hors plan par D3). ☎ 384-86-66. ● htm. net ●*

Où dormir ?

Important : les hôtels sont fréquentés en semaine par une clientèle d'affaires, mais sont désertés le week-end et offrent du coup des réductions importantes. L'idéal est de réserver sur les sites internet spécialisés, ou de passer par l'office de tourisme.

De bon marché à prix moyens

🏠 ***Stayokay Den Haag*** *(plan D3, **10**) : Scheepmakersstraat 27. ☎ 315-78-88. ● stayokay.com/denhaag ● Ⓣ Rijswijkseplein (n° 17). À 5 mn à pied de la gare* *de Hollands Spoor (HS). Selon saison et jour de la sem, nuitée en dortoir (4-9 lits) 17,50-39,80 €/pers, doubles 69,60-88 € ; petit déj et draps compris. Loc de vélos.* Ce vaste bâtiment posé au bord d'un canal offre une cinquantaine de chambres et dortoirs fonctionnels et nickel, avec salle de bains privée. Resto-bar convivial avec terrasse au fil de l'eau. Excellente atmosphère internationale propice aux rencontres.

Hotel Ibis (plan C3, **13**) : *Jan Hendrikstraat 10. ☎ 203-90-01. • ibishotel.com • Doubles 69-129 € selon saison et jour de la sem (moins cher le w-e) ; petit déj 16 €/pers.* On n'a pas l'habitude de mentionner des hôtels de chaîne, mais il faut reconnaître que celui-ci, malgré sa façade rébarbative, offre un niveau de confort remarquable pour le prix proposé. Chambres de belle taille, décor plaisant, équipement dernier cri et joli lobby un brin design. Une bonne affaire en plein centre, et c'est ce qui compte.

De chic à plus chic

Hotel Mozaïc (plan C1, **11**) : *Laan Copes van Cattenburch 38-40. ☎ 352-23-35. • mozaic.nl • Doubles 84-184 € selon confort, saison et jour de la sem, avec ou sans petit déj (selon offre en cours). Parking sur résa (env 15 € pour 24h).* À 10 mn à pied du centre, cette élégante maison ancienne toute blanche renferme un hôtel-boutique au design sobre et rassurant. Une vingtaine de belles chambres aux tons blanc, gris et marron, douillettes, confortables et dotées de beaux équipements. Une vraie réussite d'architecture d'intérieur pour un prix raisonnable compte tenu des prestations.

Hotel Sebel (plan B2, **12**) : *Prins Hendrikplein 20. ☎ 345-92-00. • hotelsebel.nl • Ⓣ Van Speijkstraat (nº 17). Doubles 75-130 € selon saison et jour de la sem ; petit déj 9 €/pers. Parking pas cher.* Dans un quartier tranquille à deux pas du centre, ce petit hôtel est installé dans une jolie maison ancienne. Au choix, une trentaine de chambres récemment rénovées, bien équipées (salle de bains, TV...) et parfaitement tenues. Certaines, au rez-de-chaussée, ont un mini-jardin ; d'autres, au 1er étage, jouissent d'un généreux balcon. Aménagement en familiale (3-4 personnes) possible. Une bonne adresse.

Parkhotel (plan C2, **16**) : *Molenstraat 53. ☎ 362-43-71. • parkhotel denhaag.nl • Doubles 80-219 € selon saison et jour de la sem.* Au cœur d'un quartier plein de charme, vivant le soir, mais assez calme la nuit, un hôtel pour hommes d'affaires qui reste une bonne affaire quand on peut sauter sur les prix les plus intéressants. Très pro, avec un petit garage au cas où vous auriez eu la mauvaise idée de venir en voiture.

Hotel Paleis (plan C2, **15**) : *Molenstraat 26. ☎ 362-46-21. • paleishotel.nl • Doubles 99-245 € selon confort et saison. (payants).* Un hôtel de charme en tout point ravissant. Une vingtaine de jolies chambres, pas forcément très grandes, mais très confortables. Déco raffinée, intime et chaleureuse, chargée juste ce qu'il faut. Sa situation hyper centrale est parfois cause de nuisances sonores (plusieurs bars dans la rue), si vous avez le sommeil léger, privilégiez donc les chambres à l'arrière, plus calmes. Excellent accueil. Parking public à proximité.

Hotel Des Indes (plan C2, **14**) : *Lange Voorhout 54-56. ☎ 361-23-45. • desindes.nl • Doubles standard 155-315 € selon saison et jour de la sem. (19 €/j. !).* Au cœur du plus prestigieux quartier de La Haye, un hôtel de charme grand luxe établi dans une demeure historique construite en 1881. Le nom est un hommage à un homonyme célèbre de Jakarta. Le lifting profond a intégré luxe, déco et équipement contemporains (resto-*lounge*-bar intime malgré sa richesse et son volume, club de mise en forme, piscine intérieure...) sans renier le passé et ses traditions (opulence des moquettes et tapis, coloris, etc.). Un ensemble très réussi, mais qui demeure assez classique malgré des velléités canailles et ostentatoires. Un endroit magique pour boire un verre...

Où manger ?

Sur le pouce

Boulangerie Hans & Frans Hessing (plan C1-2, **21**) : *Denneweg 128. ☎ 360-62-04. Tlj sf dim 7h-17h. Moins de 5 €.* De beaux pains, délicieuses viennoiseries et pâtisseries, dont la spécialité du cru : la tarte *haagse kakker* aux épices et aux fruits secs. Un régal à emporter !

'T Hof Van Eten (plan C2, **22**) : *Oude Molstraat 30d. ☎ 345-75-99. Tlj sf dim-lun 10h-17h. Sandwichs autour de 6-7 €.* Un choix hallucinant de sandwichs et de *broodjes* chauds ou froids, tous plus originaux et gourmands les uns que les autres. C'est bien simple, le patron figure chaque année parmi les finalistes au concours du meilleur sandwich de Hollande ! Quelques soupes et salades complètent la carte, sans oublier de bonnes pâtisseries. Cadre agréable et courette aux beaux jours.

Juni (plan C2, **23**) : *Molenstraat 63. ☎ 360-81-06. Mar-ven 9h-16h30 ; w-e 10h (11h dim)-17h. Plats 5-10 €.* Agréable salle lumineuse, haute de plafond et décorée de toiles contemporaines colorées. On se régale des savoureux sandwichs, soupes, salades et tartes maison, réalisés avec des aliments bien frais. Cuisine simple et soignée aux intonations méditerranéennes. Ambiance chaleureuse et accueil gentil. Une adresse formidable !

Lodewieck (plan C2, **24**) : *Denneweg 5. ☎ 346-88-19. Tlj sf dim 9h-16h. Plats 5-13 €.* Entre 2 galeries d'antiquaires, cette élégante *lunchroom*, au décor de bois blond, mitonne avec simplicité d'excellents sandwichs, soupes, salades et omelettes. Une adresse plébiscitée par les gens du quartier, qui ne se trompent pas sur la qualité. Idéal aussi pour une pause en journée.

De bon marché à prix moyens

Het Heden (plan C2, **26**) : *Nordeinde 148. ☎ 346-46-64. Tlj sf lun 11h-23h. Plats 9-10 € pour le lunch, carte 20-25 € au dîner.* En plein centre, une brasserie avec des coins cachés où il fait bon se poser, pour s'offrir une cuisine locale simple et savoureuse. Tableaux contemporains, musique contemporaine mais vieilles affiches et plats à l'ancienne, pour compenser. Jardin pour déjeuner ou dîner sous les arbres, à l'arrière, à deux pas du jardin royal. Un lieu typique.

Le Gourmet (plan C2, **20**) : *Halstraat 6. ☎ 365-36-92. Dans une ruelle entre Hoogstraat et la pl. Buitenhof. Tlj 12h-16h. En-cas 3-13 €.* Depuis 1952, *Le Gourmet* propose des sandwichs concoctés avec une foule de garnitures alléchantes (chèvre-pesto, parme, fruits de mer...). Également des salades, omelettes, et autres assiettes de charcuterie et fromage du même tonneau ; à dévorer sur quelques petites tables dans une salle rustique, décorée de vieux objets suspendus au plafond. Un bon plan pour déjeuner à l'économie et à la locale !

Bij HeM (plan C2, **31**) : *Molenstraat 21a. ☎ 365-65-53. Tlj 11h-23h ; w-e 10h-1h. Plats 11,50-17,50 €.* Agréable atmosphère pour une adresse qui donne le ton de La Haye la nuit, aujourd'hui : décomplexée, amusée, jusque dans l'assiette et dans la déco. Tables dépareillées, chaises orange, poêle à l'ancienne, lustre original, et bougies, pour l'ambiance. Ce qui n'enlève rien à la qualité, à la sincérité de la cuisine car c'est tout simplement dans de pareils lieux, tout petits, tout gentils, que vous pouvez vous régaler le mieux. Plats au tableau noir, ou à la carte.

Dudok (plan C2-3, **29**) : *Hofweg 1a. ☎ 890-01-00. Tlj 10h-23h (0h30 jeu-ven, 1h sam) ; cuisine jusqu'à 21h30 (21h dim). Repas 7,80-30 €.* Grande brasserie Art déco toute blanche relevée d'une élégante touche contemporaine industrielle. Magnifiques lampadaires, vieilles affiches publicitaires, coin lecture... Dans l'assiette, excellente cuisine de brasserie, de bon rapport qualité-prix et servie tout au long de la journée. Ambiance animée. Bien aussi pour prendre un verre.

Boterwaag *(plan C3, **27**) : Grote Markt 8a. ☎ 365-96-86. Tlj 10h-1h ; cuisine jusqu'à 22h. Plats 6,70-12,50 € le midi, 17,50-20 € le soir.* Comme son nom l'indique, on pesait autrefois le beurre dans cette bâtisse datant de 1681. Pittoresques colonnades et murs de brique supportant une coupole, grand bar en zinc, table en bois rustique, coin lecture. À midi, des *broodjes,* soupes et salades réalisés avec soin. Le soir, bons petits plats typiques plus consistants, et plus chers aussi. La bonne affaire : les plats du jour inscrits sur le tableau noir à l'entrée. Également idéal pour boire un verre (grand choix de bières belges).

Rootz *(plan C3, **28**) : Grote Marktstraat 14. ☎ 363-99-88. Tlj 11h-1h ; cuisine jusqu'à 23h. Menu 26 € ; carte 32-37- €.* Installé dans une ancienne hostellerie rustique et chaleureuse (briques, poutres...), on aime beaucoup ce resto-bar branché. Carte lunch avec de bons sandwichs, soupes et salades très abordables. Et au dîner, des plats typiques, plus conséquents et plus chers. Terrasse aux beaux jours. On y boit aussi volontiers un verre (là encore, grand choix de bières belges).

Chic

Garoeda *(plan C2, **25**) : Kneuterdijk 18a. ☎ 346-53-19. Tlj 11h (16h dim)-23h. Rijsttafels 21-36 € env ; un peu moins à la carte.* Un très bon resto indonésien installé dans un immeuble d'angle, aux larges fenêtres. Jolie déco, un brin vieillotte avec quelques objets anciens de l'archipel. Rare, les formules de *rijsttafels* sont également proposées pour une personne. Sinon, se rabattre sur un honnête *kecil* (« petit » en indonésien) ou sur une formule *wadjan* (riz au curry, sauté ou nouilles servies avec un assortiment de plats). Service attentionné.

De Poentjak *(plan C2, **25**) : Kneuterdijk 16. ☎ 360-05-22. Tlj 12h-22h. Carte et rijstaffels 22-38 € env.* Juste à côté de la précédente, c'est l'autre bonne table indonésienne de La Haye, avec son cadre pompeux et confiné typiquement hollandais ; en parfait décalage avec l'exotisme tapageur de la cuisine.

Dekxels *(plan C1-2, **21**) : Denneweg 130. ☎ 365-97-88. Tlj sf dim 17h30-22h (23h ven-sam). Carte 20-41 €.* Un charmant resto à la déco contemporaine blanc et prune. Lumière tamisée pour ambiance intime, contrastant avec les fourneaux ouverts sur la salle et brillant de tous leurs feux. Cuisine d'inspiration largement méditerranéenne, utilisant les ingrédients qui font le succès de la gastronomie asiatique. Un étonnant mélange de saveurs exquises servi dans de tout petits plats. Gros mangeurs, passez votre chemin ! Une aventure culinaire inédite réputée dans tout le pays.

The Harbour Club *(hors plan par B1, **30**) : Dr. Lelykade 5-13, Scheveningen. ☎ 891-32-24. • theharbourclub.nl • Trams nos 10 ou 17 depuis le centre-ville. Lunch 25 € env (2 plats), snacks et plats 10-25 € ; et sinon, carte 31-75 €, voire plus si vous optez pour le homard ou le caviar !* Plus branché que guindé, ce club ouvert propose à la carte des plats tout à fait démocratiques (soupes, croquettes, salades, grillades...). Il faut surtout comprendre que tous les produits sont de grande qualité : les fruits de mer sont de première fraîcheur, la sole vient de Douvres, le bœuf est maturé jusqu'à 160 jours, le jambon est du *bellota,* etc. Pour une fois que la cuisine est à la hauteur du cadre (magnifique), on ne va pas se plaindre ! Aux beaux jours, grande terrasse sur le port. On peut aussi se contenter de boire un verre au bar (ou au fumoir). Le week-end, un night-club ouvre « Next Door ».

Où boire un café, un verre ? Où sortir ?

Lola Bikes & Coffee *(plan C2, **43**) : Noordeinde 91. • lolabikesandcoffee.nl •* Un des lieux à la fois insolites, design et sympas qui font aimer la ville. Le propriétaire aime les vélos et le café, on peut faire réparer sa bécane ou entrer avec, le temps de boire un vrai bon café et avaler une petite douceur.

Certains bossent, d'autres discutent. Il y a un piano qui attend. Ils ont même acheté une vache pour avoir son lait.

Hotel Des Indes *(plan C2, **14**) : voir plus haut « Où dormir ? ».* Si vous n'avez pas les moyens de dormir dans ce magnifique hôtel aux allures de palace, venez au moins goûter au luxe voluptueux de ses salons feutrés et cosy le temps d'un thé ou d'un verre de vin.

Rootz *(plan C3, **28**) : voir plus haut « Où manger ? ».* Énorme choix de bières belges, cafés avec spéculoos... Ambiance évoluant au fil de la journée jusqu'au festif en soirée. Concerts live ou soirées DJ en fin de semaine. Un *hot spot* de la vie nocturne locale.

Boterwaag *(plan C3, **27**) : voir plus haut « Où manger ? ».* Grand choix de bières belges et autres spiritueux à écluser en papotant dans une bonne ambiance, plutôt rock.

'T Gulle *(plan C2, **22**) : Oude Molstraat 20b. ☎ 365-81-73. Tlj 16h-1h (1h30 ven et sam).* Un café brun tout à la fois authentique, typique et branché... On adore.

Dudok *(plan C2-3, **29**) : voir plus haut « Où manger ? ».*

Music Café De Paap *(plan C2, **42**) : Papestraat 32. ☎ 365-20-02. • depaap.nl • Jeu 19h-4h, ven 17h-5h, sam 19h-5h (fermé dim-mer). Concerts live dès 21h.* C'est un bar tout en longueur proposant en fin de semaine des concerts de musique pop, rock, soul... Une programmation éclectique pour une ambiance surchauffée. Une adresse vraiment sympa.

The Harbour Club *(hors plan par B1, **30**) : voir plus haut « Où manger ? ».*

Crazy Pianos *(hors plan par B1, **41**) : Strandweg 21-29, à **Scheveningen.** ☎ 322-75-25. • crazypianos.com • En contrebas du grand hôtel Kurhaus, face à la plage. Tlj 11h-3h (4h ven-sam) ; musique dès 19h (20h en sem ; 15h dim). Entrée : 6-10 €.* Un endroit où passer une bonne soirée dans une grosse ambiance. Une idée toute simple venue des USA : 2 pianistes-chanteurs et un batteur reprennent en chœur les classiques de la chanson rock. Déposez votre petit billet avec votre chanson préférée dans le panier, et on vous la joue sur un rythme effréné debout sur le piano. Pas de répit, les standards s'enchaînent, et les musiciens – de vrais pros – se relaient en permanence. Bières à prix raisonnable et clientèle de tous âges.

The Fiddler *(plan C2-3, **40**) : Riviervismarkt 1. ☎ 365-19-55. Tlj 12h-1h (2h jeu-sam).* Établi dans une brasserie créée en 1923 et toujours en micro-activité, comme en témoignent les cuves en cuivre, c'est un bar sportif aux allures de pub, avec des écrans TV géants. Les bières pression coulent à flots, et l'atmosphère est bouillante les soirs de match.

Aux beaux jours, les ***terrasses*** fleurissent un peu partout en ville, notamment sur l'agréable ***place Plein*** *(plan C-D2)*, cernée par des bars branchés.

LA HAYE

À voir. À faire dans le centre

Mauritshuis *(plan C2) : Korte Vijverberg 8. Ⓣ Buitenhof (nos 16 ou 17). ☎ 302-34-35. • mauritshuis.nl • Ouv mar-dim 10h-18h (20h jeu). Entrée : 14 € ; réduc. Achat en ligne chaudement recommandé.*

Juste à côté du Binnenhof, c'est LE musée à ne pas manquer à La Haye, surtout depuis sa réouverture, durant l'été 2014, après de longs mois de travaux, ce qui lui a permis de retrouver son rang au sein des grands monuments du pays.

Le ***Mauritshuis*** est l'un des plus beaux exemples de l'architecture hollandaise classique. Et l'on s'en rend encore mieux compte aujourd'hui. L'extérieur a été modifié afin de revenir à la conception originale du bâtiment construit et baptisé d'après le patronyme du comte Johan Maurits van Naussau-Siegen entre 1636 et 1644, période durant laquelle ce dernier fut gouverneur des colonies hollandaises au Brésil. En 1820, le Mauritshuis (habituez-vous à le prononcer à la hollandaise !) fut acheté par l'État hollandais afin d'abriter les collections royales de peinture. Il a ouvert ses portes en tant que musée en 1822. Pas bien grand en surface, il

compensait par la qualité de sa collection de peinture hollandaise du Siècle d'or avec (non, on ne commencera pas par celle que vous attendez tous !) quelques ***Rembrandt*** parmi les plus réputés : *La Leçon d'anatomie du docteur Tulp, Saül et David, Homère,* et trois de ses *Autoportrait,* dont l'authenticité est toujours discutée. En vedette donc, ***Vermeer*** (on sait, vous êtes venu pour lui !) avec la célébrissime *Vue de Delft,* œuvre déjà impressionniste à l'étrange vibration lumineuse. Un des héros de Proust ne s'en est jamais remis, Van Gogh non plus, d'ailleurs. Plus célèbre encore, bien sûr, la « Joconde hollandaise », à savoir *La Jeune Fille à la perle,* où l'on peut presque déceler un parallèle entre l'humidité des lèvres et l'éclat de la nacre. Sans oublier *Diana et ses compagnes,* l'un des tout premiers Vermeer, aux influences caravagesques.
Ce sont ces tableaux là qui ont fait la réputation du musée, mais il ne faudrait pas pour autant occulter la présence des œuvres de Van der Weyden, Memling, Hans Holbein le Jeune, Rubens, Van Dyck et Frans Hals. Que du beau monde ! De l'ancien musée, on avait gardé précieusement le souvenir de deux coups de cœur : *Le Chardonneret,* un tout petit tableau délicat de Carel Fabritius, et un chef-d'œuvre de Bruegel peint en collaboration avec Rubens, *Le Jardin d'Éden et la chute d'Adam et Ève,* un miracle d'harmonie surprenant de la part de ces deux-là.
Si la bâtiment historique a été minutieusement et fidèlement rénové par le cabinet d'architectes Hans van Heeswijk, une des principales caractéristiques des travaux réalisés est l'ouverture de la nouvelle aile *Royal Dutch Shell Wing* sur le site adjacent, doublant ainsi l'espace existant. Elle est rattachée au bâtiment historique par un nouveau foyer souterrain baigné de lumière. Cette aile propose une nouvelle galerie d'exposition, un centre éducatif, une brasserie et une boutique.
Un des grands événements à venir, qui permettra de juger vraiment du charme et des installations de la nouvelle aile, sera l'exposition de 30 œuvres d'art de la célèbre ***Frick Collection,*** exposées pour la première fois hors de New York, du 5 février au 10 mai 2015.

Binnenhof *(plan C2) : pour la visite guidée des intérieurs (principalement la salle des chevaliers), s'adresser (et réserver) au bureau situé Binnenhof 8a, sous le château (qui ressemble plutôt à une église fortifiée). ☎ 364-61-44. • binnenhof bezoek.nl • Ⓣ Buitenhof (nos 15, 16 ou 17). Visite guidée : 5-10 € selon formule ; réduc. Se renseigner pour les horaires (visites tlj). Accès libre à la cour.* Ancienne résidence des comtes de Hollande dès 1248, et plutôt imposant pour l'époque, le *Binnenhof* est le centre de la vie politique des Pays-Bas depuis 1815. Y siègent donc plusieurs organes officiels de l'État. C'est ici qu'en 1651 se réunirent les états généraux qui entérinèrent la création de la république des Provinces-Unies. Salle à tout faire, elle abrita tour à tour un marché, une galerie commerçante, une salle d'armes et même le siège de la Loterie nationale ! Elle sert à présent de cadre solennel au discours annuel du Trône (3e mardi de septembre) qui ouvre la nouvelle session parlementaire. En été, en dehors des sessions, la visite se poursuit par la première Chambre et la deuxième Chambre des états généraux. Sinon, il faut se contenter d'une vidéo. Au final, tout cela est un peu compassé, mais on n'est pas là non plus pour rigoler. La cour, d'accès gratuit, vaut le coup d'œil.

Galerij Prins Willem V *(galerie Prince-Guillaume-V ; plan C2) : Buitenhof 35. ☎ 362-34-35. • mauritshuis.nl • Tlj 12h-17h. Entrée : 5 € ; réduc.* En face du Binnenhof, la plus ancienne galerie de tableaux des Pays-Bas présente essentiellement des œuvres du XVIIe s. Si les plus importantes furent transférées au Mauritshuis, il subsiste des toiles de Jan Steen, Paulus Potter et Gerard Ter Borch au milieu d'une noria de petits maîtres...

Haag's Historisch Museum *(Musée historique ; plan C-D2) : Korte Vijverberg 7. ☎ 364-69-40. • haagshistorischmuseum.nl • Ⓣ nos 1, 16 ou 17 ; bus nos 22 ou 24. Tlj sf lun 10h (12h le w-e)-17h. Entrée : 7,50 € ; réduc.* Autrefois siège de la guilde des archers de Saint-Sébastien, ce bâtiment est aujourd'hui dédié à l'évocation des grands épisodes et des illustres personnages de l'histoire hollandaise, comme la révolte contre les catholiques espagnols, la folie iconoclaste, l'assassinat et la mutilation des frères de Witt, les guerres napoléoniennes, la colonisation... Sont exposés : des vues anciennes de la ville, des portraits, de l'argenterie, des porcelaines, du mobilier et de superbes maisons de poupées. À ne pas manquer : la carte mouvante qui trace les différentes frontières de la Hollande de 1550 à nos jours, quand elle occupait la future Belgique, ou au contraire, se retrouva intégrée à l'Empire français. Explications en anglais.

Escher in het Paleis (plan C2) : *Lange Voorhout 74. ☎ 427-77-30. • escherinhetpaleis.nl • Ⓣ Malieveld (nº 9) et Korte Voorhout (nºs 15 ou 17) ; bus nºs 22 ou 24. Tlj sf lun 11h-17h. Fermé certains j. fériés. Entrée : 9 € ; réduc.*

Voici un musée envoûtant, au propre comme au figuré, consacré à un artiste graphique majeur. Influencé par *Alice au pays des merveilles* et l'univers de Tolkien, fasciné par les maths, il déclara : « Tout cela n'est rien comparé à ce que je vois dans ma tête ! »

Si vous ne connaissez pas encore le nom de Maurits Cornelis Escher, jetez d'abord un coup d'œil sur notre rubrique « Peinture hollandaise » dans « Hommes, culture, environnement » en début de guide, puis poussez la porte de ce joli musée, installé dans une ancienne résidence royale, achetée par l'arrière-arrière-grand-mère de l'actuel roi. La grande cage d'escalier sous coupole, ornée d'étonnants lustres baroques, distribue une belle lumière. Ceux qui découvrent cet artiste génial ressentiront certainement une déconcertante impression de familiarité, puisque le monde imaginaire d'Escher a souvent été récupéré par la pub, la B.D. et la science-fiction.

– ***Au rez-de-chaussée,*** ses premiers travaux sont principalement inspirés par de nombreux voyages de jeunesse, en Italie surtout (San Giminiano et la côte amalfitaine), mais aussi en Corse (Bonifacio). Escher rapporta des photos qui servirent de base à son travail d'interprétation fantastique de la réalité, de métamorphose du réel vers l'irréel. Revisitant le genre après Piranèse ou Victor Hugo, il donna une nouvelle dimension à la gravure sur bois, travailla aussi sur support lino et réalisa des aquarelles, craies noires et lithos.

– ***Au 1er étage,*** les œuvres majeures du musée illustrent son évolution personnelle. Revenu dans une Europe du Nord qui l'inspire moins, il se détourna de la réalité pour préférer des thèmes purement sortis de son imaginaire. Un de ses domaines d'étude privilégiés fut le remplissage intégral d'une surface par des motifs. À l'impératif d'abstraction il rajouta la figuration parce que « seul le reconnaissable l'excite ». Le paradoxe d'Escher pourrait se résumer ainsi : dans un monde en trois dimensions, la représentation sur une surface plane est autant fiction et illusion que l'évocation d'une quatrième dimension. Exemples célèbres : *Waterfall,* les deux mains de *Drawing Hands, House of Stairs* et ses reptiles ronds, etc. Au lieu de répéter des séquences de tailles identiques, il préféra bientôt les faire diminuer régulièrement, afin d'évoquer l'infini (voir la série *Circle Limit,* à partir de 1958). Cette technique culmine avec l'enchevêtrement d'éléments complètement différents, ou la géométrie colorée et effarante de *Snake* (1969), une triple impression qui sera sa dernière œuvre.

– ***Au 2e étage,*** plusieurs ateliers interactifs et ludiques où l'on pourra se faire prendre en photo, déformé par un volume quadrillé, se plonger dans le monde d'Escher en chaussant une paire de binoculaires 3D, ou encore manipuler d'impossibles objets.

La Haye est une ville propice au lèche-vitrines. Ne pas manquer le ***Passage*** *(plan C2-3),* une galerie marchande couverte au cœur de la ville et datant de la fin du XIXe s. ***Noordeinde*** *(plan C2)* est une rue commerçante bordée de boutiques de mode, d'antiquaires et de galeries d'art ; et dans ***Denneweg, Frederikstraat, Spuistraat*** et ***Korte Poten*** *(plan C1-2),* on arpente un quartier agréable de boutiques élégantes, brocanteurs et marchands de livres anciens.

À voir. À faire un peu plus loin du centre

Gemeentemuseum *(Musée communal ; plan A1) : Stadhouderslaan 41. ☎ 338-11-11. • gemeentemuseum.nl • Ⓣ Gemeentemuseum (n° 17 ; bus n° 24). Tlj sf lun 11h-17h. Entrée : 14,50 € ; réduc ; gratuit moins de 18 ans ; supplément lors des expos importantes (et billet combiné avec le musée de la photo : 17,50 €).*
Un peu excentré, mais incontournable, ce remarquable bâtiment est l'ultime chef-d'œuvre de Berlage, l'un des précurseurs de l'architecture moderne hollandaise, qui mourut avant l'achèvement des travaux en 1935. Il renferme une collection d'art contemporain si foisonnante qu'elle ne peut être exposée que par roulement. Dans cet univers tout entier dédié à la création, la muséographie innovante, un brin déconcertante, laisse le visiteur libre de circuler d'un espace à l'autre, au gré de sa fantaisie, sans la contrainte d'un itinéraire balisé. La présentation privilégie des thématiques originales et renouvelées régulièrement. Exemple : des oppositions masculin-féminin, transparence-opacité et or-argent, utilisées dans la présentation des arts plastiques et décoratifs...
Les arts appliqués (faïence de Delft, céramique et porcelaine, argenterie, verrerie, mobilier, mode...) sont particulièrement mis en valeur dans les merveilleuses salles historiques créées par Berlage à partir de décors récupérés dans de riches demeures, aujourd'hui détruites. L'une d'elles, entièrement tapissée de cuir rehaussé d'or, restitue un intérieur de la fin du XVIIe s ; une autre, la « salle japonaise », est habillée de splendides panneaux de laque à motifs chinois du XVIIIe s. Extrêmement dépaysant ! Dans les salles attenantes du rez-de-chaussée ainsi qu'au 1er étage, la peinture du XIXe s à nos jours est représentée par les plus grands noms (Jongkind, Toorop et Anton Mauve, Francis Bacon, Picasso, Cézanne, Appel...) ainsi que par de nouveaux talents. Toute une section est dédiée à Piet Mondrian, que l'on suit de sa période figurative jusqu'au sommet de son abstraction dans sa dernière œuvre, inachevée : *Victory Boogie Woogie* (1944). Au sous-sol, d'étonnantes salles décalées mettent l'accent sur le monde de la musique et l'interactivité art/spectateur (certaines activités uniquement accessibles aux néerlandophones).

– Dans le bâtiment adjacent, deux autres musées : le ***Museum Voor Actuelle Kunst – GEM*** *(☎ 338-11-33 ; • gem-online.nl •)*, consacré à l'art contemporain ; et le **Fotomuseum Den Haag** *(☎ 338-11-44 ; • fotomuseumdenhaag.nl •). Mêmes horaires : tlj sf lun 11h-18h. Entrées jumelées : 6 € (19,50 € avec le Gemeentemuseum) ; réduc ; gratuit moins de 18 ans.*

Panorama Mesdag *(plan C1-2) : Zeestraat 65. ☎ 310-66-65. • panorama-mesdag.com • Ⓣ Mauritskade (nos 1 ou 17 ; bus nos 24 ou 22). Tlj 10h (12h dim et j. fériés)-17h. Entrée : 8,50 € ; réduc.* Plus grande toile panoramique du monde (14 m de haut et 120 m de circonférence), cette superbe fresque circulaire à 360° représente le panorama vu en 1881 depuis une dune proche du village de Scheveningen, aplanie peu de temps après. Bruitage avec le ressac de la mer, cris des mouettes, bateaux de pêche, station balnéaire de l'époque avec ses cabines de baigneurs, train à vapeur la reliant à Rotterdam et La Haye, on s'y croirait presque ! Les panoramas, réalisés sur des toiles tendues autour d'un poste d'observation, furent très populaires avant que le cinéma n'apparaisse. Fragiles, tombés en désuétude, la plupart ont disparu avec le temps, mais celui-ci a survécu grâce à la fondation privée de la famille Mesdag, qui gère toujours le lieu. Commentaire audio en français détaillant bien le sujet et expliquant sa réalisation. Magique, poétique.

Museum Meermanno *(plan D2) : Prinsessegracht 30. ☎ 346-27-00. • meermanno.nl • Ⓣ Malieveld (n° 9 ; bus n° 18) ou Korte Voorhout (nos 16 ou 17). Tlj sf lun et j. fériés 11h-17h. Entrée : 8 € ; réduc ; gratuit moins de 12 ans.* Cette demeure patricienne appartenait au baron de Westreenen, grand collectionneur et copain de Vivant Denon. La visite intéressera d'abord les passionnés de livres anciens et belles reliures. Dans la bibliothèque à l'étage, manuscrits précieux et incunables, ainsi que quelques antiquités grecques et romaines un tantinet poussiéreuses. À l'arrière, joli jardin à la française. Expos temporaires.

Vredespaleis *(palais de la Paix ; plan B1)* **:** *Carnegieplein 2.* ☎ *302-42-42.* • *vredespaleis.nl* • Ⓣ *Vredesplein (n° 1 ; bus n°s 4 ou 13). Visites guidées (durée : 50 mn) en français ou en anglais sur résa slt ; certaines visites incluent le musée du palais de la Paix, non accessible autrement (durée totale : 1h30).* Visitor Centre *ouv tlj sf lun 10h-16h ; entrée gratuite.*
On ignore souvent que le tsar Nicolas II fut à la fin du XIXe s l'initiateur de la première conférence pour la paix. Tenue à La Haye en 1899, elle réunissait toutes les grandes nations pour un règlement pacifique des conflits et contre la course aux armements. Elle donna naissance à une cour d'arbitrage permanent, ancêtre de la SDN et de l'ONU, et à ce palais néo-Renaissance, largement financé par le milliardaire américain Carnegie, inauguré quelques mois avant... la Première Guerre mondiale. Il a aujourd'hui pour locataires la Cour internationale de justice, l'Académie de droit international ainsi qu'un musée et une bibliothèque.
Comme les visites sont parfois impossibles (le passage des camions de traiteurs ou d'autres voitures vous fera vite comprendre pourquoi l'actualité bloque l'accès du Palais au tout-venant), contentez-vous de faire un tour au *Visitor Centre*. Bien réalisé, il permet de satisfaire la curiosité de tout un chacun quant à l'histoire du palais de la Paix ainsi que des institutions qu'il abrite. Enfin, presque...

Circuit Art nouveau : au tout début du XXe s, La Haye connut une croissance économique et démographique sans précédent. Elle favorisa tout naturellement l'essor d'une société et d'une architecture modernes. On assista, comme dans le reste de l'Europe, à l'émergence de l'Art nouveau. La Haye peut s'enorgueillir d'une rare concentration de bâtiments *Jugendstil*. S'il n'existe pas, comme à Paris, Bruxelles, Barcelone, Vienne ou Prague, d'artistes et d'architectes ayant lié leur nom à la ville et à l'histoire de l'art, il n'en reste pas moins une balade à pied des plus agréable (brochure disponible à l'office de tourisme).

Madurodam *(hors plan par C1)* **:** *George Maduroplein 1.* ☎ *416-24-00.* • *madurodam.nl* • *Au nord de la ville, en direction de Scheveningen.* Ⓣ *Madurodam (n° 9) ; Plesmanweg (bus n° 22). Tlj 9h-18h (19h avr-juin, 20h juil-août, 16h nov-déc, 17h jan-fév), parfois suivi de jeux de lumière nocturnes (voir dates et horaires sur le site) ; les caisses ferment 1h avt. Entrée : 15 € ; réduc. Parking : 8,50 €.* Créée en 1952 à la mémoire d'un fils disparu en déportation, Madurodam est une ville miniature dont la notoriété a largement débordé les frontières. Tous les monuments du pays y sont réduits à l'échelle 1/25. Le port de Rotterdam déborde d'activité, les trains rapides parcourent une campagne sillonnée de canaux et bordée de moulins, la fête foraine bat son plein, et les boules de fromage se vendent sur la place du marché d'Alkmaar. Cela plaît bien aux enfants et aux nostalgiques des trains électriques. On passe du « royaume de l'eau » au « royaume des villes » pour atteindre « le royaume de l'innovation » : les contributions néerlandaises à l'architecture, au design, au divertissement et à la technique ont été bien mises en avant.

Scheveningen *(hors plan par A1 ou B1)* **:** à quelques kilomètres au nord, la plage de Scheveningen est englobée dans la grande agglomération de La Haye. Méchamment bétonnée, elle a perdu le charme désuet de la station balnéaire qu'elle était au début du XXe s. Que dire du *Pier-casino* relié à la terre par une passerelle couverte sur pilotis, comme sortie d'un vieux film d'anticipation ? Incongru, presque cocasse. On trouve encore quelques belles villas épargnées par l'appétit des promoteurs, mais, en haute saison, l'ensemble se transforme en immense kermesse dominée par les odeurs de frites et de hot-dogs, et vrombissante des décibels qui s'échappent des luna-parks et des cafés. Pourtant, le *Pier* (la longue jetée) au crépuscule ne manque pas d'un certain charme ; ce soleil couchant qui inspira tant de peintres de l'école de La Haye... Le Jour de l'an, les courageux vont faire trempette dans les eaux glacées de la mer du Nord. Brrr...

Musée de Sculptures en plein air : *Harteveltstraat 1. ☎ 358-58-57. • beeldenaanzee.nl • Sur le front de mer. Tlj sf lun 11h-17h. Entrée : 12 € ; réduc.*

Fêtes et manifestations

– ***Les fêtes du Roi :*** *fin avr.* Dès le 27 avril au soir, les grandes réjouissances débutent à travers toute la ville: concerts, spectacles, défilé, festival de musique, etc., et se poursuivent le lendemain. Sachez aussi que le 3e mardi du mois de septembre, le carrosse doré est de sortie à l'occasion du discours du Trône.
– ***Den Haag Sculptuur :*** *juin-sept. • denhaagsculptuur.nl* • Grande expo de sculptures internationales en plein air, sur Lange Voorhout.
– ***Fête du Hareng*** *(Vlaggestjesdag)* **:** *début juin, sur le port de Scheveningen. • scheveningen.nl* • Pour fêter l'arrivée du hareng nouveau : marché des métiers anciens, sans oublier l'incontournable concours du plus gros mangeur de hareng !
– ***Festival international de Feux d'artifice :*** *les 2 derniers w-e d'août, à Scheveningen.* Les meilleurs spécialistes du monde viennent se défier en compétition ici.
– ***Festival CaDance (danse moderne) et Holland Dance Festival :*** *en alternance, en janv-fév. • cadance.nl • hollanddancefestival.nl* • La ville, qui héberge déjà pas mal de troupes de danse, devient alors la capitale hollandaise de cet art.

ROTTERDAM

616 000 hab. IND. TÉL. : 010

C'est le plus grand port de commerce d'Europe et le quatrième du monde, derrière Shanghai, Singapour et Ningho. Ouverte sur la mer du Nord, Rotterdam est nichée à l'embouchure du Rhin et de la Meuse, qui la relient au reste du pays, mais aussi à la Belgique, à l'Allemagne, à la France et à la Suisse. Un carrefour économique stratégique qui fait de son arrière-pays « le cœur industriel des Pays-Bas » et l'une des régions les plus dynamiques et peuplées d'Europe. À l'instar des grands ports qui vivent du labeur et sentent l'argent durement gagné, Rotterdam est une ville cosmopolite et multiculturelle (la moitié de sa population est d'origine étrangère : jusqu'à 175 nationalités différentes). Mais c'est une ville qui s'assume plutôt bien, même si certains craignent le retour des traditionnalistes à chaque élection : en 2009, c'est un immigré marocain de la nouvelle génération qui a été élu maire.
La seconde ville du pays après Amsterdam n'est pas une destination touristique classique, on y vient faire la fête le week-end, des affaires dans la semaine, et parfois les deux à la fois. Reconstruite au lendemain de la Seconde Guerre mondiale (les bombardements allemands ont détruit son centre historique en 1940), Rotterdam affiche aujourd'hui une architecture contemporaine audacieuse et fascinante, à l'image de son élégant pont suspendu *Erasmus,* ses étonnantes maisons cubiques *Kijk Kubus,* sa futuriste tour *Euromast...* Chaque année ou presque apporte sa nouveauté. Vous allez pouvoir découvrir dans le centre la nouvelle halle du marché (une halle-appartements fantastique au sens propre qui change de celles imaginées au siècle dernier !) sans parler du nouveau building *Rotterdam* construit par Rem Koolhass, à deux pas de l'ancien terminal d'où partaient autrefois les passagers pour l'Amérique. Une ville verticale qui donne un petit air de Manhattan à ce quartier neuf, au bord de la nouvelle Meuse.
Et puis çà et là, en cherchant bien, on trouve encore quelques tronçons de rues bordées de jolies maisons anciennes miraculeusement épargnées par les bombes, des petits cafés, des restos bon enfant où l'on mange la cuisine du monde entier, sur le pouce ou du moins avec les doigts, parfois. Les

amateurs de *street art* s'en donneront à cœur joie, en grimpant au sommet d'un immeuble où poussent d'étonnantes salades.
La nuit, la ville change encore et devient plus glamour pour les amateurs d'insolite, qui s'enthousiasmeront pour le patrimoine portuaire (entrepôts, quais, grues, bateaux...) reconverti ; un art dans lequel les Hollandais excellent.
Si le musée Boijmans-Van Beuningen justifie à lui seul la visite, le reste de la ville séduira certainement les amoureux des grandes cités, des grands ports et d'architecture contemporaine avant-gardiste. Sans oublier les fêtards branchés, qui viennent s'offrir ici un week-end de folie, dans des hôtels de luxe qui cassent les prix pour l'occasion, Rotterdam étant un haut lieu du *clubbing* national et européen.

Comment y aller d'Amsterdam ?

➢ ***En train :*** Rotterdam se trouve sur le trajet du *Thalys* Paris-Amsterdam, à 1h15 de Bruxelles, 45 mn de la capitale néerlandaise et 2h36 de Paris (env 7-9 trains/j.). Sinon, plus long mais plus économique, le réseau national, avec un train ttes les 15 mn ; de 40 mn à 1h10 de trajet. Compter env 14 € l'aller simple.

➢ ***En voiture :*** à 76 km d'Amsterdam ; prévoir 1h (sans les embouteillages). Prendre l'A 10 puis l'A 4 direction Den Haag, et enfin l'A 13 vers Rotterdam.

– ***Parkings P + R (Park and Ride) :*** situés en périphérie de la ville, ils sont gratuits durant 24h (vous avez juste besoin d'être en possession d'une *chipcarte,* la carte de transport jetable ou en plastique, voir plus loin). Prévoir 15-25 mn pour rejoindre le centre-ville. Y laisser sa voiture et prendre les transports en commun (voir plus loin). Les *P + R* les plus pratiques sont : *Slinge* (métro) au sud ; *Kralingse Zoom* (métro) et *Capelsebrug* (métro) à l'est ; *Alexander* (métro et train) au nord. C'est la meilleure option si vous venez en voiture.

– ***Parcmètres et parkings couverts en centre-ville :*** on se gare plus facilement ici qu'à Amsterdam, mais les tarifs demeurent tout aussi prohibitifs et la répression sévère. Gratuité cependant dans certaines zones, mais seulement après 18h ou 23h ; se renseigner. Règlement des parcmètres (env 0,50 € pour 10-20 mn) exclusivement avec une carte de paiement ou une carte à puce prépayée *(Chipcard),* en vente à l'office de tourisme, dans les supérettes, tabacs et parkings. Également quelques parkings couverts en plein centre-ville, très chers (env 2,50 €/h avec max 27 € pour 24h).

ROTTERDAM

Adresses et info utiles

🅸 ***Office de tourisme Rotterdam Info*** *(plan D1,* ***1****) : Coolsingel 195-197.* Ⓜ *Beurs.* Ⓣ *Beurs (nos 8, 21, 23 ou 25).* ☎ *790-01-85.* • *rotterdam.info* • *Tlj 9h30-18h.* Guide visite en français, très pratique, pour qui recherche de l'authentique comme pour le branché. Toutes les bonnes adresses du moment également pour les amateurs dans le miniguide *Rotterdam ville du shopping* en français. Également plusieurs plans en anglais détaillant des visites thématiques (architecture, art, trek urbain) à faire soi-même, calendrier des événements du mois... Vente de la *Rotterdam Welcome Card (10, 13,50 et 17,50 € pour 1, 2 ou 3 j. ; réduc)* offrant transports publics gratuits et réductions dans la plupart des musées, attractions, restos, discothèques, etc.

🅸 @ ***Rotterdam Info*** *(plan C1,* ***2****) : dans le hall de la gare centrale, entièrement métamorphosée. Tlj 9h-17h30*

■ ***Location de vélos :*** *chez* ***Rijwiel Rotterdam Centraal Station*** *(plan C1,* ***3****), Conradstraat 18.* ☎ *412-62-20. À droite en sortant de la gare ; suivre*

la rampe d'accès à la cour intérieure et prendre au fond à droite. Stokage des vélos tlj dès 4h30 du mat ; loc lun-ven 7h-22h. À partir de 7,50 €/j. Dépôt de garantie de 50 € et pièce d'identité.
@ **Internet gratuit :** *à l'office de tourisme et dans de nombreux cafés, restos, hôtels branchés de la ville...*
– **Marché** *(plan D1) : sur Binnenrotte et Hoogstraat. Mar et sam 8h30-18h30.* On y trouve nourriture (fromages...), fleurs, vêtements et antiquités. L'un des plus grands d'Europe, qui s'adapte à la nouvelle vision d'une Rotterdam décomplexée en s'offrant un Market Hall assez délirant, fin 2014.

Transports urbains

Le réseau de ***transport en commun (RET)*** est particulièrement bien développé. *☎ 0900-60-10 (0,15 €/mn).* • *ret.nl* • Il existe des forfaits de 1, 2 ou 3 jours (7,10, 10,70, 14,20 €), mais pour quelques euros de plus, on conseille de prendre la *Rotterdam Welcome Card (10, 13,50 et 17,50 €)* offrant la gratuité des transports publics et une foule de réductions (voir précédemment à l'office de tourisme Rotterdam Info dans « Adresses et info utiles »).
– ***Tramways et métros :*** *tlj 6h (8h dim)-minuit.* Les 2 moyens les plus pratiques pour se déplacer en ville. Bon plan : le tramway n° 10 offre un bel aperçu de la ville en desservant les sites les plus pittoresques de Rotterdam (départ de Willemsplein tlj sf lun, 11 juil-6 sept slt ; ticket : env 5 €, réduc).
– ***Bus :*** *dès 5h en sem, fréquence moindre que les trams. Ttes les 12 mn env en journée, jusqu'à 20 mn dim et le soir.*
– ***Bus de nuit*** *(Bob Bus) : jeu-sam 1h-7h. Billet spécial : 5 €.*
– ***Water Bus*** *(plan D2) : départ sous le pont Erasmus. ☎ 0800-023-25-45.* • *waterbus.nl* • *7h-20h env (19h en hiver), départ ttes les 30 mn.* Service de ferry rapide, reliant notamment Rotterdam à Dordrecht, une très jolie cité historique (13 € env l'A/R). Si l'excursion vous tente...
🚗 ***Taxis RTC :*** *☎ 462-60-60.*
– ***Water Taxis :*** *départs du Veerhaven (plan C-D3) et du Leuvehaven (plan D2) pour rejoindre notamment l'hôtel* New York *sur le quai Wilhelminapier. ☎ 403-03-03.* • *watertaxirotterdam.nl* • *Service tlj 7h (9h w-e)-minuit (1h ven-sam). Env 3-4 €/pers (plus 5 € de résa) ; réduc.* Plus de 20 points d'embarquement possible sur la Nieuwe Maas (« Nouvelle Meuse ») et ses ramifications, avec de petits pontons spéciaux. Passage assez régulier des petits bateaux aux toits jaunes, sauf le matin et tard dans la soirée. Si ça traîne, appelez et donnez les points de départ et d'arrivée désirés. Un prix estimé vous est communiqué, il sera ensuite calculé à bord par taximètre.

Où dormir ?

Bon plan week-end : fréquentés en semaine par une clientèle d'affaires, les hôtels de catégories supérieures, qui ne cessent de se multiplier à Rotterdam, offrent des réductions importantes le week-end. L'idéal étant de réserver sur les sites internet spécialisés.

Bon marché

🏠 ***Stayokay Rotterdam*** *(hors plan par D1,* ***10****) : Overblaak 85-87. ☎ 436-57-63.* • *stayokay.com/rotterdam* • Ⓜ *Blaak.* Ⓣ *Station Blaak (n° 21). Selon saison, jour de la sem et nombre de lits dans la chambre (2-6 pers), nuitée 24,50-43,50 €/pers ; petit déj et draps compris. Loc de vélos.* 📶 On aime beaucoup cette AJ aménagée dans les étonnantes maisons cubiques (*Kijk-Kubus*, rubrique « À voir. À faire » plus loin) de l'architecte hollandais Piet Blom. Une quarantaine de chambres nickel, toutes avec salle de bains, et une déco au design bien affirmé (lits superposés inox, lustres colorés, mobilier commun

ROTTERDAM

Adresses utiles

- 1 Office de tourisme Rotterdam Info
- 2 Rotterdam Info
- 3 Rijwiel Rotterdam Centraal Station

Où dormir ?

- 10 Stayokay Rotterdam
- 11 King Kong Hostel
- 12 Bazar Hotel
- 13 Hotel Van Walsum
- 14 Maritime Hotel
- 15 Hotel New York
- 16 Hostel Room
- 17 Cruise Hotel SS Rotterdam
- 18 H2otel
- 19 Mainport Hotel
- 20 Nhow Hotel

Où manger ?

- 12 Bazar Restaurant
- 15 Hotel New York
- 21 NRC
- 22 Dudok
- 23 Kaat Mossel
- 24 Hamburg
- 25 Schmidt Zeevis
- 26 De Pijp
- 27 De Jong
- 28 De Ballentent et Dennis Frietpaleis
- 29 Dewi Sri
- 30 Café Loos
- 32 De Machinist
- 33 Buiten
- 34 Rodin

Où boire un verre ? Où sortir ?

- 15 New York Café
- 22 Dudok
- 31 Blender
- 32 De Machinist
- 40 Eetcafé Opa
- 41 Proeflokaal De Ooievaar et Café De Oude Sluis
- 42 Sijf
- 43 Labru
- 44 Café De Witte Aap
- 45 Café Pol
- 46 Level
- 47 Elit

À voir

- 60 Kijk-Kubus
- 63 Scheepswerf de Delft
- 64 Nederlands Photomuseum

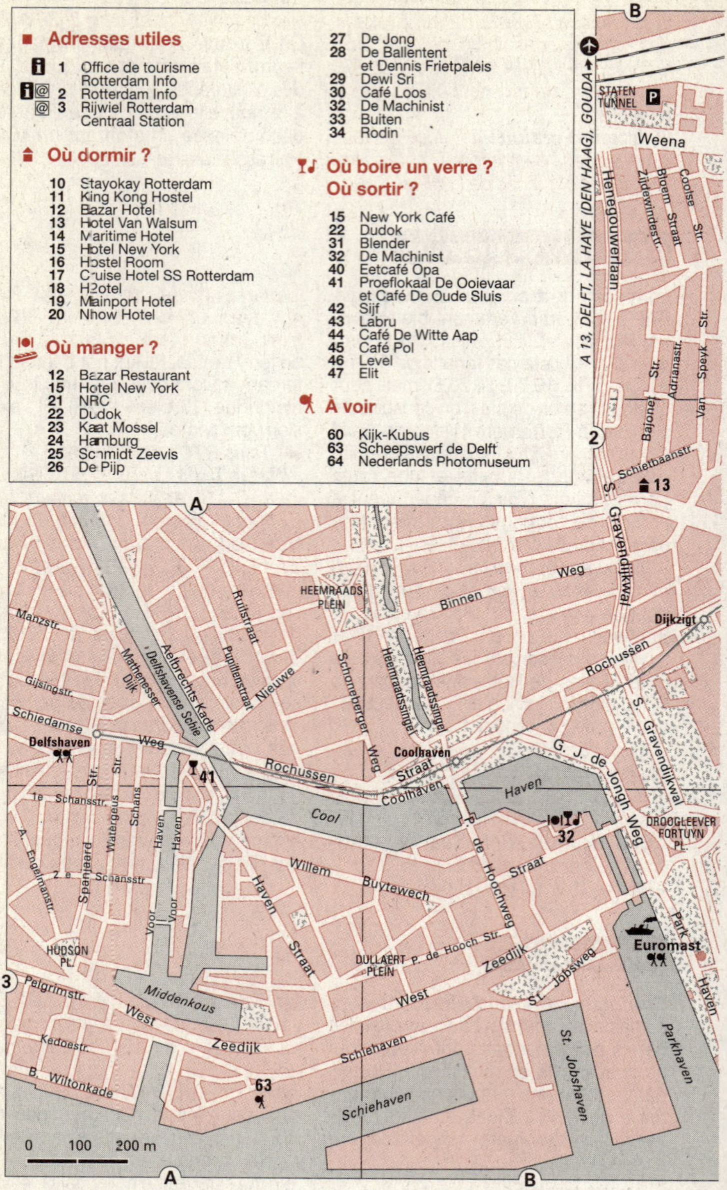

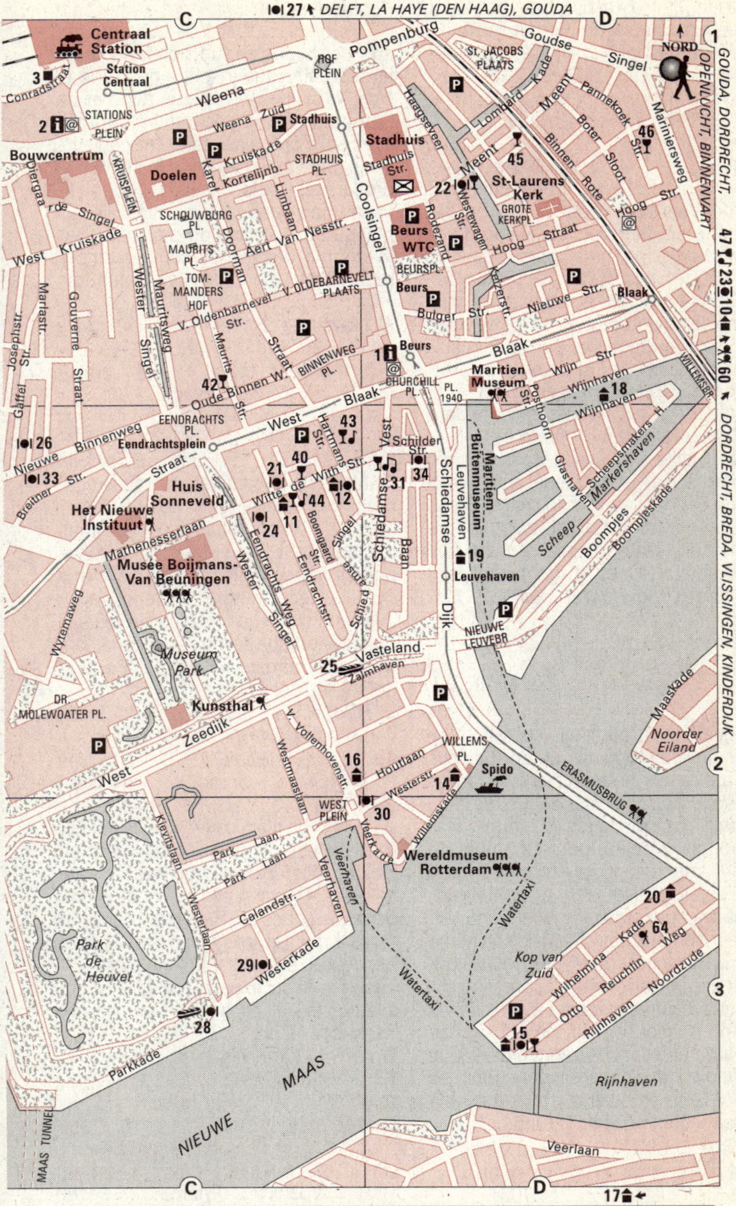
27 DELFT, LA HAYE (DEN HAAG), GOUDA
C
D
NORD
GOUDA, DORDRECHT, OPENLUCHT, BINNENVAART
47 23 10 60
DORDRECHT, BREDA, VLISSINGEN, KINDERDIJK
Centraal Station
Station Centraal
Conradstraat
STATIONS PLEIN
Weena
HOF PLEIN
Pompenburg
Goudse Singel
ST. JACOBS PLAATS
Weena Zuid
Stadhuis
Kruiskade
Karel
Kortelijnb.
Doelen
Bouwcentrum
Diergaarde Singel
KRUISPLEIN
West Kruiskade
SCHOUWBURG PL.
MAURITS PL.
TOM-MANDERS HOF
Doorman
Lijnbaan
Aert Van Nesstr.
V. OLDEBARNEVELT PLAATS
V. Oldenbarnevelt Str.
STADHUIS PL.
Stadhuis Str.
Coolsingel
Haagseveer
Lombard Kade
Meent
Pannekoek Str.
Binnen Rote
Boter Sloot
Mariniersweg
Hoog Str.
St-Laurens Kerk
GROTE KERKPL.
Rodezand
Westewagen Str.
Beurs WTC
BEURSPL.
Beurs
Bulger Str.
Keizerstr.
Nieuwe Str.
Blaak
Hoogstraat
Marlastr.
Gouverne Straat
Josephstr.
Wester Singel
Mauritsweg
Maurits Str.
Straat
BINNENWEG PL.
Oude Binnen W.
Gaffel Str.
CHURCHILL PL.
PL. 1940
Maritiem Museum
Posthoorn Str.
Wijn Str.
Wijnhaven
WILLEMSBR.
EENDRACHTS PL.
Eendrachtsplein
West Blaak
Nieuwe Binnenweg
Hartmans Str.
Vest
Schilder Str.
Witte de With Str.
Schiedamse Dijk
Schiedamse Vest
Leuvehaven
Maritiem Buitenmuseum
Glashaven
Scheepsmakers H.
Markershaven
Scheep
Boompjes
Boompjeskade
Breitner Str.
Straat
Huis Sonneveld
Het Nieuwe Instituut
Mathenesserlaan
Musée Boijmans-Van Beuningen
Wester Eendrachts Weg
Singel
Eendrachtstr.
Boomgaard Str.
Singel
Baan
Schied
Leuvehaven
NIEUWE LEUVEBR.
Wytemaweg
Museum Park
Vasteland
Zalmhaven
DR. MOLEWOATER PL.
Kunsthal
Zeedijk
West
V. Vollenhovenstr.
Westmaaslaan
Houtlaan
WILLEMS PL.
Spido
Westerstr.
Willemskade
WEST PLEIN
Veerkade
Veerhaven
ERASMUSBRUG
Maaskade
Noorder Eiland
Kievitslaan
Park Laan
Westerlaan
Calandstr.
Westerkade
Wereldmuseum Rotterdam
Watertaxi
Park de Heuvel
Kop van Zuid
Wilhelmina Kade
Otto Reuchlin Weg
Rijnhaven Noordzude
Rijnhaven
Parkkade
MAAS TUNNEL
NIEUWE MAAS
Veerlaan
17
1
2
3
2
3
21
22
24
25
26
28
29
30
31
33
34
40
42
43
44
45
46
64
11
12
14
15
16
18
19
20

ROTTERDAM

orange...). Resto-bar très convivial. Excellente ambiance internationale.

Hostel Room *(plan C2, **16**) : Van Vollenhovenstraat 62. ☎ 282-72-77. • roomrotterdam.nl • Ⓣ Westplein (nº 7). Selon saison, doubles 57-61 €, lit en dortoir (4-12 pers) 19,50-27,50 €/ pers ; petit déj et draps compris. (5 mn).* À deux pas du fleuve et du Veerhaven, cet immeuble Art déco était autrefois le siège d'une compagnie maritime, puis d'un club de femmes, avant d'abriter cette excellente AJ new look. Au choix, une quinzaine de chambres avec salles de bains communes, décorées par des artistes locaux selon les thèmes « sport », « port », « love »... Équipement rudimentaire (lits superposés excepté dans les doubles), mais propreté sans faille et originalité à tous les étages. Cuisine à dispo. Bar et terrasse aux beaux jours. Salle TV avec magazines. Belles parties communes et atmosphère conviviale. Une adresse qui convient d'abord aux jeunes, d'âge ou d'esprit.

King Kong Hostel *(plan C2, **11**) : Witte de Withstraat 72. ☎ 818-87-78. • kingkonghostel.com • Ⓣ Museumpark (nºs 7, 8 ou 20). Lit en dortoir à partir de 15 €, doubles 46-90 € selon confort, petit déj compris.* Dans ce quartier en complète mutation, en voilà un lieu étonnant : du dortoir sous les toits, pour hébergement en famille ou entre copains, aux chambres d'un certain confort dans les étages, à la déco assez délire, pour amateurs de *street art.* Beaucoup de soin apporté aux détails pratiques et à l'esthétique. Tous les âges, tous les goûts trouvent ici leur compte. Les cinéphiles en herbe (il y a beaucoup de jeunes, ici) visionnent des anciens films au sous-sol tandis que d'autres mangent ou boivent au rez-de-chaussée. Difficile d'imaginer, devant ces espaces zen, colorés, que ce lieu fut autrefois celui de tous les trafics. Une adresse qui vous donne la banane, comme dirait le King !

De prix moyens à chic

Bazar Hotel *(plan C2, **12**) : Witte de Withstraat 16. ☎ 206-51-51. • hotelbazar.nl • Ⓣ Museumpark (nºs 7, 8 ou 20). Doubles 80-140 € selon taille, équipement et délire décoratif, petit déj compris.* Dans ce quartier cher aux noctambules, un hôtel insolite à la déco ethnique inspirée des *Mille et Une Nuits,* de l'Amérique latine et de l'Afrique noire. Les chambres, toutes avec salle de bains, affichent couleurs vives, objets glanés dans les souks et brocantes, poufs, coussins, bondieuseries baroques... Une vraie folie qui masque un confort un peu basique ! Idéal pour des jeunes couples amoureux. Resto sur place (voir plus loin « Où manger ? »).

Maritime Hotel *(plan D2, **14**) : Willemskade 13. ☎ 201-09-00. • maritimehotel.nl • Ⓜ Leuvehaven. Ⓣ Willemskade (nº 7). Doubles 80-115 € selon vue, confort et saison, petit déj compris ; familiales 130-160 €.* Planté au bord du fleuve, juste devant l'élégant *Erasmusbrug,* ce 3-étoiles compte 165 chambres au confort fonctionnel (les plus basiques ont la salle de bains sur le palier), impeccables et dotées d'une gentille déco marine. Préférer celles avec vue sur le fleuve, plus chères. Un bon rapport qualité-prix et un caractère qui reste humain et sympa. Parking pour vélos dans l'hôtel.

H2otel *(plan D1, **18**) : Wijnhaven 20a. ☎ 444-56-90. • h2otel.nl • Ⓣ Station Blaak (nº 21). Doubles 90-160 € selon confort, jour de la sem et saison (promos sur Internet à surveiller).* En plein centre, c'est un hôtel flottant d'une cinquantaine de chambres plutôt confortables et propres avec salle de bains, TV écran plat, et déco un brin artistique et design. Réserver en priorité celles du haut, joliment mansardées, plus lumineuses et jouissant d'une petite terrasse privée sur le port. Une adresse qui a le mérite de l'originalité. Bon accueil. Resto-bar sur place.

Hotel Van Walsum *(plan B2, **13**) : Mathenesserlaan 199-203. ☎ 436-32-75. • hotelvanwalsum.nl • Ⓣ Mathenesserlaan (nº 4). Doubles 70-110 € selon confort et saison ; familiales 110-130 €. Parking payant sur résa.* À deux pas du fameux *Museum Park,* cet hôtel au confort feutré propose une trentaine de chambres agréables et bien équipées (salle de bains, coffre, minibar et machine à café). Les plus chères ont aussi la clim. Déco discrète et différente dans chacune. Balcon sur l'arrière pour certaines. Salon, bar et agréable patio participent à créer une atmosphère cosy et intime.

De chic à plus chic

☗ ***Cruise Hotel SS Rotterdam*** *(hors plan par D3,* ***17****) : 3E Katendrechtse Hoofd 25. ☎ 297-30-90. • ssrotterdam.nl • Ⓜ Leuvehaven, puis water-taxi à partir du Veerhaven (plan C3) ou du Leuvehaven (plan D2), ou navette Spido à partir de Willemsplein (plan D2) ; sinon, sur terre ferme, Ⓜ Rijnhaven, puis bus n° 77 jusqu'à l'extrémité du môle. Doubles 95-190 € selon vue, confort, jour de la sem et saison. Parking payant sur le quai.* Lancé en 1959 sur la ligne *Holland-Amerika,* le paquebot *SS Rotterdam* a été reconverti en un bien charmant hôtel. En tout, 257 jolies cabines (1-4 personnes) pour toutes les bourses : sans hublot pour les moins chères ; avec vue sur la Meuse et la ville ; et puis des suites plus spacieuses, s'ouvrant sur le pont pour les plus coûteuses. Confortables (salle de bains, TV écran plat...) et un brin cosy, elles offrent toutes une déco de bon goût fidèle aux années 1950 et déclinée avec des thèmes qui invitent au rêve. Restos et bars de même style à bord.

☗ ***Hotel New York*** *(plan D3,* ***15****) : Koninginnenhoofd 1. ☎ 439-05-55. • hotelnewyork.nl • Ⓜ Leuvehaven, puis water-taxi à partir du Veerhaven (plan C3) ou du Leuvehaven (plan D2) ; sinon, Ⓜ Wilhelminaplein, puis remonter à pied (5 mn) Wilhelminakade jusqu'au bout du môle. Doubles 120-300 € selon vue, originalité et confort ; petit déj 17,50 €.* Construit au début du XXe s, ce bâtiment pittoresque et majestueux, ancien siège de la compagnie maritime *Holland-Amerika Lijn,* compte aujourd'hui 72 chambres tout confort, magnifiques et dignes des magazines de déco. Alternance très réussie de boiseries rétro et de design contemporain. Vue extraordinaire sur le port de Rotterdam, sauf pour les premiers prix. Et pour ceux qui ont envie de s'offrir une folie, les chambres panoramiques en haut des 2 tours sont formidables ! Resto et bar sur place très agréables aussi.

☗ ***Nhow Hotel*** *(plan D3,* ***20****) : Wilhelminakade 137. ☎ 206-76-00. • nhow-rotterdam.com • Ⓜ Wilhelminaplein. Doubles 110-350 € selon vue, confort et saison.* Une fois traversé le pont Erasmus, difficile de le manquer, sur votre droite. L'hôtel est installé dans l'immeuble *Rotterdam* construit par Rem Koohlhaas. Ce célèbre architecte a imaginé une ville verticale où sont invités à se retrouver tous les artistes et amoureux de Rotterdam, dans de vastes espaces ouverts sur la ville, le fleuve, le ciel. Les chambres sont semblables à celles des nouveaux hôtels qui poussent un peu partout désormais : grands lits, grandes baies, salles de bain toniques, humour omniprésent. Ceux qui connaissent le *Nhow Hotel* de Berlin ou Milan trouveront celui-ci plus sage, quoique... Bar et resto sur place.

☗ ***Mainport Hotel*** *(plan D2,* ***19****) : Leuvehaven 80. ☎ 217-57-57. • mainporthotel.com • Ⓜ Leuvehaven. Ⓣ Leuvehaven (nos 8, 23 ou 25). Doubles 150-400 € selon vue, confort et saison.* Si vous êtes sensible à l'architecture contemporaine, au design décontracté, à la lumière de Rotterdam, vous allez adorer ! Le bâtiment donne tout à la fois sur le port, la ville et le pont Erasmus, pour certaines chambres. Le confort est moderne et optimum : selon les étages, on voyage en Asie, en Afrique ou en Océanie. Piscine couverte et salle de sport avec vue pour tous, spa et sauna privé dans certaines chambres et suites. Une adresse chic qui se transforme en aubaine le week-end ou lors des promos. Bar et resto sur place, là aussi, au bord de l'eau...

Où manger ?

Sur le pouce

Schmidt Zeevis *(plan C2,* ***25****) : Vasteland 60. ☎ 444-35-55. Ⓜ Leuvehaven. Ⓣ Vasteland (nos 8 ou 20). Tlj sf dim 9h-18h, sam 8h-16h. Compter 10-15 €.* Cet excellent traiteur plus que centenaire est spécialisé dans les poissons et fruits de mer crus, cuits, arrangés en barquettes, salades, *broodjes*, etc., à engloutir debout sur place ou à emporter, si l'on n'aime pas les odeurs marines un peu fortes. Une adresse très courue à midi.

Dennis Frietpaleis *(plan C3, **28**) : Parkkade 1. ☎ 436-34-54. Ⓣ Erasmus MC (n° 8). Tlj sf sam 10h (12h dim)-19h. À partir de 5,70 €.* Dans son stand vitré, le jovial Surinamien Dennis garnit ce très bons *broodjes*, ou accompagne ses frites de savoureuses préparations parfumées de son pays d'origine. Également des snacks hollandais classiques (*Kroket, Frikandel, Bami* et *epse so*) ! Une tablette pour avaler tout ça debout à l'intérieur, sinon chercher un coin au bord du fleuve. Quelques tables dehors aux beaux jours.

Bon marché

Il faudrait citer ici tous les restos préparant à prix doux une cuisine correspondant ne serait-ce qu'au dixième des 175 nationalités recensées dans cette ville multiculturelle. Restaurant égyptien, marocain ou africain traditionnel, resto chinois, indonésien ou thaï, vous les découvrirez par hasard, au détour d'un immeuble, fiez-vous à votre flair. Juste quelques noms, ceci dit, pour vous donner envie d'entrer si vous passez devant, en arpentant la rue la plus vivante du centre, Witte de Withstraat : ***Fafi*** *(au 93B)*, délicieux sandwichs façon Surinam ; ***Warung Mini*** *(au 46)*, idem ; ou encore ***Jaffa*** *(au 44)*, un *kapsalon* où l'on ne vient pas seulement pour la barbe ou les cheveux (c'est un coiffeur qui a eu cette idée de kebabs originaux, d'où le nom !). Dans un autre registre, ***Viva Africa*** *(Nieuwe Binnenweg 135)*, pour une cuisine sincère, colorée et parfumée comme là-bas. Ou encore ***De Lange Muur*** *(West-Kruiskade 1a)*, pour les amateurs de *dim-sum* et ***Gamasot*** *(Pannekoekstraat 103a)*, pour sa cuisine coréenne...

I●I ***De Ballentent*** *(plan C3, **28**) : Parkkade 1. ☎ 436-04-62. Ⓣ Erasmus MC (n° 8). Tlj 9h-23h. Compter 3-15 €.* Terrasse couverte ou salle pittoresque au décor maritime largement patiné ; le genre de repaire à matelots aujourd'hui assagis. Dans l'assiette, bonne cuisine roborative typique avec, en vedette, les *balles*, ces grosses boulettes de viande hachée, servies avec divers accompagnements. Également des moules, poulet et steak-frites... Bonne ambiance, notamment quand déboulent les joueurs d'accordéon.

I●I ***Hamburg*** *(plan C2, **24**) : Witte de Withstraat 94b. ☎ 737-15-37. Ⓣ Museumpark (nos 7 ou 20). Tlj 17h-22h (23h ven-sam) ; bar ouv jusqu'à 1h et 2h. Hamburgers 8-14 €.* Dans cette rue plébiscitée par les fêtards en goguette, voilà un resto d'étage où l'on vient s'offrir un vrai hamburger maison, après avoir pris en bas l'apéro sur la terrasse du *Kleyn*, réputée pour être la plus ensoleillée de la ville (eh oui, ici, ça compte) ; le tout servi dans un cadre au design contemporain décalé comme il se doit (clin d'œil aux bouchers d'autrefois). Burgers végétariens pour ceux qui ne suivent pas le bœuf (du Black Angus, pourtant).

I●I ***Buiten*** *(plan C2, **33**) : Nieuwe Binnenweg 100. ☎ 436-00-42. Ⓣ Bloemkwekersstraat (n° 4). Tlj sf dim-lun, 10h-19h. Compter 12-15 € pour un lunch sain et goûteux.* Une épicerie bio et un *deli* tout à la fois, idéal pour un lunch à prix doux, autour de salades maison, de soupes revigorantes et d'un des plats ou *pie's* proposés au tableau du jour. Beaucoup de monde à midi, pour des plats à emporter. Essayez de vous faufiler jusqu'au fond du magasin, après avoir jeté un œil sur tous les produits en vente dans les rayons, et dénichez une table, où traînent des crayons de couleur pour les enfants, qui sont ici chez eux.

De prix moyens à chic

I●I ***NRC*** *(plan C2, **21**) : Witte de Withstraat 63. ☎ 414-41-88. Tlj dès 8h30 (9h30 le w-e). Le midi, compter 7-17 € pour un plat ; le soir, 13-28 €.* Le *Nieuw Rotterdams Cafe* a été aménagé dans l'ancien musée de la photo qui était également l'ancien siège du quotidien *NRC*. D'où cette architecture un peu atypique et ces photos d'art qui recouvrent les murs. On y retrouve une carte typique des *eetcafé* hollandais mais le

ROTTERDAM

tout est de qualité et de grande fraîcheur. Idéal à l'heure du petit déj et du lunch, on peut aussi y goûter ou y dîner (carte plus élaborée).

|●| ***Dewi Sri*** *(plan C3,* ***29****) : Westerkade 20. ☎ 436-02-63.* Ⓣ *Westplein (n° 7). Lun-ven 12h-22h, plus we 17h-22h.* Rijstaffel *env 30 €/pers (pour 2 min) ; plats 12-22 €.* Dans ce vieil immeuble pittoresque face à la Meuse, un fameux resto indonésien aux spécialités traditionnelles exquises et raffinées. Abondante *rijstaffel* comptant 11 mets et accompagnements. Les allergiques au piment éviteront la version « Padang ». Salle spacieuse et claire à l'étage, décorée de boiseries et marionnettes indonésiennes. Une adresse pour s'initier à cette cuisine lointaine et subtile, si vous n'y avez pas encore succombé.

|●| **De Pijp** *(plan C2,* ***26****) : Gaffelstraat 90. ☎ 436-68-96.* Ⓣ *Bloemkwekersstraat (n° 4). Tlj sf sam midi et dim. Plats 10-31 €.* Un pur coup de cœur qui se mérite... Grande salle largement patinée qui vieillit doucement depuis 1898 en préservant son âme : sol recouvert de sciure et, accrochées aux murs, cravates, affiches, vieilles photos... Vue imprenable sur les fourneaux – au milieu du resto – où sont concoctés avec amour et simplicité de délicieux plats traditionnels : soupe à la moutarde, croquettes de crevettes, viandes mijotées, poissons et fruits de mer... Si la bonne humeur retentit midi et soir, l'addition est un peu lourde au dîner. Service stylé. Une adresse authentiquement rare.

|●| ***Dudok*** *(plan D1,* ***22****) : Meent 88. ☎ 433-31-02.* Ⓜ *Stadhuis ou Beurs. Lun-ven 8h-23h (minuit jeu, 1h ven) ; sam 9h-1h ; dim 10h-23h ; cuisine jusqu'à 21h30. Snacks et plats 6-22 €.* On aime bien l'élégance simple de cette grande brasserie de style Art déco mâtinée d'une touche contemporaine industrielle. Idéal au petit déj, mais aussi à midi où sont préparés les incontournables sandwichs, soupes, salades... Également quelques plats plus chers au dîner mais rien de gastro, on vous prévient. Comptoir de lecture pour la presse. Excellente atmosphère un peu hors du temps. Bien aussi pour prendre un verre.

|●| ***Café Loos*** *(plan C-D2-3,* ***30****) : Westplein 51. ☎ 411-77-23.* Ⓣ *Westplein (n° 7). Tlj 9h (10h le w-e)-1h ; cuisine jusqu'à 23h. Plats 6-24 €.* Grande salle Art déco toute blanche, éclairée par d'immenses baies vitrées cerclées de vitraux colorés pittoresques et ornée de toiles contemporaines. C'est d'abord une brasserie où sont servis sandwichs, soupes, croquettes, salades, pâtes, etc., et des plats du jour à prix juste. Également une partie resto plus cossue avec ses nappes blanches et ses petits plats dans les grands. On y déguste une cuisine d'influence méditerranéenne, plus sophistiquée et plus chère aussi. Coin lecture. Une adresse largement plébiscitée par les gens du quartier.

|●| ***De Machinist*** *(plan B3,* ***32****) : Willem Buytewechstraat 45. ☎ 477-57-00. • demachinist.com •* Ⓣ *Pieter de Hoochweg (n° 8).* Ⓜ *Coolhaven. Tlj 11h-23h (minuit ven-sam) ; cuisine jusqu'à 21h30 (22h). Compter 7-15 € le midi, jusqu'à 30 € le soir.* Un peu à l'écart du centre, une ancienne école de chantier naval réhabilitée en lieu polyvalent de convivialité. Un bar, un resto, un ciné-club, une salle de concert ou d'expo. L'ensemble, qui a gardé pas mal de vestiges de son passé industriel, possède beaucoup de cachet. Là encore, ce n'est pas dans l'assiette que tout se passe. Terrasse donnant sur l'eau.

|●| ***Bazar Restaurant*** *(plan C2,* ***12****) : Witte de Withstraat 16. ☎ 206-51-51.* Ⓣ *Museumpark (n°s 7, 8, 20, 23 ou 25). Lun-ven 8h-1h (2h ven) ; w-e 9h-2h (minuit dim). Snacks et plats 5-17 €.* Longue carte détaillant une cuisine fusion tendance orientalisante. Pas d'une grande finesse mais correct, peu cher et bien servi, à l'instar des généreuses assiettes « Bazar » pour 2 personnes. D'où le succès de l'endroit, animé et bruyant comme un souk. Classique lot de soupes-sandwichs-salades pour les irréductibles. Vins turcs ou maghrébins à prix modique.

|●| ***Rodin*** *(plan D2,* ***34****) : Schilderstraat 20a. ☎ 413-01-43.* Ⓣ *Beurs (n°s 8, 12, 21, 23, 24 ou 25). Tlj sf lun 11h-minuit. Lunch 18 €. Menu le soir 26 €.* Cuisine méditerranéenne et locale dans ce bel espace aux allures de brasserie à la

française (qu'ils disaient) où l'on vient à toute heure pour profiter du calme, du charme des lieux, de la cuisine aussi, qui fait de vrais efforts pour sortir des standards habituels.

Chic

I●I ***Kaat Mossel*** *(hors plan par D1,* ***23****) : Admiraliteitskade 85. ☎ 404-86-00. Ⓜ Oostplein. Ⓣ Oostplein (n° 21). Tlj sf dim 11h30 (17h sam)-2h. Plats 19-40 €.* Si Rotterdam est parfois vide les soirs de semaine, il y a toujours du monde dans cette taverne typique et animée. Déco assez brute de décoffrage, mêlant portraits de Kaat Mossel (héroïne locale du XVIIIe s), lampes en opaline, nasses de pêcheurs... Haut lieu de la moule de Zélande (en saison d'hiver, on vous le rappelle), accompagnée de toute la faune de la mer du Nord : homards, huîtres, cabillauds, soles... Quelques belles pièces de viande aussi. La Heineken jaillit des pompes à grandes coulées, et les vins tiennent leur rang.

I●I ***Hotel New York*** *(plan D3,* ***15****) : Koninginnenhoofd 1. ☎ 439-05-25. Ⓜ Leuvehaven, puis water-taxi à partir du Veerhaven (plan C3) ou du Leuvehaven (plan D2) ; sinon, Ⓜ Wilhelminaplein, puis remonter à pied (5 mn) Wilhelminakade jusqu'au bout du môle. Tlj 7h-minuit. Snacks et plats 4-26 €. Plateaux de fruits de mer 35-62 €.* Immense salle bourdonnante avec tuyauteries apparentes, piliers métalliques et cuisine ouverte, qui lui donnent un air de salle de chauffe. On est dans l'ancien siège de la ligne maritime *Holland-Amerika* (voir aussi « Où dormir ? »). Ventilos, tentures, maquettes de paquebots et lustres de cristal renforcent l'ambiance chaleureuse et décalée. Côté fourneaux, cuisine correcte et copieuse aux intonations italo-asiatico-américaine, qui fait la part belle aux produits de la mer. Grand choix de plats, dont des sandwichs, soupes et salades à prix 3e classe. Idéal aussi au petit déj, à l'heure du thé, ou même pour prendre un verre et apprécier le cadre et la vue sur le fleuve. Terrasse aux beaux jours.

I●I ***De Jong*** *(hors plan par C1,* ***27****) : Boog 1, Raampoortstraat 38. ☎ 465-79-55. Tlj 19h-22h15. Résa obligatoire (possible sur Internet), surtout le w-e. Formule unique 40 €.* ATTENTION, phénomène. Une des meilleures, des plus étonnantes tables ouvertes par un jeune chef de 25 ans dans tous les Pays-Bas. 40 couverts, pas plus, mieux vaut réserver longtemps à l'avance pour s'offrir la cuisine surprise de Jim de Jong et de ses 2 complices qu'on voit s'affairer en silence, plaçant ici la racine mystérieuse, là l'herbe odorante pour donner à votre plat la juste touche. Tous les genres, toutes les générations viennent ici se frotter à la nouveauté, à l'insolite. Le spectacle de la cuisine ouverte est passionnant à suivre, entre 2 plats, qui peuvent se faire attendre, car ici, vous l'avez compris, tout est fait minute.

Où boire un verre ? Où sortir ?

Rotterdam est une ville réputée dans toute l'Europe pour sa vie nocturne animée et ses boîtes sulfureuses, essentiellement situées dans le centre. Plusieurs quartiers pour boire un verre sagement ou pour faire la fiesta.

Dans la journée, ne pas hésiter à pousser la porte des musées rotterdamois. La plupart disposent de cafétérias cosy, design, confortables et accueillantes... Certaines sont même superbes (musée Boijmans-Van Beuningen, Institut d'architecture, Musée maritime...). Idéal pour boire un verre (mais aussi pour un déjeuner rapide et léger).

Sur Witte de Withstraat et dans les rues environnantes (plan C2)

THE place to be! Ambiance plutôt jeune, cosmopolite et fusionnelle. En été, les terrasses investissent le pavé. Voici seulement quelques-unes des adresses prisées des clubbeurs, vous en trouverez d'autres sans problème, en cas de fringale nocturne.

🍷 ♫ ***Blender*** *(plan D2,* ***31****) : Schiedamse Vest 91 (à l'angle Witte* *de Withstraat). Ⓜ Beurs. Ⓣ Museumpark (nos 8, 23 ou 25). Ouv mer 16h-1h, jeu 16h-3h, ven-sam 16h-4h. Carte 35-40 €.* Ce bar à cocktails propose aussi une cuisine dans le vent, fraîche et métissée. Mais autant être honnête, cette adresse fétiche des clubbeurs trentenaires n'est pas vraiment le genre d'endroit propice aux grandes déclarations ! Lumières tamisées (rouges !) et sono à fond... La soirée se prolonge sur la piste de danse !

Café De Witte Aap *(plan C2, **44**) : Witte de Withstraat 78. ☎ 414-95-65. Lun-jeu 16h-4h ; ven-dim 13h-5h (4h dim).* Café d'artistes très en vogue. Une salle tout en longueur. Un comptoir qui zigzague avant même le 1er verre, et, aux murs, des expositions de toiles contemporaines colorées. Fréquenté par des trentenaires qui causent fort sur fond de musique DJ. Une adresse qui bouge ! Grande terrasse chauffée.

Eetcafé Opa *(plan C2, **40**) : Witte de Withstraat 49a. ☎ 413-00-94. Tlj 16h-minuit (1h mer-jeu ; 2h le w-e) ; cuisine jusqu'à 22h.* Joli café rétro avec son grand lustre en cristal et ses murs patinés couverts de vieilles photos. Atmosphère intime et conviviale pour clientèle pleine de bonne humeur.

Continuez d'arpenter les rues voisines si les adresses citées font déjà le plein. Sur Hartmanstraat, coup de cœur pour le **Café Labru** *(plan C2, **43**)*, au n° 18, ouvert jusqu'à 1h (2h le week-end). Une vingtaine de gin-tonics réputés, de vieux fauteuils pour se laisser aller, une déco vintage et une musique assez cool en font une étape idéale dans la nuit. Tout à côté, son voisin, plus rockabilly dans l'esprit, pourrait vous plaire aussi.

Sijf *(plan C1, **42**) : Oude Binnenweg 115. ☎ 433-26-10. Tlj 11h-1h (2h w-e).* Beau café Art nouveau tranquille à l'élégante façade en carreaux de céramique. Entre pub anglais et « café brun », avec une drôle de mezzanine et un comptoir qui serpente.

Sur Meent et Pannekoekstraat *(plan D1)*

Dudok *(plan D1, **22**) : voir plus haut « Où manger ? ».*

Café Pol *(plan D1, **45**) : Meent 46-48. ☎ 411-23-35. Tlj 11h (10h mar et sam)-1h (2h sam).* Grandes baies vitrées sur la rue, déco hétéroclite (vieux casiers à bouteilles, plaques émaillées...), et clientèle de trentenaires décontractés dans ce bar sympa et bondé jusque sur le trottoir les soirs de week-end. Juste en face : *Boudoir*, un bar ultra-branchouille qui se la joue à mort !

Level *(plan D1, **46**) : Pannekoekstraat 76. ☎ 280-07-88. Dim-jeu 15h-1h ; ven-sam 13h-2h.* Bar au design bien affûté, offrant une sérieuse sélection de cocktails que descendent de joyeux 25-30 ans sur de la musique électrique forte. Plus tranquille dans la journée.

Autour du Oudehaven *(hors plan par D1)*

Ce charmant petit port bordé par les fameuses maisons cubes *Kijk-Kubus* est un repaire de jeunes fêtards décontractés.

Elit *(hors plan par D1, **47**) : Wijnhaven 3. ☎ 213-17-66. Tlj sf dim, dès 17h.* Bar-*lounge* aux couleurs chaudes et au design insolite : pavés lumineux sur les murs... On y boit de bons cocktails en compagnie des jeunes du cru qui causent avec enthousiasme. Une adresse un brin branchée mais très relax.

Au bord de l'eau !

New York Café *(plan D3, **15**) : voir plus haut « Où manger ? Hotel New York ».* Dans le même ordre d'idées, sur la presqu'île, vous pouvez aussi tester la terrasse du **Nhow...**

De Machinist *(plan B3, **32**) : voir plus haut « Où manger ? ».*

Proeflokaal De Ooievaar *(plan A2, **41**) : Havenstraat 11. Tlj 10h-1h.* Au bord du Delfshaven, on aime bien ce débit de genièvre typique et chaleureux, qui profite de cet îlot miraculé du vieux Rotterdam. Petite terrasse aux beaux jours. Également typique, son voisin, le **Café De Oude Sluis,** se distingue par son balcon-terrasse audessus du canal. Pour les assoiffés, à deux pas, une adresse à ne pas manquer, la brasserie des pèlerins nouvelle génération : ***De Pelgrim,*** *Aelbrechtskolk 12. ☎ 477-11-89. • pelgrimbier.nl • Ⓣ Ruilstraat (nº 4). Ouv mer-dim 12h-22h.*

À voir. À faire dans le centre

– ***Important :*** la **Rotterdam Welcome Card** comprend les transports publics gratuits en ville et des réductions dans la plupart des musées, attractions, restos, discothèques... En vente à l'office de tourisme Rotterdam Info (voir plus haut « Adresses et info utiles »). Compter 10, 13,50 et 17,50 € pour respectivement 1, 2 ou 3 jours.
– ***Attention :*** **tous les musées sont fermés le lundi sauf de rares exceptions.** Les autres jours, prenez tout le temps pour les visiter, en vous arrêtant pour déjeuner dans leur cafétéria, comme nombre d'habitués...

Museum Boijmans-Van Beuningen *(plan C2)* **:** *Museumpark 18-20. ☎ 441-94-00. • boijmans.nl • Ⓜ Eendrachtsplein. Ⓣ Museumpark (nºs 7 ou 20). Tlj sf lun et certains j. fériés 11h-17h. Entrée : 12,50 € ; réduc ; gratuit moins de 18 ans. Brochure en français et audioguide payant en anglais.*
Un musée réjouissant, au nom certes imprononçable pour un visiteur français, qui n'a rien de vieillot ni de poussiéreux, malgré les apparences. Baptisé des noms de deux généreux donateurs qui léguèrent à un siècle d'intervalle leurs fabuleuses collections d'art à la ville, ce musée justifie à lui seul une escale à Rotterdam pour tous les amoureux de peinture et de sculpture. Comme le musée fait sans cesse de nouvelles acquisitions et change son accrochage tous les 2 ans, les œuvres que nous vous indiquons ici peuvent avoir rejoint les réserves ou d'autres musées lors de votre passage. Aucune importance, on vous donne un plan à l'entrée, pour remonter le temps plus facilement, et parcourir les étages à votre aise.

Au 1er étage
– Petite mise en bouche en montant les marches afin de surprendre les regards par des pièces originales, et certaines découvertes récentes. Les premières salles sont dédiées à la peinture du XVe s avec, d'abord, un bref passage par l'Italie (salle 3). Puis, cap sur le nord de l'Europe (salle 5), avec notamment ce long panneau du maître d'Alkmaar consacré aux sept œuvres charitables dont doit s'acquitter un bon chrétien (nourrir les affamés, accueillir les voyageurs...) ; sans oublier *Les Trois Marie au tombeau,* superbe tableau de ***Van Eyck*** à l'ambiance assoupie.
– Salle 5 toujours, on plonge dans l'univers singulier et fascinant de ***Jérôme Bosch,*** dont le musée possède plusieurs toiles : un *Saint Christophe* au milieu d'un paysage aux détails étranges (l'ours pendu laisse tous les exégètes pantois !) ; puis un remarquable et très troublant mendiant...
– Salle 6, la *Tour de Babel,* chef-d'œuvre de ***Pieter Bruegel l'Ancien,*** s'inspire de la Bible pour évoquer son époque ravagée par les guerres de Religion.
– Pénétrons maintenant dans le Siècle d'or hollandais (XVIIe s) emporté par l'emblématique ***Rembrandt*** (salles 10 à 14) : sublime *Titus à l'écritoire* où le peintre prend son fils pour modèle ; puis froideur totale de son *Portrait d'Aletta Adriaens* ; sans oublier sa *Concorde de l'État* à la lumière étrange, aux personnages quasi dilués, et appelant l'esprit d'une

VANITÉ HUMAINE

Le sujet de Bruegel est la tour de Babel qui, d'après la Bible, était une tour construite par l'humanité pour atteindre le ciel. La peinture dénonce l'orgueil humain, mais aussi l'échec de la rationalité face au divin. Le décor de la tour, avec ses nombreuses arches provenant de l'architecture romaine, fait penser au Colisée, symbole pour les premiers chrétiens de la démesure et de leur persécution.

citoyenneté républicaine unie, si chère au maître. Ensuite, d'autres formidables tableaux de la peinture flamande du XVIIe s portée haut par les scènes pittoresques de la mythologie gréco-romaine peintes par ***Rubens*** (salles 12 et 13). Sans oublier quelques Véronèse et Tintoret, s'ils sont toujours accrochés dans ces pièces.

– Dans les salles suivantes, un peu pêle-mêle, une jolie *Vue de Venise* par Guardi ; un coquin *Indiscret* qui regarde sous les jupes des filles, d'***Antoine Watteau*** ; un beau portrait peint par Goya...

– Après l'amusant clin d'œil d'un artiste contemporain surgi du sol (salle 19), nous découvrons la peinture romantique du XIXe s. D'abord, quelques belles natures mortes de Latour ; un gentil paysage montagneux de ***Courbet*** ; mais aussi un christ crucifié de Delacroix et quelques œuvres de Daumier... Puis des peintres de l'école de La Haye (Weisselbruch, Gabriel...) nous font partager quelques points de vue sur la campagne hollandaise verdoyante (salle 21). Rien à voir avec le ***Van Gogh*** que vous découvrirez dans la pièce suivante, si vous ne vous perdez pas en route (salle 22).

– Dans la section réservée aux impressionnistes (salle 23), jetez un coup d'œil sur le *Portrait d'Armand Roulin,* un bien triste bonhomme, par Van Gogh. Quelques vaches peintes par Gauguin, une *Jeune Fille en rose dans un paysage* saisie par ***Renoir,*** une ou deux toiles de ***Monet*** ; et surtout l'une des gracieuses *Petites Danseuses* de Degas, pour redonner de l'optimisme.

– Les salles suivantes sont consacrées à la peinture du XXe s et ses grands courants artistiques : expressionnisme, fauvisme, surréalisme... Dans la salle 26, magnifique vue du *Port de Rotterdam* où la Meuse apparaît en confettis de lumière, par ***Paul Signac,*** père du pointillisme ; Raoul Dufy signe *La Calèche dans le bois de Boulogne,* qui roule à tombeau ouvert. Salle 28, malgré l'atmosphère surchargée un peu étouffante, on remarque une *Décapitation de saint Jean-Baptiste* par Puvis de Chavannes, qui transpire l'exotisme ; des formes géométriques abstraites et d'harmonieux aplats de couleurs par ***Kandinsky*** (salle 31) nous atteignent comme une révolution picturale ; quelques années plus tard, Mondrian pousse l'abstraction plus loin encore. Salle 33, plusieurs toiles, dessins et tableaux de Picasso. On peut également admirer quelques toiles de Matisse.

– La gifle du surréalisme nous tombe alors dessus (salle 34) avec d'inquiétantes toiles de ***Dalí*** ; curieuses visions du couple par Max Ernst. Suivent encore d'amusantes sculptures de Dalí, qui détourne avec humour les objets du quotidien (salle 35), et même des œuvres d'art antiques, comme cette Vénus de Milo transformée en commode avec boutons de tiroir à pompons (salle 36) ! Quant au canapé Mae West, c'est peu de dire qu'on a envie de s'y vautrer. Si vous êtes à la recherche de plaisirs tabous, une autre Vénus malmenée par Man Ray devrait avoir retrouvé sa place, toujours ligotée, après la très belle expo organisée en son honneur en 2014. Il y a là aussi une toile de Delvaux, baignée par la lune, qui retiendra l'attention de plus d'un rêveur. Et puis quelques œuvres déconcertantes de ***Magritte,*** parmi lesquelles *La Jeunesse illustrée,* qui utilise nombre de symboles sur une route bordée de verdure...

Au rez-de-chaussée

– Les dernières salles (41 à 53) sont dédiées aux arts décoratifs. Alternance de meubles, céramiques et argenterie du Moyen Âge au XVIIIe s ; et d'objets du quotidien au design contemporain : chaises, fauteuils, téléviseurs, radios, etc., une spécialité toute hollandaise. Prenez des forces, un café et un gâteau, par exemple, avant de poursuivre la visite car ces salles cachent quelques trésors, du bureau estampillé Fornasetti à la chaise signée Marcel Wanders.

Des expos temporaires présentent, dans une muséographie très contemporaine (en décalage avec le reste de la maison, qui garde un petit sérieux bienvenu) des artistes d'hier et surtout d'aujourd'hui.

Magnifique cafétéria au design étudié, baignée de lumière et ouverte sur les jardins.

Het Nieuwe Instituut *(plan C2) : Museumpark 25. ☎ 440-12-00. • nai.nl • Ⓜ Eendrachtsplein. Ⓣ Museumpark (nos 7 et 20). En face du musée*

ROTTERDAM

Boijmans-Van Beuningen. Horaires et entrée communs : mar-sam 10h-17h, dim 11h-17h ; 10 €, réduc, gratuit moins de 18 ans.
Architecture, design et *e-culture.* Joe Coenen et Boris Sipek ont incontestablement réussi ce temple consacré à la promotion d'une discipline qui leur est chère : les volumes légers et rythmés semblent flotter sur la pièce d'eau. Sur plusieurs étages, des installations essentiellement temporaires touchent, non sans humour, à tous les horizons de l'architecture. Également une bibliothèque, un centre d'archives, de dessins et maquettes, un auditorium et une magnifique cafétéria. Mais l'intérêt principal de la visite, pour qui ne partage pas forcément la vision du monde assez particulière des concepteurs des expositions, reste la visite de la ***maison Sonneveld*** *(plan C2)* voisine, qui fait partie intégrante en fait de l'institut. Traversez la cour, empruntez les protections qui éviteront à vos chaussures de salir une moquette historique et demandez l'audioguide gratuit en anglais. « Lumière, air, espace », les maîtres mots du mouvement architectural fonctionnaliste, le Nieuwe Bouwen, trouvent leur parfaite expression dans cette maison où M. Sonneveld et sa famille s'installèrent en 1933, laissant derrière eux leur demeure bourgeoise traditionnelle et tout son contenu ! Ici, tout a été confié aux soins des architectes, de la structure en béton et acier permettant d'ouvrir de larges baies vitrées à l'aménagement intérieur, mobilier compris (dont on découvre les fidèles répliques). Les combinaisons de couleurs vives (jaune, bleu, vermillon) ou plus sourdes (gris, bronze) dépendent de la fonction des pièces ou de leurs occupants. Lignes épurées, matériaux industriels et gadgets inédits comme la douche à 10 jets, le réseau de sonnettes électriques ou la diffusion de musique au volume modulable dans chaque pièce. Autant d'éléments révolutionnaires pour l'époque, qui permirent aux Sonneveld d'entrer de plain-pied dans la vie moderne. Encore un peu et on se croirait dans *Mon oncle,* de Tati !

Kunsthal Rotterdam *(plan C2)* **:** *Museumpark, Westzeedijk 341. ☎ 440-03-01. • kunsthal.nl • Ⓣ Kievitslaan (nº 8). Tlj sf lun 10h (11h dim)-17h. Entrée : 11 € ; réduc.* Musée d'Art contemporain dont le calendrier d'expos doit être suivi de près pour vous éviter des déboires, même si la cafétéria justifie à elle seule le détour. Il se passe toujours quelque chose au *Kunsthal,* mais encore faut-il se sentir interpellé ! Cela dit, la conception du musée en elle-même est une vraie réussite architecturale.

Groos *(hors plan par C1)* **:** *Schiekade 203. Pas de tél. • info@groos.nl • Tlj sf lun-mar 10h30 (12h dim)-19h (18h le w-e).* Un lieu et un quartier à conseiller à tous les fous de *street art,* de lieux appelés à disparaître un jour ou l'autre pour laisser la place à des gratte-ciels semblables à ceux du quartier de la gare, tout proche, entièrement métamorphosé en l'espace de quelques années. « *Groos* » veut dit fier en rotterdamois. Dans cette boutique, vous trouverez des produits locaux typiques, décalés, de la chaussette de créateur à la lampe David Derksen, au T-shirt, chaussures baskets, et bijoux qui vous procureront LE cadeau déjanté à offrir. Tout le pâté de maisons mérite une visite. Il y a un *Biergarten* dans la rue voisine, et un café au sommet de l'immeuble, avec vue imprenable sur un potager bien entretenu, où poussent toutes sortes d'herbes et de légumes chers à des chefs brillants mais un peu fous comme Jim De Jong (voir plus haut), qui vient faire son marché en voisin. Fresques étonnantes.

Maritiem Museum *(plan D1)* **:** *Leuvehaven 1. ☎ 413-26-80. • maritiemmuseum.nl • Ⓜ Beurs. Ⓣ Beurs (nºs 1, 8, 20, 21, 23 ou 25). Mar-sam 10h-17h ; dim 11h-17h ; lun 10h-17h en juil-août. Entrée : 7,50 € ; réduc. Brochure en français.*
En bordure des quais historiques du bassin qui vit se développer la vocation portuaire de Rotterdam. À la différence de la plupart des musées maritimes, celui-ci s'attache beaucoup à l'histoire moderne de la navigation, c'est-à-dire depuis la fin du XIXe s. Les amateurs de cartes anciennes et de jolies maquettes seront néanmoins comblés.

Dans la partie intérieure du musée, large explication de l'activité portuaire de Rotterdam (vidéo en français), qui fait travailler en permanence près de 300 000 personnes. La navigation fluviale et le métier de batelier ne sont pas pour autant oubliés, tout comme les liaisons transatlantiques qui ont fait la gloire du port. Grâce à de nombreuses maquettes, on imagine sans peine les intérieurs luxueux des cabines de première classe qui contrastent avec les conditions éprouvantes de travail dans les machines de ces géants des mers... Pédago et intéressant. Beaucoup de belles photos du port, de mer, de phares.
Au-dehors, la section de plein air : jetez un œil à la sculpture de Zadkine et dirigez-vous vers le quai où sont amarrés quelques spécimens flottants de navires indispensables à l'activité d'un port : grues transbordeuses, bateau-phare, remorqueur, navire-atelier... et le *Buffel,* premier navire blindé de la Marine royale hollandaise, devenu caserne. Impressionnante tourelle de canon et timonerie un peu rudimentaire. Photos de la vie quotidienne à bord assez réalistes. On peut monter dans chacun des bateaux.
La cafétéria donne sur le port... Terrasse aux beaux jours.

Kijk-Kubus *(hors plan par D1,* ***60****)* **:** *Overblaak 70. ☎ 414-22-85. • kubuswoning.nl • Ⓜ Blaak. Ⓣ Station Blaak (nº 21). Tlj 11h-17h. Entrée : 3 € ; réduc.* Appartement-témoin des habitations cubiques. Après la guerre, Rotterdam est devenue un terrain de prédilection pour architectes novateurs. À la fin des années 1970, l'un d'eux, Piet Blom, s'imagina faire vivre quelques-uns de ses contemporains dans une trentaine de maisons cubiques. Jusque-là rien d'exceptionnel, sauf que ces cubes – construits en 1984 – reposent sur un angle enfoncé dans un pilier renfermant l'escalier d'accès. Peut-être inspiré par la folie du Rubik's Cube, Blom évoquait plus volontiers son travail comme une forêt composée de maisons-arbres.
Ces drôles de cabanes renfermant des logements de trois étages n'ont pas refroidi les plus givrés, prêts à se mettre les sens à l'envers. Certains ont survécu à cette expérience étrange, mais ne supportent plus la vue d'un p'tit cube, d'un gros cube... ! D'autres y ont fait leur nid, garni de mobilier sur mesure épousant les murs obliques percés de fenêtres ouvertes sur le ciel... ou le plancher des vaches. L'appartement-témoin permet d'observer l'étonnante capacité d'adaptation de l'espèce humaine aux conditions les plus invraisemblables. Fruit d'un projet utopique, Blom fit partie du mouvement Provo. Cette œuvre architecturale est aujourd'hui unanimement reconnue. On peut expérimenter ce drôle d'habitat en descendant à l'AJ *Stayokay Rotterdam* (voir plus haut « Où dormir ? »).

À voir. À faire côté fleuve et autour du port

– N'oubliez pas votre ***Rotterdam Welcome Card.*** Outre la gratuité des transports publics, elle propose des réductions dans la plupart des musées, attractions... En vente à l'office de tourisme Rotterdam Info (voir plus haut « Adresses et info utiles »).

Erasmusbrug *(plan D2-3)* **:** *relie le centre-ville à la presqu'île de Kop Van Zuid depuis la pl. Willemsplein.* Œuvre de l'architecte Ben Van Berkel, le pont (du nom du philosophe Didier Érasme, illustre Rotterdamois) a été inauguré en 1996. Sa structure avec un unique et énorme pylône blanc de 140 m de haut, où se rejoignent les haubans, évoque le col d'un cygne et lui vaut d'ailleurs d'être surnommé ainsi. C'est la nuit, une fois éclairé, que l'on peut pleinement apprécier la majesté de sa structure.

Les tours du Kop Van Zuid *(plan D3)* **:** *presqu'île au milieu du fleuve. Y aller par l'Erasmusbrug ou en water-taxi.* Difficile de sillonner Rotterdam sans apercevoir les trois tours contigües du Rotterdam, qui forment la ville verticale imaginée par Rem Koolhaa et abritent l'hôtel *Nhow.* Et un peu plus loin, une fois passé le pont, l'*Hotel*

New York (voir plus haut les rubriques « Où dormir ? », « Où manger ? » et « Où boire un verre ? Où sortir ? »), célèbre et vénérable QG de la *Holland-Amerika Lijn* planté à la proue du *Kop Van Zuid* (tête du sud). L'ancienne porte de l'Amérique pour des milliers de candidats à l'émigration n'était plus qu'une friche industrielle dominée par un *New York* esseulé, avant que la municipalité n'ait la bonne idée de la confier aux architectes et aux entrepreneurs. Aujourd'hui, de spectaculaires et esthétiques gratte-ciel abritent des logements de luxe et des bureaux, voisinent avec d'anciennes installations portuaires reconverties en espaces culturels (comme le musée de la Photo ; voir ci-après) ou en restos. Des tours qui donnent à cette presqu'île une image réduite mais ô combien attirante de ce Manhattan qui fut l'objet de tous les désirs des générations précédentes.

Nederlands Photomuseum *(plan D3,* ***64****) : Wilhelminakade 332. ☎ 203-04-05. • nederlandsfotomuseum.nl • Tlj sf lun 10h (11h le w-e)-17h. Entrée : 9 € ; réduc ; gratuit moins de 13 ans.* Les anciens entrepôts Las Palmas construits en 1953 pour la ligne *Holland-Amerika* offrent désormais leurs généreux espaces de béton, verre et acier au musée néerlandais de la Photographie. Le riche fonds est exploité pour alimenter des expos temporaires durant 3 mois environ, et dont les thèmes tournent généralement autour de la Hollande, ou des photographes mondialement réputés. Au 1er étage, dédié aux archives et à l'étude, un intrigant pupitre de commande fouillera selon vos desiderata dans une gigantesque base de données photographique pour en projeter le cliché correspondant. Dans la bibliothèque *(mar-ven 13h-17h),* accès libre à 11 000 ouvrages et à une soixantaine de magazines sur la photographie.

Wereldmuseum Rotterdam *(plan D3) : Willemskade 25. ☎ 270-71-72. • wereldmuseum.nl • Ⓜ Leuvehaven. Ⓣ Westplein (nº 7). Tlj sf lun 10h-17h30. Entrée gratuite pour l'expo permanente ; compter 12 € pour les expos temporaires. Audioguide en anglais.*

Ce « musée du Monde » est un formidable musée ethnologique dont les collections comptent près de 100 000 objets et le même nombre de photos, albums, gravures, atlas, dessins, affiches, etc. ; le tout recueilli à partir de 1885 et enrichi par des dons de collectionneurs privés.

La visite de l'exposition permanente débute au 3e étage avec, d'abord, une section consacrée au ***Tibet*** et à la puissance de ses monastères. Superbe collection de bouddhas ; émouvante statuette d'un homme et d'une femme entrelacés comme le Yin et le Yang ; autels, vêtements colorés, moulins à prières et autres ustensiles rituels. On passe ensuite au ***Japon,*** dont le mobilier et les objets religieux sont empreints d'une plus grande sobriété. Magnifiques autels portatifs à petites portes. Puis, c'est au tour de la ***Chine*** avec ses tentures aux couleurs et symboles flamboyants. De là, poussez la porte vitrée menant au 2e étage, pour découvrir la partie dédiée à l'***Indonésie,*** archipel où cohabitent hindouisme, bouddhisme, christianisme, islam et animisme. Jolies marionnettes, belles statues rituelles. Encore de sublimes statues, armes, outils rapportés d'***Océanie*** et magnifiquement mis en valeur dans le cadre aéré du musée avec musique de fond associée à chaque section. Puis vient la collection d'***Amérique du Sud,*** avec ses costumes à plumes de chamans, amulettes, vases à offrandes aux amusants décors naïfs. Ensuite, c'est l'***Afrique*** qui nous envoûte avec une très belle collection de masques et d'impressionnants fétiches plantés de clous. Entrons maintenant dans le monde de l'islam avec des tablettes inscrites de versets du Coran, vases, vêtements, bijoux incrustés de pierres, armes... Poussez de nouveau la porte vitrée menant au 1er étage, où l'***Océanie*** revient en force avec de superbes objets : masques, totem et autres statuettes en bois chargés de symboles ; boucliers, portes, crânes humains ornés de plumes et de perles.

Également de magnifiques expositions temporaires qui s'intéressent aux apports des civilisations dites « premières » dans nos propres courants de pensée ou de mode.

Sur place, cuisine du monde et café avec terrasse sur la Meuse.

Euromast *(plan B-C3)* **:** *Parkhaven 20. ☎ 436-48-11. • euromast.nl • Ⓣ Erasmus MC (n° 8). Tlj 10h (9h30 avr-sept)-23h. Entrée : 9,25 € ; réduc ; enfant 4-11 ans : 5,90 €.* Une sucette géante dans la *skyline* rotterdamoise ! Érigée dans les années 1960, c'est le symbole de la renaissance de la ville après les destructions de la guerre. À 185 m de hauteur, dans la capsule qui monte en spirale autour du mât, panorama époustouflant sur la platitude batave et l'immensité des quais en direction du delta et de la mer. Le ballet des petits bateaux passant sous les ponts et la circulation frénétique des voitures-fourmis dans la cité composent un spectacle hypnotique ! On peut y déjeuner ou y dîner. Rien d'exceptionnel côté assiette, on vous prévient, comme souvent dans ces lieux qui vous en mettent plein la vue. Sinon, y aller à la tombée du jour pour le coucher du soleil à l'ouest, où brûlent les torchères des installations pétrochimiques, et pour l'éclairage progressif des ponts haubanés et des immeubles. En option pour les courageux, descente en rappel ou tyrolienne (se renseigner pour les dates).

Visite du port : *avec* **Spido** *(plan D2), Willemsplein 85. ☎ 275-99-88. • spido.nl • Ⓣ Willemsplein (n° 7). Tlj, horaires variables selon saison et jour de la sem ; impératif de les appeler ou de consulter le site internet. Balade de 75 mn : 11,25 € ; enfant 6,90 €. Nombreux forfaits et billets jumelés avec d'autres sites. Commentaire enregistré en français.* Ne pas visiter le port de Rotterdam en bateau, c'est comme si on se privait de la tour Eiffel à Paris. Moins romantique peut-être, mais tout aussi prodigieux. On longe les cargos, les pétroliers, on s'approche des usines pétrochimiques, des entrepôts spécialisés et des impressionnants bassins de carénage flottants. On détaille les forêts de grues qui dominent le titanesque Lego « gullivérien » de containers, qui pourraient tous être acheminés en moins de 48h à plus de 150 millions d'Européens ! D'autres formules plus chères existent (grand tour, excursions à thème...), mais le tour de 75 mn est un bon compromis.

Visite du port : *avec* **Splash Tour.** *☎ 436-94-91. • splashtours.nl • Adulte : 24,50 € ; enfant de moins de 12 ans : 16,50 €. Nombreux forfaits et billets jumelés. Les billets sont à prendre à l'office de tourisme ou sur Internet (surtout pendant les vac scol) et le rdv se fait devant la tour Euromast à Parkhaven (voir plus haut). Compter 1h de balade en tout (retour au point de départ).* Une excursion sympa qui fait le bonheur des enfants. Cela dit, petits et grands seront ravis car c'est un excellent moyen de découvrir l'architecture de Rotterdam. Le bus fait un minitour de la ville avant de plonger (splash !) dans le port. Un moyen idéal donc d'admirer les bâtiments les plus emblématiques de Rotterdam. Un peu cher cependant... Si c'est vraiment le port qui vous intéresse, mieux vaut emprunter le Spido.

Delfshaven *(plan A2)* **:** *à l'ouest du centre. Ⓜ Delfshaven. Ⓣ nos 4 ou 8.* Cet ancien petit bassin portuaire du début du XIXe s a été miraculeusement épargné par les bombes. Les mânes des Pères pèlerins partant d'ici pour l'Amérique ont dû le protéger. Bordé de charmantes maisons anciennes en brique et de vieilles péniches amarrées, il conserve aussi un pont mobile, un gentil moulin à vent et un carillon qui égrène les heures. L'ensemble est baigné le soir d'une douce lumière hors du temps. Un endroit vraiment charmant.

– Pour les pèlerins assoiffés, une adresse à ne pas manquer : la ***brasserie De Pelgrim*** *(Aelbrechtskolk 12 ; Ⓣ Ruilstraat (n° 4) ; ☎ 477-11-89 ; • pelgrimbier.nl •).* Seule brasserie de Rotterdam en activité. Resto agréable sur place pour tester les bières locales, tout en profitant de la vue (voir « Où boire un verre ? »).

Scheepswerf de Delft *(plan A3,* ***63****)* **:** *Schiehaven 15. ☎ 276-01-15. • dedelft.nl • Ⓣ Schiemond (n° 8). Mar-ven 10h-16h ; sam-dim 11h-17h. Entrée : 6 € ; réduc ; enfant jusqu'à 12 ans : 3 €. Visite guidée en anglais possible.*
En octobre 1797, toute la flotte hollandaise sort en mer pour combattre l'armada anglaise et protéger la République. Le vice-amiral De Winter a reçu l'ordre de mener son navire – le *De Delft* – à la bataille. L'affrontement a lieu le 11 octobre.

Et c'est la débandade : la plupart des navires sombrent corps et âme. Le *De Delft* en réchappe pourtant, mais le 15 octobre, une terrible tempête coule les navires survivants... Deux cents ans plus tard, un pêcheur repère l'épave, et c'est le début d'une nouvelle aventure.
Depuis 1998, une bande d'allumés s'est mis en tête de reconstruire le navire à l'identique, à quelques mètres à peine de l'arsenal où fut conçu son illustre ancêtre. Alors qu'il fallait à peine 10 mois à l'époque pour construire un tel navire avec 300 personnes, on ne sait aujourd'hui quand le nouveau *De Delft* sera mis à l'eau. Le projet est fou, certes, mais la visite n'en est que plus passionnante... Après une partie théorique, archéologique et historique, on visite l'atelier où travaillent, en semaine, ces ouvriers et compagnons charpentiers, menuisiers, cordiers, forgerons... Tous les gestes d'antan sont reproduits à l'identique, car il ne s'agit pas seulement de faire revivre un navire, mais aussi de perpétuer un savoir-faire et de former de jeunes apprentis. On ne vous en dit pas plus. Sachez seulement qu'à terme ce splendide vaisseau prendra la mer, avec ses 63 m de long, ses 13,50 m de large et ses 63 m de haut. D'ici là, vous aurez le temps de le voir grandir... C'est déjà très impressionnant.

Fêtes et manifestations

– ***North Sea Jazz Festival :*** *mi-juin.* Deux jours de fête pour vivre le passé, le présent et le futur du jazz, en bonne compagnie.
– ***World Port Days :*** *début sept.* Un grand week-end sur l'eau, pour faire sa fête au plus grand port d'Europe.

DANS LES ENVIRONS DE ROTTERDAM

Les moulins de Kinderdijk : *à 16 km à l'est de Rotterdam. • kinderdijk.org • De mi-mars à fin oct, tlj 9h-17h30. Entrée : 6,50 € ; 4,50 € enfants. Attention, parking payant : 5 €.* Le village de Kinderdijk compte une concentration unique de 19 moulins à vent datant tous du XVIIᵉ s. L'ensemble est classé par l'Unesco au Patrimoine mondial de l'humanité.
➢ Possibilité d'y aller en bateau avec ***Rebus*** : *☎ 218-31-31. • rebus-info.nl • Début avr-début oct, tlj sf lun (s'il y a assez de visiteurs ! Le w-e, départ assuré). Ticket : 15 € ; réduc. 2 départs/j., compter 3h15 en tout.*
➢ Pendant la saison, possibilité intéressante d'y aller en bateau avec le ***Waterbus*** : *départ sous le pont Erasmus (voir plus haut : Transports). ☎ 0800-023-25-45. • waterbus.nl • Tlj en saison, mais slt en sem oct-mars. Départs fréquents en saison mais aucun départ 12h-14h, hors saison. Ticket : 13 € env, visite du moulin comprise. Descendre à Ridderkerk et prendre un autre bateau pour Kinderdijk. 40 mn de trajet env.*
Petite promenade dans la campagne hollandaise, pour amateurs de moulins et de maisons à l'ancienne. Arrêt pour les gourmands au restaurant ***De Klok*** *(Molenstraat 117. • deklok.com •)* pour déguster de délicieuses *poffertjes.*
Après la visite du site, retour à l'embarcadère et continuer la balade en direction de ***Dordrecht*** avec le même *pass.* La plus ancienne ville de Hollande mérite bien ce détour. Un centre ancien préservé, un ensemble homogène de bâtiments du XIVᵉ au XVIIIᵉ s, une église Notre-Dame à visiter absolument. Pas de canaux, mais des ports. Plan guide disponible à la descente du bateau. Retour sur Rotterdam en train, rapide (nombreuses liaisons) à moins que vous n'ayez envie de reprendre le bateau.

Maeslantkering *(Grand Barrage) :* *Het Keringhuis (Water Information Center), Maeslantkeringweg 139, à* ***Hoek van Holland.*** *☎ (0174) 51-12-22. • keringhuis.nl • À env 25 km à l'ouest de Rotterdam. En voiture : accès par l'autoroute A 20,* *sortie « Hoek van Holland ». En train : arrêt à la gare de Hoek van Holland, puis louer un vélo en centre-ville ou prendre le RET Fast Ferry jusqu'au barrage. Lun-ven 10h-16h ; w-e et j. fériés 11h-17h. Visite libre. Visite guidée en anglais payante.* Inauguré en 1997, cet impressionnant barrage se compose de deux portes monumentales (longueur : 210 m ; hauteur : 22 m). Pilotées par ordinateur, elles se ferment automatiquement quand le niveau d'eau de Rotterdam dépasse son seuil d'alerte. Cet ouvrage d'art unique au monde a demandé des innovations technologiques incroyables et, en fermant le Nieuwe Waterweg, il garantit une certaine protection des zones très peuplées du sud de la Hollande contre la montée des eaux. À côté du Maeslantkering, la visite du *Water Information Center* permet de comprendre tout l'enjeu de la gestion de l'eau dans la région, à grand renfort de maquettes, panneaux, simulations...

– Non loin *(Europaweg 902 3199 LC Maasvlakte Rotterdam Havennummer 8213)*, possibilité de visiter ***Futureland,*** une grande expo sur le port et la zone portuaire *(tlj sf lun et sam ; mêmes horaires que ci-dessus).* Difficile d'y accéder autrement qu'en voiture, en fait, il faut l'avouer. Le port est en totale restructuration et a pour projet de s'agrandir, histoire de se maintenir dans le peloton de tête des grands ports mondiaux. Reste à concilier le souci de préserver au mieux l'environnement, cher aux habitants de la ville, et là, c'est pas encore gagné. ● *maasvlakte2.com/nl/futureland* ●

les ROUTARDS sur la FRANCE 2015-2016

(dates de parution sur • **routard.com** •)

Découpage de la FRANCE par le ROUTARD

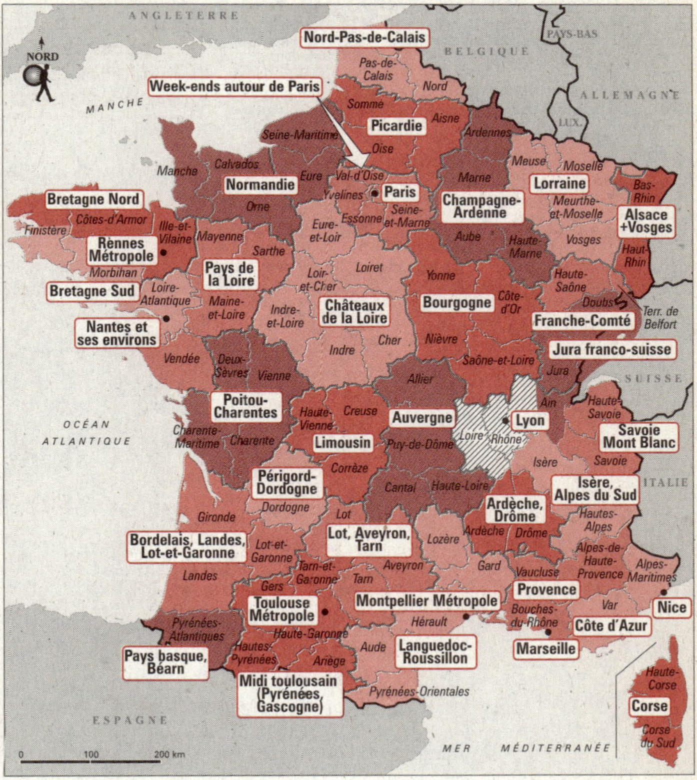

Autres guides nationaux

- La Loire à vélo (février 2015)
- Les grands chefs du Routard
- Nos meilleurs campings en France
- Nos meilleures chambres d'hôtes en France
- Nos meilleurs hôtels et restos en France
- Nos meilleurs sites pour observer les oiseaux en France
- Tourisme responsable

Autres guides sur Paris

- Paris
- Paris à vélo
- Paris balades
- Restos et bistrots de Paris
- Le Routard des amoureux à Paris
- Week-ends autour de Paris

les ROUTARDS sur l'ÉTRANGER 2015-2016

(dates de parution sur • **routard.com** •)

Découpage de l'ESPAGNE par le ROUTARD

Découpage de l'ITALIE par le ROUTARD

Autres pays européens

- Allemagne
- Angleterre, Pays de Galles
- Autriche
- Belgique
- Budapest, Hongrie
- Crète
- Croatie
- Danemark, Suède
- Écosse
- Finlande
- Grèce continentale
- Îles grecques et Athènes
- Irlande
- Islande
- Madère (mai 2015)
- Malte
- Norvège
- Pologne
- Portugal
- République tchèque, Slovaquie
- Roumanie, Bulgarie
- Suisse

Villes européennes

- Amsterdam et ses environs
- Berlin
- Bruxelles
- Copenhague
- Dublin
- Lisbonne
- Londres
- Moscou
- Prague
- Saint-Pétersbourg
- Stockholm
- Vienne

les ROUTARDS sur l'ÉTRANGER 2015-2016

(dates de parution sur • *routard.com* •)

Découpage des ÉTATS-UNIS par le ROUTARD

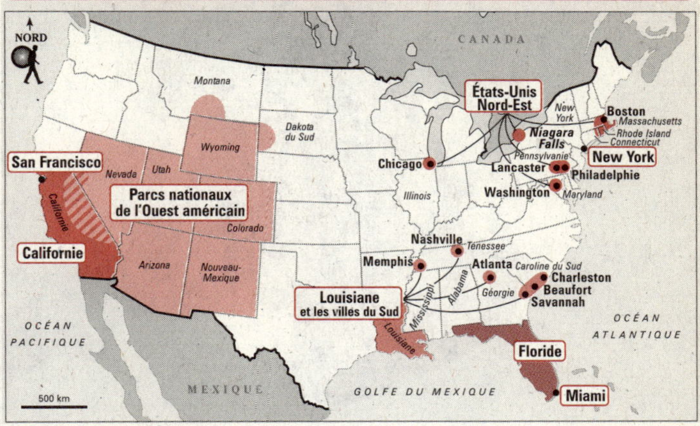

Autres pays d'Amérique

- Argentine
- Brésil
- Canada Ouest
- Chili et île de Pâques
- Équateur et les îles Galápagos
- Guatemala, Yucatán et Chiapas
- Mexique
- Montréal
- Pérou, Bolivie
- Québec, Ontario et Provinces maritimes

Asie

- Bali, Lombok
- Bangkok
- Birmanie (Myanmar)
- Cambodge, Laos
- Chine
- Hong-Kong, Macao, Canton
- Inde du Nord
- Inde du Sud
- Israël et Palestine
- Istanbul
- Jordanie
- Malaisie, Singapour
- Népal
- Shanghai
- Sri Lanka (Ceylan)
- Thaïlande
- Tokyo, Kyoto et environs
- Turquie
- Vietnam

Afrique

- Afrique de l'Ouest
- Afrique du Sud
- Égypte
- Kenya, Tanzanie et Zanzibar
- Maroc
- Marrakech
- Sénégal
- Tunisie

Îles Caraïbes et océan Indien

- Cuba
- Guadeloupe, Saint-Martin, Saint-Barth
- Île Maurice, Rodrigues
- Madagascar
- Martinique
- République dominicaine (Saint-Domingue)
- Réunion

Guides de conversation

- Allemand
- Anglais
- Arabe du Maghreb
- Arabe du Proche-Orient
- Chinois
- Croate
- Espagnol
- Grec
- Italien
- Japonais
- Portugais
- Russe
- G'palémo (conversation par l'image)

Le Routard Express

- Amsterdam (septembre 2014)
- Barcelone
- Berlin
- Bruxelles (septembre 2014)
- Lisbonne (septembre 2014)
- Londres
- Madrid
- New York
- Prague
- Rome
- Venise

Nos 1200 coups de cœur

- France (oct 2014)
- Monde

Adresses utiles

1 Office [redacted]

Où dormir ?

11 Pension [redacted]

Où manger ?

30 Restaurante [redacted]

44 Restaura[redacted]

Où boire un verre ?

61 Caruag[redacted] Bar

[redacted]

Où sortir?

83 Pingo[redacted]

À voir

90 Palacio do [redacted]

LOOK!
Le guide du routard
Disponible sur iPhone
Pour vous faire comprendre partout dans le monde !
Randonnée à dos de ...
Riding a...
Achetez l'application sur l'App Store 2,99 €

Espace offert par l'annonceur – Avec le soutien de l'agence ★ EURO RSCG C&O
RÉPARER LES VIES
HANDICAP
INTERNATIONAL

INDEX GÉNÉRAL

AMSTERDAM

A

Achats 32
ALBERT CUYP (marché) 173, 187
ALLARD PIERSON MUSEUM (musée Allard-Pierson) .. 153
AMERICAN HOTEL 165
AMSTERDAM CHEESE MUSEUM 161
AMSTERDAM MUSEUM (musée d'Amsterdam) 150
AMSTERDAM TULIP MUSEUM 145, 161
Amsterdamse Bos (Het) 100
ANNE FRANK HUIS (maison d'Anne Frank) 161
Antiekcentrum 144
ANTIQUITÉS (marché des) .. 188
Arendsnest ('t) 132
Argent, banques, change 30
Art'otel Amsterdam 102
ART MODERNE (musée municipal d' ; Stedelijk Museum) 171
ARTIS ROYAL ZOO (jardin zoologique Artis) 179
ARTS (marché des ; Kunstmarkt) 188
Atrium 115
Avant le départ 27

B

B & B La Festa 103
B & B Le Maroxidien 102
Bakkerswinkel (De) .. 126
Balie (De) 135
Balthazar's Keuken 118
Bar à tapas Catala 132
Bazar 123
BEATRIXPARK 187
BEGIJNHOF (Het ; Béguinage) 151
BÉGUINAGE 151
BELLE 156
BEURS VAN BERLAGE (Bourse du commerce de Berlage) 148
BIBLE (musée de la ; Bijbels Museum) 160
BIBLIOTHÈQUE CENTRALE (Openbare Bibliotheek Amsterdam) 180
BIJBELS MUSEUM (musée de la Bible) 160
Bijenkorf 116, 142
Bilderberg Hotel Jan Luyken 109
Bimhuis 139
BIO (marchés ; Boerenmarkt) 188

Bistrot Neuf 119
Blauw 122
Blauwe Theehuis ('t) 135
BLIJBURG (plage de) 186
Bloemenbar 140
BLOEMENMARKT (marché aux fleurs) 188
BLOEMGRACHT (canal des Fleurs) 164
Bluebird 141
Bob's Youth Hostel 101
BOERENMARKT (marchés bio) 188
Boissons 50
Bolhoed (De) 117
BOLS (distillerie ; House of Bols) 172
Bordewijk 119
Boulangerie Gebroeders Niemeijer 126
Boulangerie Vlaamsch Broodhuys 126
BOUQUINISTES 188
Bourbon Street 139
BOURSE DU COMMERCE DE BERLAGE (Beurs van Berlage) 148
Brasserie De Prael 130
Brasserie Schiller 122
BRASSEURS (canal des ; Brouwersgracht) 165
Brigde Hotel (The) 112
Brillenwinkel et Brilmuseum 145
Brouwerij 't IJ 136
BROUWERSGRACHT (canal des Brasseurs) 165
Budget 32
Buffet van Odette 120
Bulldog Hotel 102
Burgermeester 122

C

Cafe 't Gasthuys 130
Café Alto 138
Café Américain 134
Café Chris 134
Café De Beiaard 131
Café De Doffer 133
Café De Karpershoek 131
Café De Tuin 134
Café De Vergulde Gaper ... 132
Café De Zwart 132
Café Gollem 132
Café In de Waag 130
Café Oosterling 1877 135
Café Thijssen 134
Café Tisfris 115
Caffè Toscanini 119
Camping Zeeburg 100
CANAUX (balade le long des grands) 157
CANAUX (maison des ; Grachtenhuis) 160
Caulis 143
CENTRAAL STATION (gare ferroviaire centrale) 147
CHANTIER NAVAL 'T KROMHOUT (et musée ; Werfmuseum 't Kromhout) 179
CINÉMA TUSCHINSKI ... 153
Climat 34
COBRA, MUSEUM VOOR MODERNE KUNST 186
CONCERTGEBOUW 173
Concerto 145
Condomerie 145
Conscious Hotel Museum Square 108
Conscious Hotel Vondelpark 108
CREA 124
Cuisine 52
CULTUURPARK WESTERGASFABRIEK .. 157

D

DAM (le) 148
Dampkring (De) 141, 142
Dangers et enquiquinements..... 34
DAPPERMARKT 182, 188

Dikker & Thijs Fenice Hotel 112
Discotheek Dolly 140
Drie Fleschjes (De) 129
Drie Graefjes (De) 114
Drogues et stupéfiants 35
Droog Design 144
Dutch Four BV 114

E-F

Économie 56
EERSTE EGELANTIERS DWARSSTRAAT 164
Eetcafé Roserijn 118
EGELANTIERSGRACHT (canal des Églantiers) 164
Ekeko 179
EMPEREUR (canal de l' ; Keizersgracht) 157, 160
Engelbewaarder Het Amsterdamsch Litterair Cafe (De) 130
Environnement 57
ENTREPOTDOK (l') 179
Escape 140
Exchange (The) 102
EYE – FILMMUSEUM (The) 184
Faïence de Delft 58
Fêtes et jours fériés 36
Flamingo (Le) 136
Fleurs 58
FLEURS (marché aux ; Bloemenmarkt) 188
FLORA HOLLAND 186
Flying Pig Downtown Hostel 101
Flying Pig Uptown Hostel 108
Frank's Smoke House 123, 143
Frédéric rent... a room, a home, a boat 103
Frozen Fountain (The) 144

G

GARDES CIVIQUES (galerie des) 151
GARE FERROVIAIRE CENTRALE (Centraal Station) 147
Garlic Queen 121
GASSAN DIAMONDS (taillerie de diamants) 176
Genever Stokerij Oud Amsterdam 143
George WPA 122, 136
Geveltje ('t) 138
GRACHTENHUIS (Het ; maison des Canaux) 160
GRANDS CANAUX (balade le long des) 157
Greenwoods 117
Greetje 124
Grey Area 142
GRIMBURGWAL 152
Groene Lanteerne (De) 120

H

Haan & Wagenmakers Bv (Den) 144
Haesje Claes 116
Hampshire Inn 110
Hans Brinker Hotel 110
Hans en Grietje 121
Harkema 116
Hartogs Volkoren Bakkerij 144
HASH MARIHUANA MUSEUM (musée du Haschisch et de la Marijuana) 156
Hébergement 38
Heemskerk Suites 109

Heeren Van Aemstel (De) 135, 139
HEINEKEN EXPERIENCE .. 173
Hemp Hoodlamb 144
Herboristerie Jacob Hooy .. 143
HERENGRACHT (canal des Seigneurs) .. 157, 159
HERMITAGE AMSTERDAM 178
Hester van Eeghen 144
Histoire en or (et en orange) 59
HISTOIRE MARITIME DES PAYS-BAS (musée d' ; Het Scheepvaart Museum) 180
Histoire(s) de notre temps 65
Hofje van Wijs en Zonen .. 130
HOLLANDSCHE MANEGE (Manège hollandais) 166
Hoppe 131
HORTUS BOTANICUS (jardin botanique) ... 178
Hostaria 119
Hotel ('t) 104
Hotel Aalders 109
Hotel Agora 112
Hotel Amsterdam Wiechmann 105
Hotel Arena ... 112, 139, 140
Hotel Asterisk 110
Hotel Atlas 109
Hotel Bema 108
Hotel Canal House 104
Hotel Clemens 103
Hotel De Admiraal 110
Hôtel de la Poste 111
Hotel De Munck 110
HÔTEL DE VILLE (Stadhuis) 174, 200
Hotel Estheréa 105
Hotel Hegra 104
Hotel Mercure Frommer ... 111
Hotel Museumzicht 108
Hotel Orlando 111
Hotel Pax 104
Hotel Quentin England 109
Hotel Sebastian's 104
Hotel Seven Bridges 112
Hotel V 111
Hotel Van Onna 103
HOUSE OF BOLS (distillerie Bols) 172
HOUSEBOAT MUSEUM 163
HUIS MARSEILLE – MUSEUM FOR PHOTOGRAPHY .. 161

I-J

IJ Kantine 125, 137
JARDIN BOTANIQUE (Hortus Botanicus) 178
JARDIN ZOOLOGIQUE ARTIS (Artis Royal Zoo) 179
Jaren (De) 130
Jimmy Woo Lounge 139
JODENBREESTRAAT (rue Large des Juifs) 174
JODENBUURT (ancien quartier juif) 174
JONAS DANIEL MEIJERPLEIN.................... 177
JOODS HISTORISCH MUSEUM (Musée historique juif) 177
JORDAAN (balade dans le quartier du) 163
Jordaan Eetcafé (De) 134
Jupiter Hotel 108

K

Kaaskamer van Amsterdam (De) 143
Kadinsky 141
KALVERSTRAAT (rue des Veaux) 152
Kam Kee 115
Kanis & Meiland Café 136
Kantjil & De Tijger 115
Kapitein Zeppos 131
KARTHUIZERSSTRAAT 164

Kas (De) 124
KEIZERSGRACHT (canal de l'Empereur) .. 157, 160
Kiosque à poisson 116
Kitsch Kitchen 144
KLOVENIERSBURGWAL .. 153
Knijp (De) 122
Koffiehuis Van den Volksbond 124
Koh-I-Noor 116
KONINKLIJK PALEIS (Palais royal) 149
KROMHOUT (chantier naval et musée ('t) ; Werfmuseum 't Kromhout) 179
Kroon (De) 135
KUNSTMARKT (marché des arts) 188
KUNSTMARKT SPUI 188

L

LANGEBRUGSTEEG 152
Langendijk 124
Langue.................................... 40
Latei 114
LEIDSEPLEIN 165
Lieve 119
Linden Hotel 103
Livres de route......................... 44
LLOYD HOTEL & CULTURELE AMBASSADE 181
Lloyd Hotel & Culturele Ambassade 137
Lucius 116
LUNETTES (musée des ; Nationaal Brilmuseum) 160

M

MADAME TUSSAUD SCENARAMA 149
MAGERE BRUG (pont Maigre) 160
MAGNA PLAZA 149
MAIGRE (pont ; Magere Brug) ... 160
MAISON D'ANNE FRANK (Anne Frank Huis) 161
MAISON DE REMBRANDT (Rembrandthuis) 174
MAISON DES CANAUX (Grachtenhuis) 160
Maloe-Melo 138
MANÈGE HOLLANDAIS (Hollandsche Manege) .. 166
Marañon 145
Marcel's Creative Exchange 111
MARCHÉ ALBERT CUYP 173, 187
MARCHÉ AUX FLEURS (Bloemenmarkt) 188
MARCHÉ AUX PUCES DE NOORDERMARKT 165, 188
MARCHÉ AUX PUCES DE WATERLOOPLEIN ... 187
MARCHÉ AUX TIMBRES (Postzegelmarkt) 187
MARCHÉ DES ANTIQUITÉS 188
MARCHÉ DES ARTS (Kunstmarkt) 188
MARCHÉS BIO (Boerenmarkt) 188
Médias.................................... 67
Meininger Hotel 113
Melkweg 138, 140
Moeders 119
MOLEN VAN SLOTEN (moulin de Sloten) 186
Molenpad (Het) 133
MOOOI 165
MOZES EN AARONKERK (église Moïse-et-Aaron) .. 176
MUNTPLEIN 153, 157
MUSÉE 'T KROMHOUT (Werfmuseum 't Kromhout) 179
MUSÉE ALLARD-PIERSON (Allard Pierson Museum) 153
MUSÉE D'AMSTERDAM

(Amsterdam Museum) .. 150
MUSÉE D'HISTOIRE MARITIME DES PAYS-BAS (Het Scheepvaart Museum) 180
MUSÉE DE LA BIBLE (Bijbels Museum) 160
MUSÉE DE LA RÉSISTANCE (Verzetsmuseum) 179
MUSÉE DES LUNETTES (Nationaal Brilmuseum) .. 160
MUSÉE DES TROPIQUES (Tropenmuseum) .. 178
MUSÉE DU HASCHISCH ET DE LA MARIJUANA (Hash Marihuana Museum) 156
MUSÉE DU PIANO MÉCANIQUE (Pianola Museum) 165
MUSÉE DU SAC (Tassenmuseum Hendrikje) 153
MUSÉE HISTORIQUE JUIF (Joods Historisch Museum) 177
MUSÉE « LE BON DIEU AU GRENIER » (On's Lieve Heer op Solder Museum) 156
MUSÉE MUNICIPAL D'ART MODERNE (Stedelijk Museum) 171
MUSÉE NATIONAL (Rijksmuseum) 166
MUSÉE VAN GOGH 169
MUSÉE VAN LOON 161
MUSÉE WILLET-HOLTHUYSEN .. 159
MUSÉES (quartier des).......... 165
MUSEUM OF PROSTITUTION 156
MUSEUM VOOR MODERNE KUNST (CoBrA) 186
Muziekgebouw aan't IJ 139
MUZIEKTHEATER (opéra) .. 174

N

Nachttheater Sugar Factory 140
Nam Kee 115
Namaskar 118
NATIONAAL BRILMUSEUM (musée des Lunettes) 160
NDSM 185
New King 115
NIEUWE KERK (De ; Nouvelle Église) 148
NIEUWEZIJDS VOORBURGWAL 150
NIEUWMARKT (Nouveau Marché) .. 154, 157
NIVEAU NORMAL D'AMSTERDAM (NAP) .. 174
NL Hotel 111
NOORDERKERK 165
Noorderlicht Café ... 125, 137
NOORDERMARKT (marché aux puces et marché bio de) 188
NOUVEAU MARCHÉ (Nieuwmarkt) 154, 157
NOUVELLE ÉGLISE (Nieuwe Kerk) 148
NRC Café 130

O

Odeon 140
ON'S LIEVE HEER OP SOLDER (musée « Le Bon Dieu au grenier ») 156
OOSTELIJK HAVENGEBIED 181
OOSTERPARK (vers l') 178
Open 118
OBA – OPENBARE BIBLIOTHEEK

INDEX GÉNÉRAL

AMSTERDAM (bibliothèque centrale) 180
OPÉRA (Muziektheater) 174
OUDE KERK (Vieille Église) 155
OUDEZIJDS ACHTERBURGWAL 153
OUEST (église de l' ; Westerkerk) 163

P

PALAIS ROYAL (Koninklijk Paleis) 149
Panama 140
Pancakes ! 127
Papabubble 143
Papeneiland 133
Paradiso 138
Paradox 142
Patinage 67
Pâtisserie Holtkamp 127
Pâtisserie Kuyt 127
Pâtisserie La Pompadour ... 127
Peinture hollandaise 67
PÉNICHE AUX CHATS (De Poezenboot) 159
Personnages 75
PIANOLA MUSEUM (musée du Piano mécanique) 165
PIJP (quartier de) 173
Piqniq 117
Pizza Bakkers (De) 117
P.J.C. Hajenius 145
Place (La) 115
Pllek 125, 137
PLANTAGE (quartier du) 178
POEZENBOOT (De ; péniche aux Chats) 159
POIDS PUBLIC (le ; Waag) .. 194
PONT MAIGRE (Magere Brug) 160
Pont 13 126
PORTUGEES SYNAGOGE (synagogue portugaise) .. 176
Poste 45
POSTZEGELMARKT (marché aux timbres) 187
Prins (de) 133
PRINSENGRACHT (canal du Prince) .. 157, 161
Proeflokaal Wynand Fockink (Het) 130
Puccini 143
PUCES DE NOODERMARKT (marché aux) 188
PUCES DE WATERLOOPLEIN (marché aux) 187

Q-R

Qbic Hotel 113
QUARTIER JUIF (ancien ; Jodenbuurt) 174
Quartier Putain 131
QUARTIER ROUGE (Red Light District) 154
RED LIGHT DISTRICT (quartier Rouge) 154
Reiger (De) 134
Rem Eiland 125
REMBRANDTHUIS (maison de Rembrandt) 174
RÉSISTANCE (musée de la ; Verzetsmuseum) 179
RIJKSMUSEUM (Musée national) 166
ROKIN 152
Rood 145
ROSMARIJNSTEEG 150
ROUGE (quartier ; Red Light District) 154
ROZENGRACHT (canal des Roses) 164
Rusland 141

S

SAC (musée du ; Tassemuseum Hendrikje) 159
Sander Hotel 109
Santé 45

INDEX GÉNÉRAL

SARPHATIPARK 187
SCHEEPVAART MUSEUM (Het ; musée d'Histoire maritime des Pays-Bas) 180
Scheltema 134
SCHIP MUSEUM (Het) .. 183
Schuim (Het) 132
SCIENCE CENTER NEMO 180
SEIGNEURS (canal des ; Herengracht) 157, 159
SEX MUSEUM (The) 147
Shelter City (The) 101
Shelter Jordan (The) 103
Siberië 142
SINGEL 158
Singel 404 117
SINT LUCIENSTEEG 150
Sites inscrits au Patrimoine mondial de l'Unesco 78
Sites internet 45
Sla 117
SLOTEN (moulin de ; Molen van Sloten) 186
Sluyswacht 136
Smalle ('t) 133
Soup en Zo 120
SPINHUISSTEEG 153
SPUI (le) 152
SPUISTRAAT 150
STADHUIS (hôtel de ville) .. 174
Stadskantine 123
STADSSCHOUWBURG (théâtre municipal) 165
Stayokay Amsterdam Stadsdoelen 101
Stayokay Amsterdam Vondelpark 105
Stayokay Zeeburg 113
Steakhouse Piet de Leeuw 121
STEDELIJK MUSEUM (musée municipal d'Art moderne) 171
Stix 142
Stork 125
STRANDWEST 184
Struisvogel (De) 118
Stubbe's Haring 116
SUD (église du ; Zuiderkerk).. 154
SYNAGOGUE PORTUGAISE (Portugees Synagoge) ... 176

T

Taart Van m'n Tante (De) .. 127
Tabac 46
Tagore 121
TAILLERIE DE DIAMANTS GASSAN DIAMONDS 176
Take Thaï 121
TASSENMUSEUM HENDRIKJE (musée du Sac) 159
Téléphone 46
Tempo Doeloe 121
THÉÂTRE MUNICIPAL (Stadsschouwburg) 165
Three Sisters (The) 135
Tibet Restaurant 115
TIMBRES (marché aux ; Postzegelmarkt) 187
Tolhuistuin 185
Tomaz 132
Toren (The) 105
Tourist Inn 102
Transports locaux 48
TROPENMUSEUM (musée des Tropiques) 178
TROPIQUES (musée des ; Tropenmuseum) .. 178
TUSCHINSKI (cinéma) ... 153
Twee Zwaantjes (De) 133
TWEEDE EGELANTIERS DWARSSTRAAT 164

U-V

Unitaid 26
Van Dobben 120
VAN GOGH MUSEUM (musée Van Gogh) 169

INDEX GÉNÉRAL

VAN LOON MUSEUM (musée Van Loon) 161
Van Ostade Bicycle Hotel .. 113
VERZETSMUSEUM (musée de la Résistance) 179
VIEILLE ÉGLISE (Oude Kerk) 155
Vlieger 145
VONDELPARK 166, 187
Vredespijp (De) 123

W

WAAG (le ; poids public) .. 194
Wagamama 121
WALLENWINKEL 155
WATERLOOPLEIN (marché aux puces de) 187
Werck 133
WERFMUSEUM 'T KROMHOUT (chantier naval et musée 't Kromhout) 179
WESTERKERK (église de l'Ouest) 163
WESTERPARK...................... 182
Wil Graanstra's Frites .. 117
Wilhelminadok 125
WILLET HOLTHUYSEN MUSEUM (musée Willet-Holthuysen) 159
Winkel Café 134
Winston Hostel 101
Winston Kingdom 138
Witte Tandenwinkel (De) .. 145

Y-Z

Yam Yam 118
ZUIDERKERK (église du Sud) 154
Zwaantje ('t) 118
Zwijger (De) 137

LES ENVIRONS D'AMSTERDAM

D-E

DELFT.................................... 218
DEN HAAG (La Haye) 225
DURGERDAM....................... 192
EDAM 197

G-H-I

GOUDA................................. 213
HAARLEM 202
HAYE (LA ; DEN HAAG)......... 225
HOEK VAN HOLLAND (Maeslantkering ; Grand Barrage)............................. 254
IJSSELMEER (villages de l' ; lac Ijssel)............................ 190

K-L

KINDERDIJK (moulins de) 254
LA HAYE (Den Haag) 225
LISSE (Keukenhof)................ 212

M-N

MADURODAM....................... 236
MARKEN 194
MONNICKENDAM................. 193
NOORDWIJK AAN ZEE 212

R-S-T

ROTTERDAM........................ 237
SCHEVENINGEN.................. 236
TULIPES (région des) 212

V-W

VOLENDAM.......................... 196
WATERLAND........................ 190

Z

ZAANSE SCHANS................. 201
ZANDVOORT........................ 212

OÙ TROUVER LES CARTES ET LES PLANS ?

- Amsterdam – *plan général détachable* .... recto
- Amsterdam – *plan centre détachable* .... verso
- Amsterdam – transports en commun, *plan détachable* .... verso
- Amsterdam – Grande Couronne.......... 84-85
- Amsterdam – Oostelijk Havengebied... 182-183
- Amsterdam – Vondelpark................. 106-107
- Amsterdam (les environs d').................. 191
- Delft 219
- Edam 199
- Gouda.................................. 215
- Haarlem 204-205
- La Haye 226-227
- Rotterdam.................. 240-241

IMPORTANT : DERNIÈRE MINUTE

Sauf rare exception, le *Routard* bénéficie d'une parution annuelle à date fixe. Entre deux dates, des événements fortuits (formalités, taux de change, catastrophes naturelles, conditions d'accès aux sites, fermetures inopinées, etc.) peuvent intervenir et modifier vos projets de voyage. Pour éviter les déconvenues, nous vous recommandons de consulter la rubrique « Guide » par pays de notre site ● ***routard.com*** ● et plus particulièrement les dernières ***Actus voyageurs.***

Les **Routards** *parlent aux* **Routards**

Faites-nous part de vos expériences, de vos découvertes, de vos tuyaux. Indiquez-nous les renseignements périmés. Aidez-nous à remettre l'ouvrage à jour. Faites profiter les autres de vos adresses nouvelles, combines géniales... On adresse un exemplaire gratuit de la prochaine édition à ceux qui nous envoient les lettres les meilleures, pour la qualité et la pertinence des informations. Quelques conseils cependant :

– Envoyez-nous votre courrier le plus tôt possible afin que l'on puisse insérer vos tuyaux sur la prochaine édition.
– N'oubliez pas de préciser l'ouvrage que vous désirez recevoir.
– Vérifiez que vos remarques concernent l'édition en cours et notez les pages du guide concernées par vos observations.
– Quand vous indiquez des hôtels ou des restaurants, pensez à signaler leur adresse précise et, pour les grandes villes, les moyens de transport pour y aller. Si vous le pouvez, joignez la carte de visite de l'hôtel ou du resto décrit.
– N'écrivez si possible que d'un côté de la lettre (et non recto verso).
– Bien sûr, on s'arrache moins les yeux sur les lettres dactylographiées ou correctement écrites !

En tout état de cause, merci pour vos nombreuses lettres.

Les Routards parlent aux Routards :
122, rue du Moulin-des-Prés, 75013 Paris

e-mail : • *guide@routard.com* •
Internet : • *routard.com* •

Routard Assurance *2015*

Née du partenariat entre *AVI International* et le *Routard*, *Routard Assurance* est une assurance voyage complète qui offre toutes les prestations d'assistance indispensables à l'étranger : dépenses médicales, rapatriement médical, caution et défense pénale, responsabilité civile vie privée et bagages. Présent dans le monde entier, le plateau d'assistance d'*AVI International* donne accès à un vaste réseau de médecins et d'hôpitaux. Pas besoin d'avancer les frais d'hospitalisation ou de rapatriement. Numéro d'appel gratuit, disponible 24h/24. *AVI International* dispose par ailleurs d'une filiale aux États-Unis qui permet d'intervenir plus rapidement auprès des hôpitaux locaux. *AVI International* est un courtier reconnu qui gère lui-même ses dossiers et garantit une réponse rapide et simple. C'est aussi la filiale d'un groupe (SPB) présent à l'international. Pour toutes vos questions : ☎ 01-44-63-51-00 ou par mail • *routard@avi-international.com* • Conditions et souscription sur • *avi-international.com* •

Édité par Hachette Livre (43, quai de Grenelle, 75905 Paris Cedex 15, France)
Photocomposé par Jouve (45770 Saran, France)
Imprimé par Jouve 2 (Quai n° 2, 733, rue Saint-Léonard, BP 3, 53101 Mayenne Cedex, France)
Achevé d'imprimer le 18 août 2014
Collection n° 13 - Édition n° 01
37/6667/6
I.S.B.N. 978-2-01-245907-6
Dépôt légal : août 2014